"十三五"
应用型人才培养
规划教材
——财经商贸

财政与金融
（第3版）

陈国胜　主编
聂卫东　宋悦　陈露　刘秀梅　张玲萍　副主编

清华大学出版社
北京

内容简介

本书为应用型教材，本次改版吸收财政与金融的最新研究成果，引入新思想和新举措，包括财政和金融两大部分。财政学部分包括财政概述、财政收入、财政支出、国家预算等内容；金融学部分包括认识金融、金融机构体系、金融市场、互联网金融、国际金融、货币供求、风险管理等内容；最后还安排了财政政策与货币政策等内容。

本书适用于高职高专或本科院校，是财经商贸大类专业的基础课程教材，也可作为其他大类专业的选修课或必修课教材。

本书封面贴有清华大学出版社防伪标签，无标签者不得销售。
版权所有，侵权必究。举报：010-62782989，beiqinquan@tup.tsinghua.edu.cn。

图书在版编目(CIP)数据

财政与金融/陈国胜主编.—3版.—北京：清华大学出版社，2019(2023.7重印)
("十三五"应用型人才培养规划教材.财经商贸)
ISBN 978-7-302-51663-7

Ⅰ.①财… Ⅱ.①陈… Ⅲ.①财政金融－高等学校－教材 Ⅳ.①F8

中国版本图书馆 CIP 数据核字(2018)第 257493 号

责任编辑：吴梦佳
封面设计：何凤霞
责任校对：袁 芳
责任印制：丛怀宇

出版发行：清华大学出版社
网　　址：http://www.tup.com.cn，http://www.wqbook.com
地　　址：北京清华大学学研大厦 A 座　　邮　编：100084
社 总 机：010-83470000　　邮　购：010-62786544
投稿与读者服务：010-62776969，c-service@tup.tsinghua.edu.cn
质量反馈：010-62772015，zhiliang@tup.tsinghua.edu.cn
课件下载：http://www.tup.com.cn，010-62770175-4278

印 装 者：三河市天利华印刷装订有限公司
经　　销：全国新华书店
开　　本：185mm×260mm　　印　张：20.75　　字　数：474 千字
版　　次：2012 年 2 月第 1 版　2019 年 1 月第 3 版　　印　次：2023 年 7 月第 12 次印刷
定　　价：55.00 元

产品编号：079857-03

前言

财政是国家治理的基础和重要支柱,建立现代财政制度是推进国家治理体系和治理能力现代化的必然要求。科学的财税体制是优化资源配置、维护市场统一、促进社会公平、实现国家长治久安的制度保障。金融是现代经济的核心,金融安全是治国理政的一件大事,是国家安全的重要组成部分,是经济平稳健康发展的重要基础。

财政与金融是财经商贸大类专业的一门基础课程,也可作为其他大类专业的选修课或必修课。财政与金融包括财政和金融两大部分。本书财政学部分包括财政概述、财政收入、财政支出、国家预算等内容;金融学部分包括认识金融、金融机构体系、金融市场、互联网金融、国际金融、货币供求、风险管理等内容;最后还安排了财政政策与货币政策等内容。

本课程的目标:通过这门课程的学习,使学生熟悉有关财政学、金融学的基础理论以及财政、金融作为政府的两大宏观调控手段在促进国民经济稳定与可持续增长方面的作用,从而为学生将来的实际工作奠定相应的财经理论基础。

本书的特色体现在以下几个方面。

(1) 内容新。本书为应用型教材,力求跟进财政与金融的最新研究成果,引入新思想和新举措,体现最新动态,如地税机构合并、银保监会组建、A 股"入摩""入富"、个税修订,等等。鉴于互联网金融、风险管理在现代经济管理中的重要性日益突出,本书也予以重点介绍。

(2) 案例新。本书尽量选用 2017 年以后的最新案例,以避免与其他教材重复,保证时效性。

(3) 体例新。本书力图构建模块教学体系,能满足学生自主学习的需要。全书共 12 个模块。每个模块都明确提出能力目标、核心能力和任务分解,采用"导入案例"方式编写,开篇案例都配有分析提示,使学生带着相关问题及思考开始每个模块的学习。每个模块都设置有"扩展阅读""关键术语""案例分析"和"思考与练习"。为便于学生自学,本书还推荐了相关的学习网站。

全书由陈国胜教授担任主编,由聂卫东、宋悦、陈露、刘秀梅、张玲萍担任副主编。本书具体分工如下:陈露编写模块1、模块6和模块9;刘秀梅编写模块2、模块5和模块12;宋悦编写模块3、模块8和模块10;陈国胜编写模块4;张玲萍编写模块7;聂卫东编写模块11。全书由陈国胜教授统稿、修改与定稿。因工作忙碌,第1、2版编者沈悦、姜宝德、周星洁、陈美丽、梁薇等老师均不能参加第3版的编写,感谢他们对本书的重要贡献。

本书得到了会计学江苏省品牌专业一期建设项目(PPZY2015A073)资助,在此一并致谢。在编写过程中,本书参阅了大量中外有关财政与金融方面的文献资料,在此谨向这些文献资料的著者、译者、编者表示衷心的感谢。

由于编者水平有限,对于本书存在的缺点和不足,敬请国内同行和读者批评指正!

为方便教师教学,本书还配有电子教案和"思考与练习"参考答案,可登录清华大学出版社网站(www.tup.com.cn)下载,也可来函索取。编者的电子邮箱为wz-cgs@163.com。

编 者
2018 年 10 月 10 日

目录

模块 1 财政概述 ... 1
1.1 财政的含义 ... 2
1.1.1 财政的基本含义 ... 2
1.1.2 财政的基本特征 ... 5
1.1.3 财政的本质 ... 5
1.2 财政的产生与发展 ... 8
1.2.1 财政的产生 ... 8
1.2.2 财政的发展 ... 9
1.3 财政的职能 ... 12
1.3.1 财政职能概述 ... 12
1.3.2 稳定经济职能 ... 12
1.3.3 收入分配职能 ... 13
1.3.4 资源配置职能 ... 14
本模块小结 ... 16
关键术语 ... 16
案例分析 ... 16
思考与练习 ... 17

模块 2 财政收入 ... 20
2.1 财政收入概述 ... 21
2.1.1 财政收入的分类 ... 21
2.1.2 财政收入的原则 ... 23
2.1.3 财政收入规模 ... 24
2.2 税收收入 ... 26
2.2.1 税收概述 ... 26
2.2.2 我国现行的主要税种 ... 29
2.3 非税收入 ... 47
2.3.1 政府非税收入的含义及特征 ... 47
2.3.2 政府非税收入的主要内容 ... 47
2.4 国债收入 ... 49
2.4.1 国债的概念及分类 ... 49

      2.4.2 国债的职能 … 50
      2.4.3 国债的发行 … 51
  本模块小结 … 52
  关键术语 … 53
  案例分析 … 53
  思考与练习 … 54

模块3 财政支出 … 56
  3.1 财政支出概述 … 57
      3.1.1 财政支出的概念 … 57
      3.1.2 财政支出的原则 … 57
      3.1.3 财政支出的分类 … 58
      3.1.4 财政支出的规模及结构 … 60
  3.2 购买性支出 … 64
      3.2.1 政府投资支出 … 65
      3.2.2 社会消费性支出 … 66
  3.3 转移性支出 … 67
      3.3.1 社会保障支出 … 67
      3.3.2 财政补贴 … 69
  本模块小结 … 71
  关键术语 … 71
  案例分析 … 72
  思考与练习 … 72

模块4 国家预算 … 74
  4.1 国家预算概述 … 75
      4.1.1 国家预算的含义 … 75
      4.1.2 国家预算的分类 … 77
      4.1.3 国家预算的组成 … 78
      4.1.4 国家预算的原则 … 79
  4.2 国家预算管理 … 80
      4.2.1 国家预算管理的含义 … 80
      4.2.2 国家预算的编制 … 80
      4.2.3 国家预算的执行 … 82
      4.2.4 国家决算 … 84
  4.3 国家预算管理体制 … 85
      4.3.1 预算管理体制的含义 … 85
      4.3.2 预算管理体制的实质 … 86

  4.3.3　预算管理体制的内容 ………………………………………………………… 87
  4.3.4　我国预算管理体制的演变 …………………………………………………… 89
  4.3.5　分税制预算管理体制 …………………………………………………………… 91
  4.3.6　国地税合并 ……………………………………………………………………… 94
  4.3.7　全面实施预算绩效管理 ……………………………………………………… 99
本模块小结 ……………………………………………………………………………… 100
关键术语 ………………………………………………………………………………… 101
案例分析 ………………………………………………………………………………… 101
思考与练习 ……………………………………………………………………………… 102

模块 5　认识金融　　　　　　　　　　　　　　　　　　　　　　　　　　104

5.1　货币 ………………………………………………………………………………… 105
  5.1.1　货币的概念 …………………………………………………………………… 105
  5.1.2　货币的职能 …………………………………………………………………… 106
  5.1.3　货币制度 ……………………………………………………………………… 110
5.2　信用 ………………………………………………………………………………… 114
  5.2.1　信用的概念 …………………………………………………………………… 114
  5.2.2　信用的形式 …………………………………………………………………… 114
5.3　利率 ………………………………………………………………………………… 116
  5.3.1　利率的概念 …………………………………………………………………… 116
  5.3.2　利率的种类 …………………………………………………………………… 117
  5.3.3　决定和影响利率因素的一般分析 …………………………………………… 119
本模块小结 ……………………………………………………………………………… 120
关键术语 ………………………………………………………………………………… 120
案例分析 ………………………………………………………………………………… 121
思考与练习 ……………………………………………………………………………… 122

模块 6　金融机构体系　　　　　　　　　　　　　　　　　　　　　　　　125

6.1　金融机构体系概述 ………………………………………………………………… 126
  6.1.1　金融机构体系的概念 ………………………………………………………… 126
  6.1.2　金融机构的性质 ……………………………………………………………… 126
  6.1.3　金融机构的分类 ……………………………………………………………… 126
  6.1.4　金融机构的功能 ……………………………………………………………… 127
  6.1.5　我国的金融机构体系 ………………………………………………………… 127
6.2　中央银行 …………………………………………………………………………… 128
  6.2.1　中央银行的含义 ……………………………………………………………… 128
  6.2.2　中央银行制度的类型 ………………………………………………………… 129
  6.2.3　中央银行的职能 ……………………………………………………………… 131

  6.2.4 中央银行的主要业务 ··· 132
  6.2.5 我国的金融监管机构 ··· 132
 6.3 商业银行 ··· 136
  6.3.1 商业银行的特征 ··· 136
  6.3.2 商业银行的职能 ··· 137
  6.3.3 商业银行的经营原则 ··· 138
  6.3.4 商业银行的组织制度 ··· 139
  6.3.5 商业银行的主要业务 ··· 139
 6.4 政策性银行 ··· 142
  6.4.1 政策性银行概述 ··· 142
  6.4.2 政策性银行的特征 ··· 143
  6.4.3 政策性银行的主要任务 ··· 143
 6.5 非银行金融机构 ··· 144
  6.5.1 证券公司 ·· 144
  6.5.2 保险公司 ·· 144
  6.5.3 信托投资公司 ·· 145
  6.5.4 财务公司 ·· 145
  6.5.5 金融租赁公司 ·· 145
  6.5.6 金融资产管理公司 ··· 145
  6.5.7 信用合作社 ··· 146
 6.6 新型农村金融机构 ··· 146
  6.6.1 村镇银行 ·· 147
  6.6.2 小额贷款公司 ·· 147
  6.6.3 农村资金互助社 ··· 148
本模块小结 ··· 148
关键术语 ··· 149
案例分析 ··· 149
思考与练习 ··· 150

模块7 金融市场 ··· 152

 7.1 金融市场概述 ··· 153
  7.1.1 金融市场的含义与构成要素 ································ 153
  7.1.2 金融市场的分类 ··· 154
  7.1.3 金融市场的功能 ··· 156
 7.2 货币市场 ··· 157
  7.2.1 同业拆借市场 ·· 157
  7.2.2 商业票据市场 ·· 159
  7.2.3 大额可转让定期存单市场 ····································· 160

   7.2.4 短期债券市场 161
   7.2.5 回购协议市场 162
 7.3 资本市场 163
   7.3.1 资本市场的特点与功能 163
   7.3.2 资本市场工具 164
   7.3.3 证券市场的运作 168
 7.4 其他金融市场 176
   7.4.1 外汇市场 176
   7.4.2 黄金市场 178
 本模块小结 179
 关键术语 180
 案例分析 180
 思考与练习 181

模块 8 互联网金融 184

 8.1 认识互联网金融 185
   8.1.1 互联网金融的概念 185
   8.1.2 互联网金融的特点 185
   8.1.3 互联网货币 186
 8.2 互联网金融的主要模式 188
   8.2.1 第三方支付 188
   8.2.2 P2P 网贷 194
   8.2.3 众筹 201
   8.2.4 大数据金融 206
 8.3 互联网金融的风险及其风险控制 211
   8.3.1 互联网金融的风险分析 211
   8.3.2 互联网金融风险控制的常用方法 211
 本模块小结 213
 关键术语 213
 案例分析 213
 思考与练习 214

模块 9 国际金融 215

 9.1 国际货币体系 216
   9.1.1 国际货币体系的概念 216
   9.1.2 金本位制度 216
   9.1.3 布雷顿森林体系 217
   9.1.4 牙买加体系 218

9.2 国际金融机构 ... 219
9.2.1 国际金融机构的概念 ... 219
9.2.2 国际金融机构的产生与发展 ... 219
9.2.3 全球性国际金融机构 ... 220
9.2.4 区域性国际金融机构 ... 221
9.3 国际收支 ... 223
9.3.1 国际收支的概念 ... 223
9.3.2 国际收支平衡表 ... 223
9.3.3 国际收支不平衡的经济影响 ... 226
9.4 国际储备 ... 226
9.4.1 国际储备的概念 ... 226
9.4.2 国际储备的构成 ... 227
9.4.3 国际储备的作用 ... 228
9.5 国际信用 ... 228
9.5.1 国际信用的概念 ... 228
9.5.2 国际信用的种类 ... 229
9.5.3 信用评级 ... 230
本模块小结 ... 232
关键术语 ... 232
案例分析 ... 232
思考与练习 ... 233

模块 10 货币供求 ... 235
10.1 货币需求 ... 236
10.1.1 认识货币需求 ... 236
10.1.2 决定货币需求的因素 ... 237
10.2 货币供给 ... 240
10.2.1 货币供给的主要内容 ... 240
10.2.2 货币供给过程 ... 240
10.3 货币均衡 ... 243
10.3.1 货币均衡的含义 ... 243
10.3.2 货币均衡的理解 ... 243
10.3.3 货币均衡的标志 ... 243
10.3.4 利率与货币均衡 ... 243
10.4 通货膨胀 ... 244
10.4.1 认识通货膨胀 ... 244
10.4.2 通货膨胀的原因分析 ... 245
10.4.3 通货膨胀的表现形式 ... 247

	10.4.4 通货膨胀对经济的影响	248
	10.4.5 通货膨胀的对策	248
10.5	通货紧缩	250
	10.5.1 通货紧缩的含义和测度	250
	10.5.2 通货紧缩的类型	251
	10.5.3 通货紧缩的成因	254
	10.5.4 通货紧缩的治理	255

本模块小结 256
关键术语 257
案例分析 257
思考与练习 257

模块 11 风险管理 259

11.1	认识风险	260
	11.1.1 风险的概念	260
	11.1.2 风险的类型	262
	11.1.3 风险的本质	264
11.2	风险管理的过程与方法	266
	11.2.1 风险管理的内涵和目标	266
	11.2.2 经济主体的常见风险	268
	11.2.3 风险管理的过程	268
	11.2.4 风险管理的方法	269
11.3	信用风险管理	270
	11.3.1 现代信用风险管理的特点	270
	11.3.2 信用风险管理方法的演变	271
	11.3.3 现代信用风险管理的发展趋势	274
11.4	投资风险管理	276
	11.4.1 投资风险的含义	276
	11.4.2 投资风险产生的原因	276
	11.4.3 投资风险管理的程序	277
	11.4.4 投资风险控制策略	279
11.5	汇率风险管理	281
	11.5.1 汇率风险的含义及种类	281
	11.5.2 企业汇率风险的内部控制	284
	11.5.3 运用衍生金融工具防范汇率风险	286
11.6	财务风险管理	287
	11.6.1 财务风险的界定	287
	11.6.2 财务风险管理的程序	289

11.6.3　化解财务风险的措施 ································· 291
本模块小结 ··· 295
关键术语 ··· 296
案例分析 ··· 296
思考与练习 ··· 296

模块 12　财政政策与货币政策　299

12.1　宏观调控概述 ··· 300
　　12.1.1　宏观调控 ······································· 300
　　12.1.2　宏观调控的手段 ································· 300
　　12.1.3　宏观调控的目标 ································· 301
12.2　财政政策 ··· 302
　　12.2.1　财政政策的内涵 ································· 302
　　12.2.2　财政政策的类型 ································· 304
　　12.2.3　财政政策的传导机制 ····························· 305
12.3　货币政策 ··· 305
　　12.3.1　货币政策的概念和类型 ··························· 305
　　12.3.2　货币政策的目标 ································· 306
　　12.3.3　货币政策工具 ··································· 307
　　12.3.4　货币政策的传导机制 ····························· 309
12.4　财政政策与货币政策的协调配合 ······················· 310
　　12.4.1　财政政策与货币政策的协调配合的必要性和可能性 ··· 310
　　12.4.2　财政政策与货币政策的协调配合的形式 ············· 311
本模块小结 ··· 313
关键术语 ··· 313
案例分析 ··· 313
思考与练习 ··· 314

参考文献 ··· 316

财政概述

【能力目标】

通过完成本模块的学习,学生应该能够了解现实生活中的财政现象、财政分配与社会经济生活的关系;掌握财政的本质和职能;了解财政的产生和发展。

【核心能力】

掌握财政的本质和职能。

【任务分解】

1. 了解财政的产生和发展。
2. 掌握财政的本质。
3. 掌握财政的三大职能。

导入案例

重回"政策执行者"角色

中国共产党第十八届中央委员会第三次全体会议,明确财政是国家治理的基础和重要支柱。中国共产党第十九次全国代表大会(以下简称"党的十九大")报告继续对外释放全面深化改革的信号,财税改革作为其中基础性关键领域改革也在加快推进。

具体而言,要"加快建立现代财政制度,建立权责清晰、财力协调、区域均衡的中央和地方财政关系。建立全面规范透明、标准科学、约束有力的预算制度,全面实施绩效管理。深化税收制度改革,健全地方税体系"。

"党的十九大对财政工作有很高的期许,包括央地财政事权和支出责任划分、预算管理体制改革、税制改革等,都是很艰巨的工作。更具体的,像房地产税立法、个税改革、地方债风险防范等,都是硬骨头。财税体制改革属于重大体制改革,很多利益会被重构,遇到的阻力比较大,产生的影响也比较大。这对于新任财政既是挑战,也是机遇。"中央财经大学中国公共财政与政策研究院院长乔宝云对《21世纪经济报道》记者表示。

财政体制改革作为一项基础性改革,对于维护国家长治久安起着很关键的作用。在国家治理体系中,财政也需要配合很多其他方面的工作,在我国国家治理现代化进程中,加快财政体制现代化,包括央地财政关系调整、房地产税立法、个税改革、地方债管理等,都是影响面广又难啃的硬骨头。这些高难度的改革,需要有财政经验丰富的人切实推动。

2018年3月19日,第十三届全国人民代表大会第一次会议第七次全体会议任命刘昆为财政部部长。从人大回归财政部,在历任财政部部长经历中比较罕见。前两任财政部部长肖捷、楼继伟,均由财政部副部长任职国务院副秘书长(正部级),再回归财政部任部长。

资料来源:30万亿元政府钱袋子迎新掌门人. 21世纪经济报道,2018-03-20.

【分析提示】 财政是政府的"理财之政"吗?如何理解财政?

1.1 财政的含义

1.1.1 财政的基本含义

从人类发展史来看,财政是伴随国家的产生而产生的,所以财政活动是一种历史悠久的经济现象。

扩展阅读1-1

"财政"一词的渊源

"财政"一词最早于13—15世纪出现在拉丁语finis,意为结算支付期限、支付款项、确定罚款支付等。16世纪,"财政"一词传入法国,意为公共收入。17世纪,演变为专门指国家理财。19世纪,进一步阐明是指国家及一切公共团体的理财,并相继传入欧洲其他国家,英语为finance。19世纪末,日本引进finance的词义,同时借用中国的两个汉字"财"与"政",立"财政"一语(1882年日本开始用"财政奏折"一词)。finance释义较广,可译为金融、融资、财务等。专指国家理财时,西方国家一般用public finance,可直译为公共财政。

中国古代称财政为"国用""国计""度支""理财"等,还有"治粟内史""大农令""大司农"一类词。在清政府时期,维新派在引进西洋文化思想指导下,从日本引进的"财政"一词。据考证,清光绪二十四年(1898年)在戊戌变法"明定国是"诏书中有"改革财政,实行国家预算"的条文,这是政府文件中最初使用"财政"一词。光绪二十九年(1903年),清政府设财政处,整顿财政,为官方用财政名称之始。

对于财政的概念,一般将其理解为一种国家或政府的经济行为。按照"国家分配论"的观点,所谓财政,是指以国家为主体的分配资金活动,具体来说就是国家为实现其职能的需要,凭借政治权力及财产权力对一部分国民生产总值进行分配和再分配的经济活动。而如果按照目前提倡的,西方市场经济国家实行的"公共财政论"的观点,所谓财政,是指国家或政府为保证社会公共需要,集中一部分国民生产总值所进行的分配和再分配的经济活动。这里的区别在于:一个是讲国家集中和分配资金是为实现国家行使职能的需要;一个是讲国家或政府集中和分配资金是为保证社会公共需要。

扩展阅读 1-2

公共产品和公共需要

(一) 公共产品

1. 公共产品的内涵

人类社会需要各种各样的商品和服务,一般认为,这些商品和服务可以分为两大类:公共产品和私人产品。公共产品(public goods)是这样一些产品,不论每个人是否愿意购买它们,它们带来的好处不可分开地散布到整个社区里。公共产品的享用具有非竞争性和非排他性,即同时为人们所享受,无利害冲突。如公共路灯、改善污染而提高空气质量等。私人产品(private goods)则是这样一些产品,它们能分割开并可分别地提供给不同的个人,也不带给他人外部的收益或成本。公共产品的有效率的供给通常需要政府行动,而私人产品则可以通过市场有效率地加以分配。

2. 公共产品的特性

区分公共产品和私人产品通常有两个基本标准:一是排他性和非排他性。排他性是指个人可以被排除在消费某种产品的利益之外;非排他性是指一些人享用一种产品带来的利益而不能排除其他人同时从中获得利益。二是竞争性和非竞争性。非竞争性是指消费者的增加不引起生产成本的增加,即多一个消费者引起的社会边际成本为零。公共产品具有非排他性和非竞争性,私人产品具有排他性和竞争性。

由于公共产品具有非排他性,一旦提供公共产品,则在其效应所及的范围和领域内,所有的个人都会"消费"此产品,他们都会享受这类产品所提供的利益和好处。同时,若不让其中某一部分人消费此产品,则在技术上无法做到,或者是成本费用过于昂贵。也就是说,公共产品的提供无法排除此区域内所有成员从中获得利益,而且在其他人享受公共产品的同时,不需要他们付出任何成本费用或者只需他们付出少量的成本费用。这与私人产品消费时具有的排他性形成了截然相反的对比。由于公共产品具有非竞争性,一旦提供了公共产品,则此产品效应覆盖区域内的人数多少,与此产品的数量和成本的变化无关,消费者的增加不会引起此公共产品的生产成本的增加,即新增消费者引起的社会边际成本为零。在已有的公共产品数量下,原有消费者也不会因为新增消费者的加入而减少自己所获得的收益。这与增加私人产品的消费者数量就需要增加此产品的供给量及相应的成本,也形成了截然相反的对比。

总地来说,由于公共产品的非排他性和非竞争性产生了公共产品提供上的"免费搭车"问题,即消费者在自利心理的诱使下,试图不由自己提供公共产品,或不用自己为提供公共产品付出成本费用,或分享他人付出成本提供的公共产品。市场无法有效地为个人提供公共产品,即存在"市场失效"。由于私人产品的排他性与竞争性,使消费者必须付出一定的成本才能从私人产品中获得收益,因而市场在私人产品的范围和领域内可以有效地进行资源配置。这在客观上就决定了公共产品必须由政府提供,私人产品则由市场提供。

3. 准公共产品

公共产品和私人产品是社会产品中的两极,实际上,在现实生活中还存在另外一种产品,也就是准公共产品。准公共产品是指介于公共产品与私人产品之间的商品和劳务,也称为半公共产品。这种产品具有公共产品的特征,即非排他性和非竞争性。但由于提供服务的范围有限,因此就具有排他性和竞争性。如学校、公园、体育场、公共图书馆等,本来是任何人都能享受的,但因名额、座位、面积等条件有限,享用就受到限制。有的就采取先到先坐,额满为止;有的则采取发许可证(如门票)等办法。准公共产品是政府与市场均可提供的商品和劳务,但对公众影响大的或由政府提供更为有利的商品和劳务则由政府财政出资,或由政府财政补助,如医疗补助、基础设施、公共工程、公共事业、社会福利等。

(二) 公共需要

1. 公共需要的内涵

满足一定的物质需要和精神需要,是人类社会存在与发展的前提和基础。人类社会又是由单个人组成的有机统一体,因而人类的需要可以分为私人需要和公共需要两大类型。公共需要是与私人需要相对而言的,指的是社会作为一个整体或以整个社会为单位而提出的需要。在市场经济中,个人和企业为独立地开展市场运营活动,其本身所需要的生产消费和生活消费就是私人需要。这类私人需要,个人和企业可以通过自己的市场活动获得满足。同时,市场经济下的社会再生产是一个由许多的个人和企业组成的有机统一体,这就使得个人和企业的市场活动所需的全部条件并不是个人和企业从自身的角度都能通过市场得到满足的。这些个人和企业无法通过自身的市场活动得到满足,但为市场经济整体的正常顺利运行所必需的条件,就成为市场经济条件下的公共需要。从市场经济的实践来看,私人需要和公共需要都是客观存在的,发挥市场运行、市场机制的作用对满足私人需要和公共需要都是必不可少的。

在市场经济条件下,私人需要和公共需要还有各自相对固定的活动领域及范围,它们在各自的活动领域和范围内独立活动又相互配合,共同形成了完整统一的市场经济活动。市场和政府作为两种资源配置方式,它们的运行机制虽然不同,但其目的或目标却是共同的,即都是为满足人类社会的需要,实现公平与效率兼顾的目标。在现代市场经济条件下,私人需要由个人和企业在市场机制的作用下通过市场获得满足,而公共需要则主要由以政府为代表的国家以行政的、计划的方式提供公共产品获得满足。从一定意义上说,私人需要和公共需要的区别在于机制上的不同。公共需要是那些必须由预算提供并且使用者可以直接免费或只需支付少许费用就能得到的需要。私人需要则可以在市场上通过支付价格得到满足,并不需要(虽然允许)预算机制。

2. 公共需要的特性

(1) 整体性。公共需要是社会公众在生产、生活和工作中的共同的需要。同时,它也不是普遍意义上的单个私人需要的简单加总,而是就整个社会发展而言,为维持社会经济生活的正常运行,为维持市场的正常秩序,由政府集中执行和组织以满足整个社会的共同需要。

(2) 强制性。公共需要不能由个人和企业自愿地通过市场的交换活动获得满足,只能由政府凭借行政权力,强制性地对每个社会成员进行征税提供公共产品以获得满足。而且,社会成员在付出成本(交税)的同时,并不遵循等价交换原则,各个社会成员的成本和收益并不一定对等,也不存在谁多付出就多享用,谁少付出就少享用的问题。

1.1.2 财政的基本特征

财政的最主要特征是强制性和无直接偿还性。此外,还有阶级性和公共性、财政收支平衡性也可以作为财政分配的特征。

1. 强制性

所谓财政的强制性,是财政的收支基本上依据国家政治权力,通过颁布政令实施的,如税法、预算法。税收是国家最主要的财政收入,目前占全部财政收入的90%左右,税收是凭借政治权力征收、违反要受到惩处,具有典型的强制性。

2. 无直接偿还性

所谓无直接偿还性,也就是无偿性,是指取得财政收入是无偿的,不需要直接返还给缴纳人。这同信贷分配有偿性相区别。

3. 阶级性和公共性

所谓财政的阶级性,是指财政是以国家或政府为主体的经济活动,国家历来是统治阶级的国家,政府是执行统治阶级意志的权力机构,其经济活动必然要体现阶级性。所谓公共性,就是说财政要体现出社会公共利益。不论何种制度下的财政,如果一点也不体现社会公共性,而只有为少数人私利分配,必然遭到大多数人的反对,其国家政权也就岌岌可危。所以,国家或政府为维持其政权的存在,必然要管理公共事务,体现出对公共事业和福利的关心,管理公共事务就需要相匹配的财政资金。

4. 财政收支平衡性

所谓财政收支平衡性,即财政收入和财政支出相对称,不出现或少出现财政赤字或财政结余。这是财政资金正常运行和货币基本稳定的需要,也是避免经济大起大落的财政政策和措施之一。我国自1984年以来连续20多年出现财政赤字,这是与财政收支平衡性特征相悖的。目前,国家正在逐步调整财政政策,逐步减少和消灭财政赤字,就是要体现出经济平稳增长和财政收支平衡的需要。但是古今中外,财政收支绝对平衡在现实经济中是不存在的(只是在预算编制中出现),收支不平衡是很正常的。但如果收大于支过多,形成大量结余,说明政府集中的资金没有充分使用,会抑制经济发展。而如果赤字过大,其后果是通货膨胀、经济紊乱,对经济发展更是不利的。所以,应该坚持财政收支保持基本平衡的原则。

1.1.3 财政的本质

从财政产生和发展的过程来看,可将财政的基本概念概括如下:财政是一种以满足国家需要为目的,凭借国家的政治权力进行的国民收入的分配和再分配,是随国家的产生和发展而从社会产品分配中独立出来的一种特定的分配范畴。因此,财政的本质是一种分配关系,是在社会产品分配中国家与社会各方面发生的,以国家为主体的社会产品的占有和支配关系。这一概括实质上就指出财政是国家或政府的分配活动。这一论点在财政学界被称为"国家分配论"。长期以来,"国家分配论"在财政学界处于主流地位,影响很大。

扩展阅读 1-3

西方公共财政理论的发展演变

在西方,国家与市场的关系是经济学的一个十分古老但又永新的话题。从一开始,财政手段就扮演着举足轻重的角色,公共财政就是市场经济下的财政,但公共财政并不是市场经济出现的那一天产生的,它与市场经济严格对立。市场经济经历了一个漫长的发展过程,有了商品的交换就有了市场,但是具体哪一天算是进入了市场经济,并没有一个明确的界限。同样,财政是何时进入公共财政这个形态,也不明确。从欧洲的经验来看,所谓公共财政就是资产阶级革命之后,由以公共权力为基础、以法律为依托的财政取代了原来的王室财政之后所产生的一种理财形态,它是在"形态"这个层次上,作为王室财政的对立物而产生的。它在具体理财运作上形成了一系列规范,其中包含以下基本原则。

(1) 公共财政要依托于宪法和法制。宪法和法制包含了公民的自由、平等、财产权等内容,同时也规定公共财政和理财部门即财政部门是独立的,是不受其他部门管辖的,是公众的理财机构,它在法律规定的范围内行使其职责。公民须向国家纳税,并且大家所遵循的原则是一致的,同时公民对财政有监督权,这样就从经济上规定了公民的平等身份。

(2) 税收机关无权制定税法,而只能由体现国民意愿的议会这一立法机构决定。

(3) 税收所得的收入和支出要绝对分开,收税的人不能决定钱如何使用。

(4) 公民有纳税义务,同时也享受纳税人的权利。

根据这几点原则,可理解为,公共财政实际上所体现的是一种资产阶级民主制度、依法治国框架下的理财,而法制化的社会,规范的公共选择制度的形成则是公共财政赖以存在的基本依托,这种法制化社会与资产阶级革命及其后市场经济的发展有密切的联系。这一点对于我国建设有中国特色社会主义市场经济来说,有许多东西值得借鉴。

(一) 亚当·斯密的廉价政府论

西方经济学的开山鼻祖亚当·斯密于 1776 年发表了他的奠基之作《国富论》。恩格斯曾指出:"他在 1776 年发表了自己关于国家财富的本质和成因的著作,从而创立了财政学。"斯密对国家的作用和政府的动机表示极大的怀疑,在其"自私的动机、私有的企业、竞争的市场"这个自由制度的三要素基本之上,他规定了国家的三个任务:提高分工程度;增加资本数量;改善资本用途。由此,斯密认为有一只"看不见的手"在冥冥之中操纵着社会的运行,使得人人为自己的经济活动最终产生一个大家都获利的社会结果,市场经济既然有如此神奇的作用,对它的任何干预都是不可取的,不断增加国民财富的最好办法就是给经济以完全的自由。进而,对政府的义务做了三点限制:保护社会,使之不受侵犯;保护社会上的每个人,使之不受其他人侵犯;建设并维持某些公共事业及设施。政府只要能像"守夜人"那样,防止外来侵略和维持国内治安就行了。基于此,他提出了税收方面的"公平、确定、简便和征收费用最小"四原则;支出方面要厉行节约和"量入为出"。廉价政府,成为财政所要追求的最高目标。

(二) 凯恩斯的政府干预论

20 世纪 30 年代的世界经济危机导致了西方经济学说的一次重大转变,即占统治地位一百多年的以斯密自由市场经营论为中心的经济自由主义学说让位于凯恩斯的经济干预主义,财政学也因此在资产阶级经济学体系中占据了显赫的位置。虽然凯恩斯总体上认为自由市场制度是一个有效的机制,它能保证个人自由并激发个人释放其创造性,但他认为市场本身存在缺点,只有扩大政府机能才能改正市场缺点,以保持市场经济的正常运转。因此,凯恩斯认为,如果政府不加干预就等于听任有效需求不足的继续存在,就等于听任失业与经济危机的继续存在,他认为财政支出直接就可以形成社会有效需求,弥补自由市场的有效需求不足。关于财政支出,他在卡恩的"乘数理论"基础上,论证了政府投资具有"倍数"扩张社会总需求的作用,力主政府负起直接投资之责。由于凯恩斯主义强调财政的作用,人们通常对他及其信奉者的理论冠以"财政学派"的名称,一直到20世纪70年代。

(三) 以布坎南为首的"公共选择学派"理论

20世纪70年代西方出现了"滞胀"局面。以米尔顿·弗里德曼为代表的一批经济学家借此发动了一场对凯恩斯主义的"反革命",其中主要有货币主义、供给学派和理性预期学派。但这些反对者们并未建立起一套足以与凯恩斯主义相抗衡的财政学说,区别只是,他们力图在这个框架内恢复古典学派的传统。他们首先责难国家对经济活动的大规模干预,认为正是国家干预窒息了市场经济的活力,造成了20世纪70年代的"滞胀"局面。"财政最重要"的政策主张也受到攻击,代之以"货币最重要"的政策结论。当人们围绕着凯恩斯理论无休止争议时,以詹姆斯·麦吉尔·布坎南和戈登·图洛克为首的一批经济学家在财政学的一个重要领域中取得了重大的理论进展。他们将财政作为公共部门经济,并从市场失灵理论角度,集中研究社会公共需要及满足这一需要的产品——公共物品问题,分析了决定公共物品的生产及分配的过程,以及生产公共物品的机器——国家的组织和机构。他们认为,自由市场制度是建立在交换的等价原则之上的,只有那些具有排斥性质的可交换的财产权力的私人产品才能进行市场交易。而公共产品不具有这些性质,所以公共产品的交换行为难以产生,消费者与供给者之间的联系由此中断。虽然存在市场需求,但却没有市场供给,这时政府应予以介入,提供这种产品,弥补市场的这个局限性。同时,由于公共产品具有两个内在特性,又决定政府介入之后公共支出具有不断膨胀的趋势。

第一个内在特性是公共产品需求的收入弹性大于1。恩格尔定律告诉我们,随着家庭收入的增加,收入中用于食品等"生理需要"的开支比例越来越小,而用于非生活必需品等"精神需要"的开支比例将越来越大。当个人收入超过一定水平时,越是非必需品就变得越重要,人们就需要越来越多的政府服务,这时,医疗保健、文体设施、交通运输、社会保险、公共安全等优效型公共产品就开始日益"侵蚀"和"挤占"消费结构中的私人产品的相对份额。公共产品的社会需求的不断提高,成了推动公共支出不断膨胀的原始动力。

第二个内在特性是公共资本存量与私人资本存量之间有一种密切的内在函数关系。第二次世界大战以后,西方国家对公共基础投资的每一次胀或缩无不刺激或影响私人投资趋势的波动,从而对宏观经济的总量运行产生巨大作用。据美国经济学教授阿斯乔的研究表明,在美国1950—1988年近40年的公共投资曲线中,前20年(1950—1970年)是呈上升趋势的,后十几年是下降的。阿斯乔指出,像公路、街道、机场、排水和供水等基础设施的国家投资,是与私人投资相互补充的,不注意国家基础设施的数量和质量,将严重阻碍整个经济的运行。阿斯乔的研究成果表明,美国在第二次世界大战后前20年经济增长率之所以能够达到10%以上,是因为国家扩大了对基础设施的投资;后20年经济增长率之所以持续下降,其主要原因在于公共设施的投资净额几乎处于停滞状态。这对于我国深化财政支出改革具有借鉴作用。

从实证分析的角度讲,一百多年前德国的阿道夫·瓦格纳就曾预言:"进入工业化以后,经济中的公共部门在数量和比例上仍将具有一种内在的扩大趋势,公共支出将不断膨胀。"美国著名财政学专家理查德·马斯格雷夫运用实证分析的方法,对英、美、德三国的公共支出结构的变化作了考察,其结果总的来说,西方公共部门发展的趋势与瓦格纳的预测也是相吻合的:公共支出占 GNP 的比率,英国从 1890 年的 8.9% 上升到 1955 年的 36.6%;美国到 1962 年则上升到 44.1%。

其实,早在瓦格纳之前,马克思就已经预料到,用于"公共需要"的那部分"扣除"(指公共产品)将会日益膨胀;他指出,扣除的那部分须划成三份:①"和生产没有关系的一般管理费用";②用来满足"共同需要"的部分,如学校、保健设施等;③为丧失劳动能力的人等设立的基金。马克思明确预言道,用于满足"共同需要"的那部分,"将会立即显著增加,并将随着新社会的发展而日益增加"。今天看来,随着社会的发展,公共支出的膨胀与公共部门的强大,其原因,马克思早就作了解答。马克思的预言已经得到了实践的印证,并将继续得到未来发展的印证。这也为我们构建社会主义市场经济体制下的公共财政基本框架提供了有力的理论依据。

(四)理查德·马斯格雷夫的公共财政理论

美国著名财政专家理查德·马斯格雷夫在其经典著作《公共财政理论》中把政府的经济作用或财政的职能分为三种:稳定经济(维护充分就业条件下的经济)、收入分配和资源配置。

1.2 财政的产生与发展

1.2.1 财政的产生

财政这一经济范畴不是从人类社会产生就有的,它是社会生产力和生产关系发展到一定阶段的产物,是在剩余产品和私有制出现之后伴随国家的产生而产生的。财政是一个历史范畴。

1. 剩余产品是财政产生的经济条件

社会生产力的发展、剩余产品的出现和扩大,是财政产生的物质基础。

在原始社会时期,社会生产力水平低下,社会成员共同劳动,共同占有社会产品,实行平均分配,以维持最低限度的生活消费需要。这时,剩余产品的出现只是偶然现象,社会上没有私有制,没有阶级和国家,也没有财政分配。随着社会生产力的发展,尤其是第一次、第二次社会大分工后,劳动生产率得以提高,劳动产品除满足个人生活消费外还有剩余,出现了剩余产品。剩余产品的大量出现为私有制的产生提供了物质基础。同时,也出现了氏族组织掌握的一小部分剩余产品,用于满足一般社会需要的产品分配现象。这些社会需要的满足是依靠氏族、部落的首领或酋长的权威,强制地集中提供实物、劳役完成的。因而可以说,这就是财政分配的萌芽。

2. 国家的存在是财政产生的政治条件

第三次社会大分工后,商品货币经济得到了一定的发展,导致了货币的产生,使社会的经济基础和上层建筑都发生了重大变化。一方面,贵族和富人将更多的剩余产品和社会财富集中在自己手中,使财富分配更加悬殊,同时也进一步扩大了贵族与平民、富人与穷人的差别;另一方面,原始社会的生产方式逐渐为奴隶制的生产方式所取代。在此基础上,社会分裂为两个经济利益根本对立的阶级。随着阶级矛盾的不断激化,便产生了凌驾于社会之上的权力机构——国家。国家机构的存在及其运转需要消耗物质资料,而国家本身并不直接从事物质生产,不创造任何物质财富。国家只能凭借自己的公共权力强制地、无偿地占有剩余产品,以满足其执行职能的需要。这样,在国家产生的同时,就产生了一种国家凭借政治权力参与的社会分配,这就是财政。可见,财政与国家的存在、需要和权力有着密切联系。财政实质上就是国家财政。

1.2.2 财政的发展

在国家产生的同时,也就出现了保证国家实现其职能的财政。由于社会生产方式及由此决定的国家类型不同,财政经历了奴隶制国家财政、封建制国家财政、资本主义国家财政和社会主义国家财政的历史演变。

1. 奴隶制国家财政

(1) 收入项目:王室收入和土地收入、贡物收入和掠夺收入、军赋收入、捐税收入等。

(2) 支出项目:王室支出、祭祀支出、军事支出、俸禄支出、生产性支出等。

(3) 财政收支的形式:基本上采取力役和实物形式。

(4) 主要特点如下。

① 直接占有。在奴隶社会,奴隶主占有生产资料,并完全占有奴隶本身,奴隶的劳动成果完全被奴隶主占有。

② 收支混合。财政收支与王室的收支混在一起。

2. 封建制国家财政

(1) 收入项目:官产收入、田赋捐税收入、专卖收入、特权收入、债务收入等。

(2) 支出项目:军事支出、王室费用和政府机构支出、宗教与文化支出、国债支出等。

(3) 财政收支的形式:财政收支逐渐由实物形式向货币形式转化。

(4) 主要特点如下。

① 国家财政收支和国王个人收支逐步分离。

② 财政分配形式由实物形式向货币形式转化,实物形式与货币形式并存,并有力役形式,这是与商品生产和商品交换的发展相适应的。

③ 税收,特别是农业税收成为国家财政的主要收入。

④ 在封建社会末期,产生了新的财政范畴——国家预算。

3．资本主义国家财政

(1) 收入项目：税收收入、债务收入等。

(2) 支出项目：行政性支出、军事支出、社会福利、教育支出、与国民经济和社会发展有关的支出、债务还本付息支出等。

(3) 财政收支的形式：货币形式。

(4) 主要特点如下。

① 财政收支全面货币化。财政分配与成本、利润、价格、银行信用等范畴之间的相互结合和相互渗透也日益加强。

② 在资本主义经济发展中，财政逐渐成为国家转嫁经济危机、刺激生产、干预社会经济的重要手段。

③ 发行国债、实行赤字财政和通货膨胀政策，成为国家增加财政收入经常和比较隐蔽的手段。

④ 随着资本主义国家管理的加强，财政管理也更加完善，有比较健全的财政机构和较为严密的财政法律制度。

4．社会主义国家财政

(1) 收入项目：税收收入、政府收费收入、国有资产收入、债务收入等。

(2) 支出项目：经济建设支出、科教文卫支出、行政与国防支出、社会保障支出、财政补贴等。

(3) 财政收支的形式：货币形式。

(4) 主要特点如下。

① 兼顾各方利益。科学发展观的根本方法是统筹兼顾，深刻体现了唯物辩证法在发展问题上的科学运用，深刻揭示了实现科学发展、促进社会和谐的基本途径，深刻反映了坚持全面协调可持续发展的必然要求。

② 是社会再生产的重要环节。社会主义财政的收入来源除凭借国家权力、以税收形式参与社会产品分配外，还有相当部分的财政收入来自以资产所有者身份从国有企业取得的经营利润。

③ 具有两重性。社会主义国家的双重职能，决定了国家财政由公共财政和国有资产财政组成，它们具有不同的职能和任务。

扩展阅读 1-4

政府干预与政府干预失效

（一）政府干预的必要性

(1) 市场机制本身存在固有的缺陷。这就在客观上要求政府干预弥补市场失灵对经济的影响。例如，市场主体不愿或不能配置公共物品，市场竞争造成收入分配不公和经济周期性波动，或"外溢性"产品，要求政府弥补市场失灵的缺陷，以达到经济高效平稳发展和社会生活的安定。

(2) 在市场经济中，市场配置资源只是基础的，不是所有的资源都能通过市场配置。

这就要求政府在资源配置中发挥作用,弥补市场失灵的不足。

(3) 现代经济是一种混合经济,既有私人经济,又有公有经济。政府干预正好能弥补市场的不足,促进市场经济的发展。比如,当市场经济出现过热时,就需要政府通过宏观调控运用财政金融等政策手段"降温",只有政府适时运用调控措施,才能使市场经济保持正常、平稳、持续发展的状态。政府和市场是一种"互补"关系。

(二) 政府干预手段

政府干预手段可以概括为以下三个方面。

(1) 立法和行政手段。主要是制定市场法规、规范市场行为,制定发展战略和中长期规划,制定经济政策,实行公共管制,规定垄断产品和公共物品价格等。比如,为对付垄断,政府可以制定反垄断法,实行公共管制,由政府规定价格或收益率;对外部效应大的物品,政府可以采取行政手段或法律手段,如强制排污工厂停产,限期治理,或对受损单位给予应有的补偿。

(2) 组织公共生产和提供公共物品。公共生产是指由政府出资兴办的所有权归政府所有的工商企业和事业单位,生产由政府提供的公共物品,也可以在垄断部门组织公共生产,并从效率或社会福利角度规定价格。政府组织公共生产,不但是出于提供公共物品的目的,而且是出于有效调节市场供求和经济稳定的目的。按广义的生产概念,公共生产既包括生产有形物品的工商企业,也包括提供无形物品和服务的学校、医院、文艺团体、气象部门及政府机关和国防部门等。比如,为弥补市场信息的不充分和不对称,政府的有关部门要定期向社会提供有关商品供求状况、价格趋势及宏观经济运行和前景预测资料,而政府提供经济信息,是一种社会性服务,也属于公共物品(公共服务)的范围。

(3) 财政手段。财政手段既不直接生产也不直接提供公共物品,而是通过征税和收费为政府各部门组织公共生产和提供公共物品筹集经费与资金。财政的目标,是通过为政府各部门组织公共生产和提供公共物品筹集经费与资金,最终满足社会公共需要,同时又通过税收优惠、财政补贴和财政政策等手段调控市场经济的运行。

(三) 政府干预失效

20世纪30年代的世界经济危机,使人们逐步认识到市场存在缺陷,难以满足一些特定的基本社会需求,经济学界开始强调自发的市场导致外部的非经济性、收入分配的不公和就业的不充分等现象的出现,从而促进了各国政府加强干预经济政策。但20世纪70年代后,政府对经济活动的干预产生了一系列社会问题,暴露出政府干预的弊病,使人们转而开始研究政府的失效问题。

市场经济需要政府干预,但政府干预并非总是有效的,政府机制同样存在缺陷和干预失效问题。这表现在许多方面,主要有:①提供经济信息不及时甚至失真;②经济管理决策失误,从而造成难以挽回的巨大损失;③由于滥用权力而导致的寻租行为;等等。

从世界各国的实践来看,政府的作用是非常重要的,完全自由放任的市场经济并不存在,政府对经济行为的管理只不过是程度大小问题。但促进经济发展最根本的动力仍是市场机制。政府的主要功能就是通过制度、法令及其他许多措施创造和保证公平竞争的市场环境,促进市场机制的顺利进行。但必须强调的是,政府在改进市场失灵时,不能影响经济效率达到帕累托最优。如果政府干预影响了市场机制的正常运行,则只能产生负面影响。具体地说,政府在经济发展中究竟应当发挥什么样的作用,这主要取决于各国在不同时期的具体情况。如果一国经济生活中出现市场失灵的种种迹象,说明政府没有起到应有的作用,干预的力度不够,或者干预手段使用不当,应当增强政府的作用。如果出现了政府失效,则是政府干预过多,不仅没有弥补市场失效,反而干扰了正常的市场秩序,应当减少政府对经济活动的干预,让市场起更大的作用。

1.3 财政的职能

1.3.1 财政职能概述

财政职能是指在一定的社会经济条件下,财政本身所具有的、内在的、固有的、经常起作用的客观经济功能。财政职能是不以人的意志为转移的。财政是为实现政府职能服务的。财政职能是国家职能的一个重要组成部分,又是实现政府职能的一个重要手段和经济体现。

1959年,美国财政学家理查德·马斯格雷夫首次提出了市场经济下财政的"三大职能",即稳定经济职能、收入分配职能和资源配置职能。其中,稳定经济职能对应于国民经济中总供给与总需求之间的平衡;收入分配职能的发挥有利于实现收入分配公平的目标;资源配置职能的履行也是为顺利达到经济效益与社会效益最大化的目标。

1.3.2 稳定经济职能

1. 稳定经济职能的含义

稳定经济职能包含充分就业、物价稳定和国际收支平衡多重含义。其中,充分就业是指可就业人口的就业率达到了由该国当时社会经济状况所能承受的最大比率;物价稳定是指物价上涨幅度维持在不至于影响社会经济正常运行的范围内,而非物价冻结,上涨率为零,即使在经济运行正常时期,物价的轻度上升也是一个必须接受的事实;国际收支平衡是指一国在国际经济往来中维持经常性项目收支(进出口收支、劳务收支和无偿转移收支)的大体平衡,因为国际收支与国内收支是密切联系的,国际收支不平衡国内收支就不平衡。

2. 实现稳定经济职能的机制和手段

(1) 经济稳定的目标集中体现为社会总供给和社会总需求的大体平衡。财政政策是维系总供求大体平衡的重要手段,当总需求超过总供给时,财政可以实行紧缩政策,减少支出和增加税收或两者并举,一旦出现总需求小于总供给的情况,财政可以实行适度放松政策,增加支出和减少税收或两者并举,由此扩大总需求。

(2) 在财政实践中,还可以通过一种制度性安排,发挥某种"自动"稳定作用,如累进税制度、失业救济金制度,都明显具有这种作用。

(3) 通过投资、补贴和税收等多方面的安排,加快基础产业、公共设施及其他薄弱环节的发展,消除经济增长中的"瓶颈",加大对节约资源、能源和环境保护的投入等。

(4)财政应切实保证非生产性的社会公共需要,为社会经济发展提供和平、安定的环境。

1.3.3 收入分配职能

1. 收入分配职能的含义

收入分配的目标是实现公平分配,而公平分配包括经济公平和社会公平两个层次。经济公平是市场经济的内在要求,强调的是要素投入和要素收入相对称,它是在平等竞争的环境下由等价交换实现的。社会公平是指将收入差距维护在现阶段社会各阶层居民所能接受的合理范围内。平均不等于公平,甚至是社会公平的背离。

2. 实现收入分配职能的机制和手段

(1)划清市场分配与财政分配的界限和范围,原则上属于市场分配的范围,财政不能越俎代庖,凡属于财政分配的范围,财政应尽其职。

(2)加强税收调节。税收是调节收入分配的主要手段。例如,通过间接税调节各类商品的相对价格,从而调节各经济主体的要素分配;通过企业所得税调节公司的利润水平。

(3)通过转移性支出,如社会保障支出、救济金、补贴等,使每个社会成员得以维持起码的生活水平和福利水平。

> **扩展阅读 1-5**

洛伦兹曲线

洛伦兹曲线(Lorenz Curve)也译为"劳伦兹曲线",如图1-1所示。在一个总体(国家、地区)内,以"最贫穷的人口计算起一直到最富有人口"的人口百分比对应各个人口百分比的收入百分比的点组成的曲线。为研究国民收入在国民之间的分配问题,美国统计学家(或说奥地利统计学家)M.O.洛伦兹(Max Otto Lorenz,1903—)1907年(又说1905年)提出了著名的洛伦兹曲线。

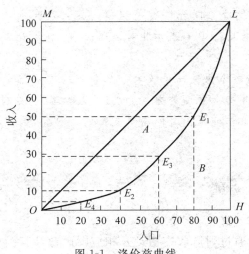

图1-1 洛伦兹曲线

洛伦兹曲线用于比较和分析一个国家在不同时代或者不同国家在同一时代的财富不平等，该曲线作为一个总结收入和财富分配信息的便利的图形方法得到广泛应用。通过洛伦兹曲线，可以直观地看到一个国家收入分配平等或不平等的状况。画一个矩形，矩形的高衡量社会财富的百分比，将之分为5等份，每一等份为20的社会总财富。在矩形的长上，将100个家庭从最贫者到最富者自左向右排列，也分为5等份，第一个等份代表收入最低的20个家庭。在这个矩形中，将每一个家庭所有的财富的百分比累计起来，并将相应的点画在图中，便得到了一条曲线，就是洛伦兹曲线。整个的洛伦兹曲线是一个正方形，正方形的底边即横轴代表收入获得者在总人口中的百分比，正方形的左边即纵轴代表各个百分比人口所获得的收入的百分比。从坐标原点到正方形相应另一个顶点的对角线为均等线，即收入分配绝对平等线，这一般是不存在的。实际收入分配曲线即洛伦兹曲线都在均等线的右下方。

洛伦兹曲线的弯曲程度有重要意义。一般来讲，它反映了收入分配的不平等程度。弯曲程度越大，收入分配越不平等；反之亦然。特别是，如果所有收入都集中在一人手中，而其余人口均一无所获时，收入分配达到完全不平等，洛伦兹曲线称为折线 OHL。另外，若任一人口百分比均等于其收入百分比，从而人口累计百分比等于收入累计百分比，则收入分配是完全平等的，洛伦兹曲线称为通过原点的45°线直线 OL。

扩展阅读 1-6

基尼系数

基尼系数（Gini Coefficient）为意大利经济学家基尼（Corrado Gini，1884—1965）于1922年提出的，定量测定收入分配差异程度。

基尼系数是定量测定收入分配差异程度的指标。它的经济含义是在全部居民收入中用于不平均分配的百分比。基尼系数最小等于0，表示收入分配绝对平均；最大等于1，表示收入分配绝对不平均；实际的基尼系数介于0和1之间。如果个人所得税能使收入均等化，那么，基尼系数会变小。联合国有关组织规定：若低于0.2表示收入高度平均；0.2～0.3表示比较平均；0.3～0.4表示相对合理；0.4～0.5表示收入差距较大；0.6以上表示收入差距悬殊。

目前，国际上用于分析和反映居民收入分配差距的方法与指标很多。基尼系数由于给出了反映居民之间贫富差异程度的数量界线，可以较客观、直观地反映和监测居民之间的贫富差距，预报、预警和防止居民之间出现贫富两极分化，因此得到世界各国的广泛认同和普遍采用。

1.3.4 资源配置职能

1. 资源配置职能的含义

资源配置职能是指通过财政收支活动及相应财政政策、税收政策的制定、调整和实施，可以实现对社会现有人力、物力、财力等社会资源结构与流向进行调整和选择。广义的理解是指社会总产品的配置,狭义的理解是指生产要素的配置。

2．实现资源配置职能的机制和手段

(1) 根据政府职能确定社会公共需要的基本范围,确定财政收支占GDP的合理比例,从而符合高效的资源配置原则。

(2) 优化财政支出结构,保证重点支出,压缩一般支出,提高资源配置的结构效率。

(3) 合理安排政府投资的规模和结构,保证国家的重点建设。政府投资规模主要是指预算内投资在社会总投资中所占的比重,表明政府集中的投资对社会总投资的调节力度。

(4) 通过政府投资、税收政策和财政补贴等手段,带动和促进民间投资、吸引外资和对外贸易,提高经济增长率。

扩展阅读1-7

市场失灵的表现形式

市场是一种有效率的运行机制,市场机制在资源配置中起基础性作用,但市场机制也有运行得不好的时候,或令人不满意的时候,把市场机制本身固有的缺陷称为"市场失灵"。正是由于市场机制在许多领域无效或缺乏效率,政府介入或干预才有了必要性和合理性的依据。

市场失灵的表现形式主要有以下几种。

(1) 市场不能有效地提供公共物品。公共物品没有竞争性,没有排他性,因而没有市场供求关系,不能核算对个人提供的费用,一般不能获得直接报酬,因而市场主体私人经营者不愿提供或不能提供,唯有政府提供。

(2) 垄断的存在制约着市场竞争。市场竞争完全以自由竞争为前提。当某一企业在产量达到较高水平后,就会出现规模效益递增和成本递减问题,这时就会形成垄断。垄断者可以通过限制产量、抬高价格,获得垄断利润,因而抑制了市场竞争,使市场失灵。

(3) 信息不对称。竞争性市场的生产者和消费者都要求有充分的信息。在现代经济中,信息构成了商品生产、流通、消费最敏感的神经系统,而在市场经济条件下,生产者的生产、流通者的营销、消费者的需求属于个人行为,很难掌握充分的信息。由于信息不足使私人生产陷入盲目性,不能有效地进行资源配置。由于信息不对称而影响公平竞争,使市场失灵。

(4) 外部效应引起市场失灵。外部效应是指某个人或企业的行为影响他人,却没有为此承担应有的成本费用或获得应有的报偿,因而需要政府承担费用或弥补应有的报偿。具有外部效应的个人或企业生产的产品成本和效益是非对称的,当出现正外部效应时,生产者的成本大于收益,却得不到效益的补偿;当出现负外部效应时,生产者却没有为此承担应有的基本费用,受损者得不到损失补偿,由政府补偿损失。所以具有外部效应的产品,市场机制不能自发调节,需要政府进行调节。

(5) 收入分配不公和经济波动引起市场失灵。市场机制的效率是以充分竞争为前提的,而激烈的市场竞争形成的效率往往不能兼顾收入分配中的公平。公平和效率是一对矛盾。效率经由市场,而公平往往通过政府。只有政府的调节才能解决收入分配中的公平。失业、通货膨胀、经济波动是市场经济固有的弊端。在这方面市场是失灵的,只有政府干预,进行调控才能缓解或消除。

本模块小结

本模块主要对财政学最基本的问题"什么是财政"进行回答,并厘清财政学的基本思路。完成本模块的学习,应该理解和掌握以下内容。

（1）财政的特征：其主体是国家,客体是一部分社会产品（主要是剩余产品）,目的是满足公共需要,其最主要特征是强制性和无偿性。

（2）财政的本质：一般本质为以国家为主体的分配关系。社会主义国家财政的特殊本质为"取之于民,用之于民"。

（3）剩余产品是财政产生的经济条件,国家的存在是财政产生的政治条件。由于社会生产方式及由此决定的国家类型不同,财政经历了奴隶制国家财政、封建制国家财政、资本主义国家财政和社会主义国家财政的历史演变。

（4）财政是国家为实现其职能,凭借政权对一部分社会产品（主要是剩余产品）进行分配与再分配所形成的一种经济关系。

（5）财政的职能分为稳定经济、收入分配和资源配置三大职能。稳定经济包含充分就业、物价稳定和国际收支平衡多重含义。收入分配的目标是实现公平分配,而公平分配包括经济公平和社会公平两个层次,其目标为实现公平,其衡量指标有洛伦兹曲线和基尼系数,其实现的途径：税收、转移支付等。资源配置,广义的理解是指社会总产品的配置,狭义的理解是指生产要素的配置,配置原因是市场失效,其目的是提高资源配置的效率。

关 键 术 语

财政　公共产品　公共需要　稳定经济职能　收入分配职能　资源配置职能

案 例 分 析

浙江省财政六项举措支持实施乡村振兴战略

浙江省财政支农工作围绕实施乡村振兴战略,按照"划清边界、厘清事权、做好蛋糕、集中财力办大事"的理财思路和"保基本、守底线、促均衡、提质量"的理财要求,突出重点、狠抓落实,继续深化农业供给侧结构性改革,积极推进农业、农村现代化。

一是健全以绿色生态为导向的财政支农政策体系。落实《关于深入推进农业供给侧结构性改革　加快建立以绿色生态为导向的财政支农政策体系的实施意见》要求,建立贯彻落实情况的定期报送制度和工作协调机制,认真抓好各项改革工作任务落实,切实将财政支农政策支持重点和支持方向调整到"保供给、促增收、优生态"上来。

二是健全涉农资金统筹整合长效机制。全面贯彻落实国务院探索建立涉农资金统筹整合长效机制和深入推进农业供给侧结构性改革的要求,研究我省建立健全涉农资金统筹整合长效机制,促进性质相同、用途相近的涉农资金统筹使用和功能互补、用途衔接的涉农资金集中投入,逐步实现同一任务事项按部门职责分工由一个行业部门统筹负责。

三是完善多元化乡村振兴投入保障机制。围绕省委、省政府"三农"中心工作,切实发挥财政支农资金在实施乡村振兴战略中的支撑作用。盘活存量,统筹整合省级农口相关专项资金,进一步调整完善和优化资金支持方向及扶持方式,谋划设立省级财政支持乡村振兴一般转移支付资金。研究设立省级乡村振兴投资基金,支持有条件的地区设立乡村振兴基金,引导撬动金融和社会资本更多地投入农业、农村。

四是推进财政支农事权划分。按照推进省以下财政事权和支出责任划分等改革要求,进一步梳理省级层面支农工作的主要任务事项,修订现代农业发展等省级专项资金管理办法和配套制度,加快推动粮食生产发展、农作物病虫害绿色生态防控等相关财政支农政策的改革完善和农业水价综合改革。

五是推动农业信贷担保体系建设。强化省级政策性农业信贷担保机构平台作用,逐步推进农业信贷担保服务网络向市、县基层延伸。研究制定扶持农业信贷担保体系建设的财政支持政策,积极支持政策性农业信贷担保业务模式创新和拓展。

六是完善"三农"财金合作协调机制。创新金融支农模式,积极探索具有浙江特色的政银担保合作共赢的有效模式,推进省级财政政策与金融机构信贷政策和产品对接,进一步引导撬动金融机构加大"三农"信贷支持力度,有效缓解"融资难""融资贵"问题。

资料来源:中华人民共和国财政部,http://www.mof.gov.cn/xinwenlianbo/zhejiangcaizhengxinxilianbo/201803/t20180319_2841585.htm。

【讨论问题】 如何理解"三农"问题的公共产品性质?实施乡村振兴战略,如何解决钱从哪里来的问题?谈谈你对浙江举措的看法。

思考与练习

一、不定项选择题

1. 下列选项中属于财政特征的是( )。
    A. 强制性　　　　B. 有偿性　　　　C. 阶级性　　　　D. 平衡性
2. 认为财政目的是国家为实现其职能需要的理论是( )。
    A. 剩余产品分配论　　　　　　B. 公共财政论
    C. 国家分配论　　　　　　　　D. 价值分配论
3. 认为财政目的是国家为保证社会公共需要的理论是( )。
    A. 国家资金运动论　　　　　　B. 剩余产品分配论
    C. 公共财政论　　　　　　　　D. 价值分配论
4. 财政的本质是一种( )关系。

A．分配　　　　　　B．交换　　　　　　C．生产　　　　　　D．消费
　5．政府的公共支出（　　）。
　　　A．只能用于提供公共产品　　　　　B．主要用于提供混合产品
　　　C．主要用于提供公共产品和混合产品　D．只能用于提供部分私人产品
　6．混合产品的供给，应该由（　　）提供。
　　　A．政府部门
　　　B．市场
　　　C．社会成员
　　　D．既可以由政府部门，也可以由私人部门通过市场
　7．消费政府提供的公共产品时，（　　）。
　　　A．社会成员都必须付出等价的代价　　B．社会成员都不必付出任何代价
　　　C．需要社会成员付出一定的代价　　　D．社会成员都可以"免费乘车"
　8．由于公共物品具有非排他性和非竞争性的特征，它的需要或消费是公共的或集合的，如果由市场提供，每个消费者都不会自愿掏钱购买，而是等着他人购买而自己顺便享用它所带来的利益，这就是经济学中称为（　　）的现象。
　　　A．"搭便车"　　B．"免费乘车"　　C．"免费租车"　　D．"免费开车"

二、填空题

1．财政是指以_____为主体的分配资金活动。
2．按照"国家分配论"的观点，财政是国家凭借_____对一部分国民生产总值进行分配和再分配的经济活动。
3．财政产生的社会政治条件是_____。
4．财政的最主要特征是_____和_____。此外，还有_____、_____和_____。
5．市场失灵主要有_____、_____、_____、_____和_____几种表现形式。
6．政府干预经济的手段可以概括为_____、_____和_____三个方面。
7．政府失效和缺陷表现在_____、_____和_____等方面。
8．公共产品的特性是_____和_____。
9．公共需要的特性是_____和_____。

三、判断题

1．财政的公共性是指财政是国家或政府为主体的经济活动。　　　　　　　（　　）
2．财政收支平衡性是说财政要体现社会公共利益。　　　　　　　　　　　（　　）
3．'剩余产品分配论"认为财政分配的本质特征是剩余产品的分配。　　　　（　　）
4．"价值分配论"认为财政分配的本质特征是剩余产品的分配。　　　　　　（　　）
5．消费政府提供的公共产品时，社会成员都必须付出等价的代价。　　　　（　　）

四、思考题

1．有人说："财政，财政，有'财'又有'政'，才是'财政'。"你认为这种说法对吗？为什么？

2. 如何协调政府与市场的关系？

3. 市场条件下财政有哪三大职能？各职能的具体含义、政府执行各职能的工具和手段，以及主要内容是什么？

4. 对于财政具有"强制性"和"无偿性"的提法，一直存在争议，你的看法如何？

5. 工资收入的增加对财政有哪些影响？

模块 2

财 政 收 入

【能力目标】

通过完成本模块的学习,学生应该能够了解财政收入的分类和规模,以及影响财政收入的制约因素;掌握税收收入、非税收入和国债收入的具体内容以及它们在财政收入中的比重情况。

【核心能力】

掌握税收收入、非税收入和国债收入的具体内容。

【任务分解】

1. 了解财政收入的形式、规模及影响因素。

2. 掌握税收制度的主要内容,掌握税收收入、非税收入和国债收入的具体内容及增长情况。

3. 掌握我国财政收入中的构成情况。

减税治好了"英国病"

撒切尔时期:经济深陷滞胀,减税治好"英国病"。撒切尔执政初期,经济深陷滞胀泥潭,"英国病"愈演愈烈。为控制日益升高的通货膨胀率,英国政府采用了紧缩货币政策,并且大力推动国企私有化改革以提高效率,两者在短期都对增长形成不小的压力,而减税成为政府所倚重的工具。撒切尔首先对个人所得税大幅调整,削减纳税层级并将最高边际税率大幅下调。此外,公司税收减免同样较大,执政十年间减少公司所得税基本税率18个百分点,政府真心实意减税造成了税收增速大幅放缓。而撒切尔执政时期经济状况改善较好,通胀水平得到控制,更为难能可贵的是,其减税政策并未以政府财政赤字提高作为代价。而在这一时期,由于减税和国企私有化释放了企业主体的经济活力,并且高利率的货币政策使得通货膨胀水平得到了有效控制,因此股市表现要好于房市。1980—1989年,英国股价指数的平均增速仍在17%左右,而同一时期房价的平均增速约为11%,低于股市6个百分点之多。

布朗时期:减税应对冲击,财政赤字攀升。布朗政府执政时期恰逢2007年美国次贷危机爆发,对各国经济形成了较强冲击,英国也未能幸免。为应对危机冲击造成的经济下行,政府再次拿出减税政策,个人所得税、公司税、增值税等主要税种的税率普遍下调,此外,公司税方面还推出了延长亏损结转期限、延迟提高小微企业所得税税率计划的时间等配套措施。在大力推进减税的同时,布朗政府通过扩张性货币政策相配合,以刺激经济复苏,英国经济逐渐从危机时期的低点企稳修复。但刺激政策以财政赤字的大幅攀升作为代价。2008年,英国预算赤字水平超过了此前五年平均值的2.5倍,2009—2011年又扩张到2008年的2.5倍。

脱欧时期:增长压力显现,减税让利企业。近年来,英国经济增长再度面临压力,增速中枢不断下移,是陷入金融危机后经济最薄弱的阶段。此外,英国"脱欧"进程引发的担忧也在持续发酵,增长压力将持续。而美国特朗普政府的减税政策已在路上。为应对经济低迷,减轻美国减税造成的税收竞争压力,英国政府在公司税上大做文章。一方面,不断降低公司所得税税率;另一方面,提高研发支出的扣除比例,以激励企业创新。调减公司税率使得政府的部分收益让渡给了企业,提高其利润率水平,投资回报率也同步改善。

【分析提示】 如何理解英国依靠减税屡次摆脱经济增长困境?可供我国税改借鉴吗?

2.1 财政收入概述

财政收入是政府为满足支出的需要,依据一定的权力原则,通过国家财政集中一定数量的货币或实物资财收入。

财政收入通常有两个含义:①财政收入是一定量的公共性质的货币资金,即财政通过一定筹资形式和渠道集中起来的由国家集中掌握使用的货币资金,是国家占有的以货币表现的一定量的社会产品价值,主要是剩余产品价值。②财政收入又是一个过程,即财政收支中组织收入、筹集资金的阶段,它是财政分配的第一阶段或基础环节。

2.1.1 财政收入的分类

(一)按财政收入的形式分类

财政收入形式是指国家利用什么名称、采取什么方法取得财政收入。我国当前的财政收入具体有以下一些形式。

1. 税收收入

税收收入是指国家凭借其政治权力,依据法定标准,从单位和个人无偿取得的一种财政收入。它是现代国家财政收入最重要的收入形式和最主要的收入来源。

2. 国有资产收益

国有资产收益是指国家凭借国有资产所有权获得的利润、租金、股息、红利、资金使用费等收入的总称。我国国有资产收益主要包括以下几类。

(1)经营性国有资产经营收益是指国家凭借其在经营性企业中的国有资本金取得

的、出自相对应的税后利润、国有股权转让等形式的收益。

(2) 非经营性国有资产收益是指行政事业单位非经营性国有资产用于经营性活动或处置时取得的,归占有单位使用管理或上交国家财政的收益。

(3) 资源性国有资产收益也称国有资源收益,是指国家凭借其对资源性国有资产的所有权向使用经营单位所收取的有偿占有使用费等形式的收益。我国目前的资源性国有资产收益的主要形式有土地出让金等国有土地有偿使用收入、陆上石油矿区使用费、海域使用金、海上石油矿区使用费、外商投资企业场地使用费等。

3. 国债收入

国债收入是指政府通过信用形式取得的有偿性收入。按照举债政府主体不同,国债分为中央政府国债和地方政府国债。由于我国之前规定地方政府不允许发行国债,只有中央政府可以发行,因而国债主要集中在中央政府这一级。债务过大将蕴含巨大的财政风险,尤其是我国债务主要集中在中央财政,因此,为拉动经济增长,短期内可以扩大国债发行规模,但是从中长期来看,较大规模地发行国债如超过经济承受能力,将不利于国民经济的平稳发展,所以应控制好发债的规模。

4. 收费收入

收费收入是指政府部门在提供公共服务、实施行政管理或提供特定公共设施使用时,向受益人收取一定费用的收入形式,主要包括规费、使用费、环境保护费和纠纷调解费。

5. 其他收入

其他收入主要是指一些零星的杂项收入,包括基本建设贷款归还收入、基本建设收入、捐赠收入、罚没收入、专项收入等。其中,专项收入主要包括排污费收入、水资源费收入、教育费附加收入、矿产资源补偿费收入、探测权采矿权使用费及价款收入等。

(二) 按财政收入的集中程度分类

依此种分类,财政收入可分为预算收入和预算外收入。预算收入是纳入国家预算集中分配的收入,也称集中性财政收入,是财政收入的主要部分。由于每个财政年度的政府预算收支都要通过全国人民代表大会的审查批准,并向社会公布,因此预算收入的项目、数额等均置于人民监督之下,从而较为规范。

预算外收入也称预算外资金,是指国家机关、事业单位、社会团体、具有行政管理职能的集团、总公司和行业性组织及政府委托的其他机构为履行或代行政府职能,依据国家、省有关法律、法规及具有法律效力的规章而收取、提取和安排使用的未纳入财政预算管理的各种财政性资金。

按财政收入的集中程度分类,便于分析财政收入中预算收入和预算外收入的结构状况,了解和把握预算外资金的发展趋势,从而有利于规范财政分配,加强财政资金的管理。

(三) 按财政收入的管理要求分类

依此种分类,财政收入可分为中央财政收入和地方财政收入。

中央财政收入是指按照财政管理的规定由中央政府管理和使用的财政收入。在分税制下,中央财政收入主要来源于国家税收中的中央税,中央政府所属企业的国有资产收益,中央和地方共享税中的中央分成收入,以及国债收入等。由于中央政府担负着国家安全、外交和中央国家机关运转所需费用,调整宏观经济结构、协调地区经济社会发展、实施宏观调控所必需的支出,因此,中央财政收入在财政总收入中应该占主导地位。

地方财政收入是指按财政管理体制的规定,由各级地方政府管理和使用的财政收入,包括省(直辖市、自治区)及下属的市(自治州)、县、乡(镇)的财政收入。在分税制下,地方财政收入主要来源于地方税,地方政府所属企业的国有资产收益,中央和地方共享税中的地方分成收入及上级政府的补助收入等。为使地方政府实现其职能有财政保证,有利于因地制宜地发展本地区的经济和各项事业,必须在权责结合的条件下给地方政府以相对固定的收入来源,以体现其在国家财政体系中的基础地位。

财政收入结构的这种划分,有利于正确处理财政分配中集权与分权的关系,确定中央财政收入和地方财政收入的合理比例,改革和完善财政管理体制。

2.1.2 财政收入的原则

1. 发展经济、广辟财源原则

经济是财政之本,只有在经济发展的基础上,财源才可能充裕,因而,组织财政收入时必须遵循发展经济、广辟财源的原则。这个原则有以下几个方面的含义。

(1) 财政收入规模受经济发展状况制约,不可超越经济发展的可能征取财政收入。经济决定财政首先表现为经济发展水平及增长速度决定财政收入的增长速度。这就要求财政收入规模的确定,要充分考虑企业的承受能力,以不影响企业的简单再生产和正常的扩大再生产为限,做到取之有度。如果征取过度,企业无法支撑正常的扩大再生产,乃至影响简单再生产,就会导致生产萎缩、财源枯竭。

(2) 财政收入手段操作必须有利于促进国民经济按比例协调发展。财政收入是国家参与物质利益划分的一种手段,组织财政收入时,应根据国民经济发展的客观要求,在收入形式、征收比例、奖励措施上对不同产业或部门、不同产品实行区别对待,从物质利益上引导生产要素的流动方向,以贯彻国家的产业政策,促进国民经济按比例协调发展。

(3) 财政收入政策要有利于开辟新的财源。财政收入的增长,不但有赖于对原有财源的涵养,更重要的还在于对新财源的开拓。这就要求对节能节耗、综合效益好的生产项目,对能带动国民经济全面发展、提高劳动生产率、以科技为先导的新技术产业,对能增强出口创汇能力、有效利用自然资源的外向型经济及新兴第三产业等,采取特殊的收入优惠政策,以扶持这些产业和部门的发展,为扩大财源创造必要条件。

2. 利益兼顾原则

利益兼顾原则即在组织财政收入时,应当兼顾国家、集体、个人三者之间的利益,既要保证国家实现经济职能和社会职能所需要的财力,又要考虑企业的利益和人民的利益,调动企业和个人生产的积极性,推动经济发展。

1949—1978 年,我国基本上是高度集中的"统收统支"的经济管理体制,国有企业实现的利润基本上全部上交国家,其所需要的资金完全由财政拨款供应。我们片面强调了管理体制的高度集中,忽视了企业和职工的物质利益,削弱了企业的内在经济动力。改革开放以来,国家对企业减税让利,先后实行了企业基金制度和利润留成制度、利改税制度、承包制度和税利分流制度,承认企业是自主经营、自负盈亏、自我约束、自我发展的经济法人,企业有了相对独立的经济利益,也有了追求自身利益的发展动力。因此,在组织财政收入时,处理好国家、集体、个人三者的利益关系,充分调动企业生产和个人的积极性,保证国家财政收入和稳步增长,是财政收入的一个重要原则。

3. 公平负担原则

公平负担是指在组织财政收入时,必须根据党和国家的有关方针、政策区别各个缴纳单位由于自然资源和经济条件不同而造成的盈利多少,对其收入水平进行调节。一般是收入多的负担重一些,收入少的负担轻一些,公平合理地确定负担比例,保证为国家行使职能提供必要的财力,保证经济建设和各项事业发展的资金需要。

公平负担内容包括两个方面:一是经济能力或收入相同的同类企业和个人应当向国家缴纳数额相同的财政收入,从而给各个经济单位造成一个大致相同的公平竞争的外部环境,这称为"横向公平"。二是经济能力或收入不同的社会成员应当向国家缴纳数额不等的收入,从而可以调节社会成员的不同收入,这称为"纵向公平"。

2.1.3 财政收入规模

1. 财政收入规模的含义及其衡量指标

财政收入规模是指政府从社会总产品中所集中的一定数量的货币资金。财政收入规模是衡量国家财力和政府在社会经济生活中职能范围的重要指标。因此,各国都十分重视对财政收入规模的研究。

财政收入规模有两种衡量方法:一种是绝对规模指标,常以财政收入总额表示,它反映一国或一级政府在调控经济运行和影响社会发展方面经济实力的大小;另一种是相对规模指标,常以下面三个指标表示,其计算公式分别如下。

(1) 财政收入/国民生产总值或 $\dfrac{FI}{GNP}$。

(2) 财政收入/国内生产总值或 $\dfrac{FI}{GDP}$。

(3) 财政收入/国民收入或 $\dfrac{FI}{NI}$。

式中:FI 表示财政收入;GNP 表示国民生产总值;GDP 表示国内生产总值;NI 表示国民收入。

以上指标反映政府集中财力的能力,以及公共财力与非公共财力之间的对比关系。在分析财政规模时,最常用的是相对指标,因为它更能反映财政规模真实的变化趋势及存在的问题。

2. 影响财政收入规模的主要经济因素

(1) 经济发展水平和生产技术水平。经济发展水平上升,财源丰富,国家提高财政收入规模才有可能。财政取得收入,实际上是参与国民收入的分配。国民收入分配利润,在西方即分配蛋糕理论,增加财政收入,首先要把蛋糕做大,即发展经济。经济发展水平越高,社会产品越丰富,国内生产总值或国民收入就越多,财政收入的主要来源税收基数也就越大,这为财政收入规模扩大提供了可能。而且,经济发展水平越高,面临的经济、社会问题和矛盾也越多,解决好这些问题和矛盾,客观上也需要扩大财政收入的规模。

从各国的实际情况来看,发达国家的财政收入规模,无论在绝对数还是相对数方面均高于发展中国家。因此,经济发展水平是影响财政收入的最基本因素。

生产技术水平也是影响财政收入规模的重要因素,但生产技术水平内含于经济发展水平,它对财政收入规模的影响和制约主要从以下两方面分析:一方面是生产技术水平提高表现为生产速度加快和质量提高,从而增加国民收入,财政收入因此有了充分的财源;另一方面是生产技术水平提高带来物耗的降低,产品附加值增加,最终增加财政收入的源泉。

总之,经济决定财政,经济不发达则财源绝不可能丰裕,增加财政收入的首要前提就是发展经济,而首要途径是促进技术进步。

(2) 分配政策和分配制度。影响财政收入规模的另一个重要因素是收入分配政策和分配制度。一国的收入分配政策和分配制度主要包括工资制度、税收制度、国有企业利润分配政策和制度等。社会产品生产出来之后,要在政府、企业和居民个人之间进行一系列的分配和再分配,而收入分配政策与分配制度就决定了政府、企业和个人在国民收入分配中所占的份额。例如,在荷兰、瑞典等部分欧洲高福利国家,由于政府负担着较大的社会福利职能,其收入分配制度向政府倾斜较多,因此其财政收入规模也较大,一般占到GDP的50%以上。

(3) 价格变动。财政收入是一定量的货币收入,它是在一定的价格体系下形成的,又是按一定时点的价格计算的。因此,价格变动会影响财政收入的增减。

价格变动也让财政收入有了名义财政收入和实际财政收入的区别。所谓名义财政收入,是指当年账面上实现的财政收入;而实际财政收入是指财政收入所真正代表的社会产品的数量,在价值上它可以用按不变价格计算的财政收入表示。在其他条件一定的情况下,某年物价上涨,该年度的名义财政收入会增加,但这种财政收入的增加完全是由物价上涨造成的,并不代表财政收入的真实增长。

名义财政收入增长率与实际财政收入增长率之间可用以下公式表示:

$$实际财政收入增长率 = \frac{1+名义财政收入增长率}{1+物价上涨率} - 1$$

从以上公式可以看出,当物价上涨率超过名义财政收入增长率时,实际财政收入增长率为负数,即实际财政收入下降;当物价上涨率低于名义财政收入增长率时,实际财政收入增长率为正数,即实际财政收入上升;当物价上涨率等于名义财政收入增长率时,实际财政收入增长率为零,即实际财政收入保持不变。在财政学理论中,人们通常把由于价格上涨产生的实际财政收入增长现象,称为"通货膨胀税"。

(4) 税收征管机制和水平。前面的各个因素只是为财政收入准备了潜在的源泉,而现实的收入规模还取决于具体的税收征管机制和征管成效,即能否实现应收尽收,最大限度地减少收入的流失。

税收流失在世界各国都是一个普遍现象,差别只在于程度的不同而已。但相比之下,发达国家法制比较健全,其税收征收管理机制尤其是监督机制设计缜密,纳税人偷税逃税行为一旦被发现,就不仅面临着经济上的严重损失,在政治上、个人信用上也会身败名裂,巨大的成本风险客观上有助于阻止税收的流失。近几年,在我国税收收入连年大增的良好环境下,我国税收流失额也在趋于扩大。据有关专家测算,我国地下经济约占 GDP 的 15% 左右,按税收占 GDP 的 20% 匡算,我国地下经济的税收流失占 8 000 亿元左右。因此,加强对税收流失的研究、加强税收征管,对财政收入增加有着重要的意义。

2.2 税收收入

2.2.1 税收概述

税收是最早出现的一个财政范畴,随着国家的产生而产生。税收是一种特殊的分配,其特殊性表现在它是凭借国家政治权力实现的分配。

社会产品的分配和交换是不一样的,交换只解决具体使用价值问题,交换双方在利益上是均等的。分配就不一样,分配是社会产品归谁占有、占有多少、如何占有,分配的结果就会产生所有权或支配权的转移,因此必须依据一定的权力进行分配。分配所依据的权力有两种:一种是所有者的权力,即生产资料的所有权力;另一种是政治权力,即国家的权力。税收是一种特殊的分配形式,是凭借国家的政治权力,而不是凭借财产权力实现的分配。由于税收不是凭借所有权力,必须通过法律保证征税,以实现其职能的需要,强制地取得财政收入,从而通过这种特殊方式参与社会产品的分配。

因此,税收是国家为实现其职能,凭借政治权力,按照法律预先规定的标准和方法,强制地、无偿地、固定地取得财政收入的一种方式。

1. 税收的特征

税收作为一种凭借国家政治权力所进行的特殊分配,必然有与其他分配方式不同的特征。以税收形式取得财政收入具有强制性、无偿性、固定性,也就是通常所说的"三性"。

(1) 税收的强制性。税收的强制性是指征税凭借国家政治权力,颁布法令实施,纳税人必须依法纳税,否则就要受到法律的制裁。

法律是经国家机关认可,并用国家权力保证执行的一种行为规则。法律决定人们应该做什么、不应该做什么。税法是国家法律的组成部分,纳税人必须依法纳税。国家征税之所以采取法律手段、强制地征收,其原因在于税收是无偿的。正是由于是无偿的,国家征税时,并没有给纳税人任何报酬,而是凭借政治权力。如果不采取强制手段,财力就不能集中,不能满足国家行使职能的需要。

(2) 税收的无偿性。税收的无偿性是指国家征税以后,税款即为国家所有,既不需要偿还,也不需要对纳税人付出任何代价。国家为实现其职能,必须有强大的国家机器,即政府机关、司法、立法、警察、军队等。而国家机器本身不进行物质资料生产,不能创造物质财富。国家在行使职能时,必须有一定的财力作为保证。因此,国家必须以一种特殊方式取得财政收入。正如列宁所说:"所谓赋税,就是国家不付任何报酬向居民取得的东西。"

但也必须指出,税收的无偿性也是相对的。因为针对具体的纳税人来说,纳税后并未获得任何报酬,从这个意义上说,税收是无偿的。但若从整个社会来考察,国家筹集的税收又会用于国家的建设,财政支出同样是无偿的,税收的无偿与财政支出的无偿并存,这又反映出税收有偿性的一面,即所谓的"取之于民,用之于民"。

(3) 税收的固定性。税收的固定性是指国家在征税前就以法律或法规的形式预先规定了征税的标准,包括征税对象、纳税人和税率等,并只能按预定的标准征收。纳税人只要取得了应税收入,或发生了应税行为,或拥有了应税财产,就必须按照规定的标准纳税。同样,征税机关也只能按规定标准征税,不得随意更改。

当然,对税收的固定性也不能绝对化,以为标准一定,永不更改。随着社会经济条件的变化,课税标准的改动是必然的,唯有如此才能使税收制度更为合理和科学。所以,税收的固定性实质上是指税收有一定的标准,而这个标准又具有相对稳定性。

税收的三个特征是相互联系、密不可分的有机整体,是税收区别于其他财政收入的标志。其中,税收的无偿性是"三性"的核心。正因为无偿取得收入,对征纳双方的经济利益有影响,所以必须有一定的法律保证。如果税收是有偿的,那么征纳双方纯属自愿,根本不用强制和固定。税收能成为国家组织财政收入的重要形式,其根本原因就是因为税收具有"三性"的特征。

2. 税收的作用

由于社会主义税收具有"三性"特征,就使税收作为"聚财"手段,对保证国家收入具有重要作用。税收属于财政范畴,它的作用是财政职能作用的具体体现。

(1) 税收是组织财政收入的主要工具。为维护国家机器的正常运转及促进国民经济的健康发展,必须筹集大量资金,即由国家组织财政收入。由于税收具有强制性、无偿性、固定性三大特征,政府可以把分散在社会成员手中的一部分社会经济资源集中起来由政府支配,为国家满足社会公共需要、履行其职能提供物质基础。在大部分国家,税收收入占财政收入总额的比重都在80%以上,所以,税收是社会主义国家财政收入最可靠的保证,是国家组织财政收入的主要工具。

(2) 税收是调节经济的重要杠杆。我国建立和发展社会主义市场经济体制,一个重要的改革目标,就是从过去国家用行政手段直接管理经济,向主要运用法律、经济的手段调控经济转变。税收作为国家宏观调控的重要手段,通过制定税法,以法律的形式确定国家与纳税人之间的利益分配关系,调节社会成员收入分配和财富占有状况,即解决分配不公问题;调整产业结构和社会资源的优化配置,使其符合国家的宏观经济政策;同时,使经济单位和个人的税收负担公平,鼓励平等竞争,为市场经济的发展创造良好的条件。例如,2004年,针对东北老工业基地实施的消费型增值税改革,对东北老工业基础的技术改造和更新发挥了积极的作用;2008年,内资和外资企业所得税的"两税合并"及税收优惠政策改革,为内外资企业创造了公平的市场竞争环境,也进一步促进了中西部地区的经济发展;2016年,营业税改征增值税,给原营业税纳税企业减税减负。

(3) 税收是实现监督的重要手段。税收工作涉及面广,信息灵敏。税收监督作用主要表现在两方面:一方面,通过税收的分配活动对经济起制约和调节作用,如通过征收流转税,可以促进企业努力降低成本,改善经营管理,提高经济效益;另一方面,通过税收的日常征管工作,对企业生产经营活动是否遵守税收制度和财经纪律进行监督检查,通过税收的综合反映和监督,发现问题,及时解决,这对纠正经济领域中的偷税、漏税、投机倒把、走私贩私、贪污盗窃等违反财经纪律的犯罪活动,维护国家税法严肃性,具有重要作用。在实行政企分开、加强间接控制的格局下,这种监督尤为重要。

3. 税收的分类

税收分类是按一定标准对各种税收进行的分类,一个国家的税收体系通常是由许多不同的税种构成的。每个税种都具有自身的特点和功能,但用某一个特定的标准衡量,有些税种具有共同的性质、特点和相近的功能,从而区别于其他各种税收而形成一"类"。依据不同的目的和标准形成不同的分类,主要如下。

(1) 根据课税对象的属性不同,税收可分为流转税、所得税、财产税、资源税和行为税。

流转税是以商品交换和提供劳务的流转额为征税对象的税收,流转税是我国税收收入的主体税种,占税收收入的 60% 以上,主要的流转税税种有增值税、消费税、关税等。所得税是指以纳税人的所得额为征税对象的税收,目前已开征的有个人所得税和企业所得税。财产税是指以各种财产为征税对象的税收,目前我国开征的财产税有房产税、车船税等。资源税是指对开发和利用国家资源而取得收入的单位与个人征收的税收,目前包括资源税、城镇土地使用税等。行为税是指对某些特定经济行为开征的税收,其目的是贯彻国家政策的需要,目前我国的行为税包括印花税、城市维护建设税等。

也有人这样分为5类:①流转税,包括增值税、消费税、关税等;②所得税,包括个人所得税和企业所得税;③财产行为税,包括房产税、车船税、印花税、契税;④资源税,包括资源税、城镇土地使用税、土地增值税;⑤特定目的税,包括环境保护税、城市维护建设税、车辆购置税、耕地占用税、船舶吨税、烟叶税。

(2) 根据税收的征收管理权和收入支配权不同,税收可分为中央税、地方税和中央地方共享税。

(3) 根据税种在税制结构中的不同地位和作用,税收可分为主体税和辅助税。

(4) 根据税收收入的实体形态不同,税收可分为实物税和货币税。

(5) 根据征收的延续时间不同,税收可分为经常税和临时税。

(6) 根据计税的标准不同,税收可分为从价税、从量税和复合税。

(7) 根据税收和价格的组成关系不同,税收可分为价内税和价外税。

(8) 根据税收是否具有特定用途为标准,税收可分为一般税和目的税。

(9) 根据课税客体不同,税收可分为对人税和对物税。

(10) 根据税制的总体设计类型不同,税收可分为单一税和复合税。

(11) 根据应纳税额的确定方法不同,税收可分为定率税和配赋税。

(12) 根据征税是否构成独立税种,税收可分为正税和附加税。

(13) 根据税收负担的最终归宿不同,税收可分为直接税和间接税。

这些分类均可以从不同方面对不同国家、不同时代、不同环境的内容复杂、名称各异的税收制度进行比较,为本国税收制度提供可资借鉴的经验。

2.2.2 我国现行的主要税种

我国现行的税收制度是在 1994 年全面税制改革的基础上确立的。其税种按征税对象可分为流转税类、所得税类、财产税类、资源税类和行为税类五大类。流转税类包括增值税、消费税和关税;所得税类包括企业所得税和个人所得;资源税类主要有资源税、城镇土地使用税等;财产税类主要有房产税、契税、车船税等;行为税类主要包括印花税等。

1. 流转税类

流转税是以流转额为课税对象的税种。我国现行的流转税的税种有增值税、消费税和关税。

1) 增值税

在中华人民共和国境内销售货物或者加工、修理修配劳务,销售服务、无形资产、不动产及进口货物的单位和个人,均为增值税的纳税人,应当缴纳增值税。增值税已经成为我国最主要的税种之一,增值税的收入占我国全部税收的 60% 以上,是最大的税种。增值税由国家税务局负责征收,税收收入中 50% 为中央财政收入,50% 为地方收入。进口环节的增值税由海关负责征收,税收收入全部为中央财政收入。增值税具有保持税收中性、有利于国民经济合理发展的特点。

《中华人民共和国增值税暂行条例》将纳税人按其经营规模大小及会计核算是否健全划分为一般纳税人和小规模纳税人。增值税小规模纳税人标准为年应征增值税销售额 500 万元及以下。

(1) 增值税税率具体如下。

① 纳税人销售或者进口货物,除下述第②项外,税率为 17%。

② 纳税人销售或者进口下列货物,税率为 11%:农产品(含粮食)、自来水、暖气、石油液化气、天然气、食用植物油、冷气、热水、煤气、居民用煤炭制品、食用盐、农机、饲料、农药、农膜、化肥、沼气、二甲醚、图书、报纸、杂志、音像制品、电子出版物等。

③ 纳税人出口货物,税率为零;但是,国务院另有规定的除外。

④ 纳税人提供加工、修理修配劳务,税率为 17%。

⑤ 自 2017 年 7 月 1 日起,营改增新税率表执行,增值税税率结构简并,取消 13% 的税率,税率分为 17%、11%、6% 三档。

(参见 http://www.chinatax.gov.cn/n810351/n2038842/c2699403/content.html)

⑥ 自 2018 年 5 月 1 日起,纳税人发生增值税应税销售行为或者进口货物,原适用 17% 和 11% 税率的,税率分别调整为 16% 和 10%。纳税人购进农产品,原适用 11% 扣除率的,扣除率调整为 10%。纳税人购进用于生产销售或委托加工 16% 税率货物的农产品,按照 12% 的扣除率计算进项税额。原适用 17% 税率且出口退税率为 17% 的出口货物,出口退税率调整至 16%。原适用 11% 税率且出口退税率为 11% 的出口货物、跨境应税行为,出口退税率调整至 10%。

(参见 http://www.chinatax.gov.cn/n810341/n810755/c3377945/content.html)

纳税人兼营不同税率的货物或者应税劳务,应当分别核算不同税率货物或者应税劳务的销售额;未分别核算销售额的,从高适用税率。

纳税人销售货物或者提供应税劳务(以下简称销售货物或者应税劳务),应纳税额为当期销项税额抵扣当期进项税额后的余额。应纳税额计算公式如下:

应纳税额＝当期销项税额－当期进项税额

当期销项税额小于当期进项税额不足抵扣时,其不足部分可以结转下期继续抵扣。

销项税额＝销售额×税率

一般纳税人销售货物或者应税劳务,采用销售额和销项税额合并定价方法的,按下列公式计算销售额:

$$销售额=\frac{含税销售额}{1+税率}$$

(2) 下列进项税额准予从销项税额中抵扣。

① 增值税专用发票。从销售方取得的增值税专用发票(含税控机动车销售统一发票)上注明的增值税税额。

② 海关进口增值税专用缴款书。从海关取得的海关进口增值税专用缴款书上注明的增值税税额。

③ 农产品收购发票。购进农产品,除取得增值税专用发票或者海关进口增值税专用缴款书外,按照农产品收购发票或者销售发票上注明的农产品买价和13%的扣除率计算的进项税额。进项税额计算公式如下:

进项税额＝买价×扣除率

买价是指纳税人购进农产品在农产品收购发票或者销售发票上注明的价款和按照规定缴纳的烟叶税。

购进农产品,按照《农产品增值税进项税额核定扣除试点实施办法》抵扣进项税额的除外。

④ 完税凭证。从境外单位或者个人购进服务、无形资产或者不动产,自税务机关或者扣缴义务人取得的解缴税款的完税凭证上注明的增值税税额。

⑤ 已抵扣进项税额的购进服务,发生规定情形(简易计税方法计税项目、免征增值税项目除外)的,应当将该进项税额从当期进项税额中扣减;无法确定该进项税额的,按照当期实际成本计算应扣减的进项税额。

⑥ 不动产在建工程。适用一般计税方法的试点纳税人,2016年5月1日后取得并在会计制度上按固定资产核算的不动产或者2016年5月1日后取得的不动产在建工程,其进项税额应自取得之日起分两年从销项税额中抵扣,第一年抵扣比例为60%,第二年抵扣比例为40%。取得不动产,包括以直接购买、接受捐赠、接受投资入股、自建以及抵债等各种形式取得不动产,不包括房地产开发企业自行开发的房地产项目。融资租入的不动产及在施工现场修建的临时建筑物、构筑物,其进项税额不适用分两年抵扣的规定。

⑦ 固定资产、无形资产、不动产,发生用途改变,用于允许抵扣进项税额的应税项目。按照《实施办法》第二十七条第(一)项规定不得抵扣且未抵扣进项税额的固定资产、无形资产、不动产,发生用途改变,用于允许抵扣进项税额的应税项目,可在用途改变的次月按照下列公式计算可以抵扣的进项税额:

$$可以抵扣的进项税额=\frac{固定资产、无形资产、不动产净值}{1+适用税率}×适用税率$$

上述可以抵扣的进项税额应取得合法有效的增值税扣税凭证。

⑧ 原增值税一般纳税人购进服务、无形资产或者不动产,取得的增值税专用发票上注明的增值税税额为进项税额,准予从销项税额中抵扣。

⑨ 原增值税一般纳税人自用的应征消费税的摩托车、汽车、游艇,其进项税额准予从销项税额中抵扣。

⑩ 原增值税一般纳税人从境外单位或者个人购进服务、无形资产或者不动产,按照规定应当扣缴增值税的,准予从销项税额中抵扣的进项税额为自税务机关或者扣缴义务人取得的解缴税款的完税凭证上注明的增值税税额。纳税人凭完税凭证抵扣进项税额的,应当具备书面合同、付款证明和境外单位的对账单或者发票。资料不全的,其进项税额不得从销项税额中抵扣。

⑪ 原增值税一般纳税人购进货物或者接受加工、修理修配劳务,用于《销售服务、无形资产或者不动产注释》所列项目的,不属于《增值税暂行条例》第十条所称的用于非增值税应税项目,其进项税额准予从销项税额中抵扣。

(3) 下列项目的进项税额不得从销项税额中抵扣。

① 用于简易计税方法计税项目、免征增值税项目、集体福利或者个人消费的购进货物、加工修理修配劳务、服务、无形资产和不动产。其中涉及的固定资产、无形资产、不动产,仅指专用于上述项目的固定资产、无形资产(不包括其他权益性无形资产)、不动产。

纳税人的交际应酬消费属于个人消费。

② 非正常损失的购进货物,以及相关的加工修理修配劳务和交通运输服务。

③ 非正常损失的在产品、产成品所耗用的购进货物(不包括固定资产)、加工修理修配劳务和交通运输服务。

④ 非正常损失的不动产,以及该不动产所耗用的购进货物、设计服务和建筑服务。

⑤ 非正常损失的不动产在建工程所耗用的购进货物、设计服务和建筑服务。

纳税人新建、改建、扩建、修缮、装饰不动产,均属于不动产在建工程。

⑥ 购进的旅客运输服务、贷款服务、餐饮服务、居民日常服务和娱乐服务。

⑦ 财政部和国家税务总局规定的其他情形。

(4) 小规模纳税人的标准如下。

① 从事货物生产或者提供应税劳务的纳税人,以及以从事货物生产或者提供应税劳务为主,并兼营货物批发或者零售的纳税人,年应征增值税销售额在 50 万元以下(含本数)的。以从事货物生产或者提供应税劳务为主是指纳税人的年货物生产或者提供应税劳务的销售额占年应税销售额的比重在 50% 以上。

② 除上述第①项规定以外的纳税人,年应税销售额在 80 万元以下(含本数)的。小规模纳税人的年应税销售额,实行按照销售额和征收率计算应纳税额的简易办法,并不得抵扣进项税额。应纳税额计算公式如下:

$$应纳税额 = 销售额 \times 征收率$$

小规模纳税人增值税征收率为 3%。

小规模纳税人销售货物或者应税劳务采用销售额和应纳税额合并定价方法的,按下列公式计算销售额:

$$销售额 = \frac{含税销售额}{1+征收率}$$

纳税人进口货物,按照组成计税价格和规定的税率计算应纳税额。组成计税价格和应纳税额计算公式如下:

$$组成计税价格 = 关税完税价格 + 关税 + 消费税$$

$$应纳税额 = 组成计税价格 \times 税率$$

(5) 营改增后,免增值税的项目更加烦琐,下面简单列举免征增值税项目。
① 托儿所、幼儿园提供的保育和教育服务。
② 养老机构提供的养老服务。
③ 残疾人福利机构提供的育养服务。
④ 婚姻介绍服务。
⑤ 殡葬服务。
⑥ 残疾人员本人为社会提供的服务。
⑦ 医疗机构提供的医疗服务。
⑧ 从事学历教育的学校提供的教育服务。
⑨ 学生勤工俭学提供的服务。

扩展阅读 2-1

营改增后,哪些业务需要视同销售

根据《增值税暂行条例实施细则》规定,以下七种业务需要视同销售。
(1) 将货物交付其他单位或者个人代销。
(2) 销售代销货物。
(3) 设有两个以上机构并实行统一核算的纳税人,将货物从一个机构移送其他机构用于销售,但相关机构设在同一县(市)的除外。
(4) 将自产、委托加工的货物用于集体福利或者个人消费。
(5) 将自产、委托加工或者购进的货物作为投资,提供给其他单位或者个体工商户。
(6) 将自产、委托加工或者购进的货物分配给股东或者投资者。
(7) 将自产、委托加工或者购进的货物无偿赠送其他单位或者个人。

《营改增试点实施办法》第十四条规定,下列情形视同销售服务、无形资产或者不动产。
(1) 单位或者个体工商户向其他单位或者个人无偿提供服务,但用于公益事业或者以社会公众为对象的除外。
(2) 单位或者个人向其他单位或者个人无偿转让无形资产或者不动产,但用于公益事业或者以社会公众为对象的除外。
(3) 财政部和国家税务总局规定的其他情形。

2) 消费税

消费税是国家为体现消费政策,对生产和进口的应税消费品征收的一种税。消费税

是 1994 年工商税制改革后流转税制中新设置的一个税种。

在对商品普遍征收增值税的基础上,选择少数消费品再征收一道消费税,主要是为了调节消费结构、引导消费方向,保证国家财政收入。

征收消费税的商品选择主要考虑以下几个因素:①税制调整后税收负担下降较多的产品;②一些过度消费会对人类健康、社会秩序、生态环境等方面造成危害的特殊消费品,如烟、酒、鞭炮等;③奢侈品、非生产必需品,如化妆品等;④高能耗及高档消费品,如小轿车等。

《中华人民共和国消费税暂行条例》规定,在中华人民共和国境内生产、委托加工、进口《中华人民共和国消费税暂行条例》规定的消费品的单位和个人,以及国务院确定的销售本条例规定的消费品的其他单位和个人,为消费税的纳税人,应当依照该条例缴纳消费税。

纳税人生产的应税消费品,于纳税人销售时纳税。纳税人自产自用的应税消费品,用于连续生产应税消费品的,不纳税;用于其他方面的,于移送使用时纳税。

委托加工的应税消费品,除受托方为个人外,由受托方在向委托方交货时代收代缴税款。委托加工的应税消费品,委托方用于连续生产应税消费品的,所纳税款准予按规定抵扣。

进口的应税消费品,于报关进口时纳税。

消费税税目、税率及征收环节如表 2-1 所示。

表 2-1 消费税税目、税率及征收环节

税 目	税 率	征收环节
一、烟		
1. 卷烟		生产、委托加工和进口
生产销售		
(1) 甲类卷烟	56%加0.003元/支	生产
(2) 乙类卷烟	36%加0.003元/支	生产
商业批发	11%加0.005元/支	批发
2. 雪茄烟	36%	生产
3. 烟丝	30%	生产
二、酒		生产、委托加工和进口
1. 白酒	20%加0.5元/500克(或者500毫升)	
2. 黄酒	240元/吨	
3. 啤酒		
(1) 甲类啤酒	250元/吨	
(2) 乙类啤酒	220元/吨	
4. 其他酒	10%	

续表

税 目	税 率	征 收 环 节
三、高档化妆品	15%	生产、委托加工和进口
四、贵重首饰及珠宝玉石		生产、委托加工和进口、零售
1. 金银首饰、铂金首饰和钻石及钻石饰品	5%	零售
2. 其他贵重首饰和珠宝玉石	10%	生产
五、鞭炮、焰火	15%	生产、委托加工和进口
六、成品油		生产、委托加工和进口
1. 汽油	1.52元/升	
2. 柴油	1.2元/升	
3. 航空煤油	1.2元/升	暂免
4. 石脑油	1.52元/升	
5. 溶剂油	1.52元/升	
6. 润滑油	1.52元/升	
7. 燃料油	1.2元/升	
七、摩托车		生产、委托加工和进口
1. 气缸容量(排气量,下同)在250毫升的	3%	
2. 气缸容量在250毫升(不含250毫升)以上的	10%	
八、小汽车		生产、委托加工和进口、零售
1. 乘用车		
(1) 气缸容量(排气量,下同)在1.0升(含1.0升)以下的	1%	
(2) 气缸容量在1.0升以上至1.5升(含1.5升)的	3%	
(3) 气缸容量在1.5升以上至2.0升(含2.0升)的	5%	
(4) 气缸容量在2.0升以上至2.5升(含2.5升)的	9%	
(5) 气缸容量在2.5升以上至3.0升(含3.0升)的	12%	
(6) 气缸容量在3.0升以上至4.0升(含4.0升)的	25%	
(7) 气缸容量在4.0升以上的	40%	
2. 中轻型商用客车	5%	
3. 超豪华小汽车	10%	零售(按税目1和2征收上再加征)
九、高尔夫球及球具	10%	生产、委托加工和进口
十、高档手表	20%	生产、委托加工和进口
十一、游艇	10%	生产、委托加工和进口
十二、木制一次性筷子	5%	生产、委托加工和进口
十三、实木地板	5%	生产、委托加工和进口
十四、电池	4%	生产、委托加工和进口
十五、涂料	4%	生产、委托加工和进口

消费税实行从价定率、从量定额,或者从价定率和从量定额复合计税(以下简称复合计税)的办法计算应纳税额。应纳税额计算公式如下:

实行从价定率办法计算的应纳税额=销售额×比例税率

实行从量定额办法计算的应纳税额=销售数量×定额税率

实行复合计税办法计算的应纳税额=销售额×比例税率+销售数量×定额税率

纳税人销售的应税消费品,以人民币计算销售额。纳税人以人民币以外的货币结算销售额的,应当折合成人民币计算。

销售额为纳税人销售应税消费品向购买方收取的全部价款和价外费用。

纳税人自产自用的应税消费品,按照纳税人生产的同类消费品的销售价格计算纳税;没有同类消费品销售价格的,按照组成计税价格计算纳税。

实行从价定率办法计算纳税的组成计税价格计算公式如下:

$$组成计税价格=\frac{成本+利润}{1-比例税率}$$

实行复合计税办法计算纳税的组成计税价格计算公式如下:

$$组成计税价格=\frac{成本+利润+自产自用数量×定额税率}{1-比例税率}$$

委托加工的应税消费品,按照受托方的同类消费品的销售价格计算纳税;没有同类消费品销售价格的,按照组成计税价格计算纳税。

实行从价定率办法计算纳税的组成计税价格计算公式如下:

$$组成计税价格=\frac{材料成本+加工费}{1-比例税率}$$

实行复合计税办法计算纳税的组成计税价格计算公式如下:

$$组成计税价格=\frac{材料成本+加工费+委托加工数量×定额税率}{1-比例税率}$$

进口的应税消费品,按照组成计税价格计算纳税。

实行从价定率办法计算纳税的组成计税价格计算公式如下:

$$组成计税价格=\frac{关税完税价格+关税}{1-消费税比例税率}$$

实行复合计税办法计算纳税的组成计税价格计算公式如下:

$$组成计税价格=\frac{关税完税价格+关税+进口数量×消费税定额税率}{1-消费税比例税率}$$

纳税人应税消费品的计税价格明显偏低并无正当理由的,由主管税务机关核定其计税价格。

3) 关税

关税是对进出我国国境的商品征收的一种税。它分进口税和出口税两种,由海关负责征收。关税对维护国家主权和发展对外经济及增加财政收入,为国家积累资金具有重要作用。关税的课税对象是进出国境的货物和物品。关税纳税人分两类:一类是经营进出口业务的单位;另一类是非贸易物品的持有人。关税税率根据不同货物和不同地区国家区别对待的原则,一般采取差别比例税率。

2. 所得税类

所得税又称收益税,是以纳税人的收益额为课税对象的一种税。所得税的特点:①税负公平。税额的多少取决于收益多少,一般不能转嫁税负,税额由纳税人自己承担。采用累进税率,所得越多税率越高,符合区别对待、合理负担的原则。②一般不重复征税,征税环节单一,课税主体只有一个。③课征有一定弹性。随着国民经济的发展,国民收入中 M 的部分不断增加,国家可以根据需要灵活调整税负。

所得税的主要税种如下。

1) 企业所得税

企业所得税是国家对从事生产经营活动并有盈利的企业或视同企业的其他组织,就其生产经营所得和其他所得课征的一种税,它是国家直接参与企业利润分配、调节其收入的一种形式。

《中华人民共和国企业所得税法》由中华人民共和国第十届全国人民代表大会第五次会议于2007年3月16日通过,自2008年1月1日起施行。

在中华人民共和国境内,企业和其他取得收入的组织为企业所得税的纳税人。

企业所得税的纳税人按照注册地标准和实际管理机构标准分为居民企业和非居民企业。若企业注册地在中国或者注册地不在中国而其实际管理机构在中国,则认定为中国的居民企业。若企业注册地不在中国,其实际管理机构也不在中国,则认定为中国的非居民企业。居民企业就其来源于中国境内外的所得纳税,而非居民企业只就其来源于中国境内所得纳税。

企业所得税的基本税率为25%,对于符合条件的小型微利企业适用较低的税率20%,为鼓励高新技术企业的发展,特别适用15%的优惠税率。

财政部、税务总局于2018年7月11日发布《关于进一步扩大小型微利企业所得税优惠政策范围的通知》,为进一步支持小型微利企业发展,自2018年1月1日至2020年12月31日,将小型微利企业的年应纳税所得额上限由50万元提高至100万元,对年应纳税所得额低于100万元(含100万元)的小型微利企业,其所得减按50%计入应纳税所得额,按20%的税率缴纳企业所得税。

这里所称小型微利企业,是指从事国家非限制和禁止行业,并符合下列条件的企业。①工业企业,年度应纳税所得额不超过100万元,从业人数不超过100人,资产总额不超过3 000万元;②其他企业,年度应纳税所得额不超过100万元,从业人数不超过80人,资产总额不超过1 000万元。

企业所得税以应纳税所得额为计税依据,其企业所得税=应纳税所得额×适用税率,其应纳税所得额的确定是关键,其可以按照税法制度计算而出,也可以由会计利润调整而来。

企业每一个纳税年度的收入总额,减除不征税收入、免税收入、各项扣除及允许弥补的以前年度亏损后的余额,为应纳税所得额。

(1) 企业以货币形式和非货币形式从各种来源取得的收入,为收入总额。

① 销售货物收入。

② 提供劳务收入。

③ 转让财产收入。

④ 股息、红利等权益性投资收益。
⑤ 利息收入。
⑥ 租金收入。
⑦ 特许权使用费收入。
⑧ 接受捐赠收入。
⑨ 其他收入。

（2）收入总额中的下列收入为不征税收入。
① 财政拨款。
② 依法收取并纳入财政管理的行政事业性收费、政府性基金。
③ 国务院规定的其他不征税收入。

企业实际发生的与取得收入有关的、合理的支出，包括成本、费用、税金、损失和其他支出，准予在计算应纳税所得额时扣除。

企业发生的公益性捐赠支出，在年度利润总额 12% 以内的部分，准予在计算应纳税所得额时扣除。

（3）在计算应纳税所得额时，下列支出不得扣除。
① 向投资者支付的股息、红利等权益性投资收益款项。
② 企业所得税税款。
③ 税收滞纳金。
④ 罚金、罚款和被没收财物的损失。
⑤ 法律规定以外的捐赠支出。
⑥ 赞助支出。
⑦ 未经核定的准备金支出。
⑧ 与取得收入无关的其他支出。

（4）在计算应纳税所得额时，企业按照规定计算的固定资产折旧，准予扣除。
下列固定资产不得计算折旧扣除。
① 房屋、建筑物以外未投入使用的固定资产。
② 以经营租赁方式租入的固定资产。
③ 以融资租赁方式租出的固定资产。
④ 已足额提取折旧仍继续使用的固定资产。
⑤ 与经营活动无关的固定资产。
⑥ 单独估价作为固定资产入账的土地。
⑦ 其他不得计算折旧扣除的固定资产。

（5）在计算应纳税所得额时，企业按照规定计算的无形资产摊销费用，准予扣除。
下列无形资产不得计算摊销费用扣除。
① 自行开发的支出已在计算应纳税所得额时扣除的无形资产。
② 自创商誉。
③ 与经营活动无关的无形资产。
④ 其他不得计算摊销费用扣除的无形资产。

(6) 在计算应纳税所得额时,企业发生的下列支出作为长期待摊费用,按照规定摊销的,准予扣除。

① 已足额提取折旧的固定资产的改建支出。

② 租入固定资产的改建支出。

③ 固定资产的大修理支出。

④ 其他应当作为长期待摊费用的支出。

2018年12月29日,第十三届全国人民代表大会常务委员会第七次会议通过对《中华人民共和国企业所得税法》作出修改,将第五十一条第一款中的"非居民企业在中国境内设立两个或者两个以上机构、场所的,经税务机关审核批准"修改为"非居民企业在中国境内设立两个或者两个以上机构、场所,符合国务院税务主管部门规定条件的"。

2) 个人所得税

个人所得税是对个人取得的各项应税所得征收的一种税。以取得所得的自然人为纳税义务人,按照有无住所和居住时间标准,具体分为居民纳税人和非居民纳税人。

《中华人民共和国个人所得税法》(以下简称"本法")经1980年9月10日第五届全国人民代表大会第三次会议通过,根据2018年8月31日第十三届全国人民代表大会常务委员会第五次会议《关于修改〈中华人民共和国个人所得税法〉的决定》第七次修正。2018年12月18日,中华人民共和国国务院令第707号第四次修订《中华人民共和国个人所得税法实施条例》,自2019年1月1日起施行。建立综合与分类相结合的个人所得税制是我国前所未有的重大税制改革,也是一项重要的减税措施,实施专项附加扣除政策是个人所得税改革的最大亮点和难点,对完善收入分配制度、更好保障和改善民生、激发居民消费潜力具有重要意义。

在中国境内有住所,或者无住所而一个纳税年度内在中国境内居住累计满一百八十三天的个人,为居民个人。居民个人从中国境内和境外取得的所得,依照本法规定缴纳个人所得税。

在中国境内无住所又不居住,或者无住所而一个纳税年度内在中国境内居住累计不满一百八十三天的个人,为非居民个人。非居民个人从中国境内取得的所得,依照本法规定缴纳个人所得税。

纳税年度,自公历一月一日起至十二月三十一日止。

个人所得税法规定的各项个人所得的范围如下。

(1) 工资、薪金所得,是指个人因任职或者受雇取得的工资、薪金、奖金、年终加薪、劳动分红、津贴、补贴以及与任职或者受雇有关的其他所得。

(2) 劳务报酬所得,是指个人从事劳务取得的所得,包括从事设计、装潢、安装、制图、化验、测试、医疗、法律、会计、咨询、讲学、翻译、审稿、书画、雕刻、影视、录音、录像、演出、表演、广告、展览、技术服务、介绍服务、经纪服务、代办服务以及其他劳务取得的所得。

(3) 稿酬所得,是指个人因其作品以图书、报刊等形式出版、发表而取得的所得。

(4) 特许权使用费所得,是指个人提供专利权、商标权、著作权、非专利技术以及其他特许权的使用权取得的所得;提供著作权的使用权取得的所得,不包括稿酬所得。

(5) 经营所得,是指:① 个体工商户从事生产、经营活动取得的所得,个人独资企投资人、合伙企业的个人合伙人来源于境内注册的个人独资企业、合伙企业生产、经营的所得；②个人依法从事办学、医疗、咨询以及其他有偿服务活动取得的所得；③个人对企业、事业单位承包经营、承租经营以及转包、转租取得的所得；④个人从事其他生产、经营活动取得的所得。

（6）利息、股息、红利所得，是指个人拥有债权、股权等而取得的利息、股息、红利所得。

（7）财产租赁所得，是指个人出租不动产、机器设备、车船以及其他财产取得的所得。

（8）财产转让所得，是指个人转让有价证券、股权、合伙企业中的财产份额、不动产、机器设备、车船以及其他财产取得的所得。

（9）偶然所得，是指个人得奖、中奖、中彩以及其他偶然性质的所得。

居民个人取得前款第一项至第四项所得（以下简称"综合所得"），按纳税年度合并计算个人所得税；非居民个人取得前款第一项至第四项所得，按月或者按次分项计算个人所得税。纳税人取得前款第五项至第九项所得，依照本法规定分别计算个人所得税。

（1）个人所得税的税率详述如下。

① 综合所得，适用3%~45%的超额累进税率（税率表如表2-2所示）。

表2-2 个人所得税税率表一

（综合所得适用）

级数	全年应纳税所得额	税率/%
1	不超过36 000元的	3
2	超过36 000元至144 000元的部分	10
3	超过144 000元至300 000元的部分	20
4	超过300 000元至420 000元的部分	25
5	超过420 000元至660 000元的部分	30
6	超过660 000元至960 000元的部分	35
7	超过960 000元的部分	45

注1：本表所称全年应纳税所得额是指依照本法第六条的规定，居民个人取得综合所得以每一纳税年度收入额减除费用六万元以及专项扣除、专项附加扣除和依法确定的其他扣除后的余额。

注2：非居民个人取得工资、薪金所得，劳务报酬所得，稿酬所得和特许权使用费所得，依照本表按月换算后计算应纳税额。

② 经营所得，适用5%~35%的超额累进税率（税率表如表2-3所示）。

表2-3 个人所得税税率表二

（经营所得适用）

级数	全年应纳税所得额	税率/%
1	不超过30 000元的	5
2	超过30 000元至90 000元的部分	10
3	超过90 000元至300 000元的部分	20
4	超过300 000元至500 000元的部分	30
5	超过500 000元的部分	35

注：本表所称全年应纳税所得额是指依照本法第六条的规定，以每一纳税年度的收入总额减除成本、费用以及损失后的余额。

③ 利息、股息、红利所得，财产租赁所得，财产转让所得和偶然所得，适用比例税率，税率为20%。

(2) 下列各项个人所得，免征个人所得税。

① 省级人民政府、国务院部委和中国人民解放军军以上单位，以及外国组织、国际组织颁发的科学、教育、技术、文化、卫生、体育、环境保护等方面的奖金。

② 国债和国家发行的金融债券利息。

③ 按照国家统一规定发给的补贴、津贴。

④ 福利费、抚恤金、救济金。

⑤ 保险赔款。

⑥ 军人的转业费、复员费、退役金。

⑦ 按照国家统一规定发给干部、职工的安家费、退职费、基本养老金或者退休费、离休费、离休生活补助费。

⑧ 依照有关法律规定应予免税的各国驻华使馆、领事馆的外交代表、领事官员和其他人员的所得。

⑨ 中国政府参加的国际公约、签订的协议中规定免税的所得。

⑩ 国务院规定的其他免税所得。

前款第十项免税规定，由国务院报全国人民代表大会常务委员会备案。

(3) 有下列情形之一的，可以减征个人所得税，具体幅度和期限，由省、自治区、直辖市人民政府规定，并报同级人民代表大会常务委员会备案。

① 残疾、孤老人员和烈属的所得。

② 因自然灾害遭受重大损失的。

国务院可以规定其他减税情形，报全国人民代表大会常务委员会备案。

(4) 应纳税所得额的计算如下。

① 居民个人的综合所得，以每一纳税年度的收入额减除费用60 000元以及专项扣除、专项附加扣除和依法确定的其他扣除后的余额，为应纳税所得额。

② 非居民个人的工资、薪金所得，以每月收入额减除费用5 000元后的余额为应纳税所得额；劳务报酬所得、稿酬所得、特许权使用费所得，以每次收入额为应纳税所得额。

③ 经营所得，以每一纳税年度的收入总额减除成本、费用以及损失后的余额，为应纳税所得额。

④ 财产租赁所得，每次收入不超过4 000元的，减除费用800元；4 000元以上的，减除20%的费用，其余额为应纳税所得额。

⑤ 财产转让所得，以转让财产的收入额减除财产原值和合理费用后的余额，为应纳税所得额。

⑥ 利息、股息、红利所得和偶然所得，以每次收入额为应纳税所得额。

劳务报酬所得、稿酬所得、特许权使用费所得以收入减除20%的费用后的余额为收入额。稿酬所得的收入额减按70%计算。

个人将其所得对教育、扶贫、济困等公益慈善事业进行捐赠，捐赠额未超过纳税人申报的应纳税所得额30%的部分，可以从其应纳税所得额中扣除；国务院规定对公益慈善事业捐赠实行全额税前扣除的,从其规定。

本条第一款第一项规定的专项扣除,包括居民个人按照国家规定的范围和标准缴纳的基本养老保险、基本医疗保险、失业保险等社会保险费和住房公积金等;专项附加扣除,包括子女教育、继续教育、大病医疗、住房贷款利息或者住房租金、赡养老人等支出,具体范围、标准和实施步骤由国务院确定,并报全国人民代表大会常务委员会备案。

个人所得税以所得人为纳税人,以支付所得的单位或者个人为扣缴义务人。

纳税人有中国公民身份号码的,以中国公民身份号码为纳税人识别号;纳税人没有中国公民身份号码的,由税务机关赋予其纳税人识别号。扣缴义务人扣缴税款时,纳税人应当向扣缴义务人提供纳税人识别号。

居民个人取得综合所得,按年计算个人所得税;有扣缴义务人的,由扣缴义务人按月或者按次预扣预缴税款;需要办理汇算清缴的,应当在取得所得的次年三月一日至六月三十日内办理汇算清缴。预扣预缴办法由国务院税务主管部门制定。

居民个人向扣缴义务人提供专项附加扣除信息的,扣缴义务人按月预扣预缴税款时应当按照规定予以扣除,不得拒绝。

非居民个人取得工资、薪金所得,劳务报酬所得,稿酬所得和特许权使用费所得,有扣缴义务人的,由扣缴义务人按月或者按次代扣代缴税款,不办理汇算清缴。

公安、人民银行、金融监督管理等相关部门应当协助税务机关确认纳税人的身份、金融账户信息。教育、卫生、医疗保障、民政、人力资源社会保障、住房城乡建设、公安、人民银行、金融监督管理等相关部门应当向税务机关提供纳税人子女教育、继续教育、大病医疗、住房贷款利息、住房租金、赡养老人等专项附加扣除信息。

个人转让不动产的,税务机关应当根据不动产登记等相关信息核验应缴的个人所得税,登记机构办理转移登记时,应当查验与该不动产转让相关的个人所得税的完税凭证。个人转让股权办理变更登记的,市场主体登记机关应当查验与该股权交易相关的个人所得税的完税凭证。

有关部门依法将纳税人、扣缴义务人遵守本法的情况纳入信用信息系统,并实施联合激励或者惩戒。

扩展阅读 2-2

国务院发布个人所得税专项附加扣除暂行办法

2018年12月13日,《国务院关于印发个人所得税专项附加扣除暂行办法的通知》(以下简称本办法)发布,自2019年1月1日起施行。本办法所称个人所得税专项附加扣除,是指个人所得税法规定的子女教育、继续教育、大病医疗、住房贷款利息或者住房租金、赡养老人等6项专项附加扣除。个人所得税专项附加扣除额一个纳税年度扣除不完的,不能结转以后年度扣除。

1. 子女教育

纳税人的子女接受全日制学历教育的相关支出,按照每个子女每月1 000元的标准定额扣除。学历教育包括义务教育(小学、初中教育)、高中阶段教育(普通高中、中等职业、技工教育）、高等教育（大学专科、大学本科、硕士研究生、博士研究生教育）。父母可以选择由其中一方按扣除标准的100%扣除，也可以选择由双方分别按扣除标准的50%扣除，具体扣除方式在一个纳税年度内不能变更。

2. 继续教育

纳税人在中国境内接受学历（学位）继续教育的支出，在学历（学位）教育期间按照每月400元定额扣除。同一学历（学位）继续教育的扣除期限不能超过48个月。纳税人接受技能人员职业资格继续教育、专业技术人员职业资格继续教育的支出，在取得相关证书的当年，按照3 600元定额扣除。

3. 大病医疗

在一个纳税年度内，纳税人发生的与基本医保相关的医药费用支出，扣除医保报销后个人负担（指医保目录范围内的自付部分）累计超过15 000元的部分，由纳税人在办理年度汇算清缴时，在80 000元限额内据实扣除。纳税人发生的医药费用支出可以选择由本人或者其配偶扣除；未成年子女发生的医药费用支出可以选择由其父母一方扣除。

4. 住房贷款利息

纳税人本人或者配偶单独或者共同使用商业银行或者住房公积金个人住房贷款为本人或者其配偶购买中国境内住房，发生的首套住房贷款利息支出，在实际发生贷款利息的年度，按照每月1 000元的标准定额扣除，扣除期限最长不超过240个月。纳税人只能享受一次首套住房贷款的利息扣除。本办法所称首套住房贷款是指购买住房享受首套住房贷款利率的住房贷款。经夫妻双方约定，可以选择由其中一方扣除，具体扣除方式在一个纳税年度内不能变更。夫妻双方婚前分别购买住房发生的首套住房贷款，其贷款利息支出，婚后可以选择其中一套购买的住房，由购买方按扣除标准的100%扣除，也可以由夫妻双方对各自购买的住房分别按扣除标准的50%扣除，具体扣除方式在一个纳税年度内不能变更。

5. 住房租金

纳税人在主要工作城市没有自有住房而发生的住房租金支出，可以按照以下标准定额扣除：①直辖市、省会（首府）城市、计划单列市以及国务院确定的其他城市，扣除标准为每月1 500元；②除第一项所列城市以外，市辖区户籍人口超过100万的城市，扣除标准为每月1 100元；市辖区户籍人口不超过100万的城市，扣除标准为每月800元。纳税人的配偶在纳税人的主要工作城市有自有住房的，视同纳税人在主要工作城市有自有住房。

6. 赡养老人

本办法所称被赡养人是指年满60岁的父母，以及子女均已去世的年满60岁的祖父母、外祖父母。纳税人赡养一位及以上被赡养人的赡养支出，统一按照以下标准定额扣除：①纳税人为独生子女的，按照每月2 000元的标准定额扣除；②纳税人为非独生子女的，由其与兄弟姐妹分摊每月2 000元的扣除额度，每人分摊的额度不能超过每月1 000元。可以由赡养人均摊或者约定分摊，也可以由被赡养人指定分摊。约定或者指定分摊的须签订书面分摊协议，指定分摊优先于约定分摊。具体分摊方式和额度在一个纳税年度内不能变更。

扩展阅读 2-3

起征点和免征额是同一个意思吗

起征点与免征额是不同的两个概念,不能混用,否则无法区分税法中的一些规定。所谓起征点,是征税对象达到征税数额开始征税的界限。征税对象的数额未达到起征点时不征税。一旦征税对象的数额达到或超过起征点时,则要就其全部的数额征税,而不是仅对其超过起征点的部分征税。所谓免征额是在征税对象总额中免予征税的数额。它是按照一定标准从征税对象总额中预先减除的数额。免征额部分不征税,只对超过免征额部分征税。二者的区别:假设节点数字为 5 000 元,你当月工资是 5 100 元,如果是免征额,5 000 元就免了,只就超出的 100 元缴税,如果是起征点,则是以 5 100 元为基数缴税。

在税收制度的构成要素中,起征点是属于减免税范畴的要素之一。其含义是税法规定征税对象开始征税的数额。征税对象数额未达到起征点的不征税,达到或超过起征点的就其全部数额征税。规定起征点是为免除收入较少的纳税人的税收负担,缩小征税面,贯彻合理负担的税收政策。

免征额也属于减免税范畴的要素之一。其含义是税法规定的征税对象中免予征税的数额。免征额部分不征税,只对超过免征额的部分征税。规定免征额是为了照顾纳税人的最低需要。可见,"起征点"与"免征额"是两个含义不同的概念。

3. 资源税类

资源税类是以自然资源为课税对象的税种总和。自然资源的范围很广,如矿产、土地、动物、海洋、太阳能、空气、水流等一切资源。作为课税对象的资源是指那些仅具有商品属性,即具有交换价值和使用价值的资源。

我国现行资源税的税种主要有资源税、城镇土地使用税等。

1) 资源税

2016 年 5 月 10 日,财政部、国家税务总局联合对外发文《关于全面推进资源税改革的通知》(以下简称"《通知》"),《通知》宣布,自 2016 年 7 月 1 日起,我国全面推进资源税改革,根据《通知》要求,我国将开展水资源税改革试点工作,并率先在河北试点,采取水资源费改税方式,将地表水和地下水纳入征税范围,实行从量定额计征,对高耗水行业、超计划用水以及在地下水超采地区取用地下水,适当提高税额标准,正常生产生活用水维持原有负担水平不变。在总结试点经验基础上,财政部、国家税务总局将选择其他地区逐步扩大试点范围,条件成熟后在全国推开。其他自然资源将逐步纳入征收范围。考虑森林、草场、滩涂等资源在各地区的市场开发利用情况不尽相同,对其全面开征资源税条件尚不成熟,此次改革不在全国范围统一规定对森林、草场、滩涂等资源征税,但对具备征收条件的,授权省级政府结合本地实际,根据森林、草场、滩涂等资源开发利用情况提出征收资源税具体方案建议,报国务院批准后实施。资源税税目、税率如表 2-4 所示。

表 2-4　资源税税目、税率

税　目		税　率
一、原油		销售额的 5%～10%
二、天然气		销售额的 5%～10%
三、煤炭	焦煤	每吨 8～20 元
	其他煤炭	每吨 0.3～5 元
四、其他非金属矿原矿	普通非金属矿原矿	每吨或者每立方米 0.5～20 元
	贵重非金属矿原矿	每千克或者每克拉 0.5～20 元
五、黑色金属矿原矿		每吨 2～30 元
六、有色金属矿原矿	稀土矿	每吨 0.4～60 元
	其他有色金属矿原矿	每吨 0.4～30 元
七、盐	固体盐	每吨 10～60 元
	液体盐	每吨 2～10 元

本税目、税率表自 2011 年 11 月 1 日起施行。

资源税的应纳税额,按照从价定率或者从量定额的办法,分别以应税产品的销售额乘以纳税人具体适用的比例税率,或者以应税产品的销售数量乘以纳税人具体适用的定额税率计算。

纳税人开采或者生产不同税目应税产品的,应当分别核算不同税目应税产品的销售额或者销售数量;未分别核算或者不能准确提供不同税目应税产品的销售额或者销售数量的,从高适用税率。

纳税人开采或者生产应税产品,自用于连续生产应税产品的,不缴纳资源税;自用于其他方面的,视同销售,依照本条例缴纳资源税。

有下列情形之一的,减征或者免征资源税。

(1) 开采原油过程中用于加热、修井的原油,免税。

(2) 纳税人开采或者生产应税产品过程中,因意外事故或者自然灾害等原因遭受重大损失的,由省、自治区、直辖市人民政府酌情决定减税或者免税。

(3) 国务院规定的其他减税、免税项目。

纳税人的减税、免税项目,应当单独核算销售额或者销售数量;未单独核算或者不能准确提供销售额或者销售数量的,不予减税或者免税。

纳税人销售应税产品,纳税义务发生时间为收讫销售款或者取得索取销售款凭据的当天;自产自用应税产品,纳税义务发生时间为移送使用的当天。

纳税人应纳的资源税,应当向应税产品的开采或者生产所在地主管税务机关缴纳。纳税人在本省、自治区、直辖市范围内开采或者生产应税产品,其纳税地点需要调整的,由省、自治区、直辖市税务机关决定。

2018 年 12 月 29 日,第十三届全国人大常委会第七次会议审议了首次提请审议的《中华人民共和国资源税法(草案)》。制定资源税法是落实中央提出的"税收法定原则"。按照税制平移思路,保持现行税制框架和税负水平总体不变,将暂行条例上升为法律。同时,根据实际情况,对相关征税事项作相应调整。

2) 城镇土地使用税

城镇土地使用税(以下简称"土地使用税")是对在城市、县城占用国家和集体土地的单位及个人按使用土地面积征收的一种税。征收土地使用税,可以合理节约土地,调节土地的级差收益。土地使用税的征税范围是在城市、县城、建制镇工矿区开征。纳税人是在上述范围内使用土地的单位和个人。计税依据以纳税人实际采用幅度定额税率:大城市每平方米 0.5～10 元;中等城市每平方米 0.3～8 元;小城市每平方米 0.3～6 元;县城建制镇、工矿区每平方米 0.1～4 元。具体税率由省、自治区、直辖市人民政府在上述幅度税额区确定适用税额幅度。

3) 耕地占用税法

《中华人民共和国耕地占用税法》经 2018 年 12 月 29 日第十三届全国人民代表大会常务委员会第七次会议通过。在中华人民共和国境内占用耕地建设建筑物、构筑物或者从事非农业建设的单位和个人,为耕地占用税的纳税人,应当依照本法规定缴纳耕地占用税。占用耕地建设农田水利设施的,不缴纳耕地占用税。本法所称耕地是指用于种植农作物的土地。耕地占用税以纳税人实际占用的耕地面积为计税依据,按照规定的适用税额一次性征收,应纳税额为纳税人实际占用的耕地面积(平方米)乘以适用税额。本法自 2019 年 9 月 1 日起施行。2007 年 12 月 1 日国务院公布的《中华人民共和国耕地占用税暂行条例》同时废止。

4. 财产税类

财产税类是对纳税人所有的财产课征的税的总称。财产税主要有以下作用:①财产税可以为地方财政提供稳定的收入来源;②可以调节社会成员的财产收入水平;③加强国家对财产的管理,提高财产使用效果。我国目前属于财产课税的税种有房产税、契税、车船税等。房产税是以房产为征税对象,依据房产价格或房产租金收入向房产所有人或经营人征收的一种税,它对于加强房产管理,配合城市住房制度改革,为城市建设筹集资金等都具有一定意义。契税是以在我国境内转移土地、房屋等不动产权属为征税对象,向产权承受人征收的一种税。

1951 年 8 月 8 日政务院公布的《城市房地产税暂行条例》自 2009 年 1 月 1 日起废止。自 2009 年 1 月 1 日起,外商投资企业、外国企业和组织以及外籍个人,依照《中华人民共和国房产税暂行条例》缴纳房产税。

《中华人民共和国车辆购置税法》经 2018 年 12 月 29 日第十三届全国人民代表大会常务委员会第七次会议通过。在中华人民共和国境内购置汽车、有轨电车、汽车挂车、排气量超过一百五十毫升的摩托车的单位和个人,为车辆购置税的纳税人,应当依照本法规定缴纳车辆购置税。本法所称购置是指以购买、进口、自产、受赠、获奖或者其他方式取得并自用应税车辆的行为。车辆购置税的税率为百分之十。车辆购置税实行一次性征收。购置已征车辆购置税的车辆,不再征收车辆购置税。本法自 2019 年 7 月 1 日起施行。2000 年 10 月 22 日国务院公布的《中华人民共和国车辆购置税暂行条例》同时废止。

《中华人民共和国船舶吨税法》经 2017 年 12 月 27 日第十二届全国人民代表大会常务委员会第三十一次会议通过,根据 2018 年 10 月 26 日第十三届全国人民代表大会常务委员会第六次会议《关于修改〈中华人民共和国野生动物保护法〉等十五部法律的决定》修正。自中华人民共和国境外港口进入境内港口的船舶,应当依照本法缴纳船舶吨税。吨税设置优惠税率和普通税率。中华人民共和国籍的应税船舶,船籍国(地区)与中华人民共和国签订含有相互给予船舶税费最惠国待遇条款的条约或者协定的应税船舶,适用优惠税率。其他应税船舶,适用普通税率。本法自2018年7月1日起施行。2011年12月5日国务院公布的《中华人民共和国船舶吨税暂行条例》同时废止。

2011年2月25日,十一届全国人大常委会第十九次会议通过了《中华人民共和国车船税法》,将乘用车的计税标准依据排气量大小分七档,年基准税额从1.0升以下的60元至360元,到4.0升以上的3 600元至5 400元,最大差距将达到90倍。新车船税法从2012年1月1日起执行。新车船税法考虑绝大多数车主的承受力。车船税税目、税额如表2-5所示。

表2-5 车船税税目、税额

税　　目		计税单位	年基准税额	备　　注
乘用车[按发动机气缸容量(排气量)分档]	1.0升(含)以下的	每辆	60元至360元	核定载客人数9人(含)以下
	1.0升以上至1.6升(含)的		360元至660元	
	1.6升以上至2.0升(含)的		660元到960元	
	2.0升以上至2.5升(含)的		960元至1 620元	
	2.5升以上至3.0升(含)的		1 620元至2 460元	
	3.0升以上至4.0升(含)的		2 460元至3 600元	
	4.0升以上的		3 600元至5 400元	

对节能、新能源等车船,新通过的车船税法明确规定可以减征或者免征车船税。对受严重自然灾害影响,纳税困难以及有其他特殊原因确需减税、免税的,可以减征或者免征车船税。具体办法由国务院规定,并报全国人民代表大会常务委员会备案。

车船税法规定,车辆的具体适用税额由省、自治区、直辖市人民政府依照本法规定的税额幅度和国务院的规定确定。车船税法自2012年1月1日起施行。2006年12月29日公布的《车船税暂行条例》同时废止。

5. 行为税类

行为税类是指以纳税人的某种特定行为作为课税对象的税类。对特定行为征税,除可以扩大财政收入的来源外,主要目的是对某种行为加以限制或加强管理监督。由于行为税是以特定行为为课税对象,是为特定目的服务的,因此,它具有分散、灵活的特点。所谓分散,是指其税源不普遍、不集中;所谓灵活,是指其可以因时、因地制宜,需要时就开征,不需要时就停征。它不像流转税、所得税那样普遍、集中和稳定。目前我国现行开征的行为课税的税种,主要包括印花税等。

2018年1月1日,环境保护税法正式实施。按照税法规定,环保税是按季申报,也标志着运行38年的排污费制度将成为历史。以直接向环境排放应税污染物的企业事业单位和其他生产经营者为纳税人。征税对象是指"环境保护税法"所附"环境保护税税目税额表""应税污染物和当量值"规定的大气污染物、水污染物、固体废物和噪声四类应税污染物。计税依据方面,将应税污染物的排放量作为计税依据。其中大气污染物、水污染物按照排放量折合的污染当量数确定;固体废物按照固体废物排放量确定;噪声按照超过国家规定标准的分贝数确定。

2.3 非税收入

2.3.1 政府非税收入的含义及特征

1. 政府非税收入的含义

政府非税收入(以下简称"非税收入")是指除税收和政府债务收入以外的财政收入,是由各级政府、国家机关、事业单位、代行政府职能的社会团体及其他组织依法利用政府权力、政府信誉、国家资源、国有资产或提供特定公共服务和准公共服务取得的财政资金,是政府财政收入的重要组成部分,是政府参与国民收入分配和再分配的一种形式。非税收入不包括社会保险费、住房公积金(是指计入缴存人个人账户的部分)。

2. 政府非税收入的特征

政府非税收入具有灵活性、不稳定性、非普遍性、多样性、资金使用上的特定性。

(1) 灵活性。表现为形式多样性和时间、标准的灵活。非税收入是为政府某一特定活动的需要,而在特定条件下出现的过渡性措施。各地可以根据不同时期本地的实际情况制定不同的征收标准。

(2) 不稳定性。由于非税收入是对特定的行为和其他特定管理对象征收的,一旦该行为或该对象消失或骤减,某项政府非税收入也会随之消失或骤减。

(3) 非普遍性。非税收入总是和社会管理职能结合在一起,有特定的管理对象和收取对象。但不具有普遍性,未发生管制行为的单位和个人排除在这一管理和征收范围之外。

(4) 多样性。非税收入项目有很多种,每年都有变化,为征收和管理带来一定难度。

(5) 资金使用上的特定性。非税收入往往具有专门的用途,如行政事业性收费经常应用于补偿政府提供的公共服务的成本;国有资产与资源收益则应用于国有资产的运营和国有资源的开发等。

2.3.2 政府非税收入的主要内容

非税收入管理应当遵循依法、规范、透明、高效的原则。财政部负责制定全国非税收入管理制度和政策,按管理权限审批设立非税收入,征缴、管理和监督中央非税收入,指导地方非税收入管理工作。

县级以上地方财政部门负责制定本行政区域非税收入管理制度和政策,按管理权限审批设立非税收入,征缴、管理和监督本行政区域非税收入。

1. 行政事业性收费

行政事业性收费是指国家机关、事业单位、代行政府职能的社会团体及其他组织根据法律、行政法规、地方性法规等有关规定,依照国务院规定程序批准,在向公民、法人提供特定服务的过程中,按照成本补偿和非营利原则向特定服务对象收取的费用。

2. 政府性基金

政府性基金是指各级政府及其所属部门根据法律、行政法规和中央有关文件规定，为支持某项特定基础设施建设和社会公共事业发展，向公民、法人和其他组织无偿征收的具有专项用途的财政资金。

3. 罚没收入

罚没收入是指国家司法机关、依法具有行政处罚权的国家行政机关、法律法规授权的具有管理公共事务职能的组织等依据法律、法规和规章规定，对公民、法人或者其他组织实施处罚所取得的罚款、没收的违法所得、没收的非法财物及其变价收入等。

4. 国有资源有偿使用收入

国有资源有偿使用收入包括土地出让收入，新增建设用地土地有偿使用费，海域使用金，探矿权和采矿权使用费及价款收入，场地和矿区使用费收入，出租汽车经营权、公共交通线路经营权、汽车号牌使用权等有偿出让取得的收入，政府举办的广播电视机构占用国家无线电频率资源取得的广告收入，以及利用其他国有资源取得的收入。

5. 国有资本收益

国有资本收益包括国有资本分享的企业税后利益，国有股利、股息，企业国有产权（股权）出售、拍卖、转让收益和依法由国有资本享有的其他收益。

6. 彩票公益金收入

彩票公益金是指国家为促进社会公益事业发展，根据法律、法规、国务院和财政部的规定，特许发行彩票筹集的专项财政资金。彩票公益金收入是指按照国家规定发行彩票取得销售收入扣除返奖奖金、发行经费后的净收入。

7. 特许经营收入

特许经营收入是指国家依法特许企业、组织或个人垄断经营某种产品或服务而获得的收入，属于政府非税收入的组成部分。主要包括烟草专卖收入、酒类产品专卖收入、免税商品专营收入、货币发行收入、印钞造币收入、纪念邮票（纪念币）发行收入、食盐批发专营收入等。

8. 中央银行收入

中央银行通过特定业务活动和法律授权的管理方式履行自己的职责，是一国或国家货币联盟制定和实施货币政策、监督管理金融业、规范及维护金融秩序的主管机构，也是国家最重要的宏观经济调控部门。

中央银行的主要业务有货币发行、集中存款准备金、贷款、再贴现、证券、黄金占款和外汇占款，为商业银行和其他金融机构办理资金的划拨清算和资金转移的业务等。

9. 以政府名义接受的捐赠收入

以政府名义接受的捐赠收入是指以各级政府、国家机关、实行公务员管理的事业单位、代行政府职能的社会团体以及其他组织以政府名义接受的非定向货币捐赠收入，不包括上述机构和组织接受的定向货币和非货币捐赠收入，以及不代行政府职能的社会团体、企业、个人或者其他民间组织接受的捐赠收入。

10. 主管部门集中收入

主管部门集中收入是指国家机关、实行公务员管理的事业单位、代行政府职能的社会团体及其他组织集中的所属事业单位收入。

11. 政府财政资金产生的利息收入

政府财政资金产生的利息收入是指国库和财政专户中的财政资金,按照中国人民银行规定计息产生的利息收入。

12. 其他非税收入

除上述收入以外的非税收入。

2.4 国债收入

2.4.1 国债的概念及分类

1. 国债的概念

国债是中央政府以债务人的身份,按照国家法律的规定或合同的约定,同有关各方发生的特定的权利和义务关系,是中央政府取得财政收入的一种有偿形式。

国债作为一个特殊的财政范畴,首先是一种非经常性的财政收入,国家通过发行债券或借款筹集资金,意味着政府可支配的资金增加。但是国债的发行必须遵循信用原则,债券或借款到期不仅要还本,而且要付一定的利息。国债具有偿还性,是一种预期的财政支出,这一特点和无偿性的税收是不同的。国债还具有认购上的自愿性,除极少数强制国债外,人们是否认购、认购多少,完全由认购人自己决定,这也和强制课征的税收是不同的。

国债又是一个特殊的债务范畴,它与私债的本质区别在于发行的依据或担保物不同。民间借债一般以财产或收益为担保,以私人信用为依据,人们只有在确信借债者具有履行还本付息的能力的情况下才会出借。而国债的担保物并不是财产和收益,而是政府的信誉,在一般情况下,国债比私债要可靠得多,通常被称为"金边债券"。

2. 国债的分类

(1) 按发行地域不同分为内债和外债。前者在国内发行,购买者以本国公民为主,还本付息以本币支付,是一国国债总额的主要组成部分。后者在国外发行,公债的债权人多为外国政府、国际金融组织和外国公民。它一般以外国通货、债权国通货或第三国通货计算发行并还本付息,在国债总额中所占比重低于国内公债。

(2) 按偿还期限的不同分为短期国债、中期国债和长期国债。长短期之分是相对的,目前西方国家将1年期之内的债券看作是短期国债,如西方国家的国库券,期限都在1年之内,主要用于调剂当年预算资金由于先用后收而发生的短缺。1年以上10年以下的债券称为中期国债,主要是为弥补整个预算年度的财政赤字。超过10年的债券称为长期国债,通常是在国家遇到突然变故或重大经济项目投资等,需要巨额资金支付而政府财政在数年之内又无力偿还的情况下发行的。

(3) 按债券可否流通分为上市(流通)国债和非上市(流通)国债。上市国债是指可以在证券市场上自由买卖和转让的国债;非上市国债是指不能在证券市场上流通转让,其持有者只能到期获得本金和利息的国债。一般而言,自由转让是国债的基本属性,大多数国家的债券都是可以进入证券市场自由买卖的,但也有一些国家的债券不允许公开出售,如美国的"储蓄券"和我国 1984 年以前发行的国库券。

（4）按发行的凭证不同分为凭证式国债和记账式国债。凭证式国债是指国家采取不印刷实物券，而用填制"国库券收款凭证"的方式发行的国债。凭证式国债具有类似储蓄又优于储蓄的特点，通常被称为"储蓄式国债"，是以储蓄为目的的个人投资者理想的投资方式，具有安全性好，保管、兑现方便的特点。记账式国债是利用账户通过计算机系统完成国债发行、兑付的全过程，又被称为"无纸化国债"，可以记名、挂失、安全性好，发行成本低，发行时间短，发行效率高，交易手续简便，已成为世界各国发行国债的主要形式。

2.4.2 国债的职能

1. 国债是弥补财政赤字、平衡预算、解决财政困难的有效方法

通过发行国债弥补财政赤字，是国债产生的主要动因，也是现代国家普遍的做法，可视为国债的基本作用。由于税收具有固定性的特点，课税对象、税种、税率一旦通过税法形式确定之后便不宜变动，因此一国的财政收入是相对稳定的。而一国的财政支出随着政府职能的变化、社会公共需要的日益增多及意外事件的发生（如特大自然灾害的发生、瘟疫的流行、战争的爆发）则常常是增长的，这样财政收入便不能满足财政支出的需要，财政预算便出现了赤字。当然，政府在出现财政赤字时可以通过向银行透支的办法解决，但那样容易引发货币发行量的增长，从而导致通货膨胀，带来更大的经济破洞和民众的不满。相比之下，通过发行国债方式弥补财政赤字，副作用较小，一般不会影响经济发展，因为国债来源大多数是社会闲置资金，而且是在自愿基础上认购的，发行国债只是在全社会范围内转移了部分资金的使用权，而没有增加货币量，一般不会引发通货膨胀。

2. 国债是筹集经济建设资金的重要工具

以公有制为主体的社会主义国家承担着经济建设的职能，特别是在计划经济体制下，几乎所有的建设项目都要由国家投资兴办，而国家正常的财政收入有限，这时就得通过发行建设债券，将社会上零散的闲置资金集中起来用于经济建设。许多发展中国家实行赶超型经济发展战略，常常采用发行国债的办法筹集经济建设资金。即使是发达国家，如日本在第二次世界大战后，为医治战争创伤，恢复国民经济，就曾发行过建设国债。与弥补财政赤字相比，为经济建设筹集资金而举债，其作用不是经常性的基本作用，而是特定条件下的特殊作用。

3. 国债是国家调节经济活动的重要杠杆

一国经济的运行不可能总是平稳的，通常是繁荣与萧条，增长与停滞乃至下滑交替出现，这是经济运行的基本规律。人们应该在承认、接受这一规律的前提下采取必要的措施，尽可能将经济运行大起大落造成的震荡和损失降低。作为一国政府，可以采用必要的政策手段：当一国经济活动中出现市场需求不足、经济增长下滑时，政府便可通过发行国债，将社会上的闲置资金聚集起来投入基础设施建设中，以缓解供需矛盾，刺激经济恢复增长；有时经济过热、民间投资急剧增长，生产资料需求大于供给，有可能引发通货膨胀，此时政府可通过发行国债，提高市场利率，加大投资成本，这也是一种调节办法。此外，短期国债的大量发行可为中央银行进行公开市场业务的运作创造条件，从而起到调节金融市场的作用。从当今世界各国国债发行的走向来看,国债作为国家调节经济活动的杠杆,其作用越来越鲜明,这也是现代国债理论的一个重要证明。

扩展阅读 2-4

对国债的认识发展过程

关于国债的作用,18世纪和19世纪的古典经济学家与20世纪的新古典经济学家是有不同看法的。亚当·斯密认为国债对国民经济的发展是有害的。他认为:靠发行国债弥补政府支出,等于原工商资本为政府所吸收,被挪用于非生产性用途,这乃是国内原有资本的浪费,是阻碍生产力发展的。另一个古典经济学家大卫·李嘉图也把国债看作是国民资本被浪费的因素。他认为政府收入不足,应采取税收方式筹集,不可通过举债而充之。19世纪中后期的经济学家如约翰·斯图亚特·穆勒和巴斯特布尔,对国债虽仍持传统看法,但略有修正,他们认为公债发行只要不刺激市场利率上涨,或者是为再生产的运用而发行,是可以容许的,因为它可能促进生产发展。19世纪前的公债理论被称为传统公债理论,主要倾向是反对政府举债,甚至认为公债大量增长会造成国力衰弱。

20世纪30年代的经济大萧条是公债理论发展史上的重大转折点。此后大多数经济学家对公债的态度开始由否定转向肯定,由认为公债有害于经济转向认为公债有益于经济,即产生了所谓"公债新哲学论"或"公债性能理论",现在一般称为现代公债理论。现代公债理论的创立者是英国的经济学家约翰·梅纳德·凯恩斯,他认为20世纪30年代经济大萧条的主要原因是消费需求不足和投资需求不足,要使经济经常保持在"充分就业"和"繁荣"的水平上,必须由政府通过有补充作用的财政活动扩大有效需求。为此,政府就要实行赤字政策,大量增发公债。后来美国哈佛大学教授阿尔文·汉森也坚决支持发行公债。他认为在当时的经济条件下,维持预算平衡并无必要,而公债的持续增长实为经济繁荣和充分就业所必需的条件。20世纪,其他一些著名经济学家如劳伦斯·克莱因、理查德·A.马斯格雷夫也赞成政府发行公债,并对公债的可行性、必要性和作用作了充分论证。他们的主要观点是公债不仅可以弥补赤字、扩大需求、刺激经济增长,还可以作为政府调节、干预经济的重要杠杆,引导社会资源的合理配置。

2.4.3 国债的发行

1. 国债发行的方式

国债发行的方式主要有四种:公募法、包销法、公卖法和摊派法。

(1) 公募法。公募法是指国家向社会公开募集国债的方式。有直接公募法和间接公募法之分。直接公募法是指由财政部门直接承担发行国债的责任,通过邮政系统和其他通信系统,向国内所有居民个人、企业和机构公开招募,其发行费用和损失皆由国库承担。间接公募法是将发行事项委托给银行机构,并规定一定的条件,由银行分摊认领一定的数额,然后转向公众募集,摊销余数由银行机构自行认购以凑足数额。直接公募法和间接公募法各有优劣,视发行环境而定。在资金不充裕的国家,如因政府必须募足一定数额的国债,间接公募方式是必不可少的发行方式。

(2) 包销法。包销法又叫承受法,是指国家将发行的债券统一售给银行,再由银行向社会销售,若银行不能把全部国债销售出去,其差额部分由银行承担。这种方法只需政府和银行之间议定条件就行,手续简单,国库收款较整齐、快速。包销法与间接公募法的区别:包销法是国债发行权的转让,政府不干涉银行的发行权和发行事务;间接公募法,银行只是代理发行权和发行事务,最终向政府负责,受政府的指导和监督。目前西方国家国债的发行采用包销法的不多。

(3) 公卖法。公卖法也叫出售法,是指政府将国债委托证券市场代为销售的方法。采用这种发行方法,主要是政府担心如果向公众招募一时不易募足,又可能引起民间的骚乱与金融的动荡,倒不如在证券市场依市价出售更为公平。同时,政府还可以根据财政需要,随时决定国债出售的数额,这比事先发行的国债更容易减轻一部分利息负担。但在这种方式下,国债的出售往往受证券投资经营状况的影响,弊端较大,从总的方面看对于国家财政是不适宜的。公卖法类似公募法,区别在于:公募发行的条件下,债券的价格由国家确定或选定后不再变动;而公卖发行的条件下,债券的价格由证券市场的供求行市决定并且不断波动。

(4) 摊派法。摊派法是一种强制的发行方式,由政府根据情况向企业分配购买国债的任务指标,企业必须保证完成。这种办法对保证完成国债发行任务,有计划地调节资金具有一定意义,但会带来国债的信誉不高和人民抵触情绪,导致发行困难等不良后果。

我国改革开放后,国债发行方式逐步改革和完善,先后曾采取行政摊派、承购包销、柜台销售和招标发行等多种发行方式。从总体上说,目前我国国债发行方式是一种承购包销和招标发行相结合的模式。具体而言,凭证式国债是凭证式国债承销团(以商业银行为主)承购包销与柜台销售相结合,而记账式国债是招标与承购包销相结合,即先是向承销团进行招标,再由承销团成员分销或在二级市场上销售。

2. 国债发行价格

国债发行价格是指债券的出售价格或投资者的认购价格。国债的发行价格不一定就是债券面值,可以低于面值发行,少数情况下也可以高于面值发行。按照国债发行价格与债券面值的关系,可以分为平价发行(发行价等于面值)、折价发行(发行价低于面值)和溢价发行(发行价高于面值)三种发行价格。

比较上述三种发行价格,从政府财政的角度加以审视,第一种发行价格即平价发行可以说是最为有利的。

本模块小结

本模块主要针对财政收入的构成、规模大小及各组成部分税收收入、非税收入和国债收入的主要内容进行介绍。完成本模块的学习,应该理解和掌握以下内容。

(1) 财政收入的形式和规模大小。深入分析掌握我国财政收入规模情况,并了解各收入形式在整个财政收入中的比重情况和地位。

(2) 税收的概念、特征和我国现行的税收制度。税收的三个特征是它区别于其他收入形式的标志;要了解当前我国的税收制度和开征的税种,并了解税收收入在整个财政收入中的重要地位。

(3) 政府非税收入的概念和主要内容,非税收入包括的内容较多,需要基本了解。

(4) 国债收入的概念、分类、职能和发行情况。国债属于特殊的财政范畴和债务范畴,是筹集财政资金的一种重要渠道,另外国债也是一种投资工具,需要理解其职能和发行情况。

关 键 术 语

财政收入　财政收入规模　税收收入　非税收入　国债收入

案 例 分 析

减税降费效果不仅在于降负

统计显示,2018 年前 5 个月全国财政收入同比增长 12.2%,其中税收收入增长 15.8%,主体税种增长较快。

税收收入还有一个重要"变量",也就是减税降费。近年来,国家大力开展减税降费。2018 年的《政府工作报告》明确全年减税降费规模超万亿元。在此情况下,税收收入为何可以保持较快增长,减税政策是否没有充分发挥应有的效果?

分析减税降费效果,不能从税收总量变化情况得出结论。减税降费起到"放水养鱼"作用,促进企业降负、增效,同时还有效激发市场活力,促进新技术、新产品、新业态的发展,推动经济稳中向好,由此增加了税源、扩大了税基,反过来促进税收增长。

税收的增长取决于经济因素(税基)和税制(主要是税率)的调整。我国通过降低税率等措施减轻企业税负,尽管不同行业、企业的感受可能会有所差异,但减税效果是客观实在的,税收增长主因是经济发展,也就是税基的扩大。如果没有实施减税降费,在既定的税基基础上,税收增长可能会比当前更高。

以深化增值税改革为例,自 2018 年 5 月 1 日起,17% 和 11% 增值税税率分别调整为 16% 和 10%,制造业减税降负效果明显。据国家税务总局货物和劳务税司测算,税率调整后,制造业年减税规模超过所有行业总减税规模的三分之一,企业税负有效降低,资金占压明显减轻,发展信心持续提振。

2018 年推出的深化增值税改革、支持创业创新和小微企业发展等减税措施,紧紧围绕振兴实体经济、激发市场主体活力以及深化供给侧结构性改革,发挥了"及时雨"的作用,取得了立竿见影的效果。减税降费的效果不仅在于"减",更深刻的意义在于"调"和"增",能够有力促进结构调整、增加发展新动能。

从 2018 年 11 月 1 日起,降低 1 585 个税目工业品等商品进口关税税率,再次展现我国主动扩大开放的决心。2018 年通过四次主动降关税,我国关税总水平将从 2017 年的 9.8% 降至 7.5%,这是我国兑现加入世贸组织承诺以后采取的主动扩大开放的行为,将惠及自身以及世界经济发展。

【讨论问题】 减税降费背景下,为何财政收入仍然大幅增长？我国一方面是经济存在下行压力；一方面减税降费,财政收入增速放缓后,如何保障重点支出？

思考与练习

一、单项选择题

1. 制约财政收入规模的根本性因素是(　　)。
   A. 税率标准　　　　　　　　　B. 纳税人数量
   C. 经济发展水平　　　　　　　D. 居民收入水平
2. 下列各项中应纳入国家财政收入的是(　　)。
   A. 某歌星向某地方税务所上缴的个人所得税
   B. 交警对违章司机的罚款
   C. 农民王大爷的卖粮款
   D. 我国向世界银行借的贷款
3. 我国税收收入中的主体税种是(　　)。
   A. 所得税　　　B. 流转税　　　C. 资源税　　　D. 财产税
4. 财政收入中的利润收入是属于(　　)。
   A. 税收收入　　　　　　　　　B. 国有资本经营收益
   C. 国债收入　　　　　　　　　D. 其他收入
5. 国家财政收入中最主要的收入来源是(　　)。
   A. 税收　　　　　　　　　　　B. 国有资产收益
   C. 国债收入　　　　　　　　　D. 行政事业性收费
6. 由于国债风险小,偿还有保证,所以通常被称为(　　)。
   A. 保险债券　　B. 保值债券　　C. 金边债券　　D. 银边债券
7. 世界各国政府债券市场的主要形式是(　　)。
   A. 凭证式国债　B. 记账式国债　C. 有纸国债　　D. 贴现国债
8. 下列弥补财政赤字方式中,对经济可能产生的副作用较小的是(　　)。
   A. 向中央银行借款　　　　　　B. 增设税种
   C. 提高税率　　　　　　　　　D. 发行国债

二、多项选择题

1. 按取得财政收入的形式分类,通常将财政收入分为(　　)。
   A. 税收收入　B. 国有资产收益　C. 国债收入　D. 利息收入
2. 税收的基本特征是(　　)。
   A. 强制性　　　B. 自愿性　　　C. 无偿性
   D. 固定性　　　E. 有偿性
3. 影响财政收入规模的因素主要是(　　)。
   A. 征收机构　　B. 经济发展水平　C. 收入分配政策
   D. 税种多少　　E. 价格

4. 下列税种属于中央税的是( )。
   A. 个人所得税 B. 关税
   C. 消费税 D. 海关代征的增值税
   E. 中央企业所得税
5. 下列税种属于地方税的是( )。
   A. 地方企业所得税 B. 个人所得税
   C. 房产税 D. 土地增值税
6. 下列税种属于中央地方共享税的有( )。
   A. 土地增值税 B. 增值税 C. 资源税 D. 营业税
   E. 证券交易印花税
7. 行政性事业性收入包括( )。
   A. 商标注册费 B. 户口证书费 C. 结婚证书费 D. 司法诉讼费
8. 国债的特征是( )。
   A. 固定性 B. 有偿性 C. 无偿性
   D. 自愿性 E. 灵活性
9. 国债的功能主要有( )。
   A. 弥补财政赤字,平衡财政收支的功能
   B. 宏观调控、保持国民经济持续发展
   C. 树立良好的政府形象,密切政府同人民群众的联系
   D. 筹集建设资金,供应经济发展的资金要求
   E. 调节国民经济的发展
10. 国债的发行价格有( )。
    A. 折价发行 B. 平价发行 C. 溢价发行
    D. 浮定价发行 E. 市场价发行

三、判断题
1. 财政收入按收入形式分类可分为税收、收费、债务收入、铸币收入、通货膨胀收入、经常性收入和临时性收入。( )
2. 由于存在通货膨胀税效应,通货膨胀必然使财政收入实际上升。( )
3. 一项收入可以采取税收形式也可以采取收费形式,一般应采用税收形式。( )
4. 国债同财政收入的其他方式一样,是政府凭借强制力取得的,具有无偿性。
( )
5. 国债是一种经常性财政收入。( )

四、思考题
1. 从现代经济增长轨迹来看,世界各国的财政收入有总体上呈膨胀的趋势,有的学者把这种现象称为"公共收入增长规律",试分析造成财政收入增长的原因。
2. 优化我国税制的基本思路是什么?
3. 我国国债发行市场和流通市场存在哪些问题?

模块 3

财 政 支 出

通过完成本模块的学习,学生应该能够了解财政支出的规模和结构;掌握购买性支出和转移性支出等相关知识。

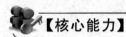

掌握购买性支出和转移性支出。

1. 了解财政支出的规模与结构。
2. 掌握购买性支出。
3. 掌握转移性支出。

导入案例

财政部:把农业、农村作为财政支出的优先保障领域

据财政部网站消息,2018年9月27日,财政部印发《财政部贯彻落实实施乡村振兴战略的意见》(以下简称《意见》)。《意见》要求,把农业、农村作为财政支出的优先保障领域,公共财政更大力度向"三农"倾斜,确保投入力度不断增强、总量持续增加。

《意见》强调,实施乡村振兴战略是党的十九大作出的重大决策部署,是新时代做好"三农"工作的总抓手。要准确把握支持实施乡村振兴战略的总体要求,围绕农业、农村现代化的总目标和产业兴旺、生态宜居、乡风文明、治理有效、生活富裕的总要求,坚持农业、农村优先发展的总方针,与《乡村振兴战略规划(2018—2022年)》相衔接,提高政治站位,主动担当作为,锐意改革创新,扎实苦干实干,着力构建完善财政支持实施乡村振兴战略的政策体系和体制机制,确保投入保障到位、政策落实到位、机制创新到位、监督管理到位、职能发挥到位。

《意见》提出了建立健全实施乡村振兴战略多元投入保障制度、构建完善财政支持实施乡村振兴战略政策体系、着力提升财政资金管理水平和政策成效、切实加强组织保障4个方面的内容。具体包括完善农业农村投入优先保障机制、创新乡村振兴多渠道资金筹集机制、加快构建财政涉农资金统筹整合长效机制、大力支持农业高质量发展、大力支持乡村绿色发展、大力支持城乡基本公共服务均等化、推动建立健全现代乡村治理体系、全力支持打赢脱贫攻坚战、推动全面实施财政涉农资金绩效管理、切实加强财政涉农资金监管等15项政策内容,明确了具体任务措施和分工安排。

《意见》明确要求,各级财政部门要始终把解决好"三农"问题作为工作的重中之重,坚持优先发展、压实责任,坚持综合施策、系统推进,坚持改革创新、激发活力,把农业、农村作为财政支出的优先保障领域,公共财政更大力度向"三农"倾斜,确保投入力度不断增强、总量持续增加,确保财政投入与乡村振兴目标任务相适应,坚持绩效导向、加强管理,将财政资金的分配和使用管理与支持乡村振兴工作的实际成效紧密结合起来,加快推进乡村治理体系和治理能力现代化,加快推进农业、农村现代化,坚持走中国特色乡村振兴之路。

《意见》要求财政部机关有关司局按照职能分工,不折不扣抓好各项任务落实,要求各地财政部门领导班子和主要负责人切实增强责任意识,结合实际制定具体实施方案,加强统筹谋划,积极整合资源,建立健全制度,扎实推进本地区乡村振兴。

【分析提示】 为什么要把农业、农村作为财政支出的优先保障领域?

3.1 财政支出概述

3.1.1 财政支出的概念

财政支出也称公共财政支出,是指在市场经济条件下,政府为提供公共产品和服务,满足社会共同需要而进行的财政资金的支付。简单地说,财政支出就是政府在向社会提供公共产品时产生的费用。

财政支出是一个国家各级政府的一种经济行为,是国家对集中起来的财力进行再分配的活动,主要解决由国家支配的那部分社会财富如何合理安排使用的问题。财政支出反映了政府施政行为的选择,体现出政府政策的意图,以各级政府的事权为依据进行的财政资金的分配活动,集中反映了政府的职能范围及所造成的耗费。

财政支出是财政收支活动的一个重要方面。在市场经济条件下,不但财政对经济社会的影响作用主要表现在财政支出上,而且政府对于宏观经济的调控职能也主要是通过财政支出实行的。所以,财政支出的规模和结构状况,既反映着政府介入经济社会生活的广度和深度,也反映着财政在经济社会生活中的地位和作用。

3.1.2 财政支出的原则

财政支出作为政府资金支出的主要形式,一般会遵循以下几个原则。

1. 效率原则

财政支出的效率原则是指财政支出应能够有助于资源的配置,促进经济效率的提高。由于市场存在失灵现象,使市场的资源配置功能不全,不能有效提供全社会所需要的公共产品和劳务,因而不能不要求政府以其权威对资源配置加以调节和管理。

2. 公平原则

财政支出的公平原则是指财政支出应能够有助于社会公平的实现，提高社会大多数人的福利水平。在市场经济条件下，财富的分配取决于财产所有权和财富积累的分布状况；而收入的分配则取决于能力、职业训练和这些技能的市场价格。如果单纯依赖市场，则不可避免地会出现贫者越贫、富者越富的"马太效应"，从社会稳定角度出发，就要求进行社会的再分配，实现社会的相对公平。

3. 稳定原则

财政支出的稳定原则是指财政支出应促进社会经济的稳定发展。在市场经济条件下，市场体系无法有效协调其自身的所有活动使之达到平衡，会出现经济周期的兴衰更迭、失业和通货膨胀等现象。政府可以利用财政措施进行调节，通过财政支出规模、结构的变化调节经济，引导经济运行，使经济实现平稳的发展。

3.1.3 财政支出的分类

为能正确地区分各类财政支出的性质，揭示财政支出结构的内在联系，我们可以对财政支出做不同角度的分类。

1. 按经济性质分类

按财政支出的经济性质，即按照财政支出是否能直接得到等价的补偿进行分类，可以把财政支出分为购买性支出和转移性支出。

购买性支出又称消耗性支出，是指政府购买商品和劳务，包括购买进行日常政务活动所需要的或者进行政府投资所需要的各种物品和劳务的支出，即由社会消费性支出和财政投资支出组成。它是政府的市场性再分配活动，对社会生产和就业的直接影响较大，执行资源配置的能力较强。购买性支出包括：①各级政府进行日常行政事务活动所需要的商品和劳务的支出（政府消费性支出），也是狭义的购买性支出；②各级政府用于公共投资的支出（政府投资性支出）。

转移性支出是指政府按照一定方式，单方面、无偿地将一部分财政资金转移给居民和其他受益者，主要由社会保障支出和财政补贴组成。它是政府的非市场性再分配活动，对收入分配的直接影响较大，执行收入分配的职能较强。例如，我们熟知的社保支出就属于转移性支出。

2. 按财政支出的用途分类

按财政支出的用途分类，是我国迄今为止的财政支出的主要分类方法，它的理论依据是马克思关于社会产品价值构成的理论。

社会总产品在价值构成上分为 C、V 和 M 三个部分，一个经济社会若不从事扩大再生产，社会总产品的最终使用便可分为补偿与消费两大部分。与补偿性支出相对应的社会总产品价值为 C，与消费性支出相对应的社会总产品价值则为 $(V+M)$。众所周知，简单再生产只是一个理论抽象，现实运行着的经济社会总是不断地扩大再生产。所谓扩大再生产，就是将社会总产品价值中 M 的一部分不用于消费，通过一个投资的过程形成积累。显然，从上期生产的结果来看的社会总产品的价值构成，同从最终使用也即从下期生产的起点来看的社会总产品的价值构成是不相对应的。具体地说，从最终使用来看，C 的价值并非全部用于补偿消耗掉的生产资料,因为在固定资产规模不断扩大的情况下,从全社会来看的固定资产折旧价值,有一部分可以用于积累性的投资。V 的价值也不等于全部消费,因为:①作为总消费的构成部分的社会消费主要来自 M;②作为劳动者个人收入的 V,有一部分也会以储蓄的形式沉淀下来,再通过各种渠道转化为投资。同样,M 的价值也不等于积累,因为用于社会消费基金要取自 M,余下的部分才能用于积累。可见,在一个动态的发展的经济社会里,社会总产品价值构成同社会总产品的最终使用构成是不相同的,产生这个差别的动力是社会经济不断扩大再生产也即不断发展的需要,使这个过程得以实现的机制便是社会总产品的分配和再分配。

显然,社会总产品的运动,从静态的价值构成上划分,可以分为补偿性支出、积累性支出和消费性支出;而从动态的再生产的角度考察,则可以分为投资性支出与消费性支出。

在任何经济社会中,社会总产品的分配主要是通过财政活动进行的,反过来看,任何经济社会中的财政活动都主要是一种分配社会总产品的活动,这是财政分配的共性。财政参与社会产品分配的过程同财政收支的形成有密切关系。财政支出首先用于满足社会消费,剩余部分用于扩大再生产的积累,即用于新增投资(净投资)。如果考虑我国固定资产折旧率偏低这一特殊情况,来自 M 的财政收入中有一部分实际上是由 C 转化而来的,相应地,财政支出的投资中有一部分属于补偿生产资料耗费的简单再生产投资,这部分投资叫作重置投资。

财政支出按用途来分主要有基本建设支出、流动资金、挖潜改造资金和科技三项费用、地质勘探费、工交商部门事业费、支援农村生产支出和各项农业事业费、文教科学卫生事业费、抚恤和社会救济费、国防费、行政管理费、价格补贴支出等。

3. 按国家行使职能范围分类

按国家行使职能范围可以将财政支出划分为经济建设费支出、社会文教费支出、国防费支出、行政管理费支出和其他支出五大类。

(1) 经济建设费支出包括基本建设支出、流动资金支出、地质勘探支出、国家物资储备支出、工业交通部门基金支出、商贸部门基金支出等。

(2) 社会文教费支出包括文化、教育、卫生、科学、出版、通信、广播电视、体育等经费支出。

(3) 国防费支出包括各种军事装备费支出、军事科学研究费支出、武装警察经费支出、民兵建设事业费支出等。

(4) 行政管理费支出包括公检法支出、国家党政机关支出、事业单位支出、干部培养费等。

(5) 其他支出包括债务支出、政策性补贴支出等。

4. 按国际标准分类

按国际货币基金组织最新政府财政统计标准,政府支出功能分类主要包括以下类型,如表3-1所示。

(1) 一般公共服务。包括行政和立法机关等金融和财政事务、对外事务,对外经济援助,一般服务,基础研究,一般公共服务"研究和发展",未另分类的一般公共服务,公共债务操作,各级政府间的一般公共服务等。

(2) 国防。包括军事防御、民防、对外军事援助、国防"研究和发展"、未另分类的国防等。

(3) 公共秩序和安全。包括警察服务、消防服务、法庭、监狱、公共秩序和安全"研究和发展"、未另分类的公共秩序和安全等。

(4) 经济事务。包括一般经济、商业和劳工事务,农业、林业、渔业和狩猎业,采矿业、制造业和建筑业,运输,通信,其他行业,经济事务"研究和发展"、未另分类的经济事务等。

(5) 环境保护。包括废物管理、废水管理、减轻污染、保护生物多样性和自然景观、环境保护"研究和发展"、未另分类的环境保护等。

(6) 住房和社会福利设施。包括住房开发、社区发展、供水、街道照明、住房和社会福利设施"研究和发展"、未另分类的住房和社会福利设施等。

(7) 医疗保障。包括医疗产品、器械和设备,门诊服务,医院服务,公共医疗保障服务,医疗保障"研究和发展",未另分类的医疗保障等。

(8) 娱乐、文化和宗教。包括娱乐和体育服务,文化服务,广播和出版服务,宗教和其他社区服务,娱乐、文化和宗教"研究和发展",未另分类的娱乐、文化和宗教等。

(9) 教育。包括学前和初等教育、中等教育、中等教育后的非高等教育、高等教育、无法定级的教育、教育的辅助服务、教育"研究和发展"、未另分类的教育等。

(10) 社会保护。包括伤病和残疾、老龄、遗属、家庭和儿童、失业、住房、未另分类的社会排斥、社会保护"研究和发展"、未另分类的社会保护等。

表 3-1 国际货币基金组织的分类方法

职 能 分 类	经 济 分 类
1. 一般公共服务支出	1. 经常性支出
2. 国防支出	(1) 商品和服务支出
3. 教育支出	(2) 利息支出
4. 保健支出	(3) 补贴和其他经常性转让
5. 社会保障和福利支出	①对公共企业;②对下级政府;③对家庭;④对其他居民;⑤国外转让
6. 住房和社区生活设施支出	2. 资本性支出
7. 其他社区和社会服务支出	(1) 现在的和新的固定资产购置
8. 经济服务支出(农业、采矿、制造业、电业、道路、水输送、铁路、通信等)	(2) 存货购买
9. 无法归类的其他支出	(3) 土地和无形资产购买
(1) 借债利息	(4) 资本转让
(2) 其他	3. 净贷款(财政性贷款)

3.1.4 财政支出的规模及结构

财政支出规模是指在一定时期内(预算年度)政府通过财政渠道安排和使用财政资金的绝对数量及相对比率,即财政支出的绝对量和相对量,它反映了政府参与分配的状况,体现了政府的职能和政府的活动范围,是研究和确定财政分配规模的重要指标。

1. 度量财政支出规模的指标

财政支出规模的度量可以用绝对指标和相对指标两种方式表示。绝对指标是指以一国货币单位表示的财政年度内政府实际安排和使用的财政资金的数额。它的作用有两个方面:一方面,绝对指标是计算相对指标的基础;另一方面,对绝对指标从时间序列加以对比,可以看出财政支出规模发展变化的趋势。相对指标是指用财政支出占国内生产总值或者国民生产总值的比重表示。

相对指标本身可以反映政府公共经济部门在社会资源配置过程中的地位;通过指标的横向对比可以反映不同国家或地区的政府在社会经济生活中的地位的差异;通过指标的纵向比较,可以看出政府在社会经济生活中的地位和作用变化发展的趋势。

2. 我国财政支出规模分析

我国改革开放以来,财政支出比重的变化走出一条 U 形。为什么会产生这样的趋势,原因分析如下。

(1) 受经济体制变化影响。在计划经济体制时期,国家包揽一切,政治、经济、社会、文化,特别是国有企业基本建设投资主要依靠财政,所以财政支出比重高一些是正常的,受计划经济体制影响。而改革开放以后,特别是进入市场经济体制以后,打破了财政包揽一切的局面,对竞争性国有企业实行投资主体多元化,财政基本退出竞争性产品的投资领域,而主要从事社会公共事业方面支出,所以财政支出比重有所降低。

(2) 受财政管理体制变化影响。从 1980 年年初到 1994 年,我国实行"划分收支、分级包干"的财政体制,财力比较分散,预算外资金大幅度上升,企业和个人收入分配占 GDP 的比重增加。因此造成财政收入占 GDP 比重不断下降。财政收入比重下降制约了财政支出的增长。

(3) 市场经济处于初始阶段,过渡时期,一些急需要财政支出的项目,如基础设施、重点基础产业因政府资金有限,没有足够资金给予保证,欠账较多,造成支出下降。一旦社会主义市场经济步入正轨,"分税制"财政体制代替了"包干制",政府职能逐步到位,财政支出下降的趋势应会停止,转为上升趋势。进入 21 世纪以来,财政支出比重每年上升 1 个百分点以上,符合财政支出不断扩大、不断增长的运行规律。

3. 财政支出的结构分析

财政支出结构是指财政支出总额中各类支出的组合及各类支出在支出总额中所占的比重,也称"财政支出构成"。简单来说,财政支出结构是各类财政支出占总支出的比重。财政支出结构优化是指在一定时期内,在财政支出总规模占国民生产总值比重合理的前提下,财政支出内部各构成要素符合社会共同需要且各构成要素占财政支出总量的比例相对协调、合理的状态。从社会资源的配置角度来说,财政支出结构直接关系政府动员社会资源的程度,从而对市场经济运行的影响可能比财政支出规模的影响更大。不仅如此,一国财政支出结构的现状及其变化,表明了该国政府正在履行的重点职能及变化趋势。

财政支出结构状况既与一国经济体制和相应的政府职能有关,又受经济发展阶段的制约;中国的财政支出结构的演变是与前者相适应的,而合理的财政支出结构最终还是要取决于经济发展阶段。也就是说,不同的经济发展阶段要求财政支出的侧重点不同。

马斯格雷夫和罗斯托在分析经济发展阶段与财政支出增长的关系时,突出强调了不同的经济发展阶段会导致不同的财政支出结构。马斯格雷夫把整个财政支出划分为军用支出和民用支出,而民用支出按其经济性质又进一步划分为公共积累支出、公共消费支出和转移支出;同时把经济发展划分为三个阶段,即初级阶段、中级阶段和成熟阶段,并认为在不同的发展阶段,这三类支出的增长情况也不同。

(1) 公共积累支出。从理论上说,财政投资占社会总投资的比重取决于资本品的外部性——外部性越大的资本品,财政投资的比重越高。一般来说,公共部门主要从事具有较大外部经济性的投资,私人部门则主要从事具有较大内部经济性的投资。在经济发展的初期,公共积累支出应占较大的比重。交通、通信、水利设施等经济基础设施具有极大的外部经济性,私人部门不愿投资,而这些经济基础设施的建设不但影响整个国民经济的健康发展,而且影响私人部门生产性投资的效益。因此,政府必须加大经济基础设施的投资力度,创造良好的生产经营和投资环境,加速经济腾飞。

在经济发展的中期,私人部门的资本积累较为雄厚,各项经济基础设施建设也已基本完成,财政投资只是私人投资的补充。因此公共积累支出的增长会暂时放慢,在社会总积累支出中的比重也会有所下降。

在经济发展的成熟期,财政投资的增长率有可能回升。因为在这一时期,人均收入水平很高,人们对生活质量提出更高的要求,需要更新经济基础设施,加大社会基础设施和人力资本的投资。

(2) 公共消费支出。公共消费支出的增长率取决于社会成员对公共物品需求的收入弹性,而从整个经济发展阶段来看,这一弹性一般大于1。根据恩格尔法则,随着一国人均收入水平的提高,人们的消费方式会发生变化,衣、食等基本消费品在整个消费支出中的比重会逐渐下降,而需要公共物品做补充的私用消费品的支出比重会不断提高,因而公共消费支出占社会总消费支出的比重就会相应提高。这种现象在经济发展的初期和中期表现得还不十分明显,但到了经济发展的成熟期,人们的消费档次大大提高,特别是"成人玩具"的出现(如私人拥有的摩托艇、豪华轿车、耐用娱乐奢侈品),不仅需要政府提供各种公共设施与之配套,而且政府的各种管理费会增加。此外,随着人们对生活环境和质量要求的提高,政府的有关管理机构(如治安、环保)不断膨胀,这些都将导致公共消费支出的增长。

(3) 转移支出。马斯格雷夫指出,转移支出的大小取决于经济发展各阶段政府的收入分配目标。如果政府旨在减少收入分配中的不公平,转移支出的绝对额会上升,但转移支出占 GNP 的比例不会有多大变化;如果政府的目标是确保人们的最低生活水平,转移支出占 GNP 的比例会随着 GNP 的增长而降低。罗斯托则认为,一旦经济发展进入成熟期,公共支出的主要目标是提供教育、卫生和福利等方面的社会基础设施。此时,用于社会保障和收入再分配方面的转移支出规模将会超过其他公共支出,而且占 GNP 的比重会有较大幅度的提高。

4. 财政支出的结构与政府的关系

从某种程度上说,财政支出是政府活动的资金来源,也是政府活动的直接成本。因此,政府职能的大小及其侧重点,决定了财政支出的结构。

在经济学中,关于政府的职能特别是政府在经济发展中的作用,一直存在着两种观点,即市场主导型观点和政府主导型观点。

市场主导型观点源于新古典学派,强调自由运作的市场力量在经济发展中的作用,认为市场机制本身能够运作得很好,只是在一个十分有限的范围和程度上才会出现失灵。因此,只有着眼于促进市场机制运作效率的政府活动才是适当的。与此相适应,政府干预应局限于一个狭窄的范围内,即除提供诸如国防、法律这类基本的公共服务外,政府的经济事务应仅限于诸如环境保护、基础教育等这些具有明显外部性的领域。

政府主导型观点源于凯恩斯学派,强调政府要干预经济,特别是要通过财政政策实现充分就业和经济增长目标,认为如果没有政府的强有力干预,就很难实现资源的配置优化、产业的顺利成长和经济的稳定增长。在经济发展的初期,如果没有政府的强有力干预,就不可能实现快速的资本积累、有效的资源配置、及时的技术追赶,而这三大要素正是现代经济增长的必要条件。与此相适应,政府职能不但体现在为民间部门的迅速扩张提供良好的经济环境、提供充足有效的经济基础设施,而且要直接参与战略性产业的投资活动。

当然,不论是新古典学派还是凯恩斯学派的经济学家,都在不断地修正自己的观点。如今,几乎没有哪个经济学家主张纯粹的自由经济或纯粹的政府干预。人们都清楚地认识到,市场机制有缺陷,政府干预也会失效;政府应对国民经济进行干预,但是干预的力度和方式有所不同。

如果按照市场主导型观点,不但财政支出规模不可能很大,而且财政支出结构无疑偏重于行政管理、法律秩序、防卫等维持国家机器正常运转方面的支出。如果按照政府主导型观点,财政支出规模可能比较大,或者即使受经济发展水平的制约,财政支出规模不是很大,但支出结构会偏重于集中资源和经济事务方面的支出。

扩展阅读 3-1

我国财政支出结构的历史轨迹

从政治与经济制度变迁角度观察,新中国成立之后我国财政收支总量表现可以分为以下三个阶段。

第一个阶段是 1950—1978 年,该阶段处于传统的计划经济时期;第二个阶段是 1979—1993 年,该阶段对应改革开放初期计划经济向市场经济转轨过渡的时期;第三个阶段自 1994 年至今,我国全面转向社会主义市场经济建设阶段。以"分税制"确立为标志,包括财税、会计核算在内的经济体制各个层面都进行了重大改革。

以上三个阶段大致对应于罗斯托理论中的传统与准备起飞阶段、经济腾飞阶段及初步完成腾飞阶段。

从战略结构来看,各个时期财政支出项目侧重点各不相同。大致也可分为三个阶段。

(1) 1950—1978 年,"革命型政府"对应"吃饭财政""建设财政"。该阶段以严格的国家计划为特征,财政资金首先被用于满足基本的经济建设之需,民生需求只在最低层级上以"配给"方式提供,公共服务支出处于极低水平。

(2) 1979—1993年,以经济建设为中心时期,对应"建设财政""管理财政"。在这一阶段,计划经济体制开始向市场体制转型,城市化建设全面展开,财政的建设支出继续居于主导地位,支出结构中对投资方向进行了若干调整,以满足民生为导向的基础设施建设受到更多关注,民生支出有所增加,但公共服务性支出仍处于较低水平。

(3) 1994年至今,全面建设小康社会时期,对应"管理财政""服务财政"。在这一阶段,我国进入以市场化为导向的全面经济建设时代,重化工、城市化步伐加快,教育、卫生医疗、住房制度改革全方位展开,政府职能在管理中开始注重服务职能,社会保障建设从无到有地建立起来,建设性支出相对比重下降,但仍处于支配性地位。

新中国成立以来,我国财政支出在宏观结构演变方面呈现出的特点:①生产经营性投资者支出占据主流;②初期"重建设"而"轻民生",近年正在转向注重二者之间的平衡;③民生建设仍属刚刚起步阶段。尽管近几年来,市场缺陷暴露出一系列问题,我国政府加大了民生支持力度,但总地来看,积累优先、投资拉动增长的财政支出格局并没有根本改变;④管理日益庞大而复杂的行政性开支大幅增长。

3.2 购买性支出

购买性支出又称为消耗性支出,转移支出的对称,这类公共支出形成的货币流,直接对市场提出购买要求,形成相应的购买商品或劳务的活动。购买性支出是指政府用于在市场上购买必需商品与劳务的支出。

购买性支出的经济意义直接影响社会总需求和国民经济结构,同时还间接影响收入的分配。总地来说,购买性支出的作用主要有三个方面。

(1) 购买性支出直接形成社会资源和要素的配置,因而其规模和结构等大致体现了政府直接介入资源配置的范围和力度,是公共财政对于效率职能的直接履行,所以购买性支出是国家财政是否具有效率的重要标志。

(2) 购买性支出直接引起市场供需对比状态的变化,直接影响经济周期的运行状况,因而是政府财政政策的相机抉择运作的基本手段之一,是公共财政履行稳定职能的直接表现。为此,必须正确把握财政的购买性支出对市场均衡状态的影响,以确保政府正确实施财政政策。

(3) 购买性支出中的投资性支出,将对社会福利分布状态产生直接影响,因而是公共财政履行公平职能的一个重要内容。

在一般情况下,政府购买的价格由市场供求关系决定。但有时,政府出于某种目的,凯恩斯主义者主张通过财政政策干预经济活动,可以利用其特权单方面决定价格。在政府强制压低价格时,政府定价低于市场价格的差额,性质上等于政府在购买过程中向销售企业课征税收。相反,不同的部门和企业,由于各种经济活动受政府购买性支出变动影响的程度不尽相同,在政府人为地提高购买价格时,政府定价高于市场价格的部分,在性质上等于政府在购买过程中向销售企业提供补贴。从而在国民收入初次分配中,购买性支出体现了政府作为社会产品的需求者的经济活动。

按照一般的需求理论,当购买性支出增加时,政府对社会产品的需求增长,从而导致市场价格水平上升和企业利润率提高;企业因利润率提高而扩大生产规模,所需生产资料和劳动力也随之增多。所需生产资料增多,可能刺激生产这类生产资料的企业扩大生产;所需劳动力增多,会扩张对消费资料的社会需求,进而导致生产消费资料的企业扩大生产规模。在广泛存在社会分工的条件下,由政府购买性支出增加所引发的上述过程,将会在全社会范围内产生一系列相互刺激和相互推动的作用,从而导致社会总需求的连锁性膨胀。这既有可能形成经济繁荣局面,又有可能形成供给过度情况。

相反,如果政府减少购买性支出,随着政府需求的减少,全社会的投资和就业都会减少,从而导致连锁性的社会需求萎缩。这既可能形成需求不足,又可能对过度的总需求起到一定的抑制作用。西方学者认为,这种由政府购买性支出变化引致社会投资、就业和生产规模的变化,往往数倍于政府支出变化的规模,故被称为政府支出的乘数作用。凯恩斯主义者正是以此为依据,主张政府通过财政活动干预经济。

3.2.1 政府投资支出

政府投资支出也称为财政投资或者公共投资,是指以政府为主体,将其从社会产品或国民收入中筹集起来的财政资金用于国民经济各部门的一种集中性、政策性投资。它是购买性支出中重要的组成部分。

政府投资支出包括生产性投资支出和非生产性投资支出。生产性投资支出按财政支出项目分为基本建设支出、科技三项支出、挖潜改造资金、增拨流动资金和支援农村生产支出。非生产性投资支出用于国家机关、社会团体、文教科卫等部门的办公用房建设。

1. 政府投资支出的特点

(1) 政府投资可以不盈利或者微利,注重社会效益性。政府是宏观调控的主体,它可以从社会效益和社会成本的角度评估与安排自己的投资。所以,政府可以从事社会效益好而经济效益一般的投资,可以将政府投资集中于那些"外部效应"较大的公共设施、能源、交通、农业、通信及环保等有关国计民生的产业和项目。所以政府投资可以微利或者不盈利,投资的主要目标是社会的整体效益。

(2) 政府投资项目的大型化和长远化。相对于各类民间项目,政府投资有比较雄厚的财政资金保障,所以投资项目有大型化和长远化的特点。

(3) 政府投资是调控经济运行的重要手段。政府投资通常会考虑国家调控经济运行的需要,考虑国家的产业政策,以保证国民经济健康、协调、稳健地发展。

2. 政府投资的领域

一般来说,实行市场经济的国家,非政府投资在社会投资总额中所占的比重较大,实行计划经济的国家,政府投资所占的比重较大;发达国家的非政府投资占的比重较大,而发展中国家和欠发达国家政府投资所占的比重较大。我国是从计划经济向市场经济转轨的,所以政府投资的比重也在不断下降。总体来说,政府投资的领域主要有以下几个方面。

(1) 社会基础设施和公用设施的投资领域。社会基础设施是一个国家在文化、教育、科技研究、公共卫生等社会发展方面的基础设施。政府对社会基础设施方面的投资可以提高国民的基本素质,促进社会全面的进步和发展。公用设施是指一国经济发展的外部环境所必需的基础设施,如交通、邮电、供水供电、园林绿化、环境保护等。

(2) 经济基础产业投资领域。经济基础产业包括能源和基本原料等。经济基础产业是关系到国计民生的重要行业,是一个国家经济稳定发展不可缺少的。然而这类产业一般投资规模很大,投资周期长且投资回报慢,同时这类产业正外部性较大,民间投资一般不愿意参与,所以需要政府投资的支持,带动经济基础行业的发展,然后鼓励和吸引社会资金共同投资。

(3) 高新技术产业领域。高科技产业和新兴产业为国民经济提供技术装备,提高国民经济的科技水平,是保证国家经济长远发展的特殊行业。因此,政府要加大这类投资,支持运用新的技术改造和发展传统产业,使传统产业有新的发展和新的生命力。

3.2.2 社会消费性支出

社会消费性支出也称为社会消耗性支出,是政府直接在市场上购买并消耗商品和服务所形成的支出,是购买性支出的重要组成部分,是国家执行其政治和社会职能的财力保证。这类支出并不形成任何资产,但是它是社会再生产所必需的条件,具有明显的外部效应。

社会消费性支出与投资性支出同属于购买性支出,但两者之间存在着明显的差异,最大的区别在于前者是非生产的消耗性支出,它的使用并不形成任何资产。然而,两者又有共同之处,即在必要的限度内,它们都是为社会再生产的正常运行所必需的。

社会消费性支出的项目包括社会文教科卫事业费支出、国防费支出、行政管理费支出等。

1. 社会文教科卫事业费支出

社会文教科卫事业费支出是指国家财政用于文化、教育、科学、卫生、体育、通信、广播电影电视等事业单位的经费支出。从广义上讲,文化、教育、科学、卫生等事业不属于纯公共产品,而属于混合公共产品。由于具有较强的外部正效应,有助于整个社会文明程度的提高,有利于提升全体社会成员的素质,从而对经济的繁荣与发展具有决定作用,各国均对文教科卫事业给予较大程度的财力支持,尤以发展中国家为甚。

2. 国防费支出

国防费支出即国家防卫支出,是指国家用于国防建设、国防科技事业、军队正规化建设和民兵建设、各军兵种和后备部队的经常性开支、专项军事工程及战时的作战经费等方面的军事支出。

国防费支出的规模与结构集中反映了一个国家的国防战略和国防政策,它实际上是一个国家国防战略的数字化。为实现国防现代化,防御外敌入侵,保卫民族独立、安全和主权、领土的完整,应根据我国经济发展和所面临的国际环境,合理安排国防支出,提高国防费的分配和使用效益。

我国始终奉行防御性的国防政策,所以从国际比较来看,目前国防费支出的规模,无论是绝对规模还是相对规模,都是偏低的。

3. 行政管理费支出

行政管理费支出是国家财政用于国家各级权力机关、行政管理机关、司法检察机关和外事机构等行使其职能所需的费用支出。它是维持国家各级政权存在、保证各级国家管理机构正常运转所必需的费用,也是纳税人所必须支付的成本。因此,行政管理支出的安排是否合理,是建立高效率政权机关和其他各类管理机关的重要前提,是社会经济事务能否得到及时有效协调的重要保证,也是社会资源能否得到有效配置的重要表现。在我国,这项支出对于巩固和加强人民民主专政,维护社会秩序,加强经济管理,开展对外交往具有重要意义。

我国的行政管理支出的内容基本上也属于广义的行政管理支出,包括立法机构支出、行政执行机构支出和司法机构支出三大块。近20年来,我国的行政管理费用一直居高不下,主要原因有三个:①机构和人员膨胀;②机关存在铺张浪费作风;③政府包揽的事情多、效率差。

3.3 转移性支出

转移性支出是指政府按照一定方式,把一部分财政资金无偿地单方面转移给居民和其他受益者的支出,主要有补助支出、捐赠支出和债务利息支出,它体现的是政府的非市场性再分配活动。在财政支出总额中,转移性支出所占的比重越大,财政活动对收入分配的直接影响就越大。政府通过转移性支出可以提高社会保障水平,实现寒者得衣,饥者得食,残者得助,老者得养,保障社会公众得到较好的福利。

社会保障制度是经济的"减震器",又是社会公民基本生活的"安全网",在市场经济运行中具有极为重要的意义。我国近年来一直着力于构建社会保障制度,这要求借鉴发达国家的社会保障的筹资模式和管理模式,针对我国传统体制下社会保障制度的弊端,进行深入的改革。

转移性支出可以分为社会保障支出和财政补贴两种。

3.3.1 社会保障支出

社会保障支出是政府财政对丧失劳动能力、失业及遇到其他事故发生经济困难的公民提供基本生活保障产生的财政支出。社会保障分为社会保险和社会福利两个部分。社会保险是为丧失劳动能力、暂时失去劳动岗位或因健康原因造成损失的人口提供收入或补偿的一种社会制度和经济制度。社会保险计划由政府举办,强制某一群体将其收入的一部分作为社会保险税(费)形成社会保险基金,在满足一定条件的情况下,被保险人可从基金获得固定的收入或损失的补偿,它是一种再分配制度,它的目标是保证物质及劳动力的再生产和社会的稳定。所谓社会福利,是指国家通过货币或者实物形式,向生活有困难的或处于某些特定情况的公民提供补助的活动,社会福利包括社会抚恤、社会救济等。

1. 社会保障的基本特征

(1)强制性。社会保障是国家以立法和执法的形式体现的。社会保障制度是由政府集中管理的。实施社会保障制度的一切细节,从资金来源、运用的方向、保障的标准和收支的程序都有明确的法律规定。

(2) 互济性。社会保障的资金来源于社会筹集,由国家、企业、个人三方承担,社会保障的受益人只能是社会成员中急需获得物质帮助的人。

(3) 社会性。社会保障的对象包括社会的每一个成员,而且保障的项目名目繁多,特别是发达国家,保障制度更为健全。以美国为例,实施的保障项目有300多项,社会保障最发达的应该是北欧的部分国家所执行的"从摇篮到坟墓"的保障制度。

(4) 福利性。社会保障的目的是让每一个社会成员的基本生活权利得到保障。

2. 我国社会保障的主要内容

(1) 社会保险。社会保险是政府按照保险原则举办的一种社会保障计划,它是现代社会保障制度的核心内容。社会保险与商业保险一样,也要求受保人或其就业单位向社会保障机构缴纳一定的费用,并且具有风险分担、互助互济的保险功能。

但社会保险毕竟不同于商业保险,二者的区别主要有以下几个方面:①社会保险的保险基金除来自受保人或其就业单位缴纳的保费外,政府还可以给予一定的资助(例如,在我国,当养老社会保险计划出现入不敷出时,国家财政要用一般财政收入弥补社会保险的赤字);而商业保险则完全依靠收取保费筹集保险基金。②社会保险的受保人领取保险金的权利与缴纳保险费的义务在数量上有一定的对应关系,但这种对应并不像商业保险那样要遵从对等的原则。③社会保险是强制保险,由国家根据立法采取强制行政手段加以实施;而商业保险则一般为自愿保险。

社会保险的项目在不同国家由于生产力发展水平和财力的限制而不尽相同。在我国,社会保险的主要项目有老年保险;伤残保险;医疗保险;疾病、生育保险;工伤保险;丧葬补助;待业(失业)保险。

(2) 社会救济。社会救济是国家通过财政拨款,向生活的确有困难的城乡居民提供资助的社会保障计划。社会救济作为社会保障计划的一种类型,主要具有两个特点:①资金全部由政府从一般财政收入中筹集,受保人不需缴纳任何费用;②受保人享受保障待遇需要接受一定形式的经济状况调查,国家向符合救济条件的个人或家庭提供资助。

我国的社会救济由政府部门进行管理,内容主要包括以下几个方面:①城乡困难户救济。这是指向城镇居民中无生活来源的孤、老、残、幼和收入不能维持基本生活的贫困户,以及农村中主要劳动力病残或死亡的家庭,提供定期或临时性补助。②农村"五保户"救济。这是指对农村中一部分"五保户"(享受保吃、保穿、保住、保医、保葬的孤寡老人、残疾人)的分散供养提供定期定量资助。③灾民救济。这是向遭受严重自然灾害而遇到生活困难的城乡居民提供必要的资助。

(3) 社会福利。国家民政部门提供的社会福利主要是对盲聋哑和鳏寡孤独的社会成员给予各种物质帮助,其资金大部分来源于国家预算拨款。在各项民政社会福利项目中,社会福利院(孤儿院、敬老院、精神病福利院等)、烈属和残废军人抚恤金计划及孤老复员军人定期定量补助金计划属于社会保障。

为规范社会保险关系,维护公民参加社会保险和享受社会保险待遇的合法权益,使公民共享发展成果,促进社会和谐稳定,2010年10月28日第十一届全国人民代表大会常务委员会第十七次会议通过了《中华人民共和国社会保险法》,明确了国家建立基本养老保险、基本医疗保险、工伤保险、失业保险、生育保险等社会保险制度,保障公民在年老、疾病、工伤、失业、生育等情况下依法从国家和社会获得物质帮助的权利。社会保险制度坚持广覆盖、保基本、多层次、可持续的方针,社会保险水平应当与经济社会发展水平相适应。中华人民共和国境内的用人单位和个人依法缴纳社会保险费,有权查询缴费记录、个人权益记录,要求社会保险经办机构提供社会保险咨询等相关服务。县级以上人民政府将社会保险事业纳入国民经济和社会发展规划。国家多渠道筹集社会保险资金。县级以上人民政府对社会保险事业给予必要的经费支持。国家通过税收优惠政策支持社会保险事业。国家对社会保险基金实行严格监管。国务院和省、自治区、直辖市人民政府建立健全社会保险基金监督管理制度,保障社会保险基金安全、有效运行。

为切实保障参加城镇企业职工基本养老保险人员(以下简称"参保人员")的合法权益,促进人力资源合理配置和有序流动,保证参保人员跨省、自治区、直辖市(以下简称"跨省")流动并在城镇就业时基本养老保险关系的顺畅转移接续,2009 年 12 月 28 日国务院办公厅转发了人力资源社会保障部、财政部《关于城镇企业职工基本养老保险关系转移接续暂行办法的通知》。该办法适用于参加城镇企业职工基本养老保险的所有人员,包括农民工。已经按国家规定领取基本养老保险待遇的人员,不再转移基本养老保险关系。

3.3.2　财政补贴

财政补贴是一国政府为某种特定需要而向企业或者居民提供的无偿补助。其依据是国家在一定时期的社会、政治、经济的相关政策;其对象是一些特定的行业、部门、地区、企事业单位和特定的项目;目的是使生产、流通、消费等环节协调一致。

1. 财政补贴的性质

国家进行财政补贴,实质上是把纳税人的一部分收入无偿转移给补贴领受者。从性质上看,财政补贴显然是一种转移性支出,它与社会保障支出一样,也可以带来国民收入的再分配。但财政补贴并不同于社会保障支出。社会保障支出起因于生、老、病、残等社会的经济事故,而财政补贴支出则直接或间接地与价格因素有关。

2. 财政补贴的内容

财政补贴的内容可以从不同的分类角度进行考察。比如,按补贴环节划分,财政补贴包括生产环节补贴、流通环节补贴、消费环节补贴;按补贴对象划分,财政补贴可分为企业补贴和个人补贴;按补贴的经济性质划分,财政补贴又可分为生产补贴和生活补贴。根据国家预算对财政补贴的分类,目前我国的财政补贴有以下内容。

(1)价格补贴。价格补贴主要包括国家为安定城乡人民的生活,由财政向企业或居民支付的、与人民生活必需品和农业生产资料的市场价格政策有关的补贴。价格补贴按产品的类别划分,具体包括以下几个项目:①农副产品价格补贴;②农业生产资料价格补贴;③日用工业品价格补贴;④工矿产品价格补贴。

(2)企业亏损补贴。企业亏损补贴又称国有企业计划亏损补贴,主要是指国家为使国有企业能够按照国家计划生产、经营一些社会需要,但由于客观原因使生产经营出现亏损的产品,而向这些企业拨付的财政补贴。导致企业计划性亏损的原因,主要是产品计划价格水平偏低,不足以抵补产品的生产成本。此外,企业的技术设备落后、供销条件不利等也是造成企业计划亏损的重要因素。

企业亏损补贴按企业的经营性质划分,可以分为两类:①国内经营企业亏损补贴;②外贸企业亏损补贴。

(3) 财政贴息。财政贴息是指国家财政对使用某些规定用途的银行贷款的企业,就其支付的贷款利息提供的补贴。它实质上等于财政代替企业向银行支付利息。根据规定,财政贴息用于以下用途的贷款:①促进企业联合,发展优质名牌产品;②支持沿海城市和重点城市引进先进技术与设备;③发展节能机电产品等。在具体做法上,财政贴息有半补贴和全补贴两种。

除以上三项国家预算中列明的财政补贴以外,财政支出中还有一些补贴性质的支出。这类补贴支出隐含在其他预算科目中。例如,房租补贴就是一项很重要的财政补贴。由于我国对职工住房实行低租金制,房租远不能抵补住房的维修管理费用,因此国家每年要拿出一部分资金补贴住房的维修管理费用,从而形成房租补贴。产权属于城市房管部门或行政事业单位的住房,其房租补贴由财政在行政事业费支出中拨付。另外,财政对煤气、自来水、公共交通等低收费的城市公用事业的补贴也属于这类性质。

3. 我国财政补贴制度的改革与实践

鉴于财政补贴制度存在的问题,今后我国财政补贴制度应进行以下几个方面的改革。

(1) 合理确定补贴的范围,减少补贴项目,压缩补贴的规模。从社会主义市场经济的客观要求出发,今后我国的财政补贴应主要限制在以下范围:①对农业的补贴;②对仍需要由国家直接控制其价格的少数重要产品和劳务进行的补贴;③对宏观经济效益和社会效益大但企业不受益或受益小的项目及产品给予补贴。

(2) 适时调整补贴标准。对于必要的补贴项目,还有一个补多补少的问题。补贴标准如何制定,也直接关系财政补贴的规模。补贴标准在一项补贴实施之初,往往需要订得较高,但随着经济和社会情况的发展变化,补贴标准一般应予以向下调整。比如,有关人民生活的价格补贴,随着职工收入水平的提高,补贴标准可以逐步降低。如果补贴的环境变了,但补贴标准一成不变,或者认为补贴只能增不能减,那么补贴的规模很难得到合理的压缩。

(3) 加强财政补贴管理。目前,财政补贴在管理上存在一些问题。比如,补贴的决策权分散,致使地方财政部门盲目增加一些补贴项目,有的补贴项目甚至是为保护本地区的落后产品。又比如,有的财政部门对补贴款的使用监督管理不严,因而造成一些单位出现冒领、挪用补贴款的问题。补贴管理方面存在漏洞,不但不利于有效控制财政补贴的规模,而且不利于提高财政补贴支出的效益。

(4) 财政补贴制度的改革必须与社会保障制度的改革相配合。在个人收入差距不断拉大的情况下,这种补贴支出的结果是钱花得不少,但效益不高。为解决这个问题,今后应适当压缩这种福利性的补贴支出。但为确保城镇居民中的低收入家庭不至于因削减福利性财政补贴而陷入贫困,国家应在改革财政补贴制度的同时,完善城市中的社会保障制度,即建立一个依据家庭经济调查的最低收入保障计划。

本模块小结

本模块主要对财政支出进行了详细的阐释,主要讲述财政支出的作用及分类,重点介绍购买性支出和转移性支出的情况。完成本模块的学习,应该理解和掌握以下内容。

(1) 财政支出也称公共财政支出,是指在市场经济条件下,政府为提供公共产品和服务,满足社会共同需要而进行的财政资金的支付。简单地说,财政支出就是政府在向社会提供公共产品时产生的费用。

(2) 购买性支出又称消耗性支出,是指政府购买商品和劳务,包括购买进行日常政务活动所需要的或者进行政府投资所需要的各种物品和劳务的支出,即由社会消费性支出和财政投资支出组成。

(3) 转移性支出是指政府按照一定方式,单方面无偿地将一部分财政资金转移给居民和其他受益者,主要由社会保障支出和财政补贴组成。它是政府的非市场性再分配活动,对收入分配的直接影响较大,执行收入分配的职能较强。我们熟知的社保支出就属于转移性支出。

(4) 财政支出规模是指在一定时期内(预算年度)政府通过财政渠道安排和使用财政资金的绝对数量及相对比率,即财政支出的绝对量和相对量,它反映了政府参与分配的状况,体现了政府的职能和政府的活动范围,是研究和确定财政分配规模的重要指标。

(5) 政府投资支出也称为财政投资或者公共投资,是指以政府为主体,将其从社会产品或国民收入中筹集起来的财政资金用于国民经济各部门的一种集中性、政策性投资。它是购买性支出中重要的组成部分。

(6) 社会消费性支出也称为社会消耗性支出,是政府直接在市场上购买并消耗商品和服务所形成的支出,是购买性支出的重要组成部分,是国家执行其政治和社会职能的财力保证。这类支出并不形成任何资产,但它是社会再生产所必需的条件,具有明显的外部效应。

(7) 行政管理支出是国家财政用于国家各级权力机关、行政管理机关、司法检察机关和外事机构等行使其职能所需的费用支出。它是维持国家各级政权存在、保证各级国家管理机构正常运转所必需的费用,也是纳税人所必须支付的成本。

(8) 社会保障支出是政府财政对丧失劳动能力、失业及遇到其他事故发生经济困难的公民提供基本生活保障产生的财政支出。社会保障分为社会保险和社会福利两个部分。

(9) 财政补贴是一国政府为某种特定需要而向企业或者居民提供的无偿补助。其依据是国家在一定时期的社会、政治、经济的相关政策;其对象是一些特定的行业、部门、地区、企事业单位和特定的项目;目的是使生产、流通、消费等环节协调一致。

关 键 术 语

财政支出　购买性支出　转移性支出　财政支出规模　政府投资支出　行政管理支出　财政补贴　社会保障支出

案例分析

社会经济发展对财政支出的需求越来越大

近年来,伴随中国经济的迅速增长,财政收入呈现逐年递增的趋势。但由于迅速发展的社会经济对财政支出的需求日趋增长,加上财政支出的范畴过于宽泛,导致财政支出规模不断膨胀,收支矛盾日趋加剧。具体表现在以下两个方面。

(1) 经济社会发展需要财政支出作出更大贡献。中国正处于一个经济转轨过程中,建立一个完善的社会保障体系显得日益迫切和重要。特别是随着国有企业改革的不断深化以及广大农村地区的发展需要,就要求政府为企业创造良好的外部环境及承担社会保障的责任。首先,如国有企业大量富余人员的安排、再就业培训等都要财政予以支持;其次,为保持经济的持续增长,必须继续增加对教育、科技的投入;此外,在公共基础设施的建设方面,虽然这几年投入不少,但与经济迅速发展的要求仍有一定的差距,因此,不论是从理论上还是从实践上看,未来的经济发展都要求财政支出作出巨大贡献。

近年来,中国财政收入的增长严重滞后于经济增长,特别是受到全球性金融危机的影响,收入与支出之间矛盾加剧。背负如此多的支出,必然令财政负担加大。

(2) 服务型政府的转变也需要不断增加财政支出。为实现以人为本,全面、协调、可持续的科学发展观,普遍提高全体人民特别是低收入群体的福利,体现在政府职能这个层次上,就意味着我们的政府要从经济目标优先转向社会目标优先,要从经济建设型为主转向公共服务型为主;体现在财政功能这个层次上,就意味着我们的财政要由投资型财政转向公共型财政。由于历史的原因,中国现行财政体制存在结构性缺陷,从总体上说,还是一个经济投资型财政体制。公共型财政体制要求政府降低财政支出中用于经济建设的比重,压缩非公共产品的支出,把更多的公共资源用到社会公共需要的领域。因此,为加快建立公共型财政体制,构建政府履行公共服务职能的制度基础,财政支出的规模必然不断增大。

【讨论问题】 请谈谈改进我国财政支出的思路及对策。

思考与练习

一、单项选择题

1. 我国财政支出中属于补偿性支出的是( )支出。
   A. 价格补贴 B. 基本建设 C. 挖潜改造 D. 债务
2. 在下列各类财政支出中,占支出比重最大的是( )支出。
   A. 支援农业 B. 社会保障 C. 基本建设 D. 社会文教
3. 下列支出中属于转移性支出的是( )支出。
   A. 经济建设   B. 社会文教
   C. 财政补贴   D. 政府投资

4. 下列支出中属于购买性支出的是（   ）。
   A. 行政管理费   B. 救灾支出   C. 外交支出   D. 补贴支出
5. 1980年以来，我国行政管理费所占比重上升的原因是（   ）。
   A. 人口的增加   B. 城市化的加快
   C. 财政供养人员膨胀   D. 行政管理职能的加强
6. 改革开放以来，导致我国转移性支出比重不断上升的因素是（   ）。
   A. 还本付息支出增加   B. 国有企业亏损增加
   C. 财政补贴增加   D. 社会保障支出减少
7. 一般而言，各国政府财政支出的最主要支出形式是（   ）。
   A. 有偿拨款   B. 无偿拨款   C. 财政补贴   D. 以上都不是
8. 现阶段，我国财政支出结构调整的重点与方向是（   ）。
   A. 突出财政的公共性   B. 加强基础设施建设
   C. 加大科教投入   D. 支持国有企业制度创新
9. 从经济发达国家的发展历史来看，财政支出规模的发展趋势是（   ）。
   A. 不断膨胀   B. 日渐缩小   C. 基本保持不变   D. 无规律波动
10. 财政补贴通过直接影响（   ）影响经济。
    A. 资源配置结构   B. 相对价格结构   C. 供给结构   D. 需求结构

二、填空题
1. 按经济性质分类，可将财政支出分为_____和_____支出两大类。
2. 社会消费性支出包括_____、_____和_____三大类。
3. 我国社会保障制度的主要内容包括_____、_____和部分社会福利项目三个方面。
4. 购买性支出分为_____支出和_____支出两大类。
5. 按补贴的经济性质划分，财政补贴又可分为_____补贴和_____补贴。

三、判断题
1. 按支出用途分类是财政支出分类中最基本的分类方法。（   ）
2. 转移性支出在稳定经济方面可发挥较大作用，而购买性支出则在收入分配方面发挥较大作用。（   ）
3. 同非政府部门追求微观上的盈利性不同，政府投资完全可以不讲投资效益。（   ）
4. 财政支出形式的选择，应与政府职能范围和经济体制的变迁相适应。（   ）
5. 行政管理费和国防费属于社会财富的虚耗，应尽可能地压缩。（   ）

四、思考题
1. 影响财政支出规模的因素有哪些？
2. 教育在性质上属于私人产品，为什么由政府提供？政府应该全额提供吗？
3. 试述政府投资的特点。
4. 如何进一步完善我国的社会保障体系？

国家预算

【能力目标】

通过完成本模块的学习,学生应该能够掌握国家预算的编制、执行和国家决算;掌握国家预算管理体制的内容。

【核心能力】

掌握分税制的内容。

【任务分解】

1. 了解国家预算的含义和分类。
2. 掌握国家预算的编制、执行和国家决算。
3. 掌握国家预算管理体制的实质。
4. 掌握现行国家预算管理体制的内容。

导入案例

明确中央地方权责,更好兜牢民生底线

财政事权和支出责任划分改革是建立现代财政制度的重要内容。党的十九大报告把"建立权责清晰、财力协调、区域均衡的中央和地方财政关系"放在财税体制改革三大任务之首,凸显出这项改革的重要性和紧迫性。

2018年1月27日,国务院办公厅印发《基本公共服务领域中央与地方共同财政事权和支出责任划分改革方案》(以下简称《方案》),将义务教育、学生资助、基本就业服务、基本养老保险、基本医疗保障、基本卫生计生、基本生活救助、基本住房保障八大类共18个事项纳入中央与地方共同财政事权范围,并规范支出责任分担方式,标志着财政事权和支出责任划分取得了新的重大进展。

"这些事项都涉及基本民生,支出稳定性强,率先明确为中央与地方共同财政事权,规范相关保障标准和分担比例,有利于增强政策的稳定性,更好地兜牢民生底线,促进基本公共服务均等化水平的提高。"财政部有关负责人表示。

这次改革在多个方面实现重要突破,比如,逐步规范基础标准是推进基本公共服务均等化的重要内容,《方案》参照现行财政保障或中央补助标准,制定9项基本公共服务保障的国家基础标准。

在支出责任分担方面,主要实行按比例分担,并保持基本稳定,对基本公共卫生服务等7个事项实行中央分档分担办法,并将其分担比例适当简化和归并为五档。对义务教育公用经费保障等6个按比例分担、按项目分担或按标准定额补助的事项,暂按现行政策执行。对基本公共就业服务等5个事项,中央分担比例主要依据地方财力状况、保障对象数量等因素确定。

记者了解到,在《方案》出台后,包括教育、医疗卫生等在内的具体领域财政事权和支出责任相关文件将陆续出台。"现在改革进入深水区,需要涉险滩、啃'硬骨头'。《方案》有利于进一步解决中央与地方部分财政事权不够清晰明确、责任落实不到位等问题,促进财政事权划分的制度化、法治化、规范化。"中国财科院院长刘尚希说。

资料来源:《经济日报》,2018-02-22.

【分析提示】 谈谈中央地方权责划分在预算管理体制改革中的意义。为什么说这项改革现在已进入深水区?

4.1 国家预算概述

4.1.1 国家预算的含义

国家预算是经法定程序审批的国家年度财政收支计划,它是国家筹集和分配集中性财政资金的重要工具,是调控国民经济运行的重要杠杆。自17世纪第一个国家预算诞生于英国,其他资本主义国家也陆续开始编制国家预算,到了20世纪几乎所有国家都建立了国家预算制度。我国从新中国成立起就开始编制国家预算。

1. 国家年度财政收支计划

我国年度财政收支计划包括预算内、预算外两部分。国家预算是国家的基本财政收支计划,预算收入反映国家支配的财力规模和来源,预算支出反映国家财力分配使用的方向和构成,预算收支的对比反映国家财力的平衡状况。通过编制国家预算可以有计划地组织收入并合理地安排支出,贯彻执行国家的方针政策,保证各项任务的实现。

扩展阅读 4-1

预算外资金

预算外资金是指按照国家财政制度规定不纳入国家预算的、允许地方财政部门和由预算拨款的行政事业单位自收自支的资金。

目前,我国预算外资金主要包括以下两方面。

(1)地方财政部门管理的预算外资金。有各项附加收入、统管事业收入和其他杂项收入等。可用于城市维护、农村公益事业、企业挖潜、革新和改造等支出。

(2)行政事业单位管理的预算外资金。这部分资金的范围较广,主要有工交商事业收入、农林水气象事业收入、文教科卫事业收入、城市公用事业收入、社会福利事业收入、工商管理收入和行政机关收入等。上述收入,主要用于相应事业的需要。

预算外资金作为一个特定的经济范畴,具有不同于其他资金的特点。

(1) 财政性。预算外资金也是财政性资金,但不是由中央财政集中分配,支配权和使用权属于各地方财政和有关行政事业单位,采取收支两条线的财政专户管理办法。

(2) 专用性。从预算外资金的历史发展进程看,设置预算外资金,在多数情况下,是为保证某些专项支出。新的企业财务制度规定,预算外资金在不改变资金性质的前提下可以统筹使用。

(3) 分散性。预算外资金是一种非集中性资金,由多种项目构成,并由各地区、行政事业单位分别掌握使用,无论从资金来源还是从单位和前途来看,都是有别于预算内的资金的一种非集中性资金。

我国预算外资金的发展、膨胀和一系列问题的形成既有其历史的必然性,也有其现实的客观性。它不仅使预算内收支矛盾加剧,从而迫使各部门、各单位另辟蹊径,增加预算外收入的结果,也与预算外资金自身管理的松弛密切相关;另外,在预算资金管理指导思想上的偏差和政策上的失误,也是促使收费膨胀的重要原因。

预算外收支两条线管理是强化预算外资金管理的重要方法,它从制度上打破了以往由部门和单位自收自支、收支一体的体制。实行预算外资金财政专户储存。预算外资金财政专户是指财政部门在银行开设的统一专户,用于预算外资金收入和支出管理。财政专户分为中央财政专户和地方财政专户,分别办理中央和地方预算外资金的收缴与拨付。财政专户管理是国家强化行政事业单位预算外资金管理的一种行政手段,具有强制性的特点。

2. 法定程序审批的法律文件

国家预算从形成的程序看,是由政府负责编制,经国家权力机关依据法定程序审批后而形成的法律文件。国家预算一旦经权力机关审批就具有法律效力,政府就必须贯彻执行,不能任意修改,如需调整必须经权力机关批准。因此,预算的形成过程,体现了国家权力机关和全体公民对政府活动的制约与监督。现代预算制度改革的核心也就在于以法制约束,消除旧预算制度的封建性、专政性因素,推进民主化、法制化进程。

3. 实现财政职能的重要工具

国家预算是财政为实现其职能,有计划地筹集和分配由国家集中支配的财政资金的重要工具。通过预算管理手段,把政府公共资源全部纳入政府宏观调控的范畴,从而满足社会共同需要,既可为政府履行行政职能提供财力保障,也可实现政府资源的优化配置,还可以通过预算收支总量的变动和预算收支结构的调整,维护社会经济的稳定和促进社会经济的协调发展。

国家预算的功能,首先是反映政府的财政收支状况。全面准确地理解国家预算的内涵,必须明确以下三个方面。

(1) 从形式上来看,国家预算就是按一定标准将财政收入和支出分门别类地列入特定的计划账目表,可以使人们清楚地了解政府的财政活动。

(2) 从实际经济内容来看,国家预算的编制是政府对财政收支的计划安排,预算的执行是财政收支的筹措和使用过程,国家决算则是国家预算执行的总结。所以,国家预算反映政府活动的范围、方向和政策。

（3）由于国家预算要经过国家权力机关的审批才能生效，因而又是国家的重要立法文件，体现国家权力机构和全体公民对政府活动的制约与监督。

4.1.2 国家预算的分类

1. 按预算的编制形式分类

按预算编制的形式分类，可以将国家预算分为单式预算和复式预算。

（1）单式预算。它是将国家的全部财政收支汇编入一个总额预算之内，形成一个收支项目安排对照表。因此，单式预算可以统一反映政府未来年度可以筹集和使用的社会产品数量，便于政府统筹安排财政资金。单式预算没有区分各项财政收支的经济性质，不利于政府对复杂的财政活动进行深入的分析和管理。

（2）复式预算。它是将国家的全部财政收支按其经济性质汇编入两个或两个以上的预算，从而形成两个或两个以上的收支对照表。复式预算的典型形式是双重预算，即按经济性质把财政收支分别编入经常预算和资本预算。经常预算包括政府进行日常政务活动所需的财政支出，其收入来源主要为各项税收；资本预算主要包括对国有企业和公共基础设施的投资，其收入来源主要为经常预算的结余及债务收入等。

2. 按预算的编制方法分类

按预算的编制方法分类，可以将国家预算分为基数预算和零基预算。

（1）基数预算。它是预算年度的财政收支计划指标的确定，是以上年财政收支执行数为基础，再考虑新的年度国家经济发展情况加以调整确定。从其总的收入走势来看，是逐年上升的。

（2）零基预算。它是对新的预算年度财政收支计划指标的确定，不考虑以前年度的收支执行情况，而是以"零"为基础，结合经济发展情况及财力可能，从根本上重新评估各项收支的必要性及其所需金额的一种预算形式。零基预算不受现行财政收支执行情况的约束，使政府可以根据需要确定优先安排的项目，有利于提高支出的经济效率，减轻国家为满足不断增加的财政支出而增税导致的债务扩大所带来的压力。

3. 按预算项目能否直接反映其经济效果分类

按预算项目能否直接反映其经济效果分类，可以将国家预算分为投入预算和效绩预算。

（1）投入预算。它是指只能反映投入项目的用途和支出金额，而不考虑其支出的经济效果的预算。

（2）效绩预算。它是指根据成本—效益比较的原则，决定支出项目是否必要及其金额大小的预算形式。其特点：以成本—效益分析的方法，对每个支出项目进行科学的论证和评估。按照这种方法编制的预算被许多国家借鉴和采用。

4. 按预算作用的时间长短分类

按预算作用的时间长短分类，可以将国家预算分为年度预算和中长期预算。

（1）年度预算。它是指预算有效期为一年的财政收支预算。

（2）中长期预算。也称中长期财政计划。一般一年以上、十年以下的计划，称为中期计划;十年以上的计划,称为长期计划。

5. 按预算收支的平衡状况分类

按预算收支的平衡状况分类,可以将国家预算分为平衡预算和差额预算。

(1)平衡预算。它是预算收入等于预算支出的预算形式。

(2)差额预算。它是预算收入大于或小于预算支出的预算形式。

预算收支之间的对比关系,不外有三种情况:收支相等、收大于支、支大于收。人们习惯将收支相等称为平衡;收大于支称为结余;支大于收称为赤字。

差额预算按其收支对比的具体情况可以分为两种:①盈余预算,即收入大于支出的预算;②赤字预算,即支出大于收入的预算。

4.1.3 国家预算的组成

1. 中央预算与地方预算

国家预算按政府级次分为中央预算和地方预算。按照国家的政权结构和行政区域来划分,我国实行一级政府一级预算,从中央到地方设立中央、省(自治区、直辖市)、市(设区的市、自治州)、县(自治县、不设区的市、市辖区)、乡(民族乡、镇)五级预算。不具备设立预算条件的乡(民族乡、镇),可以暂不设立预算。县级以上地方政府的派出机关,根据本级政府授权进行预算管理活动,但不作为一级预算。

(1)中央预算。中央预算是指经法定程序批准的中央政府的财政收支计划。中央预算是中央履行职能的基本财力保证,在国家预算体系中居于主导地位。中央预算由中央主管部门的行政单位预算、事业单位预算、企业财务计划、基本建设财务计划、国库和税收计划等汇总而成。

(2)地方预算。地方预算是指经法定程序批准的地方各级政府的财政收支计划的统称,包括省省级及省级以下的四级预算。地方预算是地方政府职能实施的财力保证,在国家预算体系中居于基础性地位。

地方总预算由各省(自治区、直辖市)总预算汇总组成,国家预算包括中央预算和地方总预算。

2. 财政总预算、部门预算和单位预算

国家预算按照收支管理范围分为财政总预算、部门预算和单位预算。部门预算是财政总预算的基础,基层单位预算是部门预算的基础。

(1)财政总预算。财政总预算是指各级地方本行政区域的预算,由汇总的本级政府预算和汇总的下一级总预算汇编而成。没有下一级预算的,总预算即指本级政府预算。

(2)部门预算。这是反映各本级部门(含直属单位)本系统内各级单位全部收支的预算,由本部门所属各单位预算组成。各部门是指与本级政府财政部门直接发生预算缴拨款关系的国家机关、军队、政党组织和社会团体。

(3)单位预算。单位预算是列入部门预算的国家机关、社会团体和其他单位的收支预算,它以资金的形式反映预算单位的各种活动。

4.1.4 国家预算的原则

国家预算的原则是指国家选择预算形式和体系应遵循的指导思想,也就是制定政府财政收支计划的方针。预算原则是伴随着现代预算制度的产生而产生的,并且随着社会经济和预算制度的发展变化而不断变化的。一种预算原则的确立,不但要以预算本身的属性为依据,而且要与本国的经济实践相结合,要充分体现国家的政治、经济政策。一个国家预算的预算原则一般是通过制定国家预算法体现的。时至今日,影响较大并为世界大多数国家所普遍接受的原则主要有以下五个方面。

1. **公开性原则**

预算涉及社会方方面面,涉及全社会每一个纳税人的利益,关系每一个部门和单位的事业发展,因此,以适当的形式公开预算,使全社会了解预算,参与预算,加强预算监督力度,是预算管理活动的基本要求,也是预算民主化进程的关键环节。预算的公开性原则包括预算编制审批的公开、预算执行过程的公开和预算完成结果——决算的公开。在我国,预算的公开是通过人民代表大会报告制度实现的。预算的编制或执行结果及执行过程中采取的重大措施经本级人民代表大会通过后,通过新闻媒介向公众公布。

2. **可靠性原则**

预算的编制和执行要以国民经济和社会发展计划为依据,违背客观经济规律而进行预算的编制和管理,将有碍于国民经济和社会发展的良性循环。预算的真实性要求预(决)算的各项数字必须准确、真实、可靠,既反对隐瞒收入或支出留有缺口,又反对虚收行为或虚列支出。

3. **完整性原则**

预算的完整性是要求国家预算应包括政府的全部预算收支项目,完整地反映以国家为主体的全部财政资金收支活动情况,不允许在预算之外存在任何以政府为主体的资金收支活动,预算的完整性是建立规范化、法制化预算的前提条件。只有完整的预算才能保证政府控制、调节各类财政性资金的流向和流量,完善财政的分配、调节与监督职能;预算的完整性也便于立法机关审议批准和社会公众对政府活动的了解,便于监督政府预算的执行。

4. **统一性原则**

预算是政府宏观调控的重要杠杆,保证预算的统一性是加强预算管理和增强政府宏观调控能力的必要条件。预算的统一性包括以下几点:①预算政策的统一。全国性的财政方针政策如税收政策、财政规章制度、财务会计制度等都应由中央制定,各地区、各部门保证执行,不得任意改变,如遇特殊情况,须根据国家规定的程序进行调整。②预算口径的统一。预算科目的设置和收支核算口径应该参照国际上通行的经济分类和统计标准,制定一个统一的收支核算口径,增加国内外各种数据的可比性。③预算年度与预算时效性的统一。具有法律效力的预算收支期限必须与预算年度一致,不应当以临时预算或特种基金的名义另立预算。

5. **年度性原则**

预算年度是预算收支起讫的有效时间,通常以一年为标准。当今世界上许多国家的预算采用历年制，即当年 1 月 1 日起至 12 月 31 日止，我国就采用历年制预算年度。有的国家采用跨年制，如日本、英国等国家为 4 月制预算年度，即从当年 4 月 1 日起至翌年的 3 月 31 日止为一个预算年度；美国采用 10 月制预算年度，即从当年 10 月 1 日起至翌年的 9 月 30 日止为一个预算年度。各国预算年度的选择主要考虑两个因素：①与各国权力机关开会时间一致，以便在预算年度一开始就执行生效的预算；②与收入旺季一致，以便在预算年度初期就有充足的预算收入，保证各项预算支出的顺利执行。

4.2 国家预算管理

4.2.1 国家预算管理的含义

国家预算管理是国家依据法律法规对预算资金的筹集、分配、使用进行的组织、协调和监督等活动的总称。预算管理贯穿预（决）算的各个阶段、各个环节，加强预算管理对严肃财经纪律，保证预算任务和宏观调控任务的正确实现有重要意义。

国家预算管理的含义可从以下四个方面理解。

(1) 国家预算管理的主体是国家。国家是抽象的，健全国家对预算的管理，要求预算管理职权必须进行科学、合理的划分，各级人民代表大会、各级政府、各级财政部门及各有关主管部门和单位在各自的预算管理职权内进行相应的管理。

(2) 国家预算管理的客体是预算资金。预算管理融于预算分配之中，贯穿预算资金的筹集、分配和使用的全过程。加强对预算资金的管理，首先，要积极组织预算收入，确保国家预算收入的实现；其次，要妥善安排各项预算支出，及时拨付预算资金，提高预算资金的运行效率；最后，要量入为出，努力做到预算收支的平衡。

(3) 国家预算管理的依据是国家的有关法律法规及方针政策。将预算资金的组织、协调和监督纳入法制轨道，强化预算的法律效力，做到依法理财、依法治财。我国为使国家预算的组织和管理走向规范化，加强预算管理的民主和法制建设，已于 1994 年 3 月 22 日经第八届全国人民代表大会通过《中华人民共和国预算法》。1995 年 11 月 2 日，国务院第三十七次常务会议通过了《中华人民共和国预算法实施条例》。2018 年 12 月 29 日，第十三届全国人民代表大会常务委员会第七次会议通过对《中华人民共和国预算法》作出修改。将第八十八条中的"监督检查本级各部门及其所属各单位预算的编制、执行"修改为"监督本级各部门及其所属各单位预算管理有关工作"。

(4) 国家预算管理的总体目的是完成国家预算收支任务。具体包括：①加强国家宏观调控，保证经济和社会的健康发展；②协调各级预算之间的分配关系，特别是正确处理预算资金的集中与分散关系、预算职权的集权与分权关系；③合理配置资源，不仅要通过预算管理促使预算资金自身高效运行，更要引导市场资源配置符合国家的宏观调控意图。

4.2.2 国家预算的编制

就国家预算的编制，《中华人民共和国预算法》作出以下规定。

1. 预算编制

各级政府、各部门、各单位应当按照国务院规定的时间编制预算草案。中央预算和地方各级政府预算，应当参考上一年预算执行情况和本年度收支预测进行编制。

中央预算和地方各级政府预算按照复式预算编制。中央政府公共预算不列赤字。中央预算中必需的建设投资的部分资金，可以通过举借国内和国外债务等方式筹措，但是借债应当有合理的规模和结构。

地方各级预算按照量入为出、收支平衡的原则编制，不列赤字。除法律和国务院另有规定外，地方政府不得发行地方政府债券。

各级预算收入的编制，应当与国民生产总值的增长率相适应。

按照规定必须列入预算的收入，不得隐瞒、少列，也不得将上年的非正常收入作为编制预算收入的依据。

各级预算支出的编制，应当贯彻厉行节约、勤俭建国的方针。

各级预算支出的编制，应当统筹兼顾，确保重点，在保证政府公共支出合理需要的前提下，妥善安排其他各类预算支出。

中央预算和有关地方政府预算中安排必要的资金，用于扶助经济不发达的民族自治地方、革命老根据地、边远地区、贫困地区发展经济文化建设事业。

各级政府预算应当按照本级政府预算支出额的1‰～3‰设置预备费，用于当年预算执行中的自然灾害救灾开支及其他难以预见的特殊开支。

各级政府预算应当按照国务院的规定设置预算周转金。

各级政府预算的上年结余，可以在下年用于上年结转项目的支出；有余额的，可以补充预算周转金；再有余额的，可以用于下年必需的预算支出。

国务院应当及时下达关于编制下一年预算草案的指示。编制预算草案的具体事项，由国务院财政部门部署。

省、自治区、直辖市政府应当按照国务院规定的时间，将本级总预算草案报国务院审核汇总。

国务院财政部门应当在每年全国人民代表大会会议举行的一个月前，将中央预算草案的主要内容提交全国人民代表大会财政经济委员会进行初步审查。

省、自治区、直辖市、设区的市、自治州政府财政部门应当在本级人民代表大会会议举行的一个月前，将本级预算草案的主要内容提交本级人民代表大会有关的专门委员会，或者根据本级人民代表大会常务委员会主任会议的决定提交本级人民代表大会常务委员会有关的工作委员会进行初步审查。

县、自治县、不设区的市、市辖区政府财政部门应当在本级人民代表大会会议举行的一个月前，将本级预算草案的主要内容提交本级人民代表大会常务委员会进行初步审查。

2. 预算审查和批准

国务院在全国人民代表大会举行会议时，向大会作关于中央和地方预算草案的报告。

地方各级政府在本级人民代表大会举行会议时，向大会作关于本级总预算草案的报告。

中央预算由全国人民代表大会审查和批准。

地方各级政府预算由本级人民代表大会审查和批准。

乡、民族乡、镇政府应当及时将经本级人民代表大会批准的本级预算报上一级政府备案。县级以上地方各级政府应当及时将经本级人民代表大会批准的本级预算及下一级政府报送备案的预算汇总,报上一级政府备案。

县级以上地方各级政府将下一级政府依照前款规定报送备案的预算汇总后,报本级人民代表大会常务委员会备案。国务院将省、自治区、直辖市政府依照前款规定报送备案的预算汇总后,报全国人民代表大会常务委员会备案。

国务院和县级以上地方各级政府对下一级政府报送备案的预算,认为有同法律、行政法规相抵触或者有其他不适当之处,需要撤销批准预算的决议的,应当提请本级人民代表大会常务委员会审议决定。

各级政府预算经本级人民代表大会批准后,本级政府财政部门应当及时向本级各部门批复预算。各部门应当及时向所属各单位批复预算。

4.2.3 国家预算的执行

就国家预算的执行,《中华人民共和国预算法》做出以下规定。

1. 预算执行

各级预算由本级政府组织执行,具体工作由本级政府财政部门负责。

预算年度开始后,各级政府预算草案在本级人民代表大会批准前,本级政府可以先按照上一年同期的预算支出数额安排支出;预算经本级人民代表大会批准后,按照批准的预算执行。

预算收入征收部门,必须依照法律、行政法规的规定,及时、足额征收应征的预算收入。不得违反法律、行政法规规定,擅自减征、免征或者缓征应征的预算收入,不得截留、占用或者挪用预算收入。

有预算收入上缴任务的部门和单位,必须依照法律、行政法规和国务院财政部门的规定,将应当上缴的预算资金及时、足额地上缴国家金库(以下简称"国库"),不得截留、占用、挪用或者拖欠。

各级政府财政部门必须依照法律、行政法规和国务院财政部门的规定,及时、足额地拨付预算支出资金,加强对预算支出的管理和监督。各级政府、各部门、各单位的支出必须按照预算执行。

县级以上各级预算必须设立国库;具备条件的乡、民族乡、镇也应当设立国库。中央国库业务由中国人民银行经理,地方国库业务依照国务院的有关规定办理。各级国库必须按照国家有关规定,及时准确地办理预算收入的收纳、划分、留解和预算支出的拨付。各级国库库款的支配权属于本级政府财政部门。除法律、行政法规另有规定外,未经本级政府财政部门同意,任何部门、单位和个人都无权动用国库库款或者以其他方式支配已入国库的库款。各级政府应当加强对本级国库的管理和监督。

各级政府应当加强对预算执行的领导,支持政府财政、税务、海关等预算收入的征收部门依法组织预算收入,支持政府财政部门严格管理预算支出。财政、税务、海关等部门在预算执行中,应当加强对预算执行的分析;发现问题时应当及时建议本级政府采取措施予以解决。

各部门、各单位应当加强对预算收入和支出的管理,不得截留或者动用应当上缴的预算收入,也不得将不应当在预算内支出的款项转为预算内支出。

各级政府预算预备费的动用方案,由本级政府财政部门提出,报本级政府决定。

各级政府预算周转金由本级政府财政部门管理,用于预算执行中的资金周转,不得挪作他用。

2. 预算调整

预算调整分为全面调整和局部调整。全面调整是指对预算全面变动。这种变动是由于国家的政治经济形势出现重大变化引起的,实质上是重新编制一次国家预算。没有特殊情况一般不轻易采用。局部调整是对预算的局部变动。在预算执行过程中,为适应客观情况的变化,对预算进行局部调整,重新组织预算收支平衡是经常发生的。在中国主要采用以下五种方法。

(1) 科目流用。科目流用是指在预算支出科目之间的调入调出而形成的预算资金的再分配,又称"经费流用"。在预算执行中,由于各种原因预算支出科目之间会出现有的资金有余而有的资金不足的情况。为充分发挥资金的使用效果,在保证完成各项建设事业计划,又不超过原定预算支出总额的情况下,可以在科目之间进行必要的调入调出。虽然预算科目流用只是在有关科目之间局部改变资金用途,不会影响总的收支平衡,但由于资金的用途和物资供应紧密相关,科目之间的经费流用也可能造成供求之间的结构性不平衡。为避免科目流用可能引发的供求结构不平衡,国家对流用范围和流用程序都作了规定。

(2) 预算追加追减。预算追加追减是对原定预算收支总额的增加或缩减。预算追加追减会引起预算收支总额的改变,关系财政收支平衡的实现。因此,追加收入必须建立在发展经济的基础上,减少支出要相应调整事业计划,要严格控制追减收入和追加支出。

(3) 预算划转。预算划转是指在预算执行过程中发生企业、事业单位隶属关系或行政区划的改变,需要相应改变预算隶属关系时,将原预算划归新的领导部门或接管单位,即预算关系的转移。企业、事业单位隶属关系改变后,划出单位应将上缴的各项预算收入及应给单位的预算支出,按照全年预算划转,年度预算执行中已经缴入国库的收入、已经实现的支出由划出和划入的双方进行结算。

(4) 预算调剂。预算调剂是指上下级财政之间预算资金的调度。其目的是解决预算执行过程中发生的各级财政不平衡问题。预算调剂仅限于纵向之间的调剂,不包括地区之间,即横向之间的调剂。地区之间经济发展不平衡,收入多寡悬殊,如需通过预算调剂满足各地区各项生产建设事业的资金需要,只能由中央财政实施。

(5) 动用预备费。国家预算预备费是为应付某些临时发生的难以预料的开支而设置的专项基金。在预算执行过程中,发生国家预算编制时没有预料到的国民经济重大变化和较大的自然灾害等情况时,所需经费可以动用预备费。中央预备费的动用,需经国务院批准;地方预备费的动用,需经同级人民政府批准。

《中华人民共和国预算法》规定:预算调整是指经全国人民代表大会批准的中央预算和经地方各级人民代表大会批准的本级预算,在执行中因特殊情况需要增加支出或者减少收入,使原批准的收支平衡的预算的总支出超过总收入,或者使原批准的预算中举借债务的数额增加的部分变更。

各级政府对于必须进行的预算调整,应当编制预算调整方案。中央预算的调整方案必须提请全国人民代表大会常务委员会审查和批准。县级以上地方各级政府预算的调整方案必须提请本级人民代表大会常务委员会审查和批准;乡、民族乡、镇政府预算的调整方案必须提请本级人民代表大会审查和批准。未经批准,不得调整预算。

未经批准调整预算,各级政府不得作出任何使原批准的收支平衡的预算的总支出超过总收入,或者使原批准的预算中举借债务的数额增加的决定。对违该规定作出的决定,本级人民代表大会、本级人民代表大会常务委员会或者上级政府应当责令其改变或者撤销。

在预算执行中,因上级政府返还或者给予补助而引起的预算收支变化,不属于预算调整。接受返还或者补助款项的县级以上地方各级政府应当向本级人民代表大会常务委员会报告有关情况;接受返还或者补助款项的乡、民族乡、镇政府应当向本级人民代表大会报告有关情况。

各部门、各单位的预算支出应当按照预算科目执行。不同预算科目间的预算资金需要调剂使用的,必须按照国务院财政部门的规定报经批准。

地方各级政府预算的调整方案经批准后,由本级政府报上一级政府备案。

4.2.4 国家决算

国家决算是整个预算工作程序的总结和终结。经法定程序批准的年度国家预算执行情况及结果总结性的书面文件。尚未经法定程序批准的称决算草案。我国决算分为中央决算和地方各级政府决算。一般地说,国家决算的体系与国家预算相同,有一级财政,就要编制一级决算。每一个预算年度终了后,各级人民政府、各部门、各单位都要编制决算草案。

就国家决算,《中华人民共和国预算法》做出以下规定。

1. 国家决算的编制程序

国家决算的编制程序是自下而上,逐级汇总。先从执行预算基层单位的决算开始编制。

编制决算草案,必须符合法律、行政法规,做到收支数额准确、内容完整、报送及时。

各部门对所属各单位的决算草案,应当审核并汇总编制本部门的决算草案,在规定的期限内报本级政府财政部门审核。各级政府财政部门对本级各部门决算草案审核后发现有不符合法律、行政法规规定的,有权予以纠正。

2. 国家决算的审查和批准程序

国务院财政部门编制中央决算草案,报国务院审定后,由国务院提请全国人民代表大会常务委员会审查和批准。县级以上地方各级政府财政部门编制本级决算草案,报本级政府审定后,由本级政府提请本级人民代表大会常务委员会审查和批准。乡、民族乡、镇政府编制本级决算草案,提请本级人民代表大会审查和批准。

各级政府决算经批准后,财政部门应当向本级各部门批复决算。地方各级政府应当将经批准的决算,报上一级政府备案。

国务院和县级以上地方各级政府对下一级政府报送备案的决算,认为有同法律、行政法规相抵触或者有其他不适当之处,需要撤销批准该项决算的决议的,应当提请本级人民代表大会常务委员会审议决定;经审议决定撤销的,该下级人民代表大会常务委员会应当责成本级政府依照本法规定重新编制决算草案,提请本级人民代表大会常务委员会审查和批准。

扩展阅读 4-2

政府采购制度

政府采购制度是指有关政府采购的一系列法规、政策和制度的总称,是指以公开招标、投标为主要方式选择供应商(厂商),从国内外市场上为政府部门或所属团体购买商品或服务的一种制度。它具有公开性、公正性、竞争性,其中公平竞争是政府采购制度的基石。

政府采购不但是指具体的采购过程,而且是采购政策、采购程序、采购过程及采购管理的总称,是一种公共采购管理制度,是国家财政的重要组成部分。

政府采购制度对于政府日常工作的正常进行、公共服务设施的建设及特定的社会经济政策目标的实现具有重要意义。

《中华人民共和国政府采购法》于 2002 年 6 月 29 日由全国人民代表大会常务委员会审议通过,自 2003 年 1 月 1 日正式生效,中国采购制度领域开始有了自己的基本大法。2014 年 8 月 31 日第十二届全国人民代表大会常务委员会修订。随着近年来的实践,中国政府采购制度体系已经初步形成。《中华人民共和国政府采购法实施条例》根据《中华人民共和国政府采购法》制定,由国务院于 2015 年 1 月 30 日发布,自 2015 年 3 月 1 日起施行。《中华人民共和国招标投标法》是为规范招标投标活动,保护国家利益、社会公共利益和招标投标活动当事人的合法权益,提高经济效益,保证项目质量制定的法律。1999 年 8 月 30 日第九届全国人民代表大会常务委员会第十一次会议通过。根据 2017 年 12 月 27 日第十二届全国人民代表大会常务委员会第三十一次会议《关于修改〈中华人民共和国招标投标法〉、〈中华人民共和国计量法〉的决定》修正。

预算管理是财政工作的基础,政府采购是预算执行的重要环节,二者关系十分紧密。过去我们按照《政府采购法》的要求,依托部门预算改革开展了政府采购预算管理,有力规范了政府采购活动。但是,现行工作机制更侧重于建立部门预算对采购执行的顺向控制,没有形成采购结果对预算编制的逆向反馈,一定程度上造成了预算和采购"两张皮"的现象。

4.3 国家预算管理体制

4.3.1 预算管理体制的含义

预算管理体制是规定一国预算的组成体系,在中央与地方政府及地方各级政府之间规定预算收支范围和预算管理职权的一项重要制度。它是财政管理体制的主要组成部分。划分预算收支范围是国家财力在中央与地方及地方各级之间进行分配的具体形式；预算管理职权是各级政府在中央统一领导下，支配国家财力的权利和责任。预算管理体制作为一种管理制度，其根本任务就是通过正确划分各级预算的收支范围和规定预算管理职权，使各级财政的责、权、利三者密切结合起来，以调动预算管理的积极性，促进国民经济和社会的发展。

国家预算管理体制主要包括两层含义：一是指管理体系，即在国家预算中，中央与地方及地方各级政府形成的预算管理体系，它包括预算管理的组织机构、组织形式、决策权限、监督方式等；二是指预算管理的根本制度，即在预算管理体系中，各级预算之间的职责权限及财力的划分。

预算管理体制与财政管理体制有着密切联系。财政管理体制有广义和狭义之分。广义的财政管理体制的含义比较广，是规定各级政府之间及国家同企业、事业单位在财政资金分配和管理职权方面的制度。它包括预算管理体制、税收管理体制、企业财务管理体制、行政事业财务管理体制、基本建设财务管理体制等。其中，预算管理体制是财政管理体制的主导环节，关系中央与地方各级财政之间的收支结构、财权划分和财力分配，是解决各级政府之间的纵向分配关系的，而其他有关的管理体制则主要解决各级财政与有关方面的预算缴款和预算拨款关系，即主要是一种横向的分配关系。这种纵横的分配关系联结成一个有机的整体，就是财政管理体制。狭义的财政管理体制是指预算管理体制。本节所讲的预算管理体制就是狭义的财政管理体制。

4.3.2 预算管理体制的实质

预算管理体制的实质是正确处理中央政府与地方政府之间在财政资金上的集中与分散，在财政管理权限上的集权与分权的相互关系。集权和分权的关系问题是一个带有普遍性的问题。从历史上看，每一个国家在其发展的每一个时期都曾遇到这个问题。从现状看，不论是经济发达国家还是发展中国家，中央集权与地方分权的问题始终是各国反复探讨的问题。在我国，中央与地方的利益从根本上说是一致的。但是，由于中央和地方所处的地位不同，考虑和处理问题的角度不同，也还会存在各种矛盾，如国家整体利益与地方局部利益之间的矛盾，需要与可能的矛盾，集中与分散的矛盾，等等。财政资金是中央和地方完成各项任务的财力保证，直接涉及中央和地方的物质利益，所以，中央集权和地方分权的矛盾也必然表现在中央与地方的财政关系上面。财政关系即在财政资金上的集中和分散，在财政管理权限上的集权与分权，主要集中在财权的划分上。财权是指对财政资金的所有、支配和使用的管理权限。其中包括预算收入的所有权，预算支出的支配权和使用权，预算的编制和执行权，以及财政方针、政策、规章制度的制定权等。一般地说，强调集权，便于中央保持宏观经济的稳定和有效地引导投资方向，可以把握各地区收入水平的均衡；有利于政府进行经济和计划的协调；有利于中央更多地组织预算收入，减少地区间盲目的竞争。强调分权则有利于地方各级政府根据本地区的实际情况，因地制宜地调整各项收入政策和支出结构，促进地方经济和各项事业的发展。

集权与分权、集中与分散及其程度上的选择在不同的国家或一个国家的不同时期都不会是完全一样的,也没有可供参考的数量界限。决定财力以及财权集中与分散程度的主要因素如下。

(1) 国家政权的结构。指一个国家的中央政权机关与地方政权机关的组织形式是单一制的国家还是联邦制的国家。一般来说,单一制的国家的财力和财权的集中程度要高于联邦制国家。

(2) 国家的性质和职能。在社会主义国家,生产资料以公有制为基础,国家具有双重身份、双重职能。一方面,国家作为政权机构,具有政治权利,行使行政管理职能;另一方面,国家又是生产资料全民所有制的代表,具有经济权利,行使所有者职能。这就使得社会主义国家的财力和财权的集中程度通常高于以私有制为基础的国家。

(3) 国家对社会经济生活的干预程度。国家对社会经济生活的干预需要以财力的分配为工具,因此,财政参与国民收入分配的比重和中央政府集中的财力大小,必然反映国家对经济生活干预程度的强弱。

(4) 国家的经济体制。预算管理体制是整个经济管理体制的一个重要组成部分,并受其制约。当一国的经济管理体制属于集中型时,必然要求财力和财权也是高度集中的;反之亦然。

此外,国家在各个时期的政治经济形势和政策的变化等因素,也会影响财力和财权的集中分散程度。

4.3.3 预算管理体制的内容

1. 预算管理职权的划分

预算管理权是指国家预算方针政策、预算管理法律法规的制定权、解释权和修订权;国家预决算的编制和审批权;预算执行、调整和监督权等。在我国,凡全国性的财政方针政策、法律法令都由中央统一制定,其解释权、修订权也归中央。各地方有权制定地区性的财政预算管理制度,但不能违反全国的统一规定,并应注意对毗邻地区的影响。根据《中华人民共和国预算法》,预算管理相关职权的具体划分如下。

(1) 各级人民代表大会是审查、批准预决算的权力机关。各级人民代表大会审查本级总预算草案及本级总预算执行情况的报告;改变或者撤销本级人民代表大会常务委员会关于预算、决算的不恰当的决定或命令。各级人民代表大会常务委员会监督预算执行;审批本级预算调整方案;审批本级政府决算;撤销本级人民政府和下一级人民代表大会关于预决算不恰当的决定或命令。

(2) 各级人民政府是预算管理的国家行政机关。各级人民政府有权制定预算管理体制具体办法;组织编制本级预算草案,向本级人民代表大会报告本级总预算草案;组织本级总预算执行;决定本级政府预备费;编制本级预算调整方案;监督本级各部门和下一级人民政府的执行;改变或者撤销本级各部门和下一级人民政府关于预算方面不恰当的决定或命令;组织编制本级决算草案,并向本级人民代表大会报告。

(3) 各级财政部门是预算管理的职能部门。其职责是具体编制本级预算草案;具体组织本级总预算的执行;提出本级预算预备费用动用方案;编制本级预算的调整方案;定期向本级人民政府和上一级财政部门报告本级预算的执行情况;具体编制本级决算草案。

（4）各部门的预算管理权。政府各部门应根据国家预算法律、法规的规定制定本部门预算具体执行办法；编制本部门预算草案；组织和监督本部门预算的执行；定期向本级财政部门报告预算的执行情况；编制本部门决算草案。

（5）各单位的预算管理权。各单位负责编制本单位的预决算草案，按照规定上缴预算收入，安排预算支出；接受国家有关部门的监督。

2. 预算收支范围的划分

预算收支范围的划分实际是确定中央与地方及地方各级政府各自的事权和财权。收支范围划分是否合理，关系国家预算管理体制的运行是否有效率、各级政府的职能能否充分实现、各层次的公共需要能否得到有效满足，因而是预算管理体制设计的核心问题。预算收支范围的划分包括划分的依据和划分的方法两个基本问题。

（1）关于收支划分的依据。可以这样说，各级政府的职责任务即事权是划分各级收支范围的基本依据。实际上，各级政府的事权是财政职能在各级政府体界定的结果。如前所述，现代市场经济中的财政职能包括资源配置、收入分配和经济稳定与发展，而不同级次的政府所承担职能的侧重面有所不同。资源配置职能要根据公共产品的受益范围在各级政府间具体划分。全国性公共产品的受益范围覆盖整个国家，凡本国公民或居民都可以无偿地享有它带来的利益，因而适合于由中央政府提供；地方性公共产品受益范围局限于本地区以内，适合于由地方政府提供；而受益具有跨地区性的公共产品，则适合由中央与地方联合提供，或由地方为主、中央资助，或由中央为主、地方适量出资。收入分配职能的划分首先应以全国范围内实现公平目标的要求考虑。因为社会公平在各地区之间应有与一国经济发展水平相适应的大体一致的标准，从而中央在制定收入分配政策、协调收入分配水平和控制收入分配差距上要担负主要责任，如确定所得税制度、制定和实现社会保障政策措施等。地方主要是在国家统一的政策法规框架内，根据当地的实际情况，采取适当的调整和补充措施。经济稳定则主要是中央政府的职能。因为经济稳定是就整个社会经济而言的，地方经济稳定从属于国家经济的稳定。地区之间经济的开放性，使生产要素能在地区间自由流动，因而无法保证地方政府在经济稳定政策方面发挥作用。同时，地方也不拥有货币供给、利率调整、进出口水平控制等相关的政策工具。

事权决定财政支出范围的划分，而支出的划分又制约收入的划分。收入的划分应能保证各级政府基本的支出需要。也就是说，一级政府的预算收入划分多少，以何种收入为主，应以本级政府的基本支出需要而定，尽可能使财权和事权达到统一。但一般而言，中央政府的财源及收入范围应略大于其本级支出需要，以保证中央政府对财政和经济全局的控制力。

（2）关于收支划分的方法。收支划分的方法体现在具体的预算管理体制模式中，具有现实性和可操作性。我国实行过计划经济，在当时的预算管理体制模式下，预算收支的划分曾采取过统收统支、收入分类分成、总额分成、增收（超收）分成、收支包干等具体办法。市场经济条件下的预算管理体制模式通常采用分税制，但分税制的具体做法在各国也不尽相同。如就收入划分而言，美国的联邦财政收入主要为个人所得税、社会保险税和公司所得税；在法国，增值税在中央政府收入中占有十分重要的地位；按我国现行分税制，增值税和消费税在中央政府收入中居主导地位。一般而言，收支划分的方法与一国的政治、经济和财政体制模式、历史传统、税制结构等具有内在联系。

3. 政府间的转移支付制度

政府间的转移支付制度是中央政府根据各地方政府的财力状况,协调地区的经济和社会发展,对全国整体经济实施宏观调控,将中央掌握的一部分财力转移给地方政府使用的一种预算调节制度,是财政管理体制的重要组成部分。在分税制条件下,转移支付制度对完善国家财政关系而言,是一项非常重要的配套制度。建立这一制度的目的在于:①为地方财政提供额外的收入来源,弥补收支差额,以增强其满足社会公共需要的能力;②中央政府通过对地方财政的财力补助,对地方的财政支出实施调控,使其行为符合中央政府宏观政策的要求;③由于地方政府提供的某些公共需要或服务所产生的利益不但为本辖区的居民所享受,而且外溢到其他区域,客观上要求上级政府采取一定的形式对该地方政府予以补助,以示鼓励;④在分级财政体制下,由于地区之间经济社会发展的不平衡,从而造成地区的财政能力往往相差悬殊,为此,中央政府通过转移支付制度的实施,可以促进各地区间财力状态均衡化;⑤中央政府可以利用转移支付制度促进国家某些特殊社会目标的实现。

4.3.4 我国预算管理体制的演变

新中国成立以来,我国一直实行统收统支、高度集中的财政管理体制。实行改革开放后,以集中为主要特征的传统财政管理体制,作为分配领域的关键环节,率先成为改革的突破口。

1. 预算管理体制的建立(1949—1950年)

对于制度的建立,理论上有两种观点:一种观点认为制度是自然演化的结果;另一种观点认为制度是人为设计的结果。我国建立预算管理体制显然是人为设计的结果,它受环境因素的影响,但关键取决于制度设计者——政权组织,运用所掌握的垄断性政治资源完成。实现全国统一、恢复国家社会稳定、建立新的政治经济秩序是新政权最为急迫实现的任务,新的预算管理体制必须与此相适应。因此,国家通过1950年颁布《关于统一国家财政经济工作的决定》《关于统一管理1950年度财政收支的决定》,以及其他有关决定,统一了国家预算,建立统收统支型预算管理体制。这一体制将预算管理权限和财力都集中到中央,地方政府的财权财力和事权都极为有限,预算管理主体、级次和权限都单一化。

2. 计划经济体制下的集权与分权探索(1951—1978年)

1950年形成的统收统支型预算管理体制是在特定历史情况下的产物,是一个高度集权的体制。1951—1978年,政权组织的工作重心进行了多次调整,预算管理体制的收支划分、管理权限等方面与此相适应,在1953年、1957年、1960年、1967年和1971年也做了较大变动。实际上,就是预算管理体制的集权与分权的探索。在计划经济体制下,要求国家权力高度集中,使得地方政府依附于中央政府。因此,预算体制中尽管一直强调"分级管理",但地方预算要由中央下达,预算管理主体是单一的,只有到了1971年地方才能自编预算。

3. 逐步分权的财政包干型预算管理体制(1978—1993年)

自从1978年我国实行经济体制改革以来,各级政府间的财政关系也发生了重大变革。1980年进行了"划分收支,分级包干"(俗称的"分灶吃饭")财政体制改革,其主要内容如下。

(1) 按照经济体制规定的隶属关系,明确划分中央和地方的收支范围。在收入方面,分为固定收入、固定比例分成收入和调剂收入。属于中央的固定收入包括中央所属企业事业的收入、关税收入和中央的其他收入。属于地方的固定收入包括地方所属企业事业的收入、盐税、农业税、工商所得税、地方税和地方的其他收入。工商税作为中央和地方的调剂收入。在支出方面,属于中央的支出包括中央级的基本建设投资拨款,中央企业的流动资金,挖潜改造资金和新产品试制费,地质勘探,国防战备费,对外援助支出,国家物资储备支出,中央级的文教科学卫生事业费,农林、水利、气象等事业费,行政管理费,国外借款和国库券的还本付息支出,以及中央级的其他支出。属于地方的支出包括地方的基本建设投资拨款,地方企业的流动资金,挖潜改造资金和新产品试制费,支援农村人民公社支出,农林、水利、气象等部门的事业费,工业、交通、商业部门的事业费,城市维护费,文教科学卫生事业费,抚恤和社会救济费,行政管理费,以及地方的其他支出。少数专项支出,如特大自然灾害救济费,特大抗旱防汛补助费,支援经济不发达地区的发展资金等,由中央专案拨款,不列入地方包干范围。

(2) 地方预算收支的包干基数,按照上述划分收支的范围,以1979年预算收支执行数为基础,经过适当调整后计算确定。基数确定以后,地方的预算支出,首先用地方的固定收入和固定比例分成收入抵补,如有多余,上缴中央,如有不足,则用调剂收入弥补。如果固定收入、固定比例分成收入、调剂收入全部留给地方,仍不足弥补地方支出的,则由中央按差额给予定额补助。

(3) 地方的上缴比例、调剂收入分成比例和定额补助数核定以后,原则上五年不变。地方在划定的收支范围内,多收多支,少收少支,自求收支平衡。

(4) 地方预算支出的安排,均由地方根据国民经济计划的要求和自己的财力情况统筹安排,中央各部门不再下达支出指标。

(5) 北京、天津、上海、江苏、广东、福建6个省市采用有别于大多数省、自治区的体制,如三个直辖市仍然实行"总额分成,一年一定"的体制;江苏省继续实行固定比例包干办法;广东、福建实行大包干体制等。

1985—1987年实行"划分税种,核定收支,分级包干"体制。该体制是在总结"划分收支,分级包干"体制经验的基础上,适应经济发展和经济体制改革的需要,以及第二步"利改税"的新变化而制定的。

为调动地方组织收入,特别是收入上解地区的积极性,解决部分地区收入下滑的问题,更好地处理中央与地方之间的关系,1988年对地方实行财政包干的办法进行了改进,规定全国39个省、自治区、直辖市和计划单列市,除广州、西安市财政关系仍分别与广东、陕西两省联系外,对其余37个地区分别实行不同形式的包干办法,包括收入递增包干、总额分成、总额分成加增长分成、上解递增包干、定额上解、定额补助等。

4. 分税制预算管理体制的建立与完善(1994年至今)

随着社会主义市场经济改革目标的确立,我国宏观经济管理体制都要进行深度改革,预算管理体制也必须与此相适应。市场经济要求建立规范的公共财政体制与之相适应,

1994 年的预算管理体制改革与此是一致的。这次改革主要在财政收入方面借鉴了国外的成功做法,使税收制度较好地与国际接轨;而财政支出方面基本没有变化,仍保留着大量的计划经济色彩。同时,尽量改革不触动地方既得利益,使得建立规范的中央财政对地方的转移支付制度的改革留待以后推出。但这次改革中,建立中央税收和地方税收体系,分设中央与地方两套税务机构分别征管,改进预算编制办法,建立适应分税制需要的国库体系和税收返还制度等措施,调整了中央与地方的分配关系,初步建立了规范的分级预算管理制度。

4.3.5 分税制预算管理体制

1. 分税制的内含

所谓分税制,是在国家各级政府之间明确划分事权及支出范围的基础上,按照事权的财权相统一的原则,结合税种的特性,划分中央与地方的税收管理权限和税收收入,并辅以补助制的预算管理体制模式。

分税制的内含极为丰富,它包括分税、分权、分征、分管等内容。

(1) 分税,即税收在中央与地方之间的划分。分税是分税制的核心问题,一般是按税种或税源将全部税收划分为中央和地方两套税收体系。根据分税程度的不同,可以有两种形式:完全分税型和不完全分税型。完全分税型是把全部税种分为中央税和地方税两类;不完全分税型是在此基础上,还设置中央与地方共享税。按税源分税即各级财政可对同一税源按不同税率征收。

(2) 分权,即税收的管理权限在中央与地方之间的划分。包括税收的立法权、税法的解释权、征管权、调整权及减免权等。

(3) 分征,即分别建立中央税与地方税各自独立的征收系统。中央政府设置国家税务局,负责征收中央税和共享税;地方政府设置地方税务局,负责征收中央税和共享税;地方政府设置地方税务局,负责地方税的征收,以保证税法的贯彻和各级税收收入的实现。2018 年 3 月,我国省级和省级以下国税地税机构合并。

(4) 分管,即中央政府与地方政府之间建立分级预算,分别管理各自的收入。

扩展阅读 4-3

分税制的类型

1. 完全分税型

完全分税型也可称为分税型分税模式。其特点如下。

(1) 将税种按中央税和地方税彻底分开,不设置中央与地方的共享税,各级政府具有相对独立的税收体系。

(2) 中央和地方各自享有独立的税收立法权、调整权、减免权等。

(3) 设立中央和地方两套税收征收管理机构,明确划分各自的征收管理权限。

(4) 建立中央与地方的分级预算管理体系,各自享有独立自主的财政收支权。

(5) 地方财政的最后平衡通过中央的转移支付解决。

首先，以法律形式确定各级政府的权责，为划分各级财政的支出范围奠定基础。其次，根据各级政府的支出范围，划分各自的收入来源，形成各自相对独立的主体税种和税收体系。最后，实行财政补助制，即由上级政府通过预算资金再分配的形式，给下级政府以财政补助。

2. 适度分税型

适度分税也称为集成权型分税模式。其与完全分税型的不同在于以下两点。

(1) 在税收划分上，除中央税和地方税外，还设置共享税。

(2) 中央制定统一的税收法律和管理法规，地方政府主要是执行中央的统一税法或以其为依据，制定本地的具体实施管理办法。

实行这种分税制的多为单一制的国家或称中央集权制的国家。

2．分税制预算管理体制的建立及调整

1) 1994年分税制预算体制改革的主要内容

根据国务院的决定，1994年1月1日起，在全国范围内全面实行了分税制财政体制。此后，在实际运行中又进行了一系列的调整，使分税制财政体制的内容不断丰富。这次改革主要包括以下几方面。

(1) 中央与地方的事权和支出划分。根据当时中央政府与地方政府事权的划分，中央财政主要承担国家安全、外交和中央国家机关运转所需经费，调整国民经济结构、协调地区发展、实施宏观调控所必需的支出及由中央直接管理的事业发展支出。具体包括国防费，武警经费，外交和援外支出，中央级行政管理费，中央统管的基本建设投资，中央直属企业的技术改造和新产品试制费，地质勘探费，由中央本级负担的公检法支出和文化、教育、卫生、科学等各项事业费支出。

(2) 中央与地方的收入划分。根据事权与财权相结合的原则，按税种划分中央收入和地方收入。将维护国家权益、实施宏观所必需的税种划分为中央税；将同经济发展直接相关的主要税种划分为中央与地方共享税；将适合地方征管的税种划分为地方税，充实地方税税种，增加地方税收入。分设中央与地方两套税务机构，中央税务机构征收中央税和共享税，地方税务机构征收地方税。收入具体划分如下。

中央固定收入包括关税，海关代征的消费税和增值税，消费税，中央企业所得税，非银行金融企业所得税，铁道、各银行总行、保险总公司等部门集中缴纳的收入（包括营业税、所得税、利润和城市维护建设税），中央企业上缴利润等收入。外贸企业出口退税，除1993年地方实际负担的20%部分列入地方财政上缴中央基数外，以后发生的出口退税全部由中央财政负担。

地方固定收入包括地方企业所得税（不含上述地方银行和外资银行及非银行金融企业所得税），地方企业上缴利润，个人所得税，城镇土地使用税，固定资产投资方向调节税，城市维护建设税（不含各银行总行、铁道、各保险总公司集中缴纳的部分），房产税，车船税，印花税，耕地占用税，契税，国有土地有偿使用收入等。

中央与地方共享收入包括增值税，资源税，证券交易（印花）税。增值税中央分享75%，地方分享25%。资源税按不同的资源品种划分，海洋石油资源税作为中央收入，其他资源税作为地方收入。证券交易（印花）税，中央与地方各分享50%。

(3) 中央财政对地方税收返还数额的确定。为保持地方既得利益格局,逐步达到改革的目标,中央财政税收返还数额以 1993 年为基期年核定。按照 1993 年地方实际收入及税制改革和中央地方收入划分情况,核定 1993 年中央从地方净上划的收入数额(消费税＋75％的增值税－中央下划收入)。1993 年中央净上划收入,全额返还地方,保证地方既得利益,并以此作为以后中央对地方税收返还基数。1994 年以后,税收返还数额在 1993 年基数上逐年递增,递增率按本地区增值税和消费税增长率的 1∶0.3 系数确定,即本地区两税每增长 1％,对地方的返还则增长 0.3％。如果 1994 年以后上划中央收入达不到 1993 年的基数,则相应扣减税收返还数额。

(4) 原体制中央补助、地方上解及有关结算事项的处理。为顺利推进分税制改革,1994 年实行分税制以后,原体制的分配格局暂时不变,过渡一段时间再逐步规范化。原来中央拨给地方的各项专款,该下拨的继续下拨。地方承担的 20％出口退税及其他年度的上解和补助项目相抵后,确定一个数额,作为一般上解或补助处理,以后年度按此定额结算。

2) 分税制财政管理体制的调整

近年来,根据分税制运行情况和宏观调控的需要,对分税制财政管理体制进行了必要的调整。一是对收入划分的调整。主要包括对证券交易(印花)税的分享比例、金融保险业营业税税率和国有土地有偿使用收入分配三个方面进行了调整,目的在于增大中央财政分配的权限。二是设立过渡时期转移支付制度。分税制平稳运行后,迫切需要实施规范的转移支付制度,这不但是完善分税制财政体制的需要,而且是地方财政运行的现实要求。但是,由于受中央财力等因素的制约,转移支付制度的规范化建设只能采取"总体设计、分步实施"的战略。在此背景下,1995 年出台了过渡期转移支付方法。该办法是在不触动地方既得利益的条件下,由中央财政安排一部分资金,按照相对规范的办法,用于对欠发达地区的一般性财政补助,并向民族地区适度倾斜。与以往的政府间财力分配方式相比,其突出的特点是办法规范,决策过程透明。即按照影响财政支出的因素,核定各地的标准支出数额,并考虑财力水平与收入努力程度,计算各地的财力缺口,作为确定转移支付的依据。

3) 基本公共服务领域中央与地方共同财政事权和支出责任划分改革方案

2018 年 1 月 27 日,国务院办公厅印发《基本公共服务领域中央与地方共同财政事权和支出责任划分改革方案》,根据《国务院关于推进中央与地方财政事权和支出责任划分改革的指导意见》(国发〔2016〕49 号),结合《国务院关于印发"十三五"推进基本公共服务均等化规划的通知》(国发〔2017〕9 号),将涉及人民群众基本生活和发展需要、现有管理体制和政策比较清晰、由中央与地方共同承担支出责任、以人员或家庭为补助对象或分配依据、需要优先和重点保障的主要基本公共服务事项,首先纳入中央与地方共同财政事权范围,目前暂定为八大类 18 项:一是义务教育,包括公用经费保障、免费提供教科书、家庭经济困难学生生活补助、贫困地区学生营养膳食补助 4 项;二是学生资助,包括中等职业教育国家助学金、中等职业教育免学费补助、普通高中教育国家助学金、普通高中教育免学杂费补助 4 项;三是基本就业服务,包括基本公共就业服务 1 项;四是基本养老保险,包括城乡居民基本养老保险补助 1 项;五是基本医疗保障,包括城乡居民基本医疗保险补助、医疗救助 2 项；六是基本卫生计生，包括基本公共卫生服务、计划生育扶助保障 2 项；七是基本生活救助，包括困难群众救助、受灾人员救助、残疾人服务 3 项；八是基本住房保障，包括城乡保障性安居工程 1 项。

已在国发〔2016〕49 号和国发〔2017〕9 号文件中明确但暂未纳入上述范围的基本公共文化服务等事项，在分领域中央与地方财政事权和支出责任划分改革中，根据事权属性分别明确为中央财政事权、地方财政事权或中央与地方共同财政事权。基本公共服务领域共同财政事权范围，随着经济社会发展和相关领域管理体制改革相应进行调整。

今后，我国将积极推动中央与地方财政事权和支出责任划分改革，落实基本公共服务领域共同财政事权和支出责任划分改革方案，加快制定教育、医疗卫生、交通运输等重点领域财政事权和支出责任划分改革方案；尽快研究制定中央与地方收入划分改革总体方案，推动健全地方税体系；做好税收征管体制改革工作；规范转移支付分配和管理；国有资本经营预算中要反映国有企业的运营情况；2018 年建立基本养老保险基金中央调剂制度；加快落实划转部分国有资本充实社保基金工作；加快政府会计标准体系建设；积极推进编制政府综合财务报告工作。

4.3.6 国地税合并

2018 年 3 月 17 日，第十三届全国人民代表大会第一次会议表决通过了关于国务院机构改革方案的决定，批准了这个方案。国务院将改革国税地税征管体制，将省级和省级以下国税地税机构合并，具体承担所辖区域内的各项税收、非税收入征管等职责；国税地税机构合并后，实行以国家税务总局为主与省（区、市）人民政府双重领导管理体制。

财税改革是我国改革的一个关键问题，它一方面连接着政治体制改革；另一方面又连接着经济体制改革，若改革得好，不仅能加强政府的治理能力和服务水平，增强国力，还能扫清经济发展障碍，促进我国经济的长远发展。

随着我国经济水平的提高，各方面改革的推进，以及电子政务和信息化的飞速发展，之前阻碍国地税合并的一些因素已克服，国地税合并将更加有利于我国的财税改革走向深化，而这也意味着，财税改革，这一未来一段时间内体制改革工作的重点、难点，大幕已经拉开。

1994 年以前，我国从中央到地方只有一个税收征管系统，中央税收主要靠地方税务局征收。

1993 年 10 月 17 日，国家体改委宏观司提交给国务院一份"关于财税体制改革方案的补充意见和加强操作方案准备工作"的建议报告。报告中明确提出："此番财税体制改革通过设立中央和地方两套税务机构，中央和地方政府各自保持稳定的税基，防止互相交叉和侵蚀，改变中央向地方要钱的被动局面。"

之前的"大连会议"文件中也提出，有必要设立中央、地方两套征管机构，必须改变中央收入一定程度上依靠地方税务局的局面。

这道出了中国财政当时的真相：1993 年，财税体制改革前夕，中国中央政府的财政正陷入极其艰难的窘境。

数据显示，当时，中央财政收入占全国财政收入的比重，已由 1984 年的 40.5% 一路下滑至1993年的22.0%,中央财政的收支甚至必须依靠地方财政的收入上解才能平衡。

切实保障中央财政收入的稳定增长和宏观调控能力的增强,成为"国地税分家"最直接的初衷。

在1994年分税制改革之后,中央财政和地方财政开始"分灶吃饭",全部税种在中央和地方之间进行了划分,税收征管系统也开始一分为二,国税主要负责征收中央税、中央与地方共享税,地税主要负责征收地方税。

这次改革,国务院根据不同行业和税种,将产品税改为增值税,将建筑安装、交通运输、饮食服务、邮政电信等服务行业所经营项目纳入营业税的征收范围。在这种条件下将过去的税务局分为国家税务局和地方税务局。

1994年7月1日,国地税正式分开。

但分税制实行了24年,其中存在的一些问题也逐渐暴露。

一方面,国地税分设会使纳税人的纳税成本增加,税务机关的征税成本增加,不利于税务人员全面掌握税收业务;另一方面,随着营改增的不断深化,机构分设所导致的机构争议也成为问题。

从纳税人的角度来说,国地税合并方便了纳税人申报及应对税务机关检查,减少了企业的税收合规成本。

从政府的角度来说,国家的税收在职责上其实只有一个,中央和地方之间存在的只是税收收入分享主体的区别。随着近年来,信息化手段的飞速发展,电子政务的服务水平不断提高,中央和地方通过分开收税的方法分享税收收入已变得不必要。目前,中央和地方完全可以通过电子信息化系统的处理完成这一工作。

国地税合并后,征税系统可以对人员进行更好的配置,强化最需要加强的部门,提高税收征收的整体效率。比如说,一方面,可以加大力量建设统一的税收电子信息系统,有效整合增加技术人员;另一方面,为应对偷税漏税等问题,可以整合更多的一线征管人员,提高征收效率。

对于优化人员配置,此前的营业税为地税,是地方财政收入的重要组成部分,营改增以后,中央和地方对增值税的分成为75%和25%,统一由国税部门征收,这在很大程度上增加了国税部门的征收强度和征收业务量;等到未来房产税、资源税这些为弥补地方土地收入减少而开征的新税种开征,地税部门的征收压力又会陡增。

国地税合并后,税务征收系统对内部门的工作量会因此减少,这样一来,从事对外业务的人员数量会有所增长,可以有更多力量为纳税人服务。

此外,国地税合并后,税务局可以一次对所有税种统一检查,避免了以往对非本单位的税收风险觉得事不关己高高挂起,选择视而不见;在对于企业所得税这种公管户问题上,以往经常有国地税执法口径不一互不入账的情况,合并后在同一地区的税收执法口径是一个声音了。

国地税机构合并不仅有助于改变地方财政软约束,解决财税"条块之争"的长久之计,也有助于避免招商引资恶性竞争。

2018年6月15日上午,按照党中央、国务院关于国税地税征管体制改革的决策部署,在前期做好统一思想、顶层设计、动员部署等工作的基础上,全国各省(自治区、直辖市)级以及计划单列市国税局、地税局合并且统一挂牌,标志着国税地税征管体制改革迈出阶段性关键一步。

国家税务总局始终把服务好纳税人作为推进税务机构改革工作的重中之重,想纳税人所想、帮纳税人所需,集中制发了《关于税务机构改革有关事项的公告》《关于做好国税地税征管体制改革过渡期有关税收征管工作的通知》等制度文件,推出了"一厅通办""一键咨询""一网办理"等一系列为民、便民、利民举措,不断提升纳税服务水平;依法清理了与国地税征管体制改革要求不相适应的税务部门规章和规范性文件,统一了政策执行口径和执法标准,增强税收政策确定性。

2018年7月20日,全国县、乡国地税机构正式合并,所有县级和乡镇新税务机构统一挂牌,标志着全国省、市、县、乡四级税务机构分步合并和相应挂牌工作,至此全部完成。

同期,中共中央办公厅、国务院办公厅印发了《国税地税征管体制改革方案》,提出了国税地税征管体制改革的4条原则。①坚持党的全面领导。坚决维护习近平总书记的核心地位,坚决维护以习近平同志为核心的党中央权威和集中统一领导,把加强党的全面领导贯穿国地税征管体制改革各方面和全过程,确保改革始终沿着正确方向推进。②坚持为民、便民、利民。以纳税人和缴费人为中心,推进办税和缴费便利化改革,从根本上解决"两头跑""两头查"等问题,切实维护纳税人和缴费人合法权益,降低纳税和缴费成本,促进优化营商环境,建设人民满意的服务型税务机关,使人民有更多获得感。③坚持优化、高效、统一。调整优化税务机构职能和资源配置,增强政策透明度和执法统一性,统一税收、社会保险费、非税收入征管服务标准,促进现代化经济体系建设和经济高质量发展。④坚持依法协同稳妥。深入贯彻全面依法治国要求,坚持改革和法治相统一、相促进,更好地发挥中央和地方的积极性,实现国地税机构事合、人合、力合、心合,做到干部队伍稳定、职责平稳划转、工作稳妥推进、社会效应良好。同时,明确从2019年1月1日起,将基本养老保险费、基本医疗保险费、失业保险费、工伤保险费、生育保险费等各项社会保险费交由税务部门统一征收。按照便民、高效的原则,合理确定非税收入征管职责划转到税务部门的范围,对依法保留、适宜划转的非税收入项目成熟一批划转一批,逐步推进。要求整合纳税服务和税收征管等方面业务,优化完善税收和缴费管理信息系统,更加便利纳税人和缴费人。

扩展阅读 4-4

财税体制改革 40 年的经验与启示

中国的改革开放从经济体制改革起步,逐步扩展为覆盖经济、政治、文化、社会和生态文明各领域的全面深化改革。40年来的中国财税体制改革,正是顺应这一改革大潮,逐步向与社会主义市场经济体制和国家治理体系、治理能力现代化相匹配的财税体制方向演化的过程。

(1) 改革起点:"非公共性"的财税体制及运行格局。

我国财税体制改革是从传统计划经济体制下的"非公共性"财税体制及运行格局起步的。对于那一时期的财税运行格局,尽管可以从不同角度加以归结,但按照收入——钱从哪里来、支出——钱向何处去、政策——收支安排所体现的目的这三条基本线索,可以将其概括为财政收入主要来自国有部门——"取自家之财";财政支出主要投向国有部门——"办自家之事";财政政策倾向于在国有和非国有部门之间搞"区别对待"——发展和壮大国有经济。

财税运行格局之所以是上述样子,同那一时期经济所有制构成的单一化以及城乡二元体制直接相关。作为单一公有制经济的直接反映,至少在表象上,那一时期的国内生产总值几乎全部来源于国有和集体所有制经济部门。作为经济社会制度的重要组成部分,那一时期的财税体制自然建立在"二元"基础上——在财政上实行不同所有制分治和城乡分治。

——国有制财政。以所有制性质分界,财政收支活动主要在国有部门系统内部完成。非国有部门则或是游离于财政覆盖范围之外,或是位于财政覆盖范围的边缘地带。

——城市财政。以城乡分界,财政收支活动主要在城市区域内部完成。至于广大农村区域,则或是游离于财政覆盖范围之外,或是位于财政覆盖范围的边缘地带。

——生产建设财政。以财政支出性质分界,财政支出活动主要围绕生产建设领域进行。至于非生产性或非建设性支出项目,则往往被置于从属地位或位于边缘地带。

换言之,"二元"财税体制所覆盖的范围不是全面的,而是有选择的;所提供的财政待遇不是一视同仁的,而是有厚有薄的;财政支出投向不是着眼于整个公共服务领域的,而是偏重于生产建设的。有选择而非全面的财政覆盖范围,有厚有薄而非一视同仁的财政待遇,偏重于生产建设而非整个公共服务领域,如此的财税体制以及作为其结果的财税运行格局,更多体现的是区别性而非公共性。

(2) 推进"财政公共化":构建公共财政体制框架。

始自1978年的经济体制改革,方向是推进市场化改革、建立健全社会主义市场经济体制。经济市场化的改革进程,首先带来的是经济所有制构成的多元化,国内生产总值从几乎全部来源于国有和集体所有制经济部门,转变为来源于多种所有制经济部门的共同创造。这一影响传递到财税运行格局上,就是财政收入来源的公共化——由"取自家之财"到"取众人之财"。财政收入来源的公共化自然会推动并决定财政支出投向的公共化——由"办自家之事"到"办众人之事"。财政收支的公共化又进一步催生了财政政策取向的公共化——由"区别对待"到在全社会范围内实行"国民待遇"。

呈现在财税运行格局上的这些变化,当然是在财税体制回归公共性的变革过程中发生的。这是一个以"财政公共化"顺应社会主义市场经济体制发展以及城乡一体化发展的过程。

——从国有制财政走向多种所有制财政。财政覆盖范围不再以所有制分界,而是跃出国有部门局限,延伸至包括公有制经济和非公有制经济在内的多种所有制部门。

——从城市财政走向城乡一体化财政。财政覆盖范围不再以城乡分界,而是跃出城市区域局限,延伸至包括城市和农村在内的所有地方和所有社会成员。

——从生产建设财政走向公共服务财政。财政支出投向不再偏重于生产建设事项,而是跃出生产建设支出局限,延伸至包括基础设施建设、社会管理、经济调节和改善民生等众多公共服务事项。

由"国有制财政＋城市财政＋生产建设财政"向"多种所有制财政＋城乡一体化财政＋公共服务财政"的变革,便是财政覆盖范围不断拓展并逐步实行无差别待遇的过程。在这个过程中所日益彰显的,正是财政与生俱来的本质属性——公共性。

正是在这样的背景下,不但催生了公共财政的概念以及相关实践,而且作为市场化改革进程中财税体制改革"阶段性"目标的构建公共财政体制框架,也从1998年开始进入人们的视野。随之,包括收入、支出、管理和体制在内的几乎所有财税体制改革线索和财税体制改革事项,都被归结于这条主线索、涵盖于这一总目标。2003年,在初步建立起公共财政体制框架的基础上,党中央又推出了一系列旨在进一步健全和完善公共财政体制的改革举措。

(3) 走向"财政现代化":建立现代财政制度。

党的十八大以来,以习近平同志为核心的党中央提出全面深化改革的顶层设计和总体规划,引领着新时代全面深化改革更为波澜壮阔的航程。作为经济体制、政治体制、文化体制、社会体制、生态文明体制等各领域改革和改进联动集成的全面深化改革,其总目标锁定于"完善和发展中国特色社会主义制度,推进国家治理体系和治理能力现代化"。

这一变化带给财税体制改革最为深刻的影响,就是财政由一个经济范畴跃升为一个国家治理范畴,财税体制由经济体制的一个组成部分跃升为国家治理体系的一个组成部分。故而,跳出以往追随经济体制改革而制定改革方案的思维范式,将财政与国家治理、财税体制与国家治理体系密切联系在一起,在国家治理的大棋局中谋划并推进财税体制改革,便成为顺理成章之事。于是,在财税体制改革方面,一系列大不同于以往的深刻变化出现了。

——从适应和匹配经济体制改革到适应和匹配全面深化改革。财税体制改革不再局限于适应和匹配社会主义市场经济体制要求,而同包括经济体制、政治体制、文化体制、社会体制、生态文明体制改革在内的所有改革进程紧密对接,致力于适应和匹配各个领域的改革联动、适应和匹配改革的总体效果、适应和匹配推进国家治理现代化的总体目标。

——从立足于经济领域到立足于国家治理领域。财税体制改革不再局限于经济范畴、经济制度安排的简单思维,而是站在国家治理的高度,按照"财政是国家治理的基础和重要支柱"的定位,将财税体制作为全面覆盖国家治理全过程、各领域的综合性制度安排加以构建。

——从追求"性质匹配"扩展至"现代化匹配"。财税体制改革不再局限于属性特征、单纯追求财税体制与社会主义市场经济的"性质匹配",而是由属性特征扩展至时代特征,追求财税体制与国家治理体系和治理能力的"现代化匹配",从现代财政文明出发,打造现代国家财政制度的一般形态——顺应历史规律、切合时代潮流、代表发展方向、匹配中国国情的现代财政制度。

上述变化,标志着在初步实现"财政公共化"的基础上,与全面深化改革进程相伴随,我国财税体制改革进入了财政现代化的新阶段——建立现代财政制度。从这个意义上讲,建立现代财政制度同构建公共财政体制框架一脉相承,其实质是推进建立在财政公共化基础之上的财政现代化。

(4) 几点启示。

梳理我国财税体制改革40年的基本脉络,可以得出以下启示。

财税体制改革牵一发而动全身,是重大而关键的基础性改革。只有在党的领导下推进财税体制改革,才能保证改革方向正确、改革思路清晰、改革举措科学、改革效果良好。

我国财税体制改革的一大特点,就是它始终作为整体改革的一个重要组成部分,始终与整体改革捆绑在一起并服从、服务于整体改革的需要。在经济体制改革阶段如此,进入全面深化改革新阶段也是这样。

40年来,财税体制改革事实上存在着一条上下贯通的主线索,这就是伴随着由经济体制改革走向全面深化改革的历史进程,不断地对财税体制及其运行机制进行适应性变革:以"财政公共化"匹配"经济市场化",以"财政现代化"匹配"国家治理现代化",以"公共财政体制"匹配"社会主义市场经济体制",以"现代财政制度"匹配"现代国家治理体系和治理能力"。这是我们从这一适应性改革历程中可以获得的基本经验。

我国财税体制改革实践之所以总体上是成功的,从根本上说,是我们在立足我国国情的基础上,深刻认知并严格遵从了财税体制及其运行机制的客观规律,按照客观规律的要求谋划并推进改革。这些客观规律可以概括为经济市场化必然带来财政公共化,国家治理现代化必然要求和决定着财政现代化;搞市场经济,就必须搞公共财政;推进国家治理现代化,就必须以建立现代财政制度作为基础和重要支柱。

随着中国特色社会主义进入新时代,全面推进以建立现代财政制度为标志的新时代财税体制改革更加紧迫。围绕新时代财税体制改革的焦点、难点和痛点打一场攻坚战势在必行。

站在新时代的历史起点上,以习近平新时代中国特色社会主义思想为指导,深入理解党的十八届三中全会和"十九大"关于财政与财税体制的全新定位以及深化财税体制改革的系统部署,可以将现代财政制度的基本特征作以下归结:财政成为国家治理的基础和重要支柱,财税体制成为国家治理体系的基础性和支撑性要素。引申一步说,财税职能要覆盖国家治理活动的全过程和各领域。以此对照当下的中国财税职能和作用格局,可以确认,进入新时代的中国财税体制改革任重而道远。

资料来源:《人民日报》,2018-08-30.

4.3.7 全面实施预算绩效管理

财政是国家治理的基础和重要支柱,全面实施预算绩效管理是建立现代财政制度的重要组成部分。全面实施预算绩效管理是政府治理方式的深刻变革。预算是政府活动和宏观政策的集中反映,也是规范政府行为的有效手段。预算绩效是衡量政府绩效的主要指标之一,本质上反映的是各级政府、各部门的工作绩效。全面实施预算绩效管理,着重解决财政资源配置和使用中的低效无效问题,有利于夯实各地区各部门各单位绩效主体责任,推动政府效能提升,加快实现国家治理体系和治理能力现代化。2018年9月,中共中央、国务院印发了《关于全面实施预算绩效管理的意见》(以下简称《意见》)。这是党中央、国务院对全面实施预算绩效管理作出的顶层设计和重大部署,对于深化预算管理制度改革、推进国家治理体系和治理能力现代化具有重要意义。

1.《意见》确定了全面实施预算绩效管理的基本原则

（1）坚持总体设计、统筹兼顾。按照深化财税体制改革和建立现代财政制度的总体要求，统筹谋划全面实施预算绩效管理的路径和制度体系。既聚焦解决当前最紧迫的问题，又着眼健全长效机制；既关注预算资金的直接产出和效果，又关注宏观政策目标的实现程度；既关注新出台政策、项目的科学性和精准度，又兼顾延续政策、项目的必要性和有效性。

（2）坚持全面推进、突出重点。预算绩效管理既要全面推进，将绩效理念和方法深度融入预算编制、执行、监督全过程，构建事前、事中、事后绩效管理闭环系统，又要突出重点，坚持问题导向，聚焦提升覆盖面广、社会关注度高、持续时间长的重大政策、项目的实施效果。

（3）坚持科学规范、公开透明。抓紧健全科学规范的管理制度，完善绩效目标、绩效监控、绩效评价、结果应用等管理流程，健全共性的绩效指标框架和分行业领域的绩效指标体系，推动预算绩效管理标准科学、程序规范、方法合理、结果可信。大力推进绩效信息公开透明，主动向同级人大报告、向社会公开，自觉接受人大和社会各界监督。

（4）坚持权责对等、约束有力。建立责任约束制度，明确各方预算绩效管理职责，清晰界定权责边界。健全激励约束机制，实现绩效评价结果与预算安排和政策调整挂钩。增强预算统筹能力，优化预算管理流程，调动地方和部门的积极性、主动性。

2.《意见》从"全方位、全过程、全覆盖"三个维度推动绩效管理全面实施

（1）构建全方位预算绩效管理格局。要实施政府预算、部门和单位预算、政策和项目预算绩效管理。将各级政府收支预算全面纳入绩效管理，推动提高收入质量和财政资源配置效率，增强财政可持续性。将部门和单位预算收支全面纳入绩效管理，增强其预算统筹能力，推动提高部门和单位整体绩效水平。将政策和项目预算全面纳入绩效管理，实行全周期跟踪问效，建立动态评价调整机制，推动提高政策和项目实施效果。

（2）建立全过程预算绩效管理链条。将绩效理念和方法深度融入预算编制、执行、监督全过程，构建事前、事中、事后绩效管理闭环系统，包括建立绩效评估机制、强化绩效目标管理、做好绩效运行监控、开展绩效评价和加强结果应用等内容。

（3）完善全覆盖预算绩效管理体系。各级政府需将一般公共预算、政府性基金预算、国有资本经营预算、社会保险基金预算全部纳入绩效管理。积极开展涉及财政资金的政府投资基金、主权财富基金、政府和社会资本合作（PPP）、政府采购、政府购买服务、政府债务项目绩效管理。

本模块小结

本模块主要对国家预算的含义，国家预算的编制、执行和国家决算，国家预算管理体制等内容作出说明。完成本模块的学习，应该理解和掌握以下内容。

（1）国家预算是经法定程序审批的国家年度财政收支计划，它是国家筹集和分配集中性财政资金的重要工具，是调控国民经济运行的重要杠杆。

（2）按编制的形式分类，可以将国家预算分为单式预算和复式预算。按预算的编制方法分类，可以将国家预算分为基数预算和零基预算。按预算项目能否直接反映其经济效果划分，可以将国家预算分为投入预算和效绩预算。按预算作用的时间长短划分，可以将国家预算分为年度预算和中长期预算。按预算收支的平衡状况划分，可以将国家预算分为平衡预算和差额预算。

（3）国家预算按政府级次分为中央预算和地方预算。按照国家的政权结构和行政区域划分，我国实行一级政府一级预算。

（4）国家预算原则是指国家选择预算形式和体系应遵循的指导思想，也就是制定政府财政收支计划的方针。时至今日，影响较大并为世界大多数国家所普遍接受的原则主要有公开性原则、可靠性原则、完整性原则、统一性原则、年度性原则。

（5）国家预算的编制、执行和国家决算必须符合法律的规定。

（6）预算管理体制是规定一国预算的组成体系，在中央与地方政府以及地方各级政府之间规定预算收支范围和预算管理职权的一项重要制度。根据国务院的决定，1994年1月1日起，在全国范围内全面实行了分税制财政体制。此后，在实际运行中又进行了一系列的调整，使分税制度财政体制的内容不断丰富。2018年，省级和省级以下国地税机构合并。实行以国家税务总局为主与省（区、市）人民政府双重领导管理体制。

关 键 术 语

国家预算　国家决算　复式预算　中央预算　地方预算　预算管理体制　分税制

案 例 分 析

新时代全面推进新一轮财税体制改革

财税体制改革历来是经济体制改革的重点内容，事关中央与地方、政府与企业及政府与居民等诸多方面的利益格局调整，为经济体制改革及其他重大改革提供必要的财力支持，发挥着铺路搭桥的作用。中国发展进入新时代，新一轮财税体制改革必须承前启后、继往开来。既要按照预定方案扎实推进，又应根据新形势、新要求，加大重点领域和关键环节的改革力度。

"十九大"在加快完善社会主义市场经济体制的战略部署中，对新一轮财税体制改革的具体部署：第一，加快建立现代财政制度，建立权责清晰、财力协调、区域均衡的中央和地方财政关系；第二，建立全面规范透明、标准科学、约束有力的预算制度，全面实施绩效管理；第三，深化税收制度改革，健全地方税体系。

总体上，上述部署与"十八大"以来对新一轮财税体制改革的部署是一脉相承的，与建立现代财政制度的目标是一致的，同时又根据中国发展进入新时代这一重大战略论断，有了一些新要求、新提法和新内容。

第一，提出加快建立现代财政制度的新要求。"十八大"以来确定的新一轮财税体制改革目标是建立现代财政制度,在此基础上,"十九大"在建立现代财政制度之前冠以"加快"两字,意味着按照2020年基本建立现代财政制度的改革时间表,必须聚焦聚神聚力抓好改革方案落实,全力推进,才能如期完成改革任务。

第二,将中央与地方财政关系重构提在改革优先位置。"十八大"以来确定的新一轮财税体制改革顺序是预算管理制度改革是基础、要先行,收入划分改革需在相关税种税制改革基本完成后进行;而建立事权与支出责任相适应的制度需要量化指标并达成有共识的方案。"十九大"将中央与地方财政关系重构提上来,意味着相较于其他两方面的改革,这方面改革进展相对慢一些。因此,必须将中央和地方财政关系重构作为重点工程提到改革优先位置,凝心聚力做好谋划、抓好落实,才能使新一轮财税体制改革有序有效全面推进。

第三,增加了改革的一些新内容。在中央与地方财政关系方面,区域均衡是新增内容,凸显了发展必须平衡、必须充分的新时代要求;在预算改革方面,提出全面实施绩效管理,这不仅强调了预算管理要更加重视绩效管理,也呼应了建设现代化经济体系必须坚持质量第一、效益优先的原则;在税制改革方面,由过去的构建地方税体系转变为如今的健全地方税体系,表明税制改革要在地方税体系环节进行重点突破。

从现在到2020年是基本建立现代财政制度的关键时期,时间紧,任务重。进入新时代,新一轮财税体制改革必须牢牢把握我国社会主要矛盾的新变化,从我国经济转向高质量发展阶段出发,着眼于建设现代化经济体系的战略目标,既要按照预定改革方案扎实推进,又应根据"十九大"报告关于新一轮财税体制改革的一些新要求、新提法和新内容,突出抓重点、补短板、强弱项,尤其在中央与地方财政关系、以个人所得税和房产税为代表的直接税等方面攻坚克难,稳推进且有实效,并以自身改革推动加快完善社会主义市场经济体制,促进发展朝着更高质量、更有效率、更加公平、更可持续的方向迈进。

【讨论问题】 请你谈谈新一轮财税体制改革的必要性和改革思路。

思考与练习

一、不定项选择题

1. 以预算分项支出安排方式的差别为依据,国家预算可分为(   )。
   A. 增量预算   B. 复式预算   C. 单式预算   D. 零基预算
2. 增量预算的要点是(   )。
   A. 以上年度各项支出的支出数为依据   B. 逐项确定支出预算
   C. 重新编制年度预算   D. 以人员经费的保障为重点
3. 《预算法》规定各级人民代表大会在预算管理中的职权主要是(   )。
   A. 预算、决算的审批权
   B. 预算、决算的监督权
   C. 预备费动用的决定权
   D. 对预算、决算方面不适当决定的撤销权
4. 政府采购制度具有的特征是(   )。

A. 公开性　　　　B. 公正性　　　　C. 竞争性　　　　D. 年度性
5. 预算体制的主要内容包括(　　)。
　　A. 确定预算管理主体及其级次　　　B. 预算收支的划分原则和方法
　　C. 预算管理权限的划分　　　　　　D. 预算调节制度和方法
6. 分税制实施近十年来,取得的主要成绩有(　　)。
　　A. 政府间的财政关系趋向规范
　　B. 有利于产业结构的合理调整和资源的优化配置
　　C. "两个比重"逐步上升,中央财力有所增强
　　D. 调动了地方组织收入的积极性
7. 中国分税制改革有待完善的问题有(　　)。
　　A. 进一步明确各级政府的事权范围和各级预算主体的支出职责
　　B. 逐步调整和规范收入划分
　　C. 完善转移支付制度是进一步完善分税制的重点
　　D. 推进省(区)以下转移支付制度的建立和完善
8. 目前为世界大多数国家所接受的国家预算原则包括(　　)。
　　A. 公开性　　　　B. 可靠性　　　　C. 完整性　　　　D. 统一性
9. 以预算形式的差别为依据,国家预算可分为(　　)和(　　)。
　　A. 增量预算　　　B. 复式预算　　　C. 单式预算　　　D. 零基预算

二、判断题
1. 预算外收入不体现在财政预算报告中。　　　　　　　　　　　　　(　　)
2. 预算外收入的形式都是收费。　　　　　　　　　　　　　　　　　(　　)
3. 我国目前采用的预算编制方法是复式预算法,即分为经常预算和建设预算分别核算。　　　　　　　　　　　　　　　　　　　　　　　　　　　　(　　)
4. 我国国家预算级次是按照一级政权设立一级预算的原则建立的,共有五级预算。　　　　　　　　　　　　　　　　　　　　　　　　　　　　(　　)
5. 预算年度是指预算收支起讫的有效期限,大多为一个日历年。　　　(　　)
6. 《中华人民共和国政府采购法》仅适用于在中华人民共和国境内的政府采购。　　　　　　　　　　　　　　　　　　　　　　　　　　　　(　　)
7. 为保证公开性、透明性,政府采购需完全采用招标性采购。　　　　(　　)
8. 国库集中支付制度,就是对预算资金分配、资金使用、银行清算及资金到达商品和劳务供应者账户的全过程集中进行全面的监控制度。　　　　　　(　　)
9. 目前世界各国普遍采用的预算年度有两种:一种是历年制;另一种是跨年制。　　　　　　　　　　　　　　　　　　　　　　　　　　　　(　　)

三、思考题
1. 何谓国家预算?国家预算有哪些类别?
2. 试述国家预算的原则。
3. 简述我国国地税合并的意义。
4. 简述全面实施预算绩效管理的原则。

认识金融

【能力目标】

通过完成本模块的学习,学生应该能够理解货币的职能、信用的形式和利率的种类;掌握货币、信用、利率的概念和影响因素;能够运用理论知识分析我国金融调控的一些政策。

【核心能力】

掌握货币、信用、利率的概念和影响因素。

【任务分解】

1. 理解货币的职能、信用的形式和利率的种类。
2. 掌握货币、信用、利率的概念和影响因素。
3. 运用理论知识分析我国金融调控的一些政策。

大数据风控

百度集人工智能和大数据技术优势,针对金融行业的痛点,推出大数据风控平台——"般若",加快业务探索和布局。

"般若"平台通过百度独有的数据特征和算法,可以解决金融数据的高维、稀疏、小样本的难度,百度的梯度增强决策树可以聚合大数据高维特征,可以实现高维数据降维、增加风险区分度;百度的深度学习,将特征嵌入,利用关联挖掘等解决数据稀疏问题。从3 000维以上降维至400维,可将行为的风险区分度有效提升5%以上,而基于百度数亿级用户数据,通过图计算,可将信用标签传递,丰富信贷样本。

在信用领域,央行征信数据加百度大数据可以将客群的风险区分度提升13%;在反欺诈领域,百度已拥有百亿节点、五百亿边的关联网络,可以提升识别骗贷团伙的成功率。目前,"般若"对外服务超过百万次。

金融的本质是经营风险,风控是金融的核心,也是竞争力的核心。目前智能风控系统已成为金融科技军备竞赛的重中之重。

资料来源:搜狐网,2018-01-16.

【分析提示】 谈谈你对大数据时代金融的认识。

5.1 货 币

说到货币,人们首先想到的就是各种各样的钞票,从原始社会的贝壳到现代社会的电子货币,货币以其特有的渗透力影响我们生活的方方面面。

5.1.1 货币的概念

马克思通过对价值形式发展的历史考察,揭示了货币的起源,同时也使我们看清楚了货币的本质,即货币是固定地充当一般等价物的特殊商品,它体现一定的社会生产关系。

(1) 货币是一种特殊商品,它具有商品的两个基本属性——价值和使用价值,同时又有一般等价物的作用,具体体现:①货币能够衡量其他商品的价值;②货币具有与其他商品直接交换的能力。

(2) 货币在不同的社会形态下,体现不同的社会关系。

扩展阅读 5-1

货币的历史

人类使用货币的历史产生于物物交换的时代。在原始社会,人们使用以物易物的方式,交换自己所需要的物资,比如一头羊换一把石斧。但是有时候受到用于交换的物资种类的限制,不得不寻找一种能够为交换双方都接受的物品。这种物品就是最原始的货币。牲畜、盐、稀有的贝壳、珍稀鸟类羽毛、宝石、沙金、石头等不容易大量获取的物品都曾经作为货币使用过。

经过长年的自然淘汰,在绝大多数社会里,作为货币使用的物品逐渐被金属所取代。使用金属货币的好处是它的制造需要人工,无法从自然界大量获取,同时还易储存。数量稀少的金、银和冶炼困难的铜逐渐成为主要的货币金属。某些国家和地区使用过铁质货币。

西方国家的主币为金币和银币,辅币以铜、铜合金制造。随着欧洲社会经济的发展,商品交易量逐渐增大,到 15 世纪时,经济发达的佛兰德斯和意大利北部各邦国出现了通货紧缩的恐慌。从 16 世纪开始,大量来自美洲的黄金和白银通过西班牙流入欧洲,挽救了欧洲的货币制度,并为其后欧洲的资本主义经济发展创造了起步的条件。

随着经济的进一步发展,金属货币同样显示出使用上的不便。在大额交易中需要使用大量的金属硬币,其重量和体积都令人感到烦恼。金属货币使用中还会出现磨损的问题,据不完全统计,自从人类使用黄金作为货币以来,已经有超过两万吨的黄金在铸币厂里或者在人们的手中、钱袋中和衣物口袋中被磨损掉。于是作为金属货币的象征符号的纸币出现了。世界上最早的纸币是在宋朝年间于中国四川地区出现的交子。

扩展阅读 5-2

货 币 类 型

现代社会将货币大致分为四种类型：实物货币、代用货币、信用货币、电子货币。

实物货币是指作为非货币用途的价值和作为货币用途的价值相等的实物商品。能充当实物货币的商品具有以下特征：①普通接受性；②价值稳定；③价值均值可分性；④轻便和易携带性。金属货币是最具代表性的实物货币。

代用货币一般是指可以换取金属货币或金属条块的、代替金属货币执行流通手段和支付手段职能的纸质货币，其本身价值就是所替代货币的价值。代用货币较实物货币的优越性主要有：①印刷纸币的成本较之铸造金属要低；②避免了金属货币在流通中的磨损，甚至有意的磨削，可以节约贵金属货币；③克服了运送货币的成本与风险。当然代用货币也有一些缺点，比如易损坏、易伪造等。

信用货币是由国家法律规定的，强制流通不以任何贵金属为基础的独立发挥货币职能的货币。目前世界各国发行的货币，基本都属于信用货币。信用货币产生于20世纪30年代，由于世界性的经济危机，许多国家被迫脱离金本位和银本位，所发行的纸币不再能兑换金属货币，信用货币应运而生。信用货币作为一般的交换媒介需要有以下两个条件：一是人们对此货币的信心；二是货币发行的立法保障。二者缺一不可。目前信用货币又可分为以下几种形态：①辅币。其功能是担任小额或零星交易中的媒介手段，多以贱金属制造。②现金或纸币。主要功能也是担任人们日常生活用品的购买手段，一般为具有流通手段的纸币，其发行权为政府或者金融机构专有。③银行存款。又称债务货币，存款人可借助支票或其他支付指示，将本人的存款交付他人，作为商品交换的媒介。

电子货币通常是指利用计算机或储值卡所进行的金融活动。持有这种储值卡就像持有现金一样，每次消费可以从卡片的存款金额中扣除。电子货币在方便的同时也存在一些问题，如如何防范电子货币被盗，如何对个人资信情况进行保密等。因此，电子货币的全面应用尚需一段科技进步和其他保障措施完善的过程。

5.1.2 货币的职能

货币在发展过程中逐渐形成了价值尺度、流通手段、贮藏手段、支付手段和世界货币的五种职能。其中，价值尺度和流通手段是货币的基本职能，另外三种职能则是在两者的基础上形成的派生职能。

1. 价值尺度

价值尺度是用于衡量和表现商品价值的一种职能，是货币的最基本、最重要的职能。正如衡量长度的尺子本身有长度，称东西的砝码本身有重量一样，衡量商品价值的货币本身也是商品，具有价值；没有价值的东西，不能充当价值尺度。

价值尺度职能的核心在于货币作为衡量一切商品价值的尺度。货币本身作为商品也存在不同货币之间量的差别，因此人们为货币也制定了一个量的标准，即规定价格标准（有时也称价格标度），从此才有了人们对不同商品、服务的评价。

货币在执行价值尺度职能时,只是发挥其计量标准的作用,因此,只要是观念的或想象的货币就可以了,这与其他职能是不同的。

货币作为价值尺度,就是把各种商品的价值都表现为一定的货币量,以表示各种商品的价值在质的方面相同,在量的方面可以比较。各种商品的价值并不是由于有了货币才可以相互比较,恰恰相反,只是因为各种商品的价值都是人类劳动的凝结,它们本身才具有相同的质,从而在量上可以比较。商品的价值量由物化在该商品内的社会必要劳动量决定。但是商品价值是看不见、摸不到的,自己不能直接表现自己,它必须通过另一种商品表现。在商品交换过程中,货币成为一般等价物,可以表现任何商品的价值,衡量一切商品的价值量。货币作为价值尺度衡量其他商品的价值,把各种商品的价值都表现在一定量的货币上,货币就充当商品的外在价值尺度。而货币之所以能够执行价值尺度的职能,是因为货币本身也是商品,也是人类劳动的凝结。可见货币作为价值尺度,是商品内在的价值尺度即劳动时间的表现形式。

货币在执行价值尺度的职能时,并不需要有现实的货币,只需观念上的货币。例如,1 辆自行车值 1 克黄金,只要贴上个标签就可以了。当人们在作这种价值估量时,只要在他的头脑中有金的观念就行了。用于衡量商品价值的货币虽然只是观念上的货币,但是这种观念上的货币仍然要以实在的金属为基础。人们不能任意给商品定价,因为在金的价值同其他商品之间存在着客观的比例,这一比例的现实基础就是生产两者所耗费的社会必要劳动量。在商品价值量一定和供求关系一定的条件下,商品价值的高低取决于金的价值的大小。

商品的价值用一定数量的货币表现出来,就是商品的价格。价值是价格的基础,价格是价值的货币表现。货币作为价值尺度的职能,就是根据各种商品的价值大小,把它表现为各种各样的价格。例如,1 头牛值 2 两金,在这里 2 两金就是 1 头牛的价格。

2. 流通手段

流通手段即交换的媒介。流通手段职能是货币价值尺度职能的发展。货币的产生,使得商品之间的交换由直接的物物交换变成了以货币为媒介的交换,即由商品—商品变成了商品—货币—商品。

货币作为流通手段,在商品流通过程中,不断地当作购买手段,实现商品的价格。商品经过一定流通过程以后,必然要离开流通领域最后进入消费领域。但货币作为流通手段,却始终留在流通领域中,不断地从购买者转移到出卖者手中。这种不断的转手就形成货币流通。货币流通是以商品流通为基础的,它是商品流通的表现。货币作为流通手段,需要有同商品量相适应的一定的数量。在一定时期内,商品流通所需要的货币量由待售的商品价格总额和货币流通的平均速度二者决定。商品流通所需要的货币量同商品价格总额成正比:商品价格总额大,流通中所需要的货币量就多;商品价格总额小,流通中所需要的货币量就少。流通中所需要的货币量同货币流通速度成反比:货币流通速度快,流通中所需要的货币量就少;货币流通速度慢,流通中所需要的货币量就多。在一定时期内,商品流通所需要的货币量,等于全部商品价格总额除以同一单位货币流通的平均速度。

充当流通手段的货币,最初是以金或银的条块形状出现的。由于金属条块的成色和重量各不相同,每次买卖都要验成色、称重量,很不方便。随着商品交换的发展,金属条块就为具有一定成色、重量和形状的铸币所代替。铸币的产生使货币能够更好地发挥它作为流通手段的职能。铸币在流通中会不断地被磨损,货币的名称和它的实际重量逐渐脱离,成为不足值的铸币。货币作为价值尺度,可以是观念上的货币,但必须是足值的;货币作为流通手段则必须是现实的货币,但它可以是不足值的。这是因为货币发挥流通手段的职能,只是转瞬即逝的媒介物,不足值的铸币,甚至完全没有价值的货币符号,也可以用于代替金属货币流通。用贱金属,如用铜铸成的辅币,是一种不足值的铸币。由国家发行并强制流通的纸币,则纯粹是价值符号。纸币没有价值,只是代替金属货币执行流通手段的职能。无论发行多少纸币,它只能代表商品流通中所需要的金属货币量。纸币发行如果超过了商品流通中所需要的金属货币量,那么,每单位纸币代表的金量就减少了,商品价格就要相应地上涨。

由于货币充当流通手段的职能,使商品的买和卖打破了时间上的限制,一个商品所有者在出卖商品之后,不一定马上就买;也打破了买和卖空间上的限制,一个商品所有者在出卖商品以后,可以就地购买其他商品,也可以在别的地方购买任何其他商品。这样,就有可能产生买和卖的脱节,一部分商品所有者只卖不买,另一部分商品所有者的商品就卖不出去。因此,货币作为流通手段已经孕育着引起经济危机的可能性。

3. 贮藏手段

货币的贮藏手段职能即货币退出流通领域作为社会财富的一般代表被保存起来的职能。充当贮藏手段的货币,必须是实在的足值的金银货币。只有金银货币或金银条块才能发挥货币的贮藏手段职能。

货币作为贮藏手段,是随着商品生产和商品流通的发展而不断发展的。在商品流通的初期,有些人就把多余的产品换成货币保存起来,贮藏金银被看成是富裕的表现,这是一种朴素的货币贮藏形式。随着商品生产的连续进行,商品生产者要不断地买进生产资料和生活资料,但他生产和出卖自己的商品要花费时间,并且能否卖掉也没有把握。这样,他为能够不断地买进,就必须把前次出卖商品所得的货币贮藏起来,这是商品生产者的货币贮藏。随着商品流通的扩展,货币的权力日益增大,一切东西都可以用货币买卖,货币交换扩展到一切领域。谁占有更多的货币,谁的权力就更大,贮藏货币的欲望也就变得更加强烈,这是一种社会权力的货币贮藏。

货币作为贮藏手段,可以自发地调节货币流通量,起着蓄水池的作用。当市场上商品流通缩小,流通中货币过多时,一部分货币就会退出流通界而被贮藏起来;当市场上商品流通扩大,对货币的需要量增加时,有一部分处于贮藏状态的货币,又会重新流通。

关于纸币能否充当贮藏手段的问题,存在着不同的看法。传统的观点是只有实在的、足值的金属货币,人们才愿意保存它,才能充当贮藏手段。但也有人认为,如果纸币的发行数量不超过商品流通中所需要的金属货币量,纸币就能代表相应的金属量,保持稳定的社会购买力。在这种条件下,纸币也能执行贮藏手段的职能。当然,纸币如果发行量过多,就无法保持它原有的购买力,人们就不愿意保存它。可见,即使纸币能执行贮藏手段的职能,也是有条件的,并且是不稳定的。

4．支付手段

货币在实际价值的单方面转移时，就执行了支付手段的职能，如支付债务、地租、利息、税款、工资等。

货币作为支付手段的职能是适应商品生产和商品交换发展的需要而产生的。因为商品交易最初是用现金支付的。但是，由于各种商品的生产时间是不同的，有的长些，有的短些，有的还带有季节性。同时，各种商品销售时间也是不同的，有些商品就地销售，销售时间短；有些商品需要运销外地，销售时间长。生产和销售时间上的差别，使某些商品生产者在自己的商品没有生产出来或尚未销售之前，就需要向其他商品生产者赊购一部分商品。商品的让渡同价格的实现在时间上分离开来，即出现赊购的现象。赊购以后到约定的日期清偿债务时，货币便执行支付手段的职能。货币作为支付手段，开始是由商品的赊购、预付引起的，后来才慢慢扩展到商品流通领域之外，在商品交换和信用事业发达的资本主义社会里，就日益成为普遍的交易方式。

在货币当作支付手段的条件下，买者和卖者的关系已经不是简单的买卖关系，而是一种债权债务关系。等价的商品和货币，就不再在售卖过程的两极上同时出现了。这时，货币首先是当作价值尺度，计量所卖商品的价格。其次货币是作为观念上的购买手段，使商品从卖者手中转移到买者手中时，没有货币同时从买者手中转移到卖者手中。当货币作为支付手段发挥职能作用时，商品转化为货币的目的就起了变化，一般商品所有者出卖商品，是为把商品换成货币，再把货币换回自己所需要的商品；货币贮藏者把商品变为货币，是为保存价值；而债务者把商品变为货币则是为还债。货币作为支付手段时，商品形态变化的过程也起了变化。从卖者方面来看，商品变换了位置，可是他并未取得货币，延迟了自己的第一形态变化。从买者方面来看，在自己的商品转化为货币之前，完成了第二形态变化。在货币执行流通手段的职能时，出卖自己的商品先于购买别人的商品。当货币执行支付手段的职能时，购买别人的商品先于出卖自己的商品。作为流通手段的货币是商品交换中转瞬即逝的媒介，而作为支付手段的货币则是交换过程的最终结果。货币执行价值尺度是观念上的货币，货币执行流通手段可以是不足值的货币或价值符号，但作为支付手段的货币必须是现实的货币。

货币作为支付手段，一方面，可以减少流通中所需要的货币量，节省大量现金，促进商品流通的发展。货币执行支付手段的职能后，商品流通中所需要的货币量可以用公式表示如下：

$$商品流通中所需要的货币量 = \frac{商品价格总额}{同一单位货币的平均流通次数}$$

另一方面，进一步扩大了商品经济的矛盾。在赊买赊卖的情况下，许多商品生产者之间都发生了债权债务关系，如果其中有人到期不能支付，就会引起一系列的连锁反应，"牵一发而动全身"，使整个信用关系遭到破坏。例如，其中某个人在规定期限内没有卖掉自己的商品，他就不能按时偿债，支付链条上某一环节的中断，就可能引起货币信用危机。可见，货币作为支付手段以后，经济危机的可能性也进一步发展了。

从货币作为支付手段的职能中产生了信用货币，如银行券、期票、汇票、支票等。随着资本主义的发展，信用事业越展开，货币作为支付手段的职能也就越大，以致信用货币占据了大规模交易的领域,而铸币却被赶到小额买卖的领域中。

在商品生产和货币经济发展到一定程度以后,不但商品流通领域,而且非商品流通领域也用货币作为支付手段,充当交换价值的独立存在形式。例如,地租、赋税、工资等,也用货币支付。

由于货币充当支付手段,为到期能偿还债务,就必须积累货币。因此随着资本主义的发展,作为独立的致富形式的货币贮藏减少以致消失了,而作为支付手段准备金形式的货币贮藏却增加了。

5．世界货币

世界货币是指货币在世界市场作为一般等价物发挥作用。由于国际贸易的发生和发展,货币流通超出一国的范围,在世界市场上发挥作用,于是货币便有世界货币的职能。作为世界货币,必须是足值的金和银,而且必须脱去铸币的地域性外衣,以金块、银块的形状出现。原来在各国国内发挥作用的铸币及纸币等在世界市场上都失去作用。

在国内流通中,一般只能由一种货币商品充当价值尺度。在国际上,由于有的国家用金作为价值尺度,有的国家用银作为价值尺度,所以在世界市场上金和银可以同时充当价值尺度的职能。后来,在世界市场上,金取得了支配地位,主要由金执行价值尺度的职能。

世界货币除具有价值尺度的职能外,还有以下职能:①充当一般购买手段,一个国家直接以金、银向另一个国家购买商品;②作为一般支付手段,用以平衡国际贸易的差额,如偿付国际债务、利息支付和其他非生产性支付等;③充当国际间财富转移的手段,货币作为社会财富的代表,可由一国转移到另一国,例如,支付战争赔款、输出货币资本或由于其他原因把金银转移到外国去。在当代,世界货币的主要职能是作为国际支付手段,用于平衡国际收支的差额。

作为世界货币的金银流动是二重的:一方面,金银从它的产地散布到世界市场,为各个国家的流通领域所吸收,补偿磨损了的金、银铸币,充作装饰品、奢侈品的材料,并且凝固为贮藏货币。这个流动体现了商品生产国和金银生产国之间劳动产品的直接交换。另一方面,金和银又随着国际贸易和外汇行情的变动等情况,在各国之间不断流动。

为适应世界市场的流通,每个国家必须贮藏一定量的金、银作为准备金。这笔世界货币准备金随着世界市场商品流通的扩大或缩小而增减。在资本主义国家,银行中的黄金储备,往往要限制在它的特殊职能所必要的最低限度。过多的货币贮藏,对于资本是一个限制,而且在一定程度上也表示商品流通的停滞。

5.1.3 货币制度

货币制度是国家对货币的有关要素、货币流通的组织与管理等加以规定所形成的制度,完善的货币制度能够保证货币和货币流通的稳定,保障货币正常发挥各项职能。

1．货币制度的内容

1)规定货币材料

规定货币材料就是规定币材的性质,是一个国家建立货币制度的首要步骤。国家对币材的选择受客观经济条件发展的制约。目前各国都实行不兑现的信用货币制度,对货币材料不再做明确规定。

2) 规定货币单位

货币单位是货币本身的计量单位,规定货币单位包括以下两方面。

(1) 规定货币单位的名称。目前,世界上货币单位的名称有一百多种,其中用元、镑、法郎的较多。据统计,用"元"作货币单位名称的有 52 个国家;用"镑"作货币单位名称的有 12 个国家;用"法郎"作货币单位名称的有 32 个国家。

(2) 规定货币单位的值。在金属货币制度条件下,货币单位的值是每个货币单位包含的货币金属重量和成色。在 1973 年以前通过规定货币含金量表示货币的价值,1973 年以后,各国都相继取消了货币的含金量。如美国的货币单位为美元,根据 1934 年 1 月的法令规定,1 美元含纯金 0.888 671 克;中国长期流通白银,1914 年北洋政府颁布的《国币条例》规定货币单位名称为"圆",含纯银 23.977 克,合 0.648 两。1973 年后布雷顿森林体系解体,货币单位就慢慢与金属重量脱钩了。

3) 规定流通中货币的种类

规定流通中货币的种类主要是指规定主币和辅币。

(1) 主币是一国的基本通货和法定价格标准,其特点如下。

① 在金本位和银本位制度下,主币的名义价值和实际价值一致,是足值货币。现代货币制度下,已经无此特点。

② 主币可以自由铸造,自由熔化。这种自由铸造是指公民有权把货币金属送到国家铸币厂铸成本位币,不受数量多少的限制。铸币厂代铸货币,不收或只收取少量的铸造费。在流通中磨损超过重量公差的主币不准投入使用,但是可向政府指定的单位兑换新币。这一特点的意义在于:可以保证本位币金属无限制地成为价值尺度,无限制地执行支付手段和流通手段的职能;可以保证本位币的名义价值和实际价值一致;可以保证本位币自发地适应客观流通的需要量。现代货币制度下,已经无此特点。

③ 主币具有无限法偿能力。国家法律赋予主币在一切交易、支付活动中,不论数额大小,出售者和债权人均不得拒收。现代货币制度下,仍然保留了这一特点。

(2) 辅币是主币的等分,是小面额货币,主要用于小额交易支付。其特点(现代货币制度下仍有下列特点)如下。

① 名义价高于实际价值,是不足值货币。

② 不能自由铸造,自由熔化,由国家统一铸造,铸币收入归国家所有,是财政收入的主要来源。

③ 是有限法偿货币。

在纸币本位制下,纸币的发行权由国家货币管理当局所垄断,主币和辅币的名义价值都高于其实际价值,所以,无限法偿与有限法偿的区分已无意义。

4) 规定货币法定支付偿还能力

货币法定支付偿还能力分为无限法偿和有限法偿。无限法偿是指不论用于何种支付,不论支付数额有多大,对方均不得拒绝接受;有限法偿即在一次支付中有法定支付限额的限制,若超过限额,对方可以拒绝接受。金属货币制度下,一般而言主币具有无限法偿能力,辅币则是有限法偿;在信用货币制度条件下,国家对各种货币形式支付能力的规定不是十分明确和绝对。

5) 规定货币铸造、发行的流通程序

货币铸造、发行的流通程序主要分为金属货币的自由铸造与限制铸造、信用货币的分散发行与集中垄断发行。自由铸造是指公民有权用国家规定的货币材料,按照国家规定的货币单位在国家造币厂铸造铸币,一般而言主币可以自由铸造;限制铸造是指只能由国家铸造,辅币为限制铸造。信用货币分散发行是指各商业银行可以自主发行,早期信用货币是分散发行的,目前各国信用货币的发行权都集中于中央银行或指定机构。

6) 规定货币发行准备制度

货币发行准备制度是为约束货币发行规模、维护货币信用而制定的,要求货币发行者在发行货币时必须以某种金属或资产作为发行准备。在金属货币制度下,货币发行以法律规定的贵金属作为发行准备。在现代信用货币制度下,各国货币发行准备制度的内容比较复杂,一般包括现金准备和证券准备两大类。准备制度也叫黄金储备制度,通常是指一个国家所拥有的金块和金币的总和,是一国货币稳定的基础。这一制度规定把贵金属集中到国库和中央银行,主要用途如下。

(1) 将其作为世界货币的准备金,即用于作为国际支付手段的准备金。

(2) 作为时而扩大时而收缩的国内金属货币流通的准备金。

(3) 作为支付存款和兑换银行券的准备金。

金属货币流通条件下,金准备最初为十足的金准备,以后由于黄金数量不足,也以一定数量的证券作为准备金;在现代货币制度下,金准备的后两项用途已消失了。由于黄金的地位下降,所以它与外汇储备一起作为国际支付准备金。

2. 货币制度的演变

货币制度经历了从金属货币制度到不兑现的信用货币制度的过程。其演变过程如下。

1) 银本位制

银本位制是最早的金属货币制度,其基本内容包括白银为货币材料,银币为本位币,可自由铸造无限法偿,银行券可自由兑换白银,白银可自由输出输入。这是实施时间最长的一种货币制度。主要类型有银两本位制(中国)与银币本位制(欧洲)。

到 19 世纪末,世界各国先后放弃银本位制,主要原因如下。

(1) 世界白银价格剧烈波动,币值不稳定,特别是白银开采、冶炼的劳动生产率不断提高,使白银价值不断下跌。

(2) 银币体重价低,不适合用于巨额、大宗交易中的支付。

(3) 白银质地易于磨损。

2) 金银复本位制

金银复本位制是由白银和黄金同时作为货币材料,金银铸币都是本位币,都可以自由铸造无限法偿,自由输出输入,金银铸币之间、金银铸币与货币符号之间都可以自由兑换。前后经历了三种形态:金银平行本位制、金银双本位制和金银跛行本位制。

(1) 金银平行本位制。金币和银币按其实际价值流通,其兑换比率完全由市场比价决定,国家不规定金币和银币之间的法定比价。

(2)金银双本位制。金银币的比价由国家法律规定,金银币的法定比价和金银的市场比价有可能不一致,于是就出现了劣币驱逐良币的现象。它是指在双本位制中,当一个国家同时流通两种实际价值不同而面额价值相同但法定比价不变的货币时,实际价值高的货币(良币)必然被人们熔化,收藏或输出而退出流通,而实际价值低的货币(劣币)反而充斥市场。

在金银复本位下,虽然法律上规定金银两种金属的铸币可以同时流通,但实际上,在某一时期内的市场上主要只有一种金属的铸币流通。银贱则银币充斥市场,金贱则金币充斥市场,很难保持两种铸币同时并行流通。

(3)金银跛行本位制。对银币实行限制铸造,金银币以法定的固定比例进行兑换。银币已退化成辅币,它是双本位制向单本位制的过渡。在这种货币制度下,金币和银币仍然同为本位币,仍然按法定比价流通和兑换,都具有无限法偿能力,但是只有金币可以自由铸造,银币则不能自由铸造。由于限制银币自由铸造,这样银币的价值不是取决于金属银而是取决于金属金,银币本位币的地位大打折扣,银币成为金币的附属货币,起辅助作用。在这种货币制度下,两种货币的地位不平等,所以,叫跛行本位制。

格雷欣法则(Gresham's Law)是指在实行金银复本位制条件下,金银有一定的兑换比率,当金银的市场比价与法定比价不一致时,市场比价比法定比价高的金属货币(良币)将逐渐减少,而市场比价比法定比价低的金属货币(劣币)将逐渐增加,形成良币退藏、劣币充斥的现象。

3)金本位制

金本位制主要包括金币本位制、金块本位制和金汇兑本位制三种形态。

金币本位制是典型的金本位制。其基本特点:金币可以自由铸造无限法偿;辅币和银行券可按其面值自由兑换为金币;黄金可以自由输出输入;货币发行准备为黄金。金币本位制是一种稳定的货币制度,对资本主义经济发展和国际贸易的发展起到了积极的促进作用。金块本位制是不铸造、不流通金币,银行券只能达到一定数量后才能兑换金块的货币制度。金汇兑本位制则是本国货币有含金量,但国内不铸造也不使用金币,流通中只使用银币或银行券,银币或银行券不能在国内兑换黄金,兑换指定国家的外汇,用外汇才能兑换黄金。金汇兑本位制实际上是一种殖民地性质的货币制度。

4)不兑现的信用货币制度

不兑现的信用货币制度又称不兑现本位制和不兑现的纸币流通制度。它是取消黄金保证、不能兑换黄金的一种货币制度。它是货币制度演进过程中质的飞跃,突破了货币商品形态的桎梏,而以本身没有价值的信用货币成为流通中的一般等价物,在这种货币制度下,黄金量不再是确定货币币值及两种货币汇率的标准。单位纸币所代表的货币金属量=流通中所必需的货币金属量÷流通中的纸币总量。不兑现的信用货币制度是20世纪70年代中期以来各国实行的货币制度,其特点如下。

(1)流通中的货币都是信用货币,主要由现金和银行存款构成,它们都体现某种信用关系。

(2)现实中的货币都通过金融机构的业务投入流通。与金属货币通过自由铸造进入流通已有本质区别。

(3) 国家对信用货币的管理调控成为经济正常发展的必要条件,这种调控主要由中央银行运用货币政策实现。

3. 我国的货币制度

我国现行的货币制度是一种"一国多币"的特殊货币制度,即在中国内地实行人民币制度,而在中国香港、澳门、台湾地区实行不同的货币制度。表现为不同地区各有自己的法定货币,各种货币仅限于本地区流通,各种货币之间可以兑换,人民币与港元、澳门元之间按以市场供求为基础决定的汇价进行兑换,澳门元与港元直接挂钩,新台币主要与美元挂钩。

(1) 人民币是我国内地的唯一法定货币,没有含金量。人民币主币"元"是我国的货币单位,辅币单位是"角""分"。人民币辅币与主币一样具有无限法偿能力。

(2) 人民币由国家授权中国人民银行统一发行与管理。国家授权中国人民银行掌握管理货币发行事宜,集中管理发行基金(发行库保管的人民币)。中国人民银行发行人民币坚持以下发行原则:①集中统一发行原则,又称垄断发行或集中发行;②经济发行原则,指其发行应适应国民经济发展的需要;③计划发行原则;④以一定的信用作保证的发行原则,即发行准备原则,只是在其构成中,现金准备少,多为信用准备。

(3) 人民币是不兑现的信用货币,并以现金和存款货币两种形式存在,现金由中国人民银行统一发行,存款货币由银行体系通过业务活动进入流通。

(4) 黄金、外汇由中国人民银行集中掌握,作为国际支付的准备金,统一调度。

(5) 人民币是一种管理通货,实施严格的管理制度。

4. 货币制度稳定的条件

货币制度稳定的条件如下。

(1) 稳定的政治条件。

(2) 良好的经济环境。

(3) 有效的政策环境和法律环境。

5.2 信 用

5.2.1 信用的概念

我们传统的道德观念认为,遵守承诺便是守信用。在经济学意义上,信用是指一种借贷行为,是以偿还和付息为条件的特殊价值运动形式。

古今中外,对于信用的讨论从未停止过,在《新帕格雷夫经济大辞典》中,对信用的解释:"提供信贷意味着把对某物(如一笔钱)的财产权给以让渡,以交换在将来的某一特定时刻对另外的物品(如另外一部分钱)的所有权。"《牛津法律大辞典》的解释:"信用,指在得到或提供货物或服务后并不立即而是允诺在将来付给报酬的做法。"

5.2.2 信用的形式

信用形式是信用关系的具体表现,按照借贷主体的不同,现代经济生活中的基本信用形式包括商业信用、银行信用、国家信用、消费信用。其中,商业信用和银行信用是两种最基本的信用形式。商业信用的优点在于方便和及时。

1. 商业信用

商业信用也称企业信用,是指企业之间相互提供的、与商品交易直接联系的信用形式。如企业间的商品赊销和预付货款等。商业信用的信用工具形式主要是商业票据。

商业信用的特点:①商业信用的债权债务人都是工商企业,体现了企业之间的关系。②商业信用所贷出的资本是处在产业资本循环周转过程中一定阶段的商品,不是暂时闲置的货币资本。③商业信用的动态与产业资本的动态是一致的。在经济繁荣阶段,商业信用随着生产和流通的发展及产业资本的扩大而扩张;在经济衰退阶段,商业信用又会随着生产和流通的削减及产业资本的收缩而萎缩。

商业信用的局限性主要表现在以下五个方面。

(1) 商业信用规模的局限性。受个别企业商品数量和规模的影响。

(2) 商业信用方向的局限性。一般是由卖方提供给买方,受商品流转方向的限制。

(3) 商业信用期限的局限性。受生产和商品流转周期的限制,一般只能是短期信用。

(4) 商业信用授信对象的局限性。一般局限在企业之间。

(5) 商业信用还具有分散性和不稳定性等缺点。

2. 银行信用

银行信用是指银行及其他金融机构以货币形式向企业或个人提供的信用。它包括:①银行以吸收存款等形式,筹集社会各方面的闲散资金;②通过贷款等形式运用所筹集到的资金。

银行信用的特点:①银行信用是一种间接信用,银行信用的借贷双方,一方是银行和非银行金融机构,另一方是企业和个人,银行实际上是中介人的角色。②客体是单一形态的货币资本。③银行信用与产业资本变动是不一致的。④银行信用的能力和作用范围很大,克服了商业信用使用范围的局限。但它不能完全取代商业信用。

扩展阅读 5-3

商业信用和银行信用

银行信用和商业信用之间具有非常密切的联系。二者之间的关系可做以下理解。

第一,商业信用始终是一切信用制度的基础。

第二,只有商业信用发展到一定阶段后才出现银行信用。银行信用正是在商业信用广泛发展的基础上产生与发展的。

第三,银行信用的产生又反过来促使商业信用进一步发展与完善。

第四,商业信用与银行信用各具特点,各有其独特的作用。二者之间是相互促进的关系,并不存在相互替代的问题。

3. 国家信用

国家信用是指政府的借贷行为,主要形式是由政府发行债券以筹措资金,具有弥补财政赤字、调节货币攻击和宏观经济运行等作用。国家信用包括国内信用和国际信用。国内信用是国家以债务人身份向国内居民、企业、团体取得的信用,它形成国家的内债。国际信用是国家以债务人身份向国外居民、企业、团体和政府取得的信用,国家以债务人身份取得或以债权人身份提供贷款形成的信用。国家信用的基本形式是发行政府债券,包括发行国内公债、国外公债、国库券等。国家信用的产生是由于通过正常的税收等形式不足以满足国家的财政需要。国家信用是调剂政府收支不平衡和弥补财政赤字的重要手段。

4. 消费信用

消费信用是指企业或金融机构对消费者个人提供的信用,一般直接用于生活消费。消费信用有两种类型:①类似商业信用,由企业以赊销或分期付款方式将消费品提供给消费者;②属于银行信用,由银行等金融机构以抵押贷款方式向消费者提供资金。

消费信用的主要形式有以下三种。

(1) 商品赊销。企业以赊销的方式,特别是分期付款的赊销方式,对顾客提供信用;是商业信用在消费者个人消费领域的表现。

(2) 消费信贷。银行和其他金融机构直接贷款给个人、用以购买耐用消费品、住房及支付旅游等费用。

(3) 信用卡。金融机构对个人提供信用卡,客户只需持信用卡,便可以在接受该种信用卡的商店购买商品,定期与银行结账等。

除以上几种主要的常见的信用形式外,还有一些其他的信用形式,如国际信用及民间信用等。

国际信用是信用关系的国家化。它包括各国政府、银行、企业之间相互提供的信用,用国际金融机构向各国政府、银行、企业提供的信用等。例如,出口信贷是银行对本国出口贸易提供的信贷。主要是对金额大、订货期限长的商品(如成套设备、船舶等)出口贸易提供的信贷。它对本国出口贸易的促进起着重要作用。具体做法有:①卖方信贷,是银行对本国出口商提供的信贷;②买方信贷,是出口国银行直接向购买本国商品的进口国企业或银行提供信贷。

民间信用是指个人之间相互以货币或实物提供的信用。例如,租赁信用(指出租人、银行、企业等以实物租赁形式提供信用,在租赁期间,设备的所有权仍属于租赁公司,承租企业只有使用权)。

5.3 利 率

5.3.1 利率的概念

利率又称利息率,表示一定时期内利息量与本金的比率,通常用百分比表示,按年计算则称为年利率。其计算公式为

$$利率 = \frac{利息额}{本金} \times 100\%$$

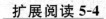

几种利率理论

从借款人的角度来看,利率是使用资本的单位成本,是借款人使用贷款人的货币资本而向贷款人支付的价格;从贷款人的角度来看,利率是贷款人借出货币资本所获得的报酬率。如果用 i 表示利率、用 I 表示利息额、用 P 表示本金,则利率可用公式表示为

$$i=\frac{I}{P}$$

一般来说,利率根据计量的期限标准不同,表示方法有年利率、月利率、日利率。

现代经济中,利率作为资金的价格,不但受到经济社会中许多因素的制约,而且利率的变动对整个经济产生重大的影响,因此,现代经济学家在研究利率的决定问题时,特别重视各种变量的关系及整个经济的平衡问题,利率决定理论也经历了古典利率理论、凯恩斯利率理论、可贷资金利率理论、IS-LM 利率分析及当代动态的利率模型的演变、发展过程。

凯恩斯认为储蓄和投资是两个相互依赖的变量,而不是两个独立的变量。在他的理论中,货币供应由中央银行控制,是没有利率弹性的外生变量。此时,货币需求就取决于人们心理上的"流动性偏好"。而后产生的可贷资金利率理论是新古典学派的利率理论,是为修正凯恩斯的"流动性偏好"利率理论而提出的。在某种程度上,可贷资金利率理论实际上可看成古典利率理论和凯恩斯理论的一种综合。

英国著名经济学家希克斯等人则认为以上理论没有考虑收入的因素,因而无法确定利率水平,于是于 1937 年提出了一般均衡理论基础上的 IS-LM 模型。从而建立了一种在储蓄供给和投资需要、货币供给和货币需求这四个因素的相互作用下的利率与收入同时决定的理论。

根据此模型,利率的决定取决于储蓄供给、投资需要、货币供给、货币需求四个因素,导致储蓄投资、货币供求变动的因素都将影响利率水平。这种理论的特点是一般均衡分析。该理论在比较严密的理论框架下,把古典理论的商品市场均衡和凯恩斯理论的货币市场均衡有机地统一在一起。

5.3.2 利率的种类

依据不同的分类标准,利率有多种划分方法。

1. 市场利率、官方利率与公定利率

按利率的决定方式划分,利率分为市场利率、官方利率和公定利率。

(1) **市场利率**是指由资金供求关系和风险收益等因素决定的利率。一般来说,当资金供给大于需求时,市场利率会下降;当资金供给小于需求时,市场利率会上升。并且,当资金运用的收益较高,资金运用的风险也较大时,市场利率也会上升;反之则相反。因此,市场利率能够较真实地反映市场资金供求与运用的状况。

(2) **官方利率**是由货币管理当局根据宏观经济运行的状况和国际收支状况及其他状

况决定的利率,可用作调节宏观经济的手段。因此,官方利率往往在利率体系中发挥主导性作用。

(3) 公定利率是指由金融机构或行业公会、协会(如银行公会等)按协商的办法所确定的利率。公定利率只对参加该公会或协会的金融机构有约束作用,而对其他金融机构则没有约束作用。但是,公定利率对整个市场利率有重要影响。官方利率和行业公定利率在一定程度上分别反映了政府、行业组织对市场利率形成的干预,代表着政府货币政策意志。由于官方利率和公定利率是非市场行为,因此,与市场利率存在偏差,导致货币供给与货币需求偏离均衡点,使社会资源不能得到充分的利用。

2. 固定利率与浮动利率

按资金借贷关系存续期内利率水平是否变动划分,利率分为固定利率和浮动利率。

(1) 固定利率是指在整个借贷期限内,利率水平保持不变。在物价稳定的条件下,固定利率具有简便易行、便于借贷双方进行成本收益核算的优点。固定利率适合于短期资金借贷关系。因为未来是不确定的,如果借贷期限较长,市场变化又难以预测,使用固定利率就可能使借款人或贷款人承担利率变化的风险。当未来利率上升时,贷款人要承担利息损失的风险;当未来利率下降时,借款人则要承担利息成本较高的风险。

(2) 浮动利率是指在借贷关系存续期内,利率水平可随市场变化而定期变动的利率。浮动利率水平变动的依据和变动的时间长短都由借贷双方在建立借贷关系时议定。在国际金融市场上,多数浮动利率都以 LIBOR(伦敦银行间同业拆借利率)为参照指标而规定其上下浮动的幅度。这种浮动幅度是按若干个基点计算的,通常每隔 3 个月或 6 个月调整一次。实行浮动利率对借贷双方来说,其计算成本、收益的难度要大一些,并且对借贷双方利率管理的技术要求也比较高。但是,实行浮动利率的借贷双方所承担的利率风险比较小。浮动利率适合于在市场变动较大,而借贷期限又较长的融资活动中实行。在我国,浮动利率还有另外一种含义,即是指金融机构在中央银行规定的浮动范围内,以基准利率为基础,自行确定的利率。利率浮动高于基准利率而低于最高幅度(含最高幅度)时,称为"利率上浮";低于基准利率而高于最低幅度(含最低幅度)时,称为"利率下浮"。为发挥利率的杠杆作用,我国从 1987 年 1 月 24 日开始,允许各金融机构流动资金贷款利率在规定的幅度内浮动,后又多次调整了利率浮动的范围和幅度。

3. 名义利率与实际利率

按利率水平是否剔除通货膨胀因素划分,利率分为名义利率和实际利率。在借贷过程中,债权人不但要承担债务人到期无法归还本金的信用风险,而且要承担货币贬值的通货膨胀风险。名义利率是以名义货币表示的利率,即借贷契约或有价证券上载明的利率。实际利率是指剔除通货膨胀因素的利率,即物价不变,货币购买力不变条件下的利息率。名义利率和实际利率之间的关系可用以下公式表示:

$$实际利率 = 名义利率 - 通货膨胀率$$

4. 一般利率与优惠利率

按金融机构对同类存贷款利率制定不同的标准划分,利率分为一般利率和优惠利率。后者的贷款利率往往低于前者,后者的存款利率往往高于前者。贷款优惠利率的授予对象大多为国家政策扶持的项目,如重点发展行业、部门及对落后地区的开发项目等。在国际借贷市场上,低于伦敦同行拆放市场的贷款利率被称为优惠利率。存款优惠利率大多用于争取目标资金来源。例如,我国曾经实行的侨汇外币存款利率就高于普通居民外币存款利率。所谓普通利率,是指按正常利率收取利息的利率。

5. 长期利率与短期利率

按借贷期限长短划分,利率分为长期利率和短期利率,通常以1年为标准。凡是借贷期限满1年的利率为长期利率,不满1年的则为短期利率。

5.3.3 决定和影响利率因素的一般分析

利率是计算使用借贷资金报酬的依据。利率水平的高低直接影响借款者的成本和贷出者的收益。决定和影响利率水平的因素是多种多样的,主要有以下五种。

1. 平均利润率

由于利息是利润的一部分,因此,利润率是决定利率的首要因素。根据市场法则,等额资本要获得等量利润,通过竞争和资源的流动,一个经济社会在一定时期内会形成一个平均利润率。这一平均利润率是确定各种利率的主要依据,它是利率的最高界限。当然,在一般情况下,利率也不会低于零。如果利率低于零,就不会有人出借资金了。所以,利率通常在平均利润率和零之间波动。

2. 借贷资金的供求关系

虽然从理论上讲,利率既不会高于平均利润率,也不会低于零。但实际上,决定某一时期某一市场上利率水平高低的是借贷资金市场上的供求关系,即利率是由借贷资金供求双方按市场供求状况协商确定的。当借贷资金供大于求时,利率水平就会下降;当借贷资金供不应求时,利率水平就会提高,甚至高于平均利润率。

3. 预期通货膨胀率

在信用货币流通条件下,特别是在纸币制度下,物价变动是一种经常现象。尤其是通货膨胀使借贷资金本金贬值,会给借贷资金所有者带来损失。为弥补这种损失,债权人往往会在一定的预期通货膨胀率基础上确定利率,以保证其本金和实际利息额不受损失。

当预期通货膨胀率提高时,债权人会要求提高贷款利率;当预期通货膨胀率下降时,利率一般也会相应地下调。

4. 中央银行货币政策

自从20世纪30年代凯恩斯主义问世以来,各国政府都加强了对宏观经济的干预。调整利率是政府干预经济最常用的货币政策手段之一。中央银行采用紧缩性货币政策时,往往会提高再贴现率、再贷款利率或其他由中央银行所控制的基准利率(如美国的联邦基金利率);而当中央银行实行扩张性货币政策时,又会降低再贴现率、再贷款利率或其他基准利率,从而引导借贷资金市场利率作相应调整,并进而影响整个市场的利率水平。

5. 国际收支状况

一国的国际收支状况对该国的利率水平也有重要的决定作用。当一国国际收支平衡时,一般不会变动利率。当一国国际收支出现持续大量逆差时,为弥补国际收支逆差,需要利用资本项目大量引进外资。此时,金融管理当局就会提高利率。当一国国际收支现持续大量顺差时,为控制顺差,减少通货膨胀的压力,金融管理当局就可能会降低利率,减少资本项目的外汇流入。这当然也会使本国的借贷资金利率水平发生变化。

除以上五种因素外,决定一国在一定时期内利率水平的因素还有很多。例如,在经济高涨时期,金融管理当局大多会提高利率;而在经济衰退时期,又大多会降低利率。一国的利率水平还与该国货币的汇率有关,当本币贬值时,会导致国内利率上升。此外,借贷期限长短、借贷风险大小、国际利率水平高低、一国经济开放程度、银行成本、银行经营管理水平等,都会对一国国内利率产生重要影响。因此,一定时期利率水平的变动,必须综合分析各种因素,才能找出利率水平变动的主要原因。

本模块小结

本模块主要对金融学最基本的问题——货币、信用和利率作出说明。完成本模块的学习,应该理解和掌握以下内容。

(1) 货币是固定地充当一般等价物的特殊商品,它体现一定的社会生产关系。

货币在发展过程中逐渐形成了价值尺度、流通手段、贮藏手段、支付手段和世界货币五种职能。

(2) 货币制度是国家对货币的有关要素、货币流通的组织与管理等加以规定所形成的制度,完善的货币制度能够保证货币和货币流通的稳定,保障货币正常发挥各项职能。

(3) 货币制度的内容:规定货币材料;规定货币单位;规定流通中货币的种类;规定货币法定支付偿还能力;规定货币铸造、发行的流通程序;规定货币发行准备制度。

(4) 我国的货币制度:人民币是我国内地的唯一法定货币,人民币主币"元"是我国货币单位;人民币由国家授权中国人民银行统一发行与管理;国家授权中国人民银行掌握管理货币发行事宜,集中管理发行基金(发行库保管的人民币);人民币是不兑现的信用货币,并以现金和存款货币两种形式存在,现金由中国人民银行统一发行,存款货币由银行体系通过业务活动进入流通;黄金、外汇由中国人民银行集中掌握,作为国际支付的准备金,统一调度;人民币是一种管理通货,实施严格的管理制度。

(5) 信用是指一种借贷行为,是以偿还和付息为条件的特殊价值运动形式。信用形式是信用关系的具体表现,按照借贷主体的不同,现代经济生活中的基本信用形式包括商业信用、银行信用、国家信用、消费信用。

(6) 利率又称利息率。表示一定时期内利息量与本金的比率。

(7) 利率的种类:市场利率、官方利率与公定利率;固定利率与浮动利率;名义利率与实际利率;一般利率与优惠利率。

(8) 决定和影响利率水平的因素是多种多样的:平均利润率、借贷资金的供求关系、预期通货膨胀率、中央银行货币政策和国际收支状况等。

关 键 术 语

货币　货币制度　信用　利率

案例分析

关于数字货币

十三届全国人民代表大会第一次会议新闻中心于2018年3月9日在梅地亚中心多功能厅举行记者会,邀请中国人民银行行长周小川,副行长易纲,副行长、国家外汇管理局局长潘功胜就"金融改革与发展"相关问题回答中外记者提问。

记者:"我的问题是关于数字货币,央行此前说正在研究发行数字货币,请问进展如何?对于数字货币的正式问世是否有时间表和路线图。请问周行长,您如何看待未来数字货币的应用前景?谢谢。"

周小川:"可能大家也注意到,人民银行在三年多以前就开始组织关于数字货币的研讨会,随后成立了央行的数字货币研究所,最近的动作是和业界共同组织分布式研发,依靠和市场共同合作的方式研发数字货币。在概念上来讲,大家头脑当中的数字货币概念都是不一样的,央行用的研发的名字叫'DC/EP',DC,digital currency,是数字货币;EP,electronic payment,是电子支付。电子支付的是什么呢?支付的东西实际上也就是通过移动通信或者是其他的网络系统传输的数字的东西,并不是纸面的货币,所以电子支付本身也是有数字货币的属性。

为什么把这两个连接起来?我们首先要明确一个目的,研究数字货币不是让货币去实现某一种技术方案的应用,而是本质上是要追求零售支付系统的方便性、快捷性和低成本。同时也必须考虑安全性和保护隐私。这几项东西既可以是以区块链为基础的或者是分布式记账技术、DLT为基础的这种数字货币,也可以是在现有的电子支付基础上演变出来的技术。目前,国际上对于数字货币的技术路线也有了初步的一些分类,表明它还可能是有多种可能的体系。应该说,数字货币的发展既有技术发展上的必然性,未来可能传统的纸币、硬币这种形式的东西会逐渐缩小,甚至可能有一天就不存在了,这种可能性也是存在的。

在整个过程中,要注意整体的金融稳定、防范风险,同时数字货币作为货币来讲,要保证货币政策、金融稳定政策的传导机制,同时要保护消费者。有一些技术方案有可能冒的风险太大,结果出问题的时候使消费者受损失。特别是对大国经济来讲,我们一定要避免那种实质性、难以弥补的损失,所以要慎重一些。在这个过程中要经过充分的测试、局部的测试,可靠了以后,再进行推广。2017年,人民银行组织了数字货币与电子支付的研究项目,经过国务院正式批准,目前在组织大家推进。

大家可能也在市场上看到数字货币在某些方面引起很多议论,也出现很多风险,价格出现很多的波动。主要是有一些技术应用没有专注于数字货币在零售支付方面的应用,而跑到了虚拟资产交易方面。我们认为虚拟资产交易这个方向需要更加慎重,从中国的角度来讲,它也不太符合我们金融产品、金融服务要服务于实体经济的方向。所以在整个过程中,不必太着急,稳步地研发,有序地进行测试,把握住方向,要强调金融服务于实体经济,提高效率、降低成本,防止变成过度投机的一种产品。刚才给大家介绍了现在的研发计划,在研发到一定程度会进入测试阶段,我现在能说的也就是这些。"

【讨论问题】 谈谈你对防范数字货币风险的看法。

思考与练习

一、单项选择题

1. 英国在16世纪就产生了代用货币,最初的代用货币是由( )发行的。
   A. 货币经营业　　B. 金匠业　　C. 宗教机构　　D. 早期银行
2. 下列不享有无限法偿资格的是( )。
   A. 贵金属铸币　　B. 纸币　　C. 银行券　　D. 支票存款
3. 在信用货币制度下,金准备的作用是( )。
   A. 作为国内金属货币的准备金　　B. 作为支付存款的准备金
   C. 作为兑付银行券的准备金　　D. 作为国际支付的准备金
4. 16世纪至18世纪较为典型的货币制度是( )。
   A. 银本位制　　B. 金银复本位制　　C. 金币本位制　　D. 金块本位制
5. 1933年4月,国民党政府进行的货币改革是( )。
   A. 废两改元　　B. 实行法币制度　　C. 发行金圆券　　D. 发行银圆券
6. 下列属于所有权凭证的金融工具是( )。
   A. 债券　　B. 股票　　C. 商业票据　　D. 银行票据
7. 我国利率属于( )。
   A. 市场利率　　B. 官定利率　　C. 公定利率　　D. 优惠利率
8. 从长期真实的经济因素出发分析利息来源,认为利息是实际节制的报酬和实际资本的效益的利息理论是( )。
   A. 货币利息理论　　B. 实质利息理论
   C. 古典利息理论　　D. 结构利息理论
9. 如果市场利率预期不变,根据流动偏好理论,收益曲线( )。
   A. 呈水平状　　B. 向上倾斜
   C. 向下倾斜　　D. 时而向上倾斜,时而向下倾斜

二、填空题

1. 货币是固定地充当_____的特殊商品,它体现一定的社会生产关系。货币在发展过程中逐渐形成了_____、_____、_____、_____、_____五种职能
2. 货币制度是国家对货币的_____、_____等加以规定所形成的制度,完善的货币制度能够保证货币和货币流通的稳定,保障货币正常发挥各项职能。
3. 货币制度的内容:_____;_____;_____;_____;_____。
4. 信用是指一种借贷行为,是以偿还和付息为条件的特殊价值运动形式。信用形式是信用关系的具体表现,按照借贷主体的不同,现代经济生活中的基本信用形式包括_____、_____、_____。
5. 利率又称利息率,表示一定时期内_____的比率。

三、判断题

1. 辅币与主币一样具有无限法偿能力。（　）
2. 只有商业信用发展到一定阶段后才出现了银行信用。（　）
3. 民间信用是指个人之间相互以货币或实物提供的信用。（　）
4. 银行券只在不兑现的信用货币制度下流通，在金属货币制度中不存在。（　）
5. 金币本位制条件下，流通中的货币都是金铸币。（　）
6. 格雷欣法则是在金银复本位制中的平行本位制条件下出现的现象。（　）
7. 在不兑现的信用货币制度条件下，信用货币具有无限法偿的能力。（　）
8. 黄金是金属货币制度下货币发行的准备，不兑现的信用货币制度中外汇是货币发行的准备。（　）
9. 金币本位制、金汇兑本位制和金块本位制条件下，金铸币都是流通中的货币。（　）
10. 牙买加体系规定美元和黄金不再作为国际储备货币。（　）
11. 在我国，人民币元具有无限法偿的能力，人民币辅币具有有限法偿的能力。（　）
12. 金币本位制、金汇兑本位制和金块本位制下，金币可以自由铸造，辅币限制铸造。（　）
13. 商业信用是工商企业之间提供的信用，它以借贷活动为基础。（　）
14. 商业票据是提供商业信用的债权人，为保证自己对债务的索取权而掌握的一种书面所有权凭证，它可以通过背书流通转让。（　）
15. 银行信用是以货币形态提供的信用，与商品买卖活动规模密切相关。（　）
16. 银行信用与商业信用是对立的，银行信用发展起来以后，逐步取代商业信用，使后者的规模日益缩小。（　）
17. 在现代经济中，国家信用的作用日益增强，这主要是用于弥补财政赤字的需要而造成的。（　）
18. 消费信用对于扩大有效需求、促进商品销售是一种有效的手段，其规模越大对经济的推动作用就越强。（　）
19. 出口信贷是本国银行为拓展自身业务而向本国出口商或外国进口商提供的中长期信贷。（　）
20. 出口方银行向外国进口商或进口方银行提供的贷款叫卖方信贷。（　）
21. 当一国处于经济周期中的危机阶段时，利率会不断下跌，处于较低水平。（　）
22. 凯恩斯的流动偏好论认为利率是由借贷资金的供求关系决定的。（　）

四、思考题

1. 货币制度的构成要素有哪些？
2. 为什么说金币本位制是一种相对稳定的货币制度？
3. 货币制度的演变说明了什么？
4. 简述现代信用货币制度的特征。
5. 高利贷信用的利息率为什么会特别高？

6. 简述商业信用的特征和局限性。
7. 银行信用为什么会取代商业信用,成为现代信用的主要形式?
8. 为什么说金块本位制和金汇兑本位制都是残缺不全的金本位制?
9. 简述信用在现代经济中的作用。
10. 根据利率的影响因素,请分析我国下一年度的利率走势。

模块 6

金融机构体系

【能力目标】

通过完成本模块的学习,学生应该能够熟悉金融机构体系的基本概况;了解政策性银行、非银行金融机构和新型农村金融机构的构成;重点掌握中央银行和商业银行的业务与职能。

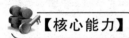

熟悉我国金融机构体系的构架。

【任务分解】

1. 掌握我国金融机构体系的概况。
2. 掌握中央银行、商业银行的业务和职能。
3. 了解政策性银行的主要任务。
4. 了解非银行金融机构、新型农村金融机构的特征和内容。

中国农业银行成立普惠金融事业部

日前,中国农业银行在总行成立普惠金融事业部,同时在各分支机构设立普惠金融业务经营管理机构。这是继 2008 年推进"三农"金融事业部改革以来,中国农业银行在推进普惠金融业务方面推出的又一项重大举措。

2008 年以来,中国农业银行持续推进的"三农"金融事业部制改革,在提升县域和涉农普惠金融服务方面取得了显著成效。2017 年,在继续深化"三农"金融事业部制改革的同时,按照国务院和银监会的要求,设立普惠金融事业部,重点服务城市普惠金融领域,从而形成具有农行特点的、覆盖城乡、多层次的普惠金融服务体系。

多年来,中国农业银行始终以服务国家战略、服务实体经济、服务薄弱环节为己任,一直是普惠金融领域的主力军和国家队。截至 2017 年 3 月末,中国农业银行农户贷款余额首次突破 1 万亿元大关,达到 10 215 亿元,较年初增长 763 亿元;扶贫贷款余额 7 500 亿元,较年初增加 680 亿元;小微企业贷款余额 12 600 亿元,比年初增加 600 亿元。对"三农"、小微和扶贫等普惠金融服务对象的支持力度进一步加强,覆盖面进一步扩大。

中国农业银行表示,今后将继续贯彻落实国务院关于国有大型银行要率先设立普惠金融事业部,加大对普惠金融领域支持力度的要求,深化体制机制改革,将"三农"金融事业部的成功经验推广至整个普惠金融业务领域,加强顶层设计,重点从健全组织机构、打造专业团队、实施"六单"机制入手,推动各项改革措施落到实处,争取尽快取得成效,不断提高金融服务的覆盖率、可得性和满意度,使最广大人民群众公平分享金融改革发展的成果。

资料来源:中国新闻网,2017-04-25.

【分析提示】 你认为发展普惠金融的重要性体现在哪些方面?金融机构如何发展普惠金融?

6.1 金融机构体系概述

6.1.1 金融机构体系的概念

金融机构即金融中介机构,是指以货币资金为经营对象,从事货币信用、资金融通、金融交易等业务的组织机构。金融机构是金融体系的重要组成部分,包括银行、投资银行、证券公司、基金管理公司、保险公司、信托投资公司、金融租赁公司等。

金融机构体系简称金融体系,是指一国金融机构有机结合形成的不同层次的彼此间相互联系的整体系统。目前,我国形成了以中央银行为核心,国有商业银行为主体,政策性银行和其他商业银行及多种金融机构同时并存、相互协作的金融机构体系。

6.1.2 金融机构的性质

从金融机构产生的历史过程看,金融机构是一种以追逐利润为目标的金融企业。说它是企业,是因为它与一般工商企业一样,经营目标都是以最小的成本获得最大的利润;说它是金融企业,是因为它所经营的对象不是普通商品,而是特殊的商品——货币资金。

6.1.3 金融机构的分类

按照不同的标准,金融机构可划分为不同的类型。

(1) 按照业务类别的不同,金融机构可以分为银行类金融机构和非银行类金融机构。银行类金融机构是对可以发行存款凭证的金融机构的总称,主要从事存款、贷款和结算业务,包括中央银行、商业银行、政策性银行及信用社等存款机构。非银行类金融机构则包括保险公司、证券公司、财务公司、信托投资公司、金融租赁公司等。

(2) 按照业务性质和功能的不同,金融机构可以分为管理性金融机构、商业性金融机构和政策性金融机构。管理性金融机构包括中央银行、银监会、证监会、保监会等代表国家行使金融监管权力的机构。商业性金融机构是指经营信用业务的金融机构,包括商业银行、证券公司、保险公司、信托投资公司、金融租赁公司等。政策性金融机构的业务经营不以营利为目标,专门从事政策性金融活动,如进出口银行、农业发展银行和开发银行。

(3)按照业务活动领域的不同,金融机构可以分为直接金融机构和间接金融机构。直接金融机构是指在金融市场上,主要为投资者和筹资者提供中介服务的金融机构,包括证券公司、投资银行等。间接金融机构是指通过吸收存款等负债业务聚集资金,然后再通过发放贷款等资产业务放出资金,实现资金盈余向短缺者流动的金融机构,如商业银行。

6.1.4 金融机构的功能

金融机构的功能主要表现在以下几个方面。

1. 提供支付结算服务

随着商品经济的发展和社会分工的细化,客户之间的货币收付及资金结算活动越来越复杂,金融机构通过一定的技术手段和不断改进的业务流程,在客户间的支付结算活动中充当金融中介,对商品交易的顺利实现、货币支付与清算和社会交易成本的节约具有重大的意义。

2. 促进资金融通

在市场上筹资从而获得货币资金,将其改变并构建成不同种类的更易接受的金融资产,实现资金从盈余单位向赤字单位的流动与转让,这类业务形成金融机构的负债和资产。这是金融机构具有的基本功能,行使这一功能的金融机构是最重要的金融机构类型。

3. 提供金融便利服务

为客户打理金融资产,提供投资理财的建议。随着金融的发展,客户对于金融机构的需求不再局限于存贷款等基本业务,越来越多的客户需要有金融机构为其理财,所以金融机构就慢慢具备了咨询和信托等服务功能。通过金融创新满足社会不断升级的金融需求。

4. 创造信用货币

调控货币供应量,发挥创造信用货币的职能。一方面,中央银行发行货币保证社会商品流通对货币的需求;另一方面,商业银行通过信用创造派生货币,影响市场的货币供应量。

5. 转移与管理风险

金融机构通过各种业务、技术和管理,对金融、经济和社会活动中的各种风险进行交易、分散和转移,主要体现为在充当融资中介的过程中,为投资者提供风险管理服务。此外,通过保险和社会保障机制对各种风险进行的补偿、防范或管理,也体现了这一功能。

6.1.5 我国的金融机构体系

我国的金融机构体系构成比较复杂,尤其是港、澳、台地区由于体制和历史的原因,以及金融业的特殊性,使金融制度、金融机构体系结构呈现多元化的特征。就中国的金融机构体系而论,应该包括中国内地金融机构体系、香港特别行政区金融机构体系、澳门特别行政区金融机构体系和中国台湾金融机构体系。

我国内地现行金融机构体系的特点是由中国人民银行、中国银行业监督管理委员会、中国证券监督管理委员会、中国保险监督管理委员会作为最高金融管理机构,对各类金融机构实行分业经营与分业监管。商业经营性金融机构以银行业为主体,又分为商业银行和政策性银行两大体系。证券、保险、信托、基金等作为非银行金融机构也是我国金融机构体系的主要组成部分。同时还有外资金融机构、外国金融机构的分支机构、中外合资金融机构。

中国香港是以国际金融资本为主体,以银行业为中心,外汇、黄金、期货、共同基金和保险金融市场高度发达的国际金融中心之一。其金融机构体系分为银行金融机构与非银行金融机构两种。

中国澳门的金融机构体系是澳门货币暨汇兑监理署领导下的,主要由银行金融机构和非银行金融机构构成。主要是数量众多的商业性银行,并且大多是外来资本银行设在澳门的分行。

中国台湾的金融机构体系则分为正式的金融体系和民间借贷两部分。

6.2 中央银行

6.2.1 中央银行的含义

中央银行简称央行,是负责该国或该区域(如欧盟)货币政策的主体,通常也是一个经济共同体的唯一货币发行机构,是维护一国货币稳定及制定和执行货币政策的职能机构。

中国人民银行(以下简称"央行"或"人行")是中华人民共和国的中央银行,于1948年12月1日组成。中国人民银行根据《中华人民共和国中国人民银行法》的规定,在国务院的领导下依法独立制定和执行货币政策,履行职责,开展业务,不受地方政府、各级政府部门、社会团体和个人的干涉。中国人民银行是1948年在华北银行、北海银行、西北农民银行的基础上合并组成的。1983年,国务院决定中国人民银行专门行使国家中央银行职能。

中央银行的性质是由其在国家经济中的地位决定的,并随着经济、政治的发展而不断变化。现代中央银行不论是属于政府或国家的权力机构或是否国有化,它们在性质上都是代表国家管理金融的政府管理机关。

由于中央银行是代表国家管理金融的政府机关,因而决定了其所具备的基本特征如下。

(1) 不以营利为目的。一般来说,中央银行在其业务经营过程中会取得利润,但营利不是目的。中央银行以金融调控为己任,稳定货币、促进经济发展是其宗旨。如果以营利为目的,势必会导致其为追求利润而忽略、甚至背弃金融管理这一主旨。

(2) 不经营普通银行业务,即不对社会上的企业、单位和个人办理存贷、结算业务,只与政府或其他金融机构发生资金往来关系。

(3) 中央银行处于超然地位。这是由中央银行要发挥其特殊的职能所决定的。在制定和执行国家金融方针政策时,中央银行具有相对独立性,不受其他部门或机构的行政干预和牵制。

> **扩展阅读 6-1**
>
> ### 部分国家和地区中央银行名称及概况
>
> **亚洲**
>
> 中国人民银行（中国内地）：1948 年 12 月 1 日成立。
>
> 日本银行（日本）：1882 年 6 月成立。
>
> 韩国银行（韩国）：1950 年 6 月 12 日成立。
>
> 香港金融管理局（中国香港）：1993 年 4 月 1 日成立，行使中央银行的部分职能；除了 10 元纸钞的发行由它负责外，发钞由汇丰银行、渣打银行及中银香港负责。
>
> 澳门金融管理局（中国澳门）：前身为 1989 年 6 月 12 日成立的"澳门货币暨汇兑监理署"，2000 年年初变更为现名；行使中央银行的部分职能；发钞权由大西洋银行和中国银行澳门分行负责。
>
> 朝鲜民主主义人民共和国中央银行（朝鲜）：1947 年 12 月 6 日成立。
>
> 新加坡金融管理局（新加坡）：1971 年成立。
>
> 马来西亚国家银行（马来西亚）：1959 年 1 月 24 日成立。
>
> 泰国银行（泰国）。
>
> 蒙古银行（蒙古）。
>
> 伊朗中央银行（伊朗）。
>
> **欧洲**
>
> 英格兰银行（英国）：1694 年成立。
>
> 德意志联邦银行（德国）：1957 年成立。
>
> 欧洲中央银行（欧元区）：1998 年 6 月 1 日成立。
>
> **美洲**
>
> 美国联邦储备系统（美国）：1913 年成立。
>
> 加拿大中央银行（加拿大）：1934 年成立。

6.2.2 中央银行制度的类型

中央银行制度的形式在不同国家是不同的，它是由各国的社会制度、历史习惯等因素决定的。目前，中央银行制度主要有单一式中央银行制度、复合式中央银行制度、准中央银行制度、跨国中央银行制度四种类型，其中大多数国家采用单一式中央银行制度。

1. 单一式中央银行制度

单一式中央银行制度是指由国家建立单独的中央银行机构，并由其全面行使中央银行职能的中央银行制度。该制度又分为一元式和二元式两类。一元式中央银行制度是大多数国家（包括我国）采用的模式，一般为总分行制，实行垂直领导，总部多设在首都；二元式中央银行制度多为联邦制国家（如美国、德国）采用的模式，体现了集权与分权的矛盾统一。

2. 复合式中央银行制度

复合式中央银行制度是指国家不单独设立专司中央银行职能的中央银行机构，而是由一家集中央银行与商业银行职能于一身的国家大银行兼行中央银行职能的中央银行制度。该制度一般与央行发展的初级阶段和计划经济体制相对应。如苏联、1990年剧变前的大多数东欧国家和1983年以前的我国(也称为"大一统"银行体制)。

3. 准中央银行制度

准中央银行制度是指国家(地区)不设通常完整意义上的中央银行,而由政府设立类似中央银行的金融管理机构,并授权若干商业银行执行中央银行职能。实行这种制度的国家和地区有新加坡、马尔代夫、斐济、伯利兹、利比里亚、沙特、阿联酋、塞舌尔及我国的香港。

4. 跨国中央银行制度

跨国中央银行制度是指由若干国家联合组建一家中央银行,由这家中央银行在其成员国范围内行使全部或部分中央银行职能的中央银行制度。该制度一般与区域性多国经济的相对一致性和货币联盟体制相对应,如欧盟、西非货币联盟、中非货币联盟和东加勒比货币联盟。

扩展阅读 6-2

欧洲中央银行

欧洲中央银行是一个典型的跨国中央银行。它是欧洲一体化进程逐步深入的产物。第二次世界大战之后,处于苏联和美国两个超级大国夹缝之间的欧洲各国走上了相互联合以谋求共同发展的道路。法国、联邦德国、意大利、荷兰、比利时和卢森堡六国于1951年签订的欧洲煤钢联营条约标志着欧洲一体化进程的开始。1957年,上述六国又在罗马签订了欧洲原子能共同体条约和欧洲经济共同体条约(合称《罗马条约》)。在这些条约的基础上,经过多年的建设,形成了一个迄今为止一体化程度最高、影响最大的地区经济集团——欧洲共同体(European Communities),也就是今天的欧洲联盟(European Union)。

欧洲共同体成员国于1991年的《马斯特里赫特条约》中正式提出建立欧洲经济货币联盟(EMU)的计划,该计划的核心是在共同体内实现只有一个中央银行、一种单一货币的欧洲货币联盟。1994年1月1日,欧洲中央银行的前身——欧洲货币局在德国法兰克福建立,它在规定的时间内完成了未来欧洲中央银行货币政策运作框架的设计工作。在1988年5月2日至3日的欧盟特别首脑会议上,根据《马斯特里赫特条约》规定的入盟条件,欧盟15个成员国中的11个率先取得了加入欧洲货币联盟的资格,荷兰中央银行前任行长威廉·杜伊森贝赫被推选为欧洲中央银行行长。根据欧盟制定的时间表,从1999年1月1日起,未来的单一货币——欧元将以支票、信用卡、电子钱包、股票和债务方式流通,欧洲中央银行将开始正式运作,实施独立的货币政策。从2002年开始,欧元钞票和硬币将进入流通领域,取代所有货币联盟参加国的货币。

欧洲央行行址设在法兰克福。其基本职责是制定和实施欧洲货币联盟内统一的货币政策。从制度架构上讲,欧洲中央银行将由两个层次组成:一是欧洲中央银行本身;二是欧洲中央银行体系。后者除欧洲中央银行外,还包括所有参加欧元区成员国的中央银行,类似联席会议。前者具有法人身份,而后者没有。欧洲中央银行与各成员国中央银行之间的关系可以粗略理解为决策者和执行者的关系。也就是说,欧洲中央银行将为欧元区内所有国家制定统一的货币政策,然后交由各成员国中央银行实施。各国中央银行将失去其独立性,从而事实上成为欧洲中央银行的分行。所有欧元区成员国都必须按其人口和国内生产总值的大小向欧洲央行认购股本。

欧洲中央银行的日常管理机构是执行委员会,决策机构则是理事会。前者由4~6名成员组成,其中包括行长和副行长各一名,他们由欧盟首脑会议直接任命;后者除执行委员会成员外,还包括欧元区各成员国中央银行行长。理事会每年至少要举行10次会议,以作出有关欧元利率、汇率和货币投放量等方面的重大决策。

1991年的《马斯特里赫特条约》,为欧洲中央银行的独立性提供了法律上的保障。条约第107条及附件第7条明确指出:"欧洲中央银行、欧洲货币联盟内所有成员国中央银行及其决策机构的成员不得向任何欧共体机构、组织、成员国政府以及其他机构寻求或接受指令。"条约还禁止欧洲中央银行和成员国中央银行为成员国政府的财政赤字提供资金融通。

欧洲中央银行的成立标志着欧盟国家的一体化迈上了一个崭新的台阶。各国为实现欧洲合众国的梦想,不惜以放弃本国货币政策独立性为代价支持欧洲建设。这是一次伟大的尝试。但是和人类所有的伟大实验一样,欧洲中央银行未来的道路也将充满各种难以预料的困难和不确定性。

6.2.3 中央银行的职能

1. 发行的银行

中央银行是"发行的银行",主要具有两个方面的含义:一是指国家赋予中央银行集中与垄断货币发行的特权,是国家唯一的货币发行机构,垄断货币发行权是中央银行首要的、最基本的职能;二是指中央银行必须以维护本国货币的正常流通与币值稳定为宗旨。

2. 银行的银行

中央银行是"银行的银行",是指中央银行的业务对象不是一般企业和个人,而是商业银行和其他金融机构及特定的政府部门。具体来说,主要表现在以下几个方面。

(1)集中存款准备金。为保证存款机构的清偿能力,各国的银行法规一般都要求存款机构在中央银行设立准备金账户,强制性地要求按法定比率向中央银行上缴存款准备金。

(2)最终贷款人。当某一金融机构面临资金困难,而别的金融机构也因头寸过紧而无力或不愿对其提供援助时,中央银行通过再贴现、再贷款和再抵押的形式向其提供资金支持,成为最终贷款人,以保证存款人存款和金融机构营运的安全。

(3)组织全国的资金清算。作为全国金融业的票据清算中心,各金融机构在中央银行设立账户进行结算,中央银行组织、监督、管理全国的清算系统,提供票据清算工具,解决单个银行清算的困难,制定有关清算纪律和清算的收费标准,执行清算中心的职能。

3. 国家的银行

中央银行是"国家的银行",是指代表国家制定并执行有关金融法规,代表国家监督管理和干预各项有关金融活动,为国家提供多种金融服务,其职能主要体现在以下几个方面。

(1) 代理国库。充当国家的出纳,代理国家的财政预算收支。

(2) 为国家提供资金融通。当国家财政收支产生失衡、收不抵支时,往往向中央银行进行资金融通。融资方式有两种:一种是直接向国家财政提供贷款或透支;另一种是在证券市场上购买国债。

(3) 代办各种金融事务。例如,代理国债的发行与偿还;管理、经营国家外汇、黄金储备;代表国家参加国际金融组织和各种国际金融活动。

(4) 执行金融行政管理。制定和执行货币政策;制定有关的金融政策和金融法规;监督和管理各金融机构的业务活动;管理和规范金融市场。

6.2.4 中央银行的主要业务

中央银行的主要业务包括负债业务、资产业务和中间业务。中央银行的各项业务都是围绕着各项法定职责展开,一般奉行非营利性、流动性、主动性、公开性等原则。

1. 负债业务

(1) 货币发行。这是中央银行最重要的负债业务。当今各国的货币发行,都由各国的中央银行所垄断。中央银行通过再贴现、贷款、购买证券、收购金银、外汇等方式,把它们投入市场,从而形成流通中的货币,以满足经济发展对货币的需要。

(2) 代理国库。中央银行作为国家的银行,一般均由政府赋予代理国库的职责,政府财政的收入和支出,都由中央银行代理。同时,那些依靠国家拨给行政事业单位的存款,也都由中央银行办理。金库存款、行政事业单位存款在其支出之前在中央银行存放,构成中央银行的负债业务,并成为中央银行重要的资金来源。

(3) 集中存款准备金。为满足商业银行流动性及清偿能力的要求,各国中央银行法都要求商业银行将其一部分准备金存于中央银行。存款准备金形成了中央银行稳定的资金来源,包括法定准备金和部分超额准备金两部分。这种集中存款准备金的制度,其意义就在于节省各家商业银行存在本行的准备金,充分发挥资金的作用,以满足社会对资金的需要。

2. 资产业务

(1) 再贴现。主要是指中央银行对商业银行进行融资的业务。在商业银行资金紧迫时,中央银行用再贴现方式,通过承办商业银行所持有的已贴现但尚未到期的商业票据,给予资金融通。

(2) 证券买卖业务。各国中央银行都经营证券交易业务,买卖证券的种类以政府债券为主。但不以营利为目的,而是为调剂资金供求,是中央银行实行宏观调控的手段。

(3) 黄金外汇储备。中央银行开展这种业务是为代表国家集中储备、调节资金,稳定金融和促进一国贸易及对外交往的顺利进行。这一活动是中央银行的主要资产业务。

3. 中间业务

中央银行的中间业务主要指的是清算业务,主要包括集中办理票据交换、清交换差额、办理异地资金转移、为金融衍生工具交易清算服务、为跨国交易的支付提供清算服务。

6.2.5 我国的金融监管机构

"一行两会"是我国金融业对中国人民银行、中国银行保险监督管理委员会和中国证券业监督管理委员会这三家中国的金融监管部门的简称,"一行两会"承担全国金融管理和监督职能,构成了中国金融业分业监管的格局。

1. 中国人民银行

中国人民银行是国务院的组成部门,在国务院领导下,主要负责制定和执行货币政策,防范和化解金融系统性风险,维护国家金融稳定。其对国家外汇管理局进行管理。

2. 中国银行保险监督管理委员会

中国银行保险监督管理委员会(以下简称"中国银保监会")为国务院直属正部级事业单位,依照法律法规,对银行保险业金融机构的业务活动及风险状况、董事和高级管理人员进行监管。

3. 中国证券业监督管理委员会

中国证券业监督管理委员会(以下简称"中国证监会")是国务院直属正部级事业单位,根据国务院授权,对全国证券期货市场进行集中统一监管。

扩展阅读6-3

中国金融监管机构的分分合合

近几年,金融监管体制改革备受瞩目。2018年3月,金融监管体制改革终于尘埃落定,银监会和保监会合并组建中国银行保险监督管理委员会,银监会、保监会拟订银行业、保险业重要法规草案和审慎监管基本制度的职责划入中国人民银行。实际上,中国的金融监管体制已经经历过一次从合并到分离的过程,为什么又一次出现合并的情况?当然,我们正处于大变革的时代,一切改变都不惊奇。

1. 1948—1991年:混业监管时代

在中国的金融监管体制中,中国人民银行始终扮演着至关重要的角色。可能很多人都不了解,中国人民银行建立的时间比新中国成立还早。

1948年12月,中国人民银行在河北石家庄成立。1949年2月,中国人民银行由石家庄迁入北京(当时为北平)。此阶段,中国人民银行的主要任务是发行人民币,接收国民党政府的银行,整顿私人钱庄,行使最原始的金融监管职能。

从1952年开始,全国金融体系形成大一统的局面,由中国人民银行和财政部两大巨头主导全国金融体系。现在我们通常所说的五大国有银行(工、农、中、建、交),在当时,要么并入财政部(如中国建设银行和中国交通银行),要么与中国人民银行某个业务局合署办公(如中国人民银行)。

1969年,中国人民银行也被并入财政部,对外只保留中国人民银行的牌子,各级分支机构也都与当地财政局合并,成立财政金融局。

1978年,中国人民银行从财政部独立。不过此时,中国人民银行作为金融监管机构的央行职能和经营银行业务的商业银行职能仍然是统一的,既行使中央银行职能,又办理商业银行业务;既是金融监管的国家机关,又是全面经营银行业务的国家银行。

自1979年开始,我国的经济体制改革逐步拉开序幕,工行、农行、中行、建行先后或独立、或恢复、或设立。1979年1月,为加强对农村经济的扶持,恢复了中国农业银行;同年

3月,为适应对外开放和国际金融业务发展的新形势,改革了中国银行的体制,中国银行成为国家指定的外汇专业银行,同时设立了国家外汇管理局。之后,又恢复了国内保险业务,重新建立中国人民保险公司,各地相继组建信托投资公司和城市信用合作社,出现了金融机构多元化和金融业务多样化的局面。

这期间,出现了一个重要的时间节点:1984年1月1日,新设中国工商银行,中国人民银行过去承担的工商信贷和储蓄业务由中国工商银行专业经营。

中国工商银行和中国人民银行的正式分家标志着中国人民银行的商业银行职能完全剥离,开始专门行使中央银行的职能。

1986年,国务院颁布《中华人民共和国银行管理暂行条例》,从法律上明确中国人民银行作为中央银行和金融监管当局的职责,一方面行使货币政策调控职责,另一方面也肩负起对包括银行、证券、保险、信托在内的整个中国金融业的监管职责。

从中国人民银行的发展历程可以看出,1984—1991年,中国的金融监管体制处于混业监管时期,即由中国人民银行统一监管所有的金融活动。

2. 1992—2002年:分业监管趋势出现

从1992年开始,我国经济体制改革的步伐不断加快,中国的金融监管体系也从中国人民银行统一监管逐步走向分业监管。标志性的事件是1992年国务院证券委和证监会的成立。

实际上,中国最早的证券业务诞生于1986年,当时的证券业务也由银行开展。1987年诞生了中国第一家证券公司——深圳特区证券公司。此后,随着证券交易所相继成立、证券公司的数量不断增加,中国人民银行统一监管银行、信托、证券公司和证券市场有点力不从心,导致证券市场出现了一系列的违规操作、市场混乱情况。比如,1992年8月10日,在深圳有关部门发放新股认购申请表的过程中,由于申请表供不应求,加上组织不严密和一些舞弊行为,申购人群出现了抗议等过激行为,这一事件被称为"8·10"事件。

"8·10"事件直接催生了证券委和证监会的诞生。1992年10月,国务院成立国务院证券委员会,对全国证券市场进行统一宏观管理;同时成立中国证监会,作为国务院证券委的执行部门,负责监管证券市场。不过此时,证券公司的审批、监管仍由中国人民银行负责。

保险业的监管也经历了从混业到分业的演变。1949年,中央政府在接管各地官僚资本保险公司的基础上,成立中国人民保险公司,经营各类保险业务。但从1959年开始,我国停办保险业务,直到1980年才恢复。对保险业的监管也是始于1980年,此阶段的保险业监管也是由中国人民银行负责,但中国人民银行对保险业的监管同样面临力不从心的局面。

1997年11月,中央金融工作会议确定"加强金融监管,整顿金融秩序,防范金融风险",在此背景下,成立保险业的专职监管机构提上日程。1998年11月,中国保监会成立,负责监管我国的保险业,此后中国人民银行不再承担保险业的监管职责。

可以说,从1992年开始,我国的金融监管体制逐步从大一统的混业监管向分业监管转变,直到2003年,我国当前的分业监管体制才基本成型。

3. 2003年至今:分业监管体制成型

为配合"入世"后中国银行业监管的需要,2001年,中国人民银行按照"管监分离"原则,重新划分了监管司局的监管职能,提高了监管的专业化水平。不过这种监管模式仍不能适应"入世"后银行业监管的需要。银行业监管体制改革成为我国金融监管体制改革的重要内容。

2003年4月28日,银监会正式挂牌成立,履行原本由中国人民银行履行的银行业监管职责。中国人民银行不再肩负具体的金融监管职责,其使命变成了维护金融稳定,制定和执行货币政策。

银监会的成立标志着我国金融监管体制从中国人民银行"大一统"的监管模式逐渐演变成"一行三会"分业监管体制。金融监管体制的改革进程,就是中国人民银行的金融监管职能不断细分、不断剥离的过程。

而在此前的1992年,证券市场的监管转到国务院证券委和中国证监会;1995年,对证券公司的监管移交中国证监会;1998年,保险业的监管移交到保监会;2003年,银行业监管职能移交银监会。由此,"一行三会"的分业监管体制成型。

为什么当前的金融监管体制要改革?

从我国的实践来看,当前分业监管体制形成的时间并不长,那么为什么金融监管体制改革的呼声如此之高?主要问题有两点,即监管空白与沟通成本。

就监管空白来说,我国当前的分业监管体制与混业经营发展趋势不适应,导致部分领域监管不到位,监管套利大行其道。目前,我国金融业的混业经营趋势日益明显,不同行业间的业务界限逐渐变得模糊。包括商业银行在内的多数金融机构都往综合化、多元化方向发展,跨市场、跨行业的业务链条延长。在当前分业监管的体制下,各监管部门无法监测真实资金的流向,易导致危机跨市场、跨行业传染,引发系统性风险。近年来,互联网金融、资管产品的监管都出现过这类情况。

就沟通成本来说,"一行三会"的行政级别相同,相互之间都只有建议权而无行政命令权,导致长期以来,"一行三会"在监管过程中沟通不足现象较为严重,沟通效率低下,监管信息的分享机制不够畅通。例如,近两年,一些保险公司在股票市场高调举牌上市公司,但由于保险公司的所属监管机构为保监会,而证券市场的监管机构证监会无法准确获取保险公司举牌股票的相关信息,从而导致无法有效监管这些保险公司的举牌行为,只能通过喊话"野蛮人"的形式敲打这些险资。

此外,当前出现了很多新兴的金融业态,如网络小额贷款、P2P等,大多由地方政府金融管理部门负责准入,但是对这些新兴金融业态的行为和风险监管长期缺位,而中央监管机构和地方金融管理部门的沟通、协调也不到位,导致出现不少金融风险事件。

4. 金融监管体制改革的重新探索

近年来,决策层和各监管部门已经意识到当前的金融监管体制不适应我国金融业的发展,开始逐步进行金融监管体制改革。

改革的方向从加强各监管部门的沟通协调开始。2012年,第四次全国金融工作会议指出要加强和改进金融监管,切实防范系统性金融风险。2013年,国务院设立金融监管协调部际联席会议,成员包括"一行三会"和外管局等金融监管机构。联席会议的主要工作职责是加强成员间监管协调、政策实施合作及信息交流。

但联席会议并不具有强制性,是在不改变现行金融监管体制,不替代、不削弱有关部门现行职责分工的情况下开展的。因此,这几年联席会议在监管政策统一、监管协调方面发挥的作用有限。

为进一步强化金融监管的协调,2017年,第五次全国金融工作会议提出"推进构建现代金融监管框架"。随后,国务院设立金融稳定发展委员会,统筹协调金融稳定和改革发展重大问题的议事协调,其职责包括强化宏观审慎管理、强化功能监管、综合监管和行为监管,实现金融监管全覆盖。

金融稳定发展委员会成立后,各监管机构协调性大幅提高,规章统一性大幅加强,体现出较强的执行力。

当下,银监会和保监会合并,拟订银行保险业重要法规草案和审慎监管基本制度的职责划归中国人民银行,也是金融监管体制改革的一部分,主要目的还是进一步加强监管的协调性,防范监管空白和监管套利,同时进一步加强监管部门之间的相互制约。

6.3 商业银行

商业银行是以营利为目的,主要从事存贷款业务的金融企业,商业银行在一国的金融体系中处于非常重要的地位。我国商业银行的定义是商业银行是依据我国《商业银行法》和《公司法》设立,吸收公众存款、发放贷款、办理结算等业务的企业法人。

6.3.1 商业银行的特征

(1) 商业银行与一般工商企业一样,是以营利为目的的企业。它也具有从事业务经营所需要的自有资本,依法经营,照章纳税,自负盈亏。它与其他企业一样,以利润为目标。

(2) 商业银行是特殊的金融企业。其特殊性具体表现为经营对象的差异。工商企业经营的是具有一定使用价值的商品,从事商品生产和流通;而商业银行是以金融资产和金融负债为经营对象,经营的是货币和货币资本。经营内容包括货币收付、借贷及各种与货币运动有关的或者与之相联系的金融服务。从社会再生产过程看,商业银行的经营是工商企业经营的条件。同一般工商企业的区别,使商业银行成为一种特殊的企业——金融企业。

(3) 商业银行与专业银行相比又有所不同。商业银行的业务更综合,功能更全面,经营一切金融零售和批发业务,为客户提供所有的金融服务。而专业银行只集中经营指定范围内的业务和提供专门服务。随着西方各国金融管制的放松,专业银行的业务经营范围也在不断扩大,但与商业银行相比,仍差距甚远;商业银行在业务经营上具有优势。

扩展阅读 6-4

商业银行的起源与发展

人们公认的早期银行的萌芽,起源于文艺复兴时期的意大利。"银行"一词英文称为"Bank",是由意大利文"Banca"演变而来的。在意大利文中,Banca是"长凳"的意思。最初的银行家均为祖居在意大利北部伦巴第的犹太人,他们为躲避战乱,迁移到英伦三岛,以兑换、保管贵重物品、汇兑等为业。在市场上人各一凳,据以经营货币兑换业务。倘若有人遇到资金周转不灵,无力支付债务时,就会招致债主们群起捣碎其长凳,兑换商的信用也即宣告破碎。英文"破产"为"Bankruptcy",即源于此。

早期银行业的产生与国际贸易的发展有着密切的联系。中世纪的欧洲地中海沿岸各国,尤其是意大利的威尼斯、热那亚等城市是著名的国际贸易中心,商贾云集,市场繁荣。但由于当时社会的封建割据,货币制度混乱,各国商人所携带的铸币形状、成色、重量各不相同,为适应贸易发展的需要,必须进行货币兑换。于是,单纯从事货币兑换业并从中收取手续费的专业货币商便开始出现和发展了。随着异地交易和国际贸易的不断发展,来自各地的商人们为避免长途携带而产生的麻烦和风险,开始把自己的货币交存在专业货币商处,委托其办理汇兑与支付。这时候的专业货币商已反映出银行萌芽的最初职能:货币的兑换与款项的划拨。

与西方的银行相比,中国的银行则产生较晚。中国关于银钱业的记载,较早的是南北朝时期的寺庙典当业。到了唐代,出现了类似汇票的"飞钱",这是我国最早的汇兑业务。北宋真宗时,由四川富商发行的交子,成为我国早期的纸币。到了明清以后,当铺是中国主要的信用机构。明末,一些较大的经营银钱兑换业的钱铺发展成为银庄。银庄产生初期,除兑换银钱外,还从事贷放,到了清代,才逐渐开办存款、汇兑业务,但最终在清政府的限制和外国银行的压迫下走向衰落。我国近代银行业,是在19世纪中叶外国资本主义银行入侵之后才兴起的。最早到中国来的外国银行是英商东方银行,其后各资本主义国家纷纷来华设立银行。在华外国银行虽给中国国民经济带来巨大破坏,但在客观上也对我国银行业的发展起到了一定的刺激作用。为摆脱外国银行支配,清政府于1897年在上海成立了中国通商银行,标志着中国现代银行的产生。此后,浙江兴业、交通银行相继产生。

商业银行发展到今天,与其当时因发放基于商业行为的自偿性贷款从而获得"商业银行"的称谓相比,已相去甚远。今天的商业银行已被赋予更广泛、更深刻的内涵。特别是第二次世界大战以来,随着社会经济的发展,银行业竞争的加剧,商业银行的业务范围不断扩大,逐渐成为多功能、综合性的"金融百货公司"。

6.3.2 商业银行的职能

商业银行的性质决定了商业银行的职能,具体来说,具有以下几个方面的职能。

1. 信用中介职能

信用中介职能的实质是通过银行的负债业务,把社会上的各种闲散货币集中到银行,再通过资产业务,把它投向经济各部门。商业银行是作为货币资本的贷出者与借入者的中介人,实现资本的融通,并从吸收资金的成本与发放贷款利息收入、投资收益的差额中,获取利益收入,形成银行利润。信用中介是商业银行最基本、最能反映其经营活动特征的职能。

2. 支付中介职能

在存款的基础上,通过代理客户支付贷款和费用、兑付现金等,成为工商企业、团体和个人的货币保管者、出纳者和支付代理人。在现代经济中,商业银行成为支付体系的中心。

3. 信用创造职能

商业银行在信用中介职能和支付中介职能的基础上,产生了信用创造职能。商业银行是能够吸收各种存款的银行和用其所吸收的各种存款发放贷款,在支票流通和转账结算的基础上,贷款又转化为存款,在这种存款不提取现金或不完全提现的基础上,就增加了商业银行的资金来源,最后在整个银行体系,形成数倍于原始存款的派生存款。在不断地创造派生存款的过程中,商业银行发挥着信用创造的能力。

4. 金融服务职能

随着经济的发展,工商企业的业务经营环境日益复杂化,银行间的业务竞争也日益剧烈化,银行由于联系面广,信息比较灵通,特别是电子计算机在银行业务中的广泛应用,使其具备了为客户提供多种金融服务的条件。现代化的社会生活,从多方面给商业银行提出了金融服务的要求,在强烈的业务竞争环境下,各商业银行也在不断开拓服务领域。

6.3.3 商业银行的经营原则

在长期的经营实践中,商业银行在经营管理上形成了三条基本的银行管理原则,即安全性、流动性和营利性原则,简称为"三性原则"。

1. 安全性原则

安全性是指商业银行在其业务活动中确保其资产、收入、信誉及所有经营的生存发展条件免遭损失。它要求商业银行在经营活动中,必须在一定的安全前提下进行,经得起重大风险和丧失。安全性不但关系银行的盈利,而且关系银行的存亡。

2. 流动性原则

流动性是指商业银行能够随时满足客户提现和必要的贷款需求的支付能力,商业银行的经营性质决定了它必须保持足够的流动性。商业银行可以从资产和负债两方面获得其流动性,资产的流动性是指商业银行资产在不发生损失的情况下迅速变现的能力;负债的流动性是指商业银行要开拓尽可能多的低价获取资金的渠道。

3. 营利性原则

商业银行经营的最终目标也是尽可能多地赚钱,这也称为商业银行的营利性原则。商业银行发放贷款是为在收回本金的同时赚取利息;为客户提供汇兑、转账、结算等中间业务,是为收取手续费;积极进行业务创新,开发新的金融工具,归根结底也是为营利。在营利性原则上,商业银行与一般企业没有什么区别。

但如何在这些原则之间保持合理平衡,则又是银行管理者们最基本的难题。"三性原则"既有统一的一面,又有矛盾的一面。商业银行作为企业法人,营利是其首要目的。但是,营利以资产的安全性和流动性为前提。安全性又集中体现在流动性方面,而流动性则以营利性为物质基础。商业银行在经营过程中,必须有效地在三者之间寻求有效的平衡。

6.3.4 商业银行的组织制度

商业银行的外部组织形式因各国政治经济制度的不同而有所不同,主要有总分行制、单一银行制、银行控股公司制、连锁银行制等类型。

1. 总分行制

总分行制是法律允许银行在大城市设立总行,在本市及国内外各地普遍设立分支行并形成庞大银行网络的制度。目前,世界各国的商业银行普遍采用这种制度,我国也是如此。其优点：经营规模大,分工细,资金调度灵活,能够分散风险,具有较强的竞争力。其缺点：容易形成金融垄断,经营效率低,管理难度较大。

2. 单一银行制

单一银行制也叫单元制,是指仅设立总行,不设立任何分支机构的银行制度。这种制度在美国非常普遍,但随着经济的发展,美国许多州对银行设立分支机构的限制正在逐步放宽。其优点：地方性强,经营自主灵活,便于鼓励竞争,也可避免大银行吞并小银行,限制银行垄断。其缺点：经营成本高,一定程度上限制银行的发展,风险较高。

3. 银行控股公司制

银行控股公司制又称为"集团制银行"或"持股公司制银行",是指由一个集团成立控股公司,再由该公司控制或收购两家以上的银行。这些被控股银行之间在法律上是相互独立的,但其业务与经营政策归同一家股权公司。

4. 连锁银行制

连锁银行制不需要设立股份公司,是指由某一个人或某一个集团购买若干家独立银行的多数股票,从而控制这些银行的组织形式。这种体制盛行于美国的中西部地区,是为弥补单一银行制的缺点而发展起来的。

6.3.5 商业银行的主要业务

按照商业银行的传统业务和发展情况,商业银行的业务总体上可以分为负债业务、资产业务和中间业务三大类。

1. 负债业务

负债业务是形成商业银行的资金来源业务,是商业银行资产业务的前提和条件。归纳起来,商业银行广义的负债业务主要包括自有资本和吸收外来资金两大部分。

1) 资本金

商业银行的自有资本是其开展各项业务活动的初始资金,简单来说,就是其业务活动的本钱,主要部分有成立时发行股票所筹集的股份资本、公积金及未分配的利润。自有资本一般只占其全部负债的很小一部分。银行自有资本的大小,体现银行的实力和信誉,也是一个银行吸收外来资金的基础,因此自有资本的多少还体现银行资本实力对债权人的保障程度。具体来说,银行资本主要包括股本、盈余、债务资本和其他资金来源。

《巴塞尔协议》把商业银行的资本区分为核心资本和补充资本两大类。核心资本又称一级资本,具体包括实收资本和公开储备。补充资本又称二级资本或附属资本,具体包括非公开储备、资产重估储备、普通准备金或普通呆账准备金、混合资本工具及长期债务。该协议的核心思想是要求核心资本充足率不能低于4%,总资本充足率不能低于8%。

2) 存款业务

存款业务是商业银行的主要负债,低成本资金来源,是银行资金实力强弱的主要标志。商业银行的存款一般分为活期存款、定期存款和储蓄存款三大类。

(1) 活期存款。活期存款是指存户可随时存取和支付的存款。开立这种存款账户是为通过银行进行各种支付结算,存户可以随时开出支票对第三者进行支付而不用事先通知银行,因而又有支票存款之称。活期存款的形式有支票存款账户、保付支票、旅行支票、本票和信用证。

(2) 定期存款。定期存款是指有一定的时期限制,存款人凭存单或约定方式提取的存款。存款期限通常为3个月、6个月和1年不等,期限最长可达5年或10年。

(3) 储蓄存款。储蓄存款是指吸收居民个人小额货币储蓄的存款方式。储蓄存款也可分为活期存款和定期存款。活期存款一般采用存折的形式,储户凭存折可以在银行办理存取款。定期存款一般采用存单的形式,储户到期凭存单支取本金和利息。

3) 借款业务

借款业务是指商业银行通过各种方式借入资金以形成资金来源的业务,主要包括同业拆借、向中央银行借款、发行金融债券等。

(1) 同业拆借。同业拆借是指金融机构之间的短期资金融通,主要用于支持日常性的资金周转,它是商业银行为解决短期余缺,调剂法定准备金头寸而融通资金的重要渠道。

(2) 向中央银行借款。向中央银行借款是中央银行向商业银行提供的信用,主要有两种形式:一是再贴现;二是再贷款。再贴现是经营票据贴现业务的商业银行将其买入的未到期的票据向中央银行再次申请贴现,也叫间接借款。再贷款是中央银行向商业银行提供的信用放款,也叫直接借款。再贷款和再贴现不仅是商业银行筹措短期资金的重要渠道,同时也是中央银行执行货币政策、控制调节货币及信用供应量的重要手段。其他渠道的短期借款有转贴现、回购协议、大额定期存单和欧洲货币市场借款等。

(3) 发行金融债券。发行金融债券是指商业银行以发行债券的方式借入资金。发行金融债券一般是中长期的筹资形式,金融债券的利率一般比存款利率更高,能在市场上流通转让。

2. 资产业务

商业银行的资产业务是其资金运用业务,主要分为现金资产业务、贷款业务和证券投资业务三大类。资产业务也是商业银行获取利润的主要来源。商业银行吸收的存款除了留存一定的现金和中央银行的存款以外,全部可以用来贷款和投资。

1) 现金资产业务

现金资产是商业银行随时可以用来应付现金需要的资产,是最具有流动性的部分,由库存现金和中央银行的存款准备金两部分组成。

(1) 库存现金。库存现金是指商业银行金库中的现钞和硬币,用于应付客户提现和银行本身的日常开支的需要。这是不产生利润的资产,一般都保持在最低限度。如果超过了一定的比例,就意味着商业银行应盈利资产的相应减少,对银行的经营不利。

(2) 中央银行的存款准备金。中央银行的存款准备金包括法定存款准备金和超额准备金。这既是为保护存款人利益和银行安全所需要,也是中央银行的货币政策工具之一。

2) 贷款业务

贷款是商业银行最重要的资产。贷款业务是商业银行作为贷款人按照一定的贷款原则和政策,以还本付息为条件,将一定数量的货币资金提供给借款人使用的一种借款行为。这种借款行为由贷款对象、条件、用途、期限、利率和方式等因素构成。而这些因素的不同组合,就形成了不同的贷款种类。

(1) 按贷款期限划分,可分为活期贷款、定期贷款和透支贷款。

(2) 按贷款的保障条件划分,可分为信用贷款、担保贷款和票据贴现。

(3) 按贷款用途划分非常复杂,若按行业划分有工业贷款、商业贷款、农业贷款、科技贷款和消费贷款;按具体用途划分又有流动资金贷款和固定资金贷款。

(4) 按贷款的偿还方式划分,分为一次性偿还和分期偿还。

(5) 按贷款质量划分,可分为正常贷款、关注贷款、次级贷款、可疑贷款和损失贷款等。对于任何一笔贷款,都必须遵循以下基本程序,即贷款的申请、贷款的调查、对借款人的信用评估、贷款的审批、借款合同的签订和担保、贷款发放、贷款检查、贷款收回。

3) 证券投资业务

商业银行的证券投资业务是商业银行将资金用于购买有价证券的活动,主要是通过证券市场买卖股票、债券进行投资的一种方式。商业银行的证券投资业务有分散风险、保持流动性、合理避税和提高收益等意义。商业银行证券投资业务的主要对象包括国库券、中长期国债、政府机构债券、市政债券或地方政府债券及公司债券。

3. 中间业务

中间业务又称为表外业务,有狭义和广义之分。狭义的中间业务是指那些没有列入资产负债表,但同资产业务和负债业务关系密切,并在一定条件下会转为资产业务和负债业务的经营活动。广义的中间业务则除狭义的中间业务外,还包括结算、代理、咨询等无风险的经营活动,所以广义的中间业务是指商业银行从事的所有不在资产负债表内反映的业务。在中间业务中,商业银行不需要或很少需要运用自己的资金,而是以中间人身份代理客户承办支付和其他委托事项,提供各类金融服务。

扩展阅读 6-5

<h3 style="text-align:center">商业银行中间业务的分类</h3>

中国人民银行在《关于落实〈商业银行中间业务暂行规定〉有关问题的通知》(2002)中,将国内商业银行中间业务主要分为以下九大类。

1. 支付结算类业务

支付结算类业务是指由商业银行为客户办理因债权债务关系引起的与货币支付、资金划拨有关的收费业务。

2. 银行卡业务

银行卡是由经授权的金融机构(主要是指商业银行)向社会发行的具有消费信用、转账结算、存取现金等全部或部分功能的信用支付工具。银行卡业务的分类方式一般包括以下几类:依据清偿方式,银行卡业务可分为贷记卡业务、准贷记卡业务和借记卡业务。借记卡可进一步分为转账卡、专用卡和储值卡。

3. 代理类中间业务

代理类中间业务是指商业银行接受客户委托、代为办理客户指定的经济事务、提供金融服务并收取一定费用的业务,包括代理政策性银行业务、代理中国人民银行业务、代理商业银行业务、代收代付业务、代理证券业务、代理保险业务、代理其他银行银行卡收单业务等。

4. 担保类及承诺类中间业务

担保类中间业务是指商业银行为客户债务清偿能力提供担保,承担客户违约风险的业务。主要包括银行承兑汇票、备用信用证、各类保函等。承诺类中间业务是指商业银行在未来某一日期按照事前约定的条件向客户提供约定信用的业务,主要是指贷款承诺,包括可撤销承诺和不可撤销承诺两种。

5. 交易类中间业务

交易类中间业务是指商业银行为满足客户保值或自身风险管理等方面的需要,利用各种金融工具进行的资金交易活动,主要包括金融衍生业务。

6. 投资银行业务

投资银行业务主要包括证券发行、承销、交易、企业重组、兼并与收购、投资分析、风险投资、项目融资等业务。

7. 基金托管业务

基金托管业务是指有托管资格的商业银行接受基金管理公司委托,安全保管所托管的基金的全部资产,为所托管的基金办理基金资金清算款项划拨、会计核算、基金估值、监督管理人投资运作。

8. 咨询顾问类业务

咨询顾问类业务是指商业银行依靠自身在信息、人才、信誉等方面的优势,收集和整理有关信息,并通过对这些信息,以及银行和客户资金运动的记录与分析,形成系统的资料和方案,提供给客户,以满足其业务经营管理或发展需要的服务活动。

9. 其他类中间业务

其他类中间业务包括保管箱业务及其他不能归入以上八类的业务。

6.4 政策性银行

6.4.1 政策性银行概述

所谓政策性银行,主要是指由政府创立或担保、以贯彻国家产业政策和区域发展政策为目的、具有特殊的融资原则、不以营利为目标的金融机构。我国政策性银行的金融业务受中国人民银行的指导和监督。1994年,我国组建了三家政策性银行,即国家开发银行、中国农业发展银行、中国进出口银行,均直属国务院领导。

在经济发展过程中,常常存在一些商业银行从营利角度考虑不愿意融资的领域,或者其资金实力难以达到的领域。这些领域通常包括那些对国民经济发展、社会稳定具有重要意义,投资规模大、周期长、经济效益见效慢、资金回收时间长的项目。为扶持这些项目,政府往往实行各种鼓励措施,各国通常采用的办法是设立政策性银行,专门对这些项目融资。这样做,不但是从财务角度考虑,而且有利于集中资金,支持重大项目的建设。

6.4.2 政策性银行的特征

政策性银行与商业银行和其他非银行金融机构相比,有共性的一面,如要对贷款进行严格审查,贷款要还本付息、周转使用等。但作为政策性金融机构,也有其特征。

(1) 政策性银行的资本金多由政府财政拨付。

(2) 政策性银行经营时主要考虑国家的整体利益、社会效益,不以营利为目标,但政策性银行的资金并不是财政资金,政策性银行也必须考虑盈亏,坚持银行管理的基本原则,力争保本微利。

(3) 政策性银行有其特定的资金来源,主要依靠发行金融债券或向中央银行举债,一般不面向公众吸收存款。

(4) 政策性银行有特定的业务领域,不与商业银行竞争。

6.4.3 政策性银行的主要任务

1. 国家开发银行

国家开发银行成立于1994年,是直属国务院领导的政策性银行。2008年12月改制为国家开发银行股份有限公司。2015年3月,国务院明确把国家开发银行定位为开发性金融机构。

国家开发银行贯彻"既要支持经济建设,又要防范金融风险"的方针,其主要任务是按照国家有关法律法规和宏观经济政策、产业政策、区域发展政策,筹集和引导境内外资金,重点向国家基础设施、基础产业和支柱产业项目及重大技术改造和高新技术产业化项目发放贷款;从资金来源上对固定资产投资总量和结构进行控制和调节。

国家开发银行的贷款分为两部分:一部分是软贷款,即国家开发银行注册资本金的运用。其主要按项目配股需要贷给国家控股公司和中央企业集团,由其对企业参股、控股。另一部分是硬贷款,即国家开发银行借入资金的运用。国家开发银行在项目总体资金配置的基础上,将借入资金直接贷给项目,到期收回本息。目前国家开发银行的贷款主要是硬贷款。

2. 中国农业发展银行

中国农业发展银行是直属国务院领导的中国唯一的一家农业政策性银行,1994年11月挂牌成立。主要职责是按照国家的法律法规和方针政策,以国家信用为基础筹集资金,承担农业政策性金融业务,代理财政支农资金的拨付,为农业和农村经济发展服务。

中国农业发展银行实行独立核算,自主、保本经营,企业化管理的经营方针。其主要任务:按照国家有关法律法规和方针政策,以国家信用为基础,筹集农业政策性信贷资金,承担国家规定的农业政策性金融业务,代理财政性支农资金的拨付。

3. 中国进出口银行

中国进出口银行是成立于 1994 年 4 月,由国家出资设立、直属国务院领导、支持中国对外经济贸易投资发展与国际经济合作、具有独立法人地位的国有政策性银行。依托国家信用支持,积极发挥在稳增长、调结构、支持外贸发展、实施"走出去"战略等方面的重要作用,加大对重点领域和薄弱环节的支持力度,促进经济社会持续健康发展。

中国进出口银行实行自主、保本经营和企业化管理的经营方针。中国进出口银行依据国家有关法律、法规、外贸政策、产业政策和自行制定的有关制度,独立评审贷款项目。其资金主要靠以市场方式向国内外发行金融债券筹集,业务范围主要是为成套设备、技术服务、船舶、单机、工程承包、其他机电产品和非机电高新技术的出口提供卖方信贷和买方信贷支持。同时,该行还办理中国政府的援外贷款及外国政府贷款的转贷款业务。

6.5 非银行金融机构

非银行金融机构是指以发行股票和债券、接受信用委托、提供保险等形式筹集资金,并将所筹资金运用于长期性投资的金融机构。非银行金融机构与银行的区别在于信用业务形式不同,其业务活动范围的划分取决于国家金融法规的规定。我国的非银行金融机构主要包括证券公司、保险公司、信托投资公司、财务公司、金融租赁公司、金融资产管理公司、信用合作社等。

6.5.1 证券公司

证券公司又称为券商,是指专门从事对股票与债券承销和投资、代理包销、有价证券业务的金融机构。证券公司在欧美大陆称为投资银行,英国称为商人银行。在我国,证券公司是指依照《公司法》和《证券法》的规定并经国务院证券监督管理机构审查批准而成立的专门经营证券业务,具有独立法人地位的有限责任公司或者股份有限公司。证券公司分为证券经营公司和证券登记公司,狭义的证券公司是指证券经营公司。证券经营公司具有证券交易所的会员资格,可以承销发行、自营买卖或自营兼代理买卖证券。证券公司在证券市场中发挥重要的作用,普通投资人的证券投资都要通过证券公司进行。

6.5.2 保险公司

保险是以社会互助的形式,对因各种自然灾害和意外事故造成的损失进行补偿的一种方式。保险公司是指经中国保险监督管理机构批准设立,并依法登记注册的商业保险公司,包括直接保险公司和再保险公司,是金融机构的一个重要组成部分。

保险公司的业务分为两类:①人身保险业务,包括人寿保险、健康保险、意外伤害保险等保险业务;②财产保险业务,包括财产损失保险、责任保险、信用保险、保证保险等保险业务。我国的保险公司一般不得兼营人身保险业务和财产保险业务。

6.5.3 信托投资公司

信托投资公司是一种以受托人的身份代人理财的金融机构。信托投资与银行信贷、保险并称为现代金融业的三大支柱。我国信托投资公司的主要业务：经营资金和财产委托、代理资产保管、金融租赁、经济咨询、证券发行及投资等。根据国务院关于进一步清理整顿金融性公司的要求,我国信托投资公司的业务范围主要限于信托、投资和其他代理业务,少数确属需要的经中国人民银行批准可以兼营租赁、证券业务和发行一年以内的专项信托受益债券,用于进行有特定对象的贷款和投资,但不准办理银行存款业务。

6.5.4 财务公司

财务公司又称金融公司,是为企业技术改造、新产品开发及产品销售提供金融服务,以中长期金融业务为主的非银行机构。各国的名称不同,业务内容也有差异。但多数是商业银行的附属机构,主要吸收存款。中国的财务公司不是商业银行的附属机构,是隶属于大型集团的非银行金融机构。财务公司在我国分为两类：一类是非金融机构类型的财务公司,是传统遗留问题；另一类是金融机构类型的财务公司,即企业集团财务公司。

财务公司在业务上受金融监管部门的监管,在行政上隶属于组建该公司的企业集团。它不能对企业集团和成员企业以外的单位及个人吸收存款、发放贷款；财务公司不得在境内买卖或代理买卖股票、期货及其他金融衍生产品；不得投资非自用的不动产、股权、实业和非成员单位的企业债券。

6.5.5 金融租赁公司

金融租赁公司是指经中国银行业监督管理委员会批准,以经营融资租赁业务为主的非银行金融机构。未经中国银监会批准,任何单位和个人不得经营融资租赁业务或在其名称中使用"金融租赁"字样,但法律法规另有规定的除外。

6.5.6 金融资产管理公司

我国的金融资产管理公司是经国务院决定设立的收购国有独资商业银行不良贷款,管理和处置因收购国有独资商业银行不良贷款形成的资产的国有独资非银行金融机构。金融资产管理公司以最大限度保全资产、减少损失为主要经营目标,依法独立承担民事责任。

我国有四家金融资产管理公司,即中国华融资产管理公司、中国长城资产管理公司、中国东方资产管理公司、中国信达资产管理公司,分别接收从中国工商银行、中国农业银行、中国银行、中国建设银行剥离出来的不良资产。中国信达资产管理公司于1999年4月成立,其他三家于1999年10月分别成立。

6.5.7 信用合作社

信用合作社又称为信用社,是合作金融的主要形式,是指由个人集资联合组成,以互助为主要宗旨的非银行金融机构。其基本的经营目标是以简便的手续和较低的利率,向社员吸收存款,同时提供信贷服务,帮助经济力量薄弱的个人解决资金困难。根据信用合作社在服务区域的不同,分为农村信用合作社和城市信用合作社。

1. 农村信用合作社

农村信用合作社是由农民或农村的其他个人集资联合组成,以互助为主要宗旨的合作金融组织,简称"农村信用社"。

农村信用社业务范围:在创办初期,社员都是农民,合作社的规模较小,社员贷款被严格地用于农业生产。信用合作社的成员由原来主要是农民,逐渐扩大到兼业农民、农村的小工商业者、农场的工人和职员;在信用合作社以下还没有若干分社。农村信用合作社由原来主要办理种植业的短期生产贷款,发展到综合办理农、林、牧、副、渔和农村工商业及社员消费性的短期贷款。资金充裕的信用社,还对农业生产设备、中小工商业提供中长期贷款,并逐步采取了抵押贷款方式,以不动产或有价证券担保。新一轮农村信用社改革中,很多农村信用合作社慢慢发展成了农村商业银行,如上海农村商业银行、杭州联合农村商业银行。

2. 城市信用合作社

城市信用合作社是城市居民集资建立的合作金融组织。旨在为城市小集体经济组织和个体工商户服务,通过信贷活动帮助他们解决资金困难问题,促进生产发展。其性质为集体所有制企业,具有独立法人地位的经济实体。实行独立经营,由社员进行民主管理,盈利归集体所有,并按股金分红。城市信用合作社经营的业务一般有吸收单位和个人的存款;对经营企业发放短期贷款;办理抵押贷款;办理同城及部分异地的结算业务;信息和咨询服务等。随着金融改革的推进,很多城市信用合作社慢慢发展成了城市商业银行,如上海银行、宁波银行。

实施乡村振兴战略离不开强有力的金融支持。要以推动农村金融组织和服务方式创新为着力点,积极构建与城乡融合发展相适应的多元化、多层次的农村金融组织和服务体系,加快农村合作金融机构股份制改造,扩大和深化小额贷款公司试点,推动村镇银行、农村资金互助社试点,开展农村资金互助联合会、民间借贷登记服务平台建设,推进涉农贷款担保创新,改善农村金融服务,加快保险支农力度。

6.6 新型农村金融机构

所谓新型农村金融机构,是指经中国银行业监督管理委员会批准设立的村镇银行、贷款公司、农村资金互助社等农村金融机构。与国有商业银行和地方性金融机构相比,这些蓬勃发展的新型农村金融机构贷款具有方式灵活、放款及时、利率机动三大特点,因此受到农户的广泛欢迎。随着大量新型农村金融机构的设立,未来有望建立竞争性的农村金融市场,长期困扰中国农村经济发展的金融"缺血"问题有望得到缓解。

6.6.1 村镇银行

村镇银行是指经中国银监会批准,由境内外金融机构、境内非金融机构企业法人、境内自然人出资,在农村地区设立的主要为当地"三农"发展提供金融服务的银行业金融机构。村镇银行的建立,有效地填补了农村地区金融服务的空白,村镇银行的特点体现在以下几点。

1. 地域和准入门槛

村镇银行的一个重要特点就是机构设置在县、乡镇。其中,在地(市)设立的村镇银行,其注册资本不低于5 000万元人民币;在县(市)设立的村镇银行,其注册资本不得低于300万元人民币;在乡(镇)设立的村镇银行,其注册资本不得低于100万元人民币。

2. 市场定位

村镇银行的市场定位主要在于:①满足农户的小额贷款需求;②服务当地的中小型企业。为有效满足当地"三农"发展需要,确保村镇银行服务"三农"政策的贯彻实施,在《村镇银行管理暂行规定》中明确要求村镇银行不得发放异地贷款,在缴纳存款准备金后其可用资金应全部投入当地农村发展建设,然后才可将富余资金投入其他方面。

3. 治理结构

作为独立的企业法人,村镇银行根据现代企业的组织标准建立和设置组织构架,按照科学运行、有效治理的原则,村镇银行的管理结构是扁平化的,管理层次少、中间不易断开,决策链条短、反应速度相对较快,业务流程结构与农业产业的金融资金要求较为贴合。

4. 产权结构

村镇银行的创新之处"发起人制度"是指银监会规定,必须有一家符合监管条件,管理规范、经营效益好的商业银行作为主要发起银行,并且单一金融机构的股东持股比例不得低于20%。此外,单一非金融机构企业法人及其关联方持股比例不得超过10%。

6.6.2 小额贷款公司

小额贷款公司是由自然人、企业法人与其他社会组织投资设立,不吸收公众存款,经营小额贷款业务的有限责任公司或股份有限公司。公司是企业法人,有独立的法人财产,享有法人财产权,以全部财产对其债务承担民事责任。小额贷款公司股东依法享有资产收益、参与重大决策和选择管理者等权利,以其认缴的出资额或认购的股份对公司承担责任。

小额贷款公司的主要资金来源为股东缴纳的资本金、捐赠资金,以及来自不超过两个银行业金融机构的融入资金。在法律法规规定的范围内,小额贷款公司从银行业金融机构获得融入资金的余额,不得超过资本净额的50%。融入资金的利率、期限由小额贷款公司与相应银行业金融机构自主协商确定。

小额贷款公司在坚持为农民、农业和农村经济发展服务的原则下自主选择贷款对象。小额贷款公司发放贷款,应坚持"小额、分散"的原则,鼓励小额贷款公司面向农户和微型企业提供信贷服务,着力扩大客户数量和服务覆盖面。同一借款人的贷款余额不得超过小额贷款公司资本净额的5%。在此标准内,可以参考小额贷款公司所在地经济状况和人均 GDP 水平,制定最高贷款额度限制。

6.6.3 农村资金互助社

农村资金互助社是经中国银监会批准,由乡(镇)农民和农村小企业自愿入股组成,为社员提供存款、贷款等业务的社区互助性银行业金融机构。农村资金互助社作为农村新型的合作金融组织,贷款对象都是社员,这种关系型信贷能够有效解决金融机构与农户间的信息不对称、贷款审批程序复杂、贷款成本较高和农村资金外流等问题。

农村资金互助社是指由农民和农村小企业按照自愿原则发起设立的为了入股社员服务、实行社员民主管理的新型农村金融机构。从性质来看,农村资金互助社属于农村合作金融的范畴。与传统的金融机构相比,农村资金互助社具备手续简便、方式灵活、融资成本低等优势,以服务社员为宗旨,在农村经济发展中起着非常重要的作用。民间自发创新的农村资金互助社,大多产生于一个乡镇的村庄之间,通常建立在农村信用合作社的基础上,社员之间比较熟悉,在生产和经济互助的基础上形成了资金互助。

本模块小结

本模块主要是介绍金融机构的基本情况及金融机构体系的框架,并厘清了中央银行、商业银行和政策性银行之间的关系。完成本模块的学习,应该理解和掌握以下内容。

(1)金融机构即金融中介机构,是指以货币资金为经营对象,从事货币信用、资金融通、金融交易等业务的组织机构。金融机构是金融体系的重要组成部分,包括银行、投资银行、证券公司、基金管理公司、保险公司、信托投资公司、金融租赁公司等。

(2)我国内地现行金融机构体系的特点是由中国人民银行、中国银行保险监督管理委员会、中国证券监督管理委员会作为最高金融管理机构,对各类金融机构实行分业经营与分业监管。商业经营性金融机构以银行业为主体,又分为商业银行和政策性银行两大体系。证券、保险、信托、基金等作为非银行金融机构也是我国金融机构体系的主要组成部分。同时还有外资金融机构、外国金融机构的分支机构、中外合资金融机构。

(3)中央银行是负责该国或该区域(如欧盟)货币政策的主体,通常也是一个经济共同体的唯一货币发行机构,是维护一国货币稳定及制定和执行货币政策的职能机构。

(4)商业银行是以营利为目的,主要从事存贷款业务的金融企业,商业银行在一国的金融体系中处于非常重要的地位。我国商业银行的定义是商业银行是依据我国《商业银行法》和《公司法》设立,吸收公众存款、发放贷款、办理结算等业务的企业法人。

(5)政策性银行主要是指由政府创立或担保、以贯彻国家产业政策和区域发展政策为目的、具有特殊的融资原则、不以营利为目标的金融机构。我国政策性银行的金融业务受中国人民银行的指导和监督。1994年,我国组建了三家政策性银行,即国家开发银行、中国进出口银行、中国农业发展银行,均直属国务院领导。

(6)非银行金融机构是指以发行股票和债券、接受信用委托、提供保险等形式筹集资金,并将所筹资金运用于长期性投资的金融机构。

(7) 证券公司又称为券商,是指专门从事对股票与债券承销和投资、代理包销,从事有价证券业务的金融机构。

(8) 保险是以社会互助的形式,对因各种自然灾害和意外事故造成的损失进行补偿的一种方式。保险公司是指经中国保险监督管理机构批准设立,并依法登记注册的商业保险公司,包括直接保险公司和再保险公司,是金融机构的一个重要组成部分。

(9) 信用合作社又称为信用社,是合作金融的主要形式,是指由个人集资联合组成,以互助为主要宗旨的非银行金融机构。其基本的经营目标是以简便的手续和较低的利率,向社员吸收存款同时提供信贷服务,帮助经济力量薄弱的个人解决资金困难。根据信用合作社在服务区域的不同,分为农村信用合作社和城市信用合作社。

(10) 新型农村金融机构是指经中国银行业监督管理委员会批准设立的村镇银行、小额贷款公司、农村资金互助社等农村金融机构。

关 键 术 语

金融机构 金融机构体系 商业银行 非银行金融机构 中央银行 政策性银行 证券公司 金融租赁公司 保险公司 信用合作社 新型农村金融机构

案 例 分 析

关于金融控股公司的三点看法

一是社会上现在出现了金融控股的行为,有的叫金融控股公司,有的虽然不叫金融控股公司,但实质上有一些集团里形成了金融控股的做法,可能控股了多家金融机构,可能还在不同的行业,比如说有证券的、有保险的、有银行的、有信托的等,这样的一些行为,同时也酝酿了一定的风险,这些东西应该纳入金融控股公司的管理。对金融控股公司,我们试图制定一些基本的规则,但目前还在初步探索之中。首先,我们知道金融业要依靠足够的资本,资本是能够吸收风险的基础和能力,因为金融是高风险行业,必须有一定的本钱支撑它的稳健经营。目前出现的一些金融控股的行为,使得有一些它们所控制的金融机构的资本并不真实完整,社会上存在着一些虚假注资、循环注资的问题。因此,强调资本的真实性、资本的质量、资本的充足,是加强金融控股公司管理的一个内容。

二是既然搞金融控股,股权结构、集团的股权结构和受益所有人的结构,实际控制人的状态应该保持足够的透明度。如果不透明,就容易在中间出现一些风险,出现一些违规操作。因此,大家对金融控股的股权结构和受益所有人结构都很关注,也能从中分析出很多问题。

三是在所有权结构比较清晰的情况下,金融控股集团内部的金融机构要加强对它们的所谓关联交易的管理。金融控股集团内部的金融机构之间可能有关联交易,也可能和它们所控股的其他非金融类的企业,也就是实体经济的企业以及海外的企业之间,都可能存在关联交易。所以,对关联交易的管理会有所加强。

总之，要保持一种稳健经营、透明度。我认为，这可能是当前对金融控股公司进行管理和起草一些基本规范文件的起步。当然，以后可能还会参照国际经验，结合中国的具体情况，有更深的考虑。

金融控股公司这些年来发展是比较快的，也出现了很多风险，比如交叉性的金融风险。在金融控股公司的框架下，风险的隐蔽性比较强，比如控股公司干预下面的金融机构的经营等。在中国这个分业监管的模式下，金融控股公司的监管在规则上存在空白，监管的主体也不明确，这就是为什么中央、国务院要求中国人民银行牵头抓紧制定关于金融控股公司的监管规则。

关于金融控股公司监管规则的重点，要落实行为监管，要实质重于形式。比如，强化整体的资本监管，建立并表的监管机制，防止虚假出资、循环出资等短期行为。要严格股权管理，这个股权的架构和组织的架构要清晰，股东和受益人应该是比较透明的；要强化关联交易的管理；要在金融机构和控股公司之间，和其他的产业之间建立防火墙制度，等等。现在，中国人民银行正在会同相关部门，制定关于金融控股公司的监管规则。

【讨论问题】 请谈谈你对金融控股公司的看法。如何防范金融控股公司的风险？

思考与练习

一、不定项选择题

1. 下列银行中属于商业银行的是（   ）。
   A. 中国建设银行   B. 中国人民银行
   C. 中国民生银行   D. 中国农业银行
2. 在一国金融体系中，处于核心和领导地位的是（   ）。
   A. 中央银行   B. 商业银行   C. 专业银行   D. 投资银行
3. 当代各国中央银行一般都具有（   ）职能。
   A. 企业性质的银行   B. 发行的银行
   C. 跨国的银行   D. 银行的银行
4. 以受托人的身份，代人理财的金融机构是（   ）。
   A. 租赁公司   B. 财务公司   C. 信托投资公司   D. 证券公司
5. 下列银行中属于政策性银行的是（   ）。
   A. 中国人民银行   B. 中国农业发展银行
   C. 中国进出口银行   D. 国家开发银行
6. 下列属于非银行金融机构的是（   ）。
   A. 信用合作社   B. 证券公司
   C. 保险公司   D. 信托投资公司
7. 下列属于商业银行中间业务的是（   ）。
   A. 贷款承诺   B. 保管箱业务   C. 结算业务   D. 咨询业务
8. 以下属于商业银行的组织形式的有（   ）。
   A. 单一银行制   B. 总分行制

C. 银行控股公司制　　　　　　　D. 连锁银行制

二、填空题

1. 金融机构是指以_____为经营对象,从事货币信用、资金融通、金融交易等业务的组织机构。
2. 金融机构按照业务的类别,可以分为_____与_____两类。
3. 1994年,我国成立了_____、_____、_____三家政策性银行。
4. 商业银行的负债业务有_____、_____和_____。
5. 商业银行的职能包括_____职能、_____职能、_____职能和金融服务职能。
6. 中央银行是_____的银行、_____的银行和_____的银行。
7. 中央银行的资产业务包括_____、_____和_____。

三、判断题

1. 证券公司是非银行金融机构。　　　　　　　　　　　　　　　　　（　　）
2. 商业银行以追求利润为经营目标。　　　　　　　　　　　　　　　（　　）
3. 吸收存款是商业银行的主要负债业务。　　　　　　　　　　　　　（　　）
4. 政策性银行是以营利为目的的金融机构。　　　　　　　　　　　　（　　）
5. 工商企业一般不与中央银行发生业务往来。　　　　　　　　　　　（　　）

四、思考题

1. 我国商业银行的业务有哪些?
2. 简述中央银行的性质和职能。
3. 简述我国的金融体系。
4. 请分析商业银行经营"三性"原则之间的关系及处理原则。
5. 根据商业银行的性质和职能谈谈我国商业银行的改革方向。
6. 试述新型农村金融机构在实施乡村振兴战略中的作用。

金融市场

【能力目标】

通过完成本模块的学习,学生应该能够了解金融市场的含义、构成要素、类别划分及功能;熟悉货币市场、资本市场、外汇市场、黄金市场等各金融子市场的金融工具;掌握其市场业务活动。

掌握金融各子市场业务活动。

【任务分解】

1. 熟悉金融市场类型与构成要素。
2. 掌握货币市场业务活动。
3. 掌握资本市场业务活动。
4. 掌握外汇市场业务活动。
5. 掌握黄金市场业务活动。

从祥源文化的一纸罚单说起

2017年11月9日晚间,祥源文化(600576)发布公告称,收到证监会《行政处罚及市场禁入事先告知书》。证监会拟决定:

(1) 对万家文化责令改正,给予警告,并处以60万元罚款。

(2) 对孔德永给予警告,并处以30万元罚款。

(3) 对龙薇传媒责令改正,给予警告,并处以60万元罚款。

(4) 对黄有龙、赵薇、赵政给予警告,并处以30万元罚款;对孔德永、黄有龙、赵薇分别采取5年证券市场禁入措施。

祥源文化的这张罚单,源自11个月前的一场股权转让。

2016年12月27日,万家文化发布公告称,控股股东万家集团将向龙薇传媒转让其持有的1.85亿股万家文化无限售条件流通股,占万家文化已发行股份的29.135%。此次交易完成后,龙薇传媒将成为万家文化的控股股东。

然而，后续由于龙薇传媒方面融资不能到位，交易方案几经变更，直至最终以放弃收购而告终。

二级市场显示，龙薇传媒期初向万家集团抛出橄榄枝之时，万家文化的股价应声大涨，公司股价曾一度上涨至25元/股。然而，随着这场闹剧的散场，万家文化股价一路下跌。

在证监会的调查结果中，龙薇传媒意图融资的A银行也曝光。2016年12月29日，中信银行杭州分行的代表与龙薇传媒的代表洽谈融资方案。当天，经双方洽谈，中信银行杭州分行拟按照30亿元融资方案上报审批。其中，首笔发放12亿元，由万家集团提供阶段性连带责任保证，待完成股权转让手续后解除；第二笔12亿元，以万家文化股权质押；第三笔6亿元，以万家文化股权质押。

不过，这笔高杠杆融资也并未通过中信银行总行审批。2017年1月23日，万家集团、龙薇传媒知晓其向中信银行杭州分行的融资计划未通过中信银行总行审批。

2016年12月23日至2017年4月1日，龙薇传媒收购万家文化控股权转让事项不断变更，由控股权转让变更为5%股权转让，后又完全终止股权转让。龙薇传媒在期间多次信息披露存在虚假记载、误导性陈述。

资料来源：搜狐财经，2017-11-10.

【分析提示】 通过金融市场进行融资的方案有哪些？参与金融市场需要遵循哪些规则？

7.1 金融市场概述

7.1.1 金融市场的含义与构成要素

1. 金融市场的含义

金融市场是资金供求双方借助金融工具进行各种金融资产交易活动的场所，是各种融资市场的总称。它主要是进行货币借贷及各种票据、有价证券、黄金、外汇买卖的场所。事实上，运作良好的金融市场是经济高速增长的关键因素，而金融市场运作不良则是世界上很多国家仍旧贫穷的原因之一。金融市场中的各种行为还直接影响个人财富、商业和消费行为及经济周期。

在现代市场体系中，金融市场是与商品市场、劳动市场并存，进行资金融通，实现金融资源配置的市场。现代经济活动中，既有资金的盈余者，又有资金的短缺者，由此形成了资金供求关系。在金融市场上，人们通过货币借贷或金融产品交易，实现货币资金从盈余部门向短缺部门的转移，这就形成了金融交易活动和资金融通关系（见图7-1）。资金供求双方在融通或调剂时出具的债权债务凭证或所有权凭证就成为金融商品即金融工具（如银行存款、票据、股票、债券等）。资金供给者通过购买并持有各种金融工具拥有相应金额的债权或股权；资金需求者通过发行或卖出各种金融工具承担相应金额的债务或其他业务。各种不同的金融工具构成了不同的融资市场，金融市场便是各种融资市场的总称。

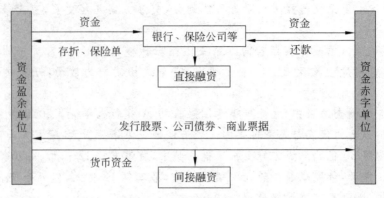

图 7-1　金融市场资金融通关系

2．金融市场的构成要素

金融市场与普通商品市场一样，是由交易主体、交易对象、交易价格、组织形式等基本要素组成。

(1) 交易主体。金融市场的参与者包括金融市场主体和金融市场媒体两个基本组成部分。金融市场主体即金融市场的交易者。这些交易者或是资金的供给者，或是资金的需求者，或者以双重身份出现。金融市场媒体是指那些在金融市场上充当交易媒介，参与交易并促使交易完成的组织、机构或个人，也就是金融市场中介。

(2) 交易对象。从本质上说，金融市场的交易对象是货币资金，但由于货币资金之间不能直接进行交易，需要借助金融工具进行交易，因此金融工具就成为金融市场上进行交易的对象。常见的金融工具包括商业票据、政府债券、公司债券、股票、可转让大额定期存单及各种金融衍生工具等。

(3) 交易价格。没有价格就不能形成市场，金融工具的交易价格是金融市场上重要的构成要素。金融市场的交易价格不同于商品市场的商品交易价格，金融市场的交易价格有不同的表现形式。在借贷市场上，借贷资金的价格就是借贷利率；在专门的证券市场上，金融工具的价格通常表现为它的总值，即本金加收益；而在外汇市场则通常用汇率反映货币的价格。价格反映资金的供求关系，资金供求双方的活动也要受价格变动的影响和制约；政府通过市场对宏观经济的调节也必须通过间接调控金融工具的价格实现。

(4) 组织形式。金融交易的组织形式是指组织金融工具交易时采用的方式。受市场本身的发育程度、交易技术的发达程度及交易双方交易意愿的影响，金融交易主要有以下三种组织方式：①有固定场所的，有组织、有制度、集中进行交易的方式，如交易所方式；②在各金融机构柜台上进行的，买卖双方面议的、分散交易的方式，如柜台交易方式；③电信交易方式，即没有固定的场所，交易双方也不直接接触，主要借助电信手段完成交易的方式。这几种交易方式各有特点，分别可以满足不同的交易需求。在一个完善的金融市场上，这几种组织方式应该是并存的，保持一个合理的结构。

7.1.2　金融市场的分类

按不同的划分标准，可以将金融市场划分为不同的类别。

1. 按融资的期限划分，可分为货币市场和资本市场

货币市场又称短期金融市场，是指专门融通1年以内短期资金的场所，主要解决市场主体短期性、临时性资金需求。货币市场主要包括同业拆借市场、商业票据市场、协议回购市场及短期债券市场等。

资本市场又称长期金融市场，是指融资期限在1年以上的有价证券为交易工具进行中长期资金交易的市场。交易期限短则数年，长的可达数十年。长期资金大多参与社会再生产过程，起的是"资本"的作用，主要是满足政府和企业部门对长期资本的需求。狭义的资本市场专指债券市场和股票市场，广义的资本市场还包括银行中长期存贷款市场。

2. 按金融交易的对象划分，可分为拆借市场、票据市场、证券市场、外汇市场和黄金市场

拆借市场也称为"同业拆放市场"，是金融机构之间进行短期、临时性头寸调剂的市场。同业拆借的资金主要用于弥补银行短期资金的不足、票据清算的差额及解决临时性资金短缺需要。

票据市场是指各种票据进行交易的市场，按交易的方式不同，主要分为票据承兑市场和贴现市场。票据市场是货币市场的重要组成部分。

证券市场主要是股票、债券、基金等有价证券发行和转让流通的市场。股票市场是股份公司的股票发行和转让交易的市场。股份公司发行新股票的市场叫股票发行市场或一级市场；已发行股票转让流通的市场叫股票交易市场或二级市场。债券市场包括政府债券、公司（企业）、金融债券等发行和流通的市场。

外汇市场是指经营外币和以外币计价的票据等有价证券买卖的市场。狭义的外汇市场是指银行间的外汇交易，即外汇批发市场。广义的外汇市场除银行间的外汇批发市场外，还包括银行与企业及个人之间进行外汇买卖的零售市场。

黄金市场是专门集中进行黄金买卖的交易中心或场所。由于目前黄金仍是国际储备工具之一，在国际结算中占据一定的地位，因此黄金市场仍被看作金融市场的组成部分。

3. 按金融交易的方式划分，可分为直接金融市场和间接金融市场

直接金融市场是指资金供给者和资金需求者不通过任何金融中介机构直接进行融资的金融市场。如企业之间赊销商品、预付货款，企业直接发行股票、债券。

间接金融市场是指资金供给者和资金需求者通过金融中介机构进行融资的金融市场，如银行信贷市场。

4. 按金融交易的交割期限划分，可分为现货市场和期货市场

现货市场又称现金交易市场，在交易协议达成后即可交割，即"一手交钱，一手交货"，这是一种基本的交易方式。实际交割一般在买卖双方成交后1～3日进行清算交割。

期货市场是指买卖双方协定在未来某一规定时间进行清算交割的金融市场，即期货市场的成交和交割是分离的。在期货交易中，由于交割要按协议价格进行，而交易对象的未来市场价格或涨或跌可能使交易者获利或受损。

5. 按金融交易的地域范围划分，可分为国内金融市场和国际金融市场

国内金融市场是指在一国国境范围内进行的融资活动，参加者仅限于本国居民，交易工具也多由国内发行。

国际金融市场是指在国际范围内进行的融资活动，包括国际间资金的融通、外汇买卖和黄金交易等。

7.1.3 金融市场的功能

1. 资本积累（聚敛功能）

金融市场的聚敛功能是指金融市场引导众多分散的小额资金汇聚成可以投入社会再生产的资金集合的功能。金融市场起着资金"蓄水池"的作用。

金融市场之所以具有资金的积聚功能：①由于金融市场创造了金融资产的流动性；②由于金融市场上多样化的融资工具为资金供应者的资金寻求合适的投资手段找到了出路。

2. 资源配置（配置功能）

金融市场的配置功能表现在三个方面：资源配置、财富再分配和风险再分配。

（1）资源配置。金融市场通过将资源从低效率利用的部门转移到高效率利用的部门，从而使一个社会的经济资源能最有效地配置在效率最高或效用最大的用途上，实现稀缺资源的合理配置和有效利用。一般来说，资金总是流向最有发展潜力、能够为投资者带来最大利益的部门和企业。这样，通过金融市场，有限的资源就能够得到合理的利用。

（2）财富再分配。财富是各经济单位持有的全部资产的总价值。政府、企业及个人通过持有金融资产的方式持有财富。在金融市场上的金融资产价格发生波动时，其财富的持有数量也会发生变化，一部分人的财富量随着金融资产价格的升高而增加，另一部分人的财富量则由于其持有金融资产价格的下跌而减少。这样，社会财富就通过金融市场价格的波动实现了再分配。

（3）风险再分配。利用各种金融工具，厌恶金融风险程度较高的人可以把风险转嫁给厌恶风险程度较低的人，从而实现风险的再分配。

3. 调节经济（调节功能）

调节功能是指金融市场对宏观经济的调节作用。金融市场一边连着储蓄者，另一边连着投资者，金融市场的运行机制通过对储蓄者和投资者的影响而发挥调节宏观经济的作用。

（1）直接调节。金融市场的直接调节作用实际上是金融市场通过其特有的引导资本形成及合理配置的机制，首先对微观经济部门产生影响，进而影响宏观经济活动的一种有效的自发调节机制。

（2）间接调节。金融市场的存在及发展，为政府实施对宏观经济活动的间接调节调控创造了条件。货币政策属于调节宏观经济活动的重要宏观经济政策，其具体的调控工具有存款准备金政策、再贴现政策、公开市场操作等，这些政策的实施都以金融市场的存在、金融部门及企业成为金融市场的主体为前提。金融市场既提供货币政策操作的场所，也提供实施货币政策的决策信息。此外，财政政策的实施，也越来越离不开金融市场，政府通过国债的发行及运用等方式对各经济主体的行为加以引导和调节，并提供中央银行进行公开市场操作的手段，也对宏观经济活动产生巨大的影响。

4. 反映经济（反映功能）

金融市场历来被称为国民经济的"晴雨表"和"气象台"，是公认的国民经济信号系统。

这实际上就是金融市场反映功能的写照。

7.2 货币市场

货币并不在货币市场上交易。但是,由于货币市场上交易的证券都是短期的且具有高度流动性,所以它们非常接近货币。货币市场是指期限在一年以内、以短期金融工具为交易对象进行资金融通和借贷的市场,是金融市场的重要组成部分。

货币市场具有以下特点：①资金融通期限短,最短交易期限只有半天,最长的不超过1年,大多在3～6个月；②有较强流动性,可以随时在市场上转换成现金；③由于交易对象期限短,变现时间间隔短,因而风险相对较低；④金融工具的"货币性",货币市场工具具有交易期限短、流动性强和风险小的特点,在货币供应量的层次划分上被置于现金货币和存款货币之后,称为"准货币"；⑤资金融通的目的是解决短期资金周转的需要。

从交易对象的角度看,货币市场主要包括同业拆借市场、商业票据市场、大额可转让定期存单市场、短期债券市场、回购协议市场等子市场。

7.2.1 同业拆借市场

1. 同业拆借市场的含义

同业拆借市场是除中央银行外的金融机构之间进行短期资金融通的市场,即金融机构之间利用资金融通的地区差、时间差调剂资金头寸,由资金多余的金融机构对临时资金不足的金融机构短期放款。同业拆借的资金主要用于银行暂时的存款票据清算的差额及其他临时性的资金短缺需要。商业银行的存款准备金是同业拆借市场最早、最重要、市场份额最大的交易对象。

同业拆借市场最初是指银行等金融机构之间相互调剂在中央银行存款账户上的准备金余额的场所。中央银行实行存款准备金制度以后,各商业银行在中央银行存款账户上的准备金余额不足需支付罚息,而超额准备金又会导致利息收入损失。为解决这一困难,多头头寸和头寸不足就要进行准备金交易。随着市场的发展和市场容量的扩大,证券交易商和政府也加入同业拆借市场中,交易对象也不再局限于商业银行的存款准备金,还包括商业银行相互之间的存款及证券交易和政府所拥有的活期存款。拆借的目的除满足准备金要求外,还包括轧平票据交换的差额,解决临时性、季节性的资金要求等。

2. 同业拆借市场的交易特点

(1) 融资期限较短。同业拆借的拆借期限通常为1～2天,短至隔夜,多则1～2周,一般不超过1个月。然而,发展到今天,拆借市场已成为各金融机构弥补短期资金不足和进行短期资金运用的市场,成为解决或平衡资金流动性与盈利性矛盾的市场,从而临时调剂性市场也就变成短期融资的市场,所以也有些同业拆借交易的期限接近或达到一年的。

(2) 资金借贷程序简单快捷。借贷双方可以通过电话直接联系,或与市场中介人联系。在借贷双方就贷款条件达成协议后,贷款方可直接或通过代理行经中央银行的电子资金转账系统将资金转入借款方的资金账户上,数秒钟即可完成转账程序。当贷款归还时,可用同样的方式划转本金和利息,有时利息的支付也可通过向贷款行开出支票进行支付。

（3）交易额较大。同业拆借一般不需要担保或抵押，完全是一种信用资金借贷式交易。在同业拆借市场上进行资金借贷或融通，没有单位交易额限制，一般也不需要以担保或抵押品作为借贷条件，完全是一种协议和信用交易关系，双方都以自己的信用担保，都严格遵守交易协议。

（4）利率由供求双方议定，可以随行就市。同业拆借市场上的利率可由双方协商，讨价还价，最后议价成交。因此可以说，同业拆借市场上的利率是一种市场利率，或者说是市场化程度最高的利率，能够充分、灵敏地反映市场资金供求的状况及变化。

3．同业拆借市场的分类

（1）银行同业拆借市场。银行同业拆借市场是指银行业同业之间短期资金的拆借市场。银行在日常经营活动中经常会发生头寸不足或盈余，双方自然会产生资金拆借交易。银行同业拆借市场只允许经批准的金融机构进入市场；融资期限较短，最常见的是隔夜拆借，目前甚至出现日内拆借，一般最长不超过 1 年；每笔拆借交易的数额较大，而且不需要担保或抵押，完全是凭信用交易；交易手续简便，主要通过电信手段洽谈成交；利率由双方协商决定，随行就市。

（2）短期拆借市场。短期拆借市场又叫通知放款市场，主要是商业银行与非银行金融机构之间的一种短期资金拆借形式。证券交易所的经纪人大多采用这种方式向银行借款。额度内随用随借，担保品多为有价证券。到期不能归还，银行有权出售担保品。

4．同业拆借市场的参与者

同业拆借市场的主要参与者首推商业银行。商业银行既是主要的资金供应者，又是主要的资金需求者。由于同业拆借期限较短，风险较小，许多银行都把短期闲置资金投放于该市场，以及时调整资产负债结构，保持资产的流动性。特别是那些市场份额有限、承受经营风险能力脆弱的中小银行，更是把同业拆借市场作为短期资金运用的经常性场所，力图通过该市场提高资产质量，降低经营风险，增加利息收入。

非银行金融机构也是金融市场上的重要参与者。非银行金融机构如证券商、互助储蓄银行、储蓄贷款协会等参与同业拆借市场的资金拆借，大多以贷款人身份出现在该市场上，但也有需要资金的时候，如证券商的短期拆入。此外，外国银行的代理机构和分支机构也是同业拆借市场的参与者之一。市场参与者的多样化，使商业银行走出了过去仅仅重新分配准备金的圈子，同业拆借市场的功能范围有了进一步的扩大，并促进了各种金融机构之间的密切联系。

5．同业拆借利率

同业拆借市场上的利率是一种市场利率，也称为拆息率。同业拆借的拆款按日计息，拆息额占拆借本金的比例为"拆息率"。拆息率每天不同，甚至每时每刻都有变化，其高低充分、灵敏地反映货币市场资金的供求状况。

国际同业拆借市场上较有代表性的拆息率是伦敦银行同业拆放利率（London Inter Bank Offered Rate，LIBOR），目前最大量使用的是 3 个月和 6 个月的 LIBOR。从 LIBOR 变化出来的，还有新加坡同业拆放利率（SIBOR）、纽约同业拆放利率（NIBOR）、中国香港同业拆放利率（HIBOR）等。LIBOR 已成为全球贷款方及债券发行人的普遍参考利率，是目前国际间最重要和最常用的市场利率基准,我国对外筹资成本即是在 LIBOR 利率的基础上加一定百分点。

扩展阅读 7-1

什么是 LIBOR

LIBOR 即 London Inter Bank Offered Rate 的缩写,译成中文名为"伦敦银行同业拆借利率"。它是英国乃至世界上最著名的同业拆借市场利率,同时也是制定国际贷款或发行债券的利率基准。

LIBOR 是英国银行家协会根据其选定的几家参考银行,于规定时间(一般是伦敦时间上午 11:00)在伦敦市场报出的银行同业拆借利率,进行取样平均计算成为指标利率,该指标利率在每个营业日都会对外公布。目前,全球最大量使用的是 3 个月和 6 个月的 LIBOR。

7.2.2 商业票据市场

1. 商业票据市场的概念

商业票据市场是专门办理票据承兑、贴现业务活动的市场。票据是一种商业证券。它是具有法定格式,表明债权债务关系的一种有价凭证。商业票据有两种:本票(期票)和汇票。它们产生于商业信用活动,是建立在赊销基础上的债权债务凭证。随着票据市场的扩展,票据成为筹集资金的一种证券。

本票是由出票人(债务人)签发的,承诺自己在见票时无条件支付确定的金额给收款人或持票人(债权人)的债务凭证,因此,本票也称允诺付款的票据。我国票据法所指的本票是银行本票,不包括商业本票,更不包括个人本票,即出票人是银行,只能是即期本票。汇票是由债权人向债务人发出的命令债务人按照指定的一年日期、金额向债权人或其他收款人无条件支付的凭证。汇票在国内外贸易中均可使用。

2. 商业票据市场的分类

商业票据市场可分为票据承兑市场、票据贴现市场和本票市场。

(1)票据承兑市场。汇票本身分为即期汇票和远期汇票,只有远期汇票才有承兑问题。票据承兑市场是指汇票到期前,汇票付款人或指定银行确认票据证明事项,在票据上作出承诺付款的文字记载、签章的一种手续。承兑后的汇票才是市场上合法的金融票据。在国外,票据承兑一般由商业银行办理,也有专门办理承兑的金融机构,如英国的票据承兑所。承兑方式有全部承兑、部分承兑、延期承兑和拒绝承兑四种。拒绝承兑者要签署拒绝承兑书,说明理由,持票人据此向出票人追索票款。

(2)票据贴现市场。贴现是商业票据持票人在票据到期前,为获取现款向金融机构贴付一定的利息后所作的票据转让。贴现利息与票据到期时应得款项的金额比通称贴现率。票据贴现机构有两类:一类是商业银行;另一类是专营贴现业务的金融机构,如英国的 12 家票据贴现所、日本的融资公司、美国的票据经纪商等。持票人提出贴现要求后,贴现机构根据市场资金供求状况和市场利率及票据的信誉程度议定一个贴现率,扣除自贴现日至到期日的贴现利息,将票面余额用现款支付给持票人。例如,某企业持有一张半年后到期的一年期汇票,面额为 2 000 元,到银行请求贴现,银行确定该票据的市场贴现率为 5%,贴现金额为

$$2\,000\times(1-5\%\times180\div360)=1\,950(元)$$

即扣除 50 元贴现利息,实付 1 950 元。

(3) 本票市场。商业本票发源于商品交易,是买方由于资金一时短缺而开给卖方的付款凭证。但是,现代商业本票大多已和商品交易脱离关系,而成为出票人(债务人)融资、筹资的手段,故本票一般不是同时列明出票人和债权人的双名票据,而是只列明出票人姓名的单名票据。不管是谁,只要持有这种本票,均可要求出票人付款。由于本票发行目的的改变,故金额较大,如美国一般为 10 万美元以上,最低为 25 000 美元,最高可达 200 万美元。

本票市场的参与者主要为工商企业和金融机构。发行人主要是信誉高、规模大的国内金融机构和非金融公司、外国公司。发行的目的是筹集资金,以解决生产资金、扩大信贷业务、扩大消费信用等。如美国福特汽车信贷公司为扩大汽车销售量而发行本票,提供大量消费信贷。

由于期限较短,本票几乎没有二级市场。持票人需要现金时,一般采取贴现办法,或商请原发行人提前偿付,扣付一些利率,形同贴现。

7.2.3　大额可转让定期存单市场

1. 大额可转让定期存单的概念

大额可转让定期存单(Certificates of Deposit,CD)是由银行发行的、规定一定期限的、可在市场上流通转让的定期存款凭证。大额可转让定期存单储蓄是一种固定面额、固定期限、可以转让的大额存款定期储蓄。发行对象既可以是个人,也可以是企事业单位。大额可转让定期存单无论单位或个人购买均使用相同式样的存单,分为记名和不记名两种。

按照发行者的不同,大额可转让定期存单可分为以下四种:①国内存单,即由本国银行发行的存单;②以美元为标值,在美国之外发行的大额存单,称为欧洲美元存单或欧洲存单;③扬基存单是由外国银行在美分支机构发行,以美元标值的存单;④储蓄机构存单是由储蓄和贷款协会与储蓄银行发行的。

2. 大额可转让定期存单的特点

大额可转让定期存单与一般定期存单的主要差别如下。

(1) 不记名。可以自由转让,持有者需用现款时即可在市场上转让出售。

(2) 金额固定,面额大。美国的 CD 最低起价为 10 万美元。存单的期限通常不少于 2 周,大多为 3~6 个月,一般不超过 1 年。CD 的利率略高于同等期限的定期存款利率,与当时的货币市场利率基本一致。

(3) 允许买卖、转让。这一金融产品集中了活期存款和定期存款的优点。

3. 大额可转让定期存单市场的运作

大额可转让定期存单市场的主要参与者是货币市场基金、商业银行、政府和其他非金

融机构投资者,市场收益率高于国库券。

CD发行采取批发和零售两种形式。批发发行时,发行银行将发行CD的总额、利率、期限、面额等有关内容预先公布,等候认购。零售发行时,发行银行随时根据投资者的需要发行,利率可以双方议定。许多CD发行不通过经纪人和交易商,由发行银行直接向大企业或自己的客户出售。因为这样做可以增加发行银行经营状况的透明度,保证发行银行始终如一的良好信誉形象。

CD交易市场上的主要交易者是为数不多的专职交易商,他们一方面积极参与CD的发行;另一方面努力创造和维持良好的二级交易市场,保证CD发行市场的顺畅。交易商们这样做时,主要是随时对零售商和其他投资人提出买卖价格,不断地活跃市场。

CD不仅面额较高,交易起点额更高(如美国为100万美元),这在很大程度上限制了个人投资者进入市场,但却为机构投资者提供了大规模交易的条件。

CD利率水平通常是在同期定期储蓄存款的利率基础上再加上1~2个百分点。大额可转让定期存单在我国的发展非常缓慢。

7.2.4 短期债券市场

1. 交易工具

短期债券市场交易工具包括短期政府债券和短期企业债券,在这里只分析短期政府债券。短期政府债券是指各级政府或由政府提供信用担保而发行的短期债券,是政府承担责任的短期信用凭证,期限通常为3个月、6个月、9个月、12个月。

目前我国短期政府债券主要有两类:短期国债和中央银行票据(以下简称"央行票据")。短期国债是指中央政府发行的短期债券。中央银行票据是指由中国人民银行发行的短期债券。短期政府债券是政府部门以债务人身份承担到期偿付本息责任的期限在一年以内的债务凭证,短期政府债券以贴现方式发行。发行短期政府债券的目的:①满足政府部门的短期财政赤字;②进行公开市场操作。

短期债券的特征如下。

(1) 违约风险小。由于短期国债是国家的债务,因而被认为是没有违约风险的"金边债券"。

(2) 流动性强。这一特征使得短期债券能在交易成本较低及价格风险较低的情况下迅速变现。

(3) 收入免税。为鼓励人们投资政府债券,大多数国家规定,对于购买政府债券所获得的收益,可以享受免税待遇。

2. 短期债券市场运作

短期债券市场是发行和流通政府债券所形成的市场。短期债券市场不但是投资者的理想场所,而且是商业银行调节二级准备金的重要渠道,是政府调整国库收支的重要基地,是中央银行进行公开市场业务操作的重要场所。

(1) 市场参与者。短期债券市场分一级发行市场参与者和二级流通市场参与者,一级发行市场参与者又称一级自营商,它们通常由信誉卓著、实力雄厚的大商业银行或投资银行组成。一级自营商的资格由政府认定,资格一经确定就有义务连续参加国债的承销活动,并参与政府债券的交易活动。二级流通市场参与者范围十分广泛,包括发行国中央银行和各类投资者。发行国中央银行参与二级市场交易主要是进行公开市场业务操作,通过买卖短期政府证券控制货币供应量,实现其货币政策目标。二级市场上的各类投资者范围非常广泛,包括作为短期政府债券承销人的一级自营商,各类金融性与非金融性机构、个人投资者及其他国家和政府等。

(2) 发行方式。国外国库券(短期国债)发行次数比较频繁,一般有定期发行和不定期发行两种发行方式。定期发行的国库券主要用于弥补财政的常年性赤字。不定期发行的国库券更为灵活,需要时可以连续数天发行,发行的目的是预收税款或缓解先支后收的矛盾。

(3) 发行价格。短期国债一般采取拍卖方式折价发行,发行价格由竞拍者竞价形成。当发行代理人(财政部或中央银行)发行有关国债种类和数量的拍卖信息后,一级自营商即根据市场行情和预测报出购买数量,直到达到发行量为止。国债的发行价格为折扣价格,即发行价格低于国债面值,面值与购买价之间的差额即为投资者的利息收益,等于发行人提前支付了利息。

扩展阅读 7-2

央 票 发 行

中央银行票据是中国人民银行为调节商业银行超额准备金而向商业银行发行的短期债务凭证,其实质是中央银行债券。中央银行票据由中央银行在银行间市场通过中国人民银行债券发行系统发行,其发行的对象是公开市场业务一级交易商。从我国的情况来看,财政部发行的国债绝大多数是 3 年期以上的,短期国债市场存量极少。在财政部尚无法形成短期国债滚动发行制度的前提下,由中央银行发行票据,在解决公开市场操作工具不足的同时,利用设置票据期限可以完善市场利率结构,形成市场基准利率。一般而言,中央银行会根据市场状况,采用利率招标或价格招标的方式,交错发行 3 月期、6 月期、1 年期和 3 年期票据,其中以 1 年期以内的短期品种为主。央票发行对象是公开市场业务一级交易商,根据中央银行 2011 年最新通知,目前公开市场业务一级交易商有 50 家,其成员大部分为商业银行,还包括几家证券公司、基金公司及商业保险公司。由于中央银行票据发行不设分销,其他投资者只能在二级市场投资。

7.2.5 回购协议市场

1. 回购协议市场的含义

回购是交易双方进行的以有价证券为权利质押的一种短期资金融通业务,也就是资金融入方在将证券质押给资金融出方从而融入资金的同时,双方约定在将来某一日期由资金融入方按约定回购利率计算的资金额向资金融出方返还资金,资金融出方则返还质押证券。回购交易是以签订协议的形式进行的,但协议的标的物是有价证券,我国回购协议市场上回购协议标的物是经中国人民银行批准的、可用于在回购协议市场上进行交易的政府债券、中央银行债券(央票)及金融债券。目前,我国上海证券交易所有 9 个回购品种,分别是1天回购、2天回购、3天回购、4天回购、7天回购、14天回购、28天回购、91天回购、182天回购。

2. 回购协议市场的运作

(1) 市场参与者。回购协议市场参与者主要有中央银行、金融机构、非金融机构及中介服务机构,中央银行、金融机构及非金融机构是参与回购操作的主要机构,它们既可以是资金的供应者,也可以是资金的需求者,它们的主体资格必须经中国人民银行批准才允许参与回购操作。1990年以前,我国的回购交易场所主要在银行间国债回购市场。随着国债发行规模的扩大和全国证券交易自动报价系统的建立,上海、深圳证券交易所及武汉、天津等地证券交易中心先后开办了国债回购交易业务。

(2) 回购交易程序。在回购交易过程中,先由融资方向证券经营机构提出申请,申报的价格为每百元资金的收益率。证券经营机构将审核融资方账户中是否有足够的有价证券用于抵押。交易中由交易所主机撮合成交,并冻结融资方相应的有价证券。回购到期日前,融资方将融入的资金本息划入其资金账户中。回购到期日,交易所自动产生一个反向成交记录,资金融入者的抵押证券也就相应解冻。对资金融出者来说,事先应当交存足额的带出资金并向证券经营机构提出申请,申报的价格为每百元资金的收益率。证券交易所主机配对撮合成交。回购到期日,交易所自动产生一个反向成交记录。证券经营机构于第二天将资金本息划到资金融出者开立的资金账户。

3. 回购协议市场的交易特点

(1) 流动性强。协议多以短期为主,期限从1天至数月不等,最长的回购期限一般不超1年。期限只有1天的称为隔夜回购,1天以上的统称为期限回购。在我国回购市场上,最长的期限不超过4个月,其中期限为3天、7天、14天的交易最为活跃。

(2) 安全性高。交易场所为规范性的场内交易,交易双方的权利、责任和义务都有法律保护。

(3) 收益稳定并较银行存款收益率高。回购利率是市场公开竞价的结果,一般可获得平均高于银行同期存款利率的收益。

(4) 融入资金免交存款准备金。商业银行利用回购协议融入的资金不用缴纳存款准备金,成为银行扩大筹资规模的重要方式。

7.3 资本市场

7.3.1 资本市场的特点与功能

资本市场是相对于货币市场而言的,是指以期限在一年以上的金融工具为交易对象进行长期性资金交易活动的市场。就资本市场的构成来看,包括证券市场(股票市场与中长期债券市场)和中长期银行信贷市场。(由于中长期银行信贷市场属于间接融资,放在商业银行业务一节来讲,这里略。)

1. 资本市场的特点

与货币市场相比,资本市场的特点如下。

(1) 融资期限长。至少在1年以上,也可以长达几十年,甚至无到期日。

(2) 流动性相对较差。在资本市场上筹集的资金多用于解决中长期融资需求,故流动性和变现性相对较差。

(3) 风险大而收益较高。由于融资期限较长,发生重大变故的可能性也大,还受多种因素影响,市场价格容易波动,投资者需承受较大风险。同时,作为对风险的报酬,其收益也较高。

(4) 便于资金需求方合理安排资金。政府或企业可以在较长的融资期限内合理调度所筹资金,放眼长期经营,使资金的利用率达到最优水平。

(5) 资本市场的交易活动主要是集中在固定场所即证券交易所内进行的。由于证券交易的风险较大,市场行情变化多端,加之采取竞价拍卖交易方式,为保证交易活动做到公开、公正、公平,就需要实行一套严格的、规范的规章制度和为其服务的各种设施,并需要集中在固定的交易所内进行。

2. 资本市场的功能

在现代市场经济中,资本市场之所以具有重要作用,是因为它具备并发挥着重要的功能。

(1) 融资功能。本来意义上的资本市场即是纯粹资金融通意义上的市场,它与货币市场相对称,是长期资金融通关系的总和。因此,资金融通是资本市场的本源职能。

(2) 配置功能。配置功能是指资本市场通过对资金流向的引导而对资源配置发挥导向性作用。资本市场由于存在强大的评价、选择和监督机制,而投资主体作为理性经济人,始终具有明确的逐利动机,从而促使资金流向高效益部门,表现出资源优化配置的功能。

(3) 产权功能。资本市场的产权功能是指其对市场主体的产权约束和充当产权交易中介方面所发挥的功能。产权功能是资本市场的派生功能,它通过对企业经营机制的改造、为企业提供资金融通、传递产权交易信息和提供产权中介服务,而在企业产权重组的过程中发挥重要的作用。

7.3.2 资本市场工具

1. 股票

股票是有价证券的一种主要形式,是指股份公司签发的用以证明股东按其所有股份享有权利和义务的凭证。股票就其性质来看,代表着股东对公司的所有权,是代表一定经济利益分配请求权的资本证券,是资本市场上流通的一种有价证券。

1) 股票的特点

股票作为一种金融工具,主要具有以下特点。

(1) 不可偿还性。股票是一种无偿还期限的有价证券,投资者认购股票后,就不能再要求退股,只能到二级市场卖给第三者。股票的转让只意味着公司股东的改变,并不减少公司资本。从期限上看,只要公司存在,它所发行的股票就存在,股票的期限等于公司存续的期限。

(2) 参与性。股东有权出席股东大会,选举公司董事会,参与公司重大决策。股票持有者的投资意志和享有的经济利益,通常是通过行使股东参与权实现的。股东参与公司决策的权利大小,取决于其所持有的股份的多少。

(3) 收益性。股东凭其持有的股票,有权从公司领取股息或红利,获取投资的收益。股息或红利的大小,主要取决于公司的盈利水平和公司的盈利分配政策。股票的收益性还表现在股票投资者可以获得价差收入或实现资产保值增值。通过低价买入和高价卖出股票,投资者可以赚取价差利润。

(4) 流通性。股票可以在流通市场上自由转让,可以在证券交易所或柜台市场上变现。股票的流通性弥补了股票期限上永久性的不足,这也是股份公司可以在社会公众中广泛募集资金的一个重要原因。

(5) 价格波动性和风险性。股票是一种高风险的金融产品,由于股票价格受如公司经营状况、供求关系、银行利率、大众心理等多种因素的影响,其波动有很大的不确定性。正是这种不确定性,有可能使股票投资者遭受损失。

2) 股票的分类

股票按照不同的标准可以划分为不同的类型。

(1) 按股东享有权利的不同,股票可分为普通股票和优先股票。

普通股票是最基本、最常见的一种股票,其持有者享有股东的基本权利和义务。在公司盈利较多时,普通股票股东可获得较高的股利收益,但在公司盈利和剩余财产的分配顺序上列在债权人和优先股票股东之后,故其承担的风险也比较高。

优先股票是一种特殊股票。优先股票的股息率是固定的,其持有者的股东权利受到一定限制。但在公司盈利和剩余财产的分配上比普通股票股东享有优先权。

(2) 按是否记载股东姓名,股票可分为记名股票和无记名股票。

我国《公司法》规定,公司发行的股票可以为记名股票,也可以为无记名股票。股份有限公司向发起人、法人发行的股票,应当为记名股票,并应当记载该发起人、法人的名称或者姓名,不得另立户名或者以代表人姓名记名。公司发行记名股票的,应当置备股东名册,记载下列事项:股东的姓名或者名称及住所、各股东所持股份数、各股东所持股票的编号、各股东取得股份的日期。

我国《公司法》规定,发行无记名股票的,公司应当记载其股票数量、编号及发行日期。无记名股票股东权利归属股票的持有人,认购股票时要求一次缴纳出资,转让相对简便(交付转让),安全性较差。

(3) 按是否有票面金额,股票可分为有面额股票和无面额股票。

有面额股票是指在股票票面上记载一定金额的股票。我国《公司法》规定,股份有限公司的资本划分为股份,每一股的金额相等。有面额股票可以明确表示每一股所代表的股权比例,股票发行价格可以按票面金额,也可以超过票面金额,但不得低于票面金额。有面额股票的票面金额就是股票发行价格的最低界限。

无面额股票是指在股票票面上不记载股票面额,只注明它在公司总股本中所占比例的股票。无面额股票也称为比例股票或份额股票,它们都代表股东对公司资本总额的投资比例,股东享有同等的股东权利。目前世界上很多国家(包括中国)的公司法规定不允许发行这种股票。

扩展阅读 7-3

存 托 凭 证

存托凭证（Depository Receipt,DR）又称存券收据或存股证，是指在一国证券市场流通的代表外国公司有价证券的可转让凭证，属公司融资业务范畴的金融衍生工具。1927年，J.P.摩根公司（J.P.Morgan & Company）为了方便美国人投资英国的股票发明了存托凭证。

以股票为例，存托凭证是这样产生的：某国的一家公司为使其股票在外国流通，就将一定数额的股票委托某一中间机构（通常为一银行，称为保管银行或受托银行）保管，由保管银行通知外国的存托银行在当地发行代表该股份的存托凭证，之后存托凭证便开始在外国证券交易所或柜台市场交易。从投资人的角度来说，存托凭证是由存托银行所发行的可转让股票凭证，证明一定数额的某外国公司股票已寄存在该银行在外国的保管机构，而凭证的持有人实际上是寄存股票的所有人，其所有的权力与原股票持有人相同。存托凭证一般代表公司股票，但有时也代表债券。存托凭证的当事人，在本地有证券发行公司、保管机构，在国外有存托银行、证券承销商及投资人。按其发行或交易地点之不同，存托凭证被冠以不同的名称，如美国存托凭证（American Depository Receipt,ADR）、欧洲存托凭证（European Depository Receipt,EDR）、全球存托凭证（Global Depository Receipt,GDR）、中国存托凭证（Chinese Depository Receipt,CDR）等。

2018年3月30日，国务院办公厅转发证监会《开展创新企业境内发行股票或存托凭证试点若干意见》的通知，试点企业应当是符合国家战略、掌握核心技术、市场认可度高，属于互联网、大数据、云计算、人工智能、软件和集成电路、高端装备制造、生物医药等高新技术产业和战略性新兴产业，且达到相当规模的创新企业。试点企业要求：已在境外上市的大型红筹企业，市值不低于2 000亿元人民币；尚未在境外上市的创新企业（包括红筹企业和境内注册企业），最近一年营业收入不低于30亿元人民币且估值不低于200亿元人民币，或者营业收入快速增长，拥有自主研发、国际领先技术，同行业竞争中处于相对优势地位。本意见所称红筹企业，是指注册地在境外、主要经营活动在境内的企业。

扩展阅读 7-4

沪 伦 通

沪伦通即上海证券交易所（以下简称"上交所"）与伦敦证券交易所（以下简称"伦交所"）互联互通机制，是指符合条件的两地上市公司，依照对方市场的法律法规，发行存托凭证（DR）并在对方市场上市交易。同时，通过存托凭证与基础证券之间的跨境转换机制安排，实现两地市场的互联互通。

沪伦通包括东、西两个业务方向。东向业务是指伦交所上市公司在上交所挂牌中国存托凭证（CDR）。西向业务是指上交所A股上市公司在伦交所挂牌全球存托凭证（GDR）。

为稳妥起步，DR的基础证券仅限于股票，东向业务暂不允许伦交所上市公司在我国境内市场通过新增股份发行 CDR 的方式直接融资。CDR 的上市交易通过境内跨境转换机构建立初始流动性的方式加以实现,即境内跨境转换机构将其在境外市场买入或者以其他合法方式获得的基础股票按照相关规定和存托协议约定转换成 CDR 后上市交易。上交所 A 股上市公司则可通过发行 GDR 直接在英国市场融资。符合条件的两地证券经营机构可以直接到对方市场开立证券和资金账户,并按照相关规定要求,从事存托凭证跨境转换业务。

2. 债券

债券是一种有价证券,是社会各类经济主体为筹集资金而向债券投资者出具的、承诺按一定利率定期支付利息并到期偿还本金的债权债务凭证。债券包含四个方面的含义:①发行人是借入资金的经济主体;②投资者是出借资金的经济主体;③发行人需要在一定时期付息还本;④债券反映了发行者和投资者之间的债权、债务关系,而且是这一关系的法律凭证。

1) 债券的票面要素

(1) 债券的票面价值。债券的票面价值是债券票面标明的货币价值,是债券发行人承诺在债券到期日偿还给债券持有人的金额。债券的票面价值要标明的内容主要有币种和票面金额。

(2) 债券的到期期限。债券的到期期限是指债券从发行之日起至偿清本息之日止的时间,也是债券发行人承诺履行合同义务的全部时间。各种债券有着不同的偿还期限,短则几个月,长则几十年,习惯上有短期债券、中期债券和长期债券之分。

(3) 债券的票面利率。债券的票面利率也称名义利率,是债券年利息与债券票面价值的比率,通常年利率用百分数表示。在实际经济生活中,债券利率有单利、复利和贴现利率等多种形式。

(4) 债券发行者名称。这一要素指明了该债券的债务主体,既明确了债券发行人应履行对债权人偿还本息的义务,也为债权人到期追索本金和利息提供了依据。

2) 债券的特征

(1) 偿还性。偿还性是指债券有规定的偿还期限,债务人必须按期向债权人支付利息和偿还本金。这一特征与股票的永久性有很大的区别。

(2) 流动性。流动性是指债券持有人可按需要和市场的实际状况,灵活地转让债券,以提前收回本金和实现投资收益。流动性首先取决于市场为转让所提供的便利程度;其次取决于债券在迅速转变为货币时,是否在以货币计算的价值上蒙受损失。

(3) 安全性。一般来说,具有高度流动性的债券同时也是较安全的,因为它不但可以迅速地转换为货币,而且可以按一个较稳定的价格转换,按期收回本金。

(4) 收益性。在实际经济活动中,债券收益可以表现为三种形式:①利息收入;②资本损益,即债权人到期收回的本金与买入债券或中途卖出债券与买入债券之间的价差收入;③再投资收益。

3) 债券的分类

(1) 按发行主体分类,债券分为政府债券、金融债券与公司债券。

政府债券的发行主体是政府。中央政府发行的债券称为国债,其主要用途是解决由政府投资的公共设施或重点建设项目的资金需要和弥补国家财政赤字。

金融债券发行主体是银行或非银行的金融机构。金融机构一般有雄厚的资金实力,信用度较高,因此,金融债券往往也有良好的信誉。它们发行债券的目的主要有筹资用于某种特殊用途;改变本身的资产负债结构。金融债券以中期较为多见。

公司债券是公司依照法定程序发行、约定在一定期限还本付息的有价证券。

(2) 按计息与付息方式分类,债券分为零息债券、附息债券、息票累积债券。

零息债券也称零息票债券,是指债券合约未规定利息支付的债券。通常,这类债券以低于面值的价格发行和交易,债券持有人实际上是以买卖(到期赎回)价差的方式取得债券利息。

附息债券合约中明确规定,在债券存续期内,对持有人定期支付利息(通常每半年或每年支付一次)。按照计息方式的不同,这类债券还可细分为固定利率债券和浮动利率债券,有些附息债券可以根据合约条款推迟支付定期利率,故称为缓息债券。

与附息债券相似,息票累积债券也规定了票面利率,但是,债券持有人必须在债券到期时一次性获得还本付息,存续期间没有利息支付。

(3) 按债券形态分类,债券分为实物债券、凭证式债券与记账式债券。

实物债券是一种具有标准格式实物券面的债券。在标准格式的债券券面上,一般印有债券面额、债券利率、债券期限、债券发行人全称、还本付息方式等各种债券票面要素。有时债券利率、债券期限等要素也可以通过公告向社会公布,而不在债券券面上注明。

凭证式债券的形式是债权人认购债券的一种收款凭证,而不是债券发行人制定的标准格式的债券。这类债券可记名、挂失、不能上市流通,可以到原购买网点提前兑取。

记账式债券是没有实物形态的债券,利用证券账户通过计算机系统完成债券发行、交易及兑付的全过程。这类债券可以记名、挂失,安全性较高;发行时间短,发行效率高,交易手续简便,成本低,交易安全。目前,我国深、沪两市交易所已为证券投资者建立了电子账户,发行人可以利用证券交易所的交易系统发行债券。

7.3.3 证券市场的运作

证券市场是证券工具买卖交易的场所,也是资金供求的中心。根据市场的功能划分,证券市场可分为证券发行市场和证券交易市场。

1. 证券发行市场

证券发行市场是发行人向投资者出售证券的市场。证券发行市场通常无固定场所,是一个无形的市场。

1) 证券发行市场的构成

证券发行市场由证券发行人、证券投资者和证券中介机构三部分组成。

(1) 证券发行人。在市场经济条件下,资金需求者筹集外部资金主要通过两条途径:向银行借款和发行证券,即间接融资和直接融资。随着市场经济的发展,发行证券已成为资金需求者最基本的筹资手段。证券发行人主要是政府、企业和金融机构。

(2) 证券投资者。证券投资者是指以取得利息、股息或资本收益为目的而买入证券的机构和个人。证券发行市场上的投资者包括个人投资者和机构投资者,后者主要是证券公司、商业银行、保险公司、社保基金、证券投资基金、信托投资公司、企业和事业法人及社会团体等。

（3）证券中介机构。在证券发行市场上，证券中介机构主要包括证券公司、证券登记结算公司、会计师事务所、律师事务所、资信评级公司、资产评估事务所等为证券发行与投资服务的中立机构。它们是证券发行人和证券投资者之间的中介，在证券发行市场上占有重要地位。

2）证券发行与承销

（1）证券发行制度：注册制和核准制。

证券发行注册制实行公开管理原则，实质上是一种发行公司的财务公开制度。它要求发行人提供关于证券发行本身及和证券发行有关的一切信息，不得有重大遗漏，并且要对所提供信息的真实性、完整性和可靠性承担法律责任。发行人只要充分披露了有关信息，在注册申报后的规定时间内未被证券监管机构拒绝注册，就可以进行证券发行，无须再经过批准。

证券发行核准制实行实质管理原则，发行人申请发行证券，不但要公开披露与发行证券有关的信息，而且必须符合证券监管机构制定的若干适合于发行的实质条件。只有符合条件的发行人经证券监管机构的批准方可在证券市场上发行证券。

我国的股票发行实行核准制并配以发行审核制度和保荐制度。证券发行人申请需由上市保荐人（主承销商，证券公司）推荐和辅导，由保荐机构向中国证监会推荐，中国证监会进行合规性初审后，提交发行审核委员会审核，最终经中国证监会核准后发行。

扩展阅读 7-5

稳中求进是股票发行制度改革的基本准则

2018年2月24日，十二届全国人民代表大会常务委员会第三十三次会议决定，2015年12月27日十二届全国人民代表大会常务委员会第十八次会议授权国务院在实施股票发行注册制改革中调整适用《中华人民共和国证券法》有关规定的决定施行期限届满后，期限延长两年至2020年2月29日。该决定自2018年2月25日起施行。

将授权决定施行期限延长两年，是党中央稳中求进工作方针在资本市场的具体体现，可以避免市场产生疑虑和误读，保障资本市场各项工作的稳定性和连续性。在"改革于法有据"的前提下，进一步探索改革路径，完善中国特色股票发行制度，为未来实施注册制创造有利条件，是当前证券监管改革的基本定位。需要强调的是，股票发行制度改革的落脚点是服务实体经济，推动高质量发展，实现金融体系与实体经济的良性互动，不是"为注册制而注册制"。要让未来的注册制水到渠成、顺理成章、广受认可，就要围绕市场主要矛盾，统筹市场参与者的利益诉求和市场责任，协同推进相关改革。

按照稳中求进的方针，在未来两年左右的时间里，证监会和市场各参与方要在总结实践经验的基础上，继续积极创造条件稳步推进注册制改革。这个过程，也是进一步累积建立强大资本市场势能的过程。让我们共同努力，为建成中国特色富有国际竞争力的强大资本市场而继续奋斗。

(2) 证券发行方式。

① 股票发行方式。我国的股票发行主要采取公开发行并上市的方式,同时也允许上市公司在符合相关规定的条件下向特定对象非公开发行股票。我国现行的有关法规规定,我国股份公司首次公开发行(IPO)股票和上市后向社会公开募集股份(公募增发)采取对公众投资者上网发行和对机构投资者配售相结合的发行方式。

② 债券发行方式。债券发行方式包括定向发行、承购包销、招标发行三种。

定向发行又称私募发行、私下发行,即面向少数特定投资者发行。

承购包销是指发行人与由商业银行、证券公司等金融机构组成的承销团通过协商条件签订承购包销合同,由承销团分销拟发行债券的发行方式。

招标发行是指通过招标方式确定债券承销商和发行条件的发行方式。根据标的物不同,招标发行可分为价格招标、收益率招标和缴款期招标;根据中标规则不同,招标发行可分为荷兰式招标(单一价格中标)和美式招标(多种价格中标)。

(3) 证券承销方式。

证券发行的最终目的是将证券推销给投资者。发行人推销证券的方法有两种:①自行销售,称为自销;②委托他人代为销售,称为承销,证券承销方式有包销和代销两种。

证券包销是指证券承销商将发行人的证券按照协议全部购入,或者在承销期结束时将售后剩余证券全部自行购入的承销方式。包销可分为全额包销和余额包销两种。

证券代销是指证券公司代理发行人发售证券,在承销期结束后,将未出售的证券全部退还给发行人的承销方式。

(4) 证券发行价格。

① 股票发行价格。股票发行价格可以平价发行、溢价发行,但不得折价发行。

首次公开发行股票以询价方式确定股票发行价格。上市公司发行证券,可以通过询价方式确定发行价格,也可以与主承销商协商确定发行价格。

② 债券发行价格。债券发行价格是指债券原始投资者购入债券时应支付的市场价格,它与债券的面值可能一致也可能不一致。理论上,债券发行价格是债券的面值和要支付的年利息按发行当时的市场利率折现所得到的现值。债券发行价格可分为平价发行、折价发行、溢价发行。

平价发行是指以债券的票面金额作为发行价格;折价发行是指按低于债券面额的价格发行债券;溢价发行是指按高于债券面额的价格发行债券。

2. 证券交易市场

证券交易市场是为已经公开发行的证券提供流通转让机会的市场。证券交易市场通常分为证券交易所市场和场外交易市场。在证券交易所上市交易的股份公司称为上市公司;符合公开发行条件、但未在证券交易所上市交易的股份公司称为非上市公众公司,非上市公众公司的股票将在柜台市场转手交易。

1) 证券交易所市场

(1) 证券交易所的职能。证券交易所是证券买卖双方公开交易的场所,是一个高度组织化、集中进行证券交易的市场,是整个证券市场的核心。证券交易所本身并不买卖证券,也不决定证券价格,而是为证券交易提供一定的场所和设施,配备必要的管理和服务人员,并对证券交易进行周密的组织和严格的管理,为证券交易顺利进行提供一个稳定、公开、高效的市场。证券交易所的职能包括:①提供证券交易的场所和设施;②制定证券交易所的业务规则;③接受上市申请、安排证券上市;④组织、监督证券交易;⑤对会员进行监管;⑥对上市公司进行监管;⑦设立证券登记结算机构;⑧管理和公布市场信息;⑨中国证监会许可的其他职能。

(2) 证券交易所的组织形式。证券交易所的组织形式大致可以分为两类,即公司制和会员制。

公司制的证券交易所是以股份有限公司形式组织并以营利为目的的法人团体,一般由金融机构及各类民营公司组建。会员制的证券交易所是一个由会员自愿组成的、不以营利为目的的社会法人团体,交易所设会员大会、理事会和监察委员会。

(3) 我国证券交易所市场的层次结构。我国在以上海、深圳证券交易所作为证券市场主板市场的基础上,又在深圳证券交易所设置中小企业板块市场和创业板市场,从而形成交易所市场内的不同市场层次。

一般而言,各国主要的证券交易所代表着国内主板主场。主板市场对发行人的营业期限、股本大小、盈利水平、最低市值等方面的要求标准较高,上市企业多为大型成熟企业,具有较大的资本规模及稳定的盈利能力。相对创业板市场而言,主板市场是资本市场中最重要的组成部分,很大程度上能够反映经济发展状况,有"宏观经济晴雨表"之称。

(4) 证券上市交易。证券上市是指已公开发行的证券经过证券交易所批准在交易所内公开挂牌买卖,又称交易上市。我国《证券法》及交易所股票上市规则规定,申请证券上市交易,应当向证券交易所提出申请,由证券交易所依法审核同意,并由双方签订上市协议。目前在我国上海、深圳证券交易所上市交易的证券包括股票、国债、企业债券、可转换债券、证券投资基金等交易工具。

扩展阅读 7-6

多层次资本市场体系

在资本市场上,不同的投资者与融资者都有不同的规模大小与主体特征,存在着对资本市场金融服务的不同需求,这种多样化需求决定了资本市场应该是一个多层次的市场体系。

我国多层次资本市场从 20 世纪 90 年代发展至今,已经发展成了四个完整的层次,分别是主板(一板,含中小板)、创业板(二板)、全国中小企业股份转让系统(新三板)、区域性股权交易市场(四板)。

1. 主板市场

主板市场也称为一板市场,是指传统意义上的证券市场(通常是指股票市场),是一个国家或地区证券发行、上市及交易的主要场所。中国内地主板市场的公司在上交所和深交所两个市场上市。2004 年 5 月,经国务院批准,中国证监会批复同意深圳证券交易所在主板市场内设立中小企业板块,从资本市场架构上也从属于一板市场。

2. 二板市场

二板市场又称为创业板市场,是地位次于主板市场的二级证券市场,在中国特指深圳创业板。在上市门槛、监管制度、信息披露、交易者条件、投资风险等方面和主板市场有较大区别。其目的主要是扶持中小企业，尤其是高成长性企业，为风险投资和创投企业建立正常的退出机制，为自主创新国家战略提供融资平台，为多层次的资本市场体系建设添砖加瓦。

3. 三板市场

三板市场即全国中小企业股份转让系统（俗称新三板），是经国务院批准设立的全国性证券交易场所，全国中小企业股份转让系统有限责任公司为其运营管理机构。

由于新三板市场的定位是"以机构投资者和高净值人士为参与主体，为中小微企业提供融资、交易、并购、发债等功能的股票交易场所"，因此，其市场生态、研究方法、博弈策略、生存逻辑等，都和以中小散户为参与主体的沪深股票市场有着显著的区别。

4. 四板市场

区域性股权交易市场是为特定区域内的企业提供股权、债券的转让和融资服务的私募市场，一般以省级为单位，由省级人民政府监管，是我国多层次资本市场的重要组成部分，也是中国多层次资本市场建设中必不可少的部分。对于促进企业特别是中小微企业股权交易和融资，鼓励科技创新和激活民间资本，加强对实体经济薄弱环节的支持，具有积极作用。

扩展阅读 7-7

证券交易的方式

证券交易（Securities Transaction）是指证券持有人依照交易规则，将证券转让给其他投资者的行为。证券交易是一种已经依法发行并经投资者认购的证券的买卖，是一种具有财产价值的特定权利的买卖，也是一种标准化合同的买卖。证券交易的方式包括现货交易、期货交易、期权交易、信用交易等。

1. 现货交易

现货交易是证券交易双方在成交后即时清算交割证券和价款的交易方式。现货交易双方，分别为持券待售者和持币待购者。持券待售者意欲将所持证券转变为现金，持币待购者则希望将所持货币转变为证券。现货交易最初是在成交后即时交割证券和钱款，为"一手交钱，一手交货"的典型形式。在现代现货交易中，证券成交与交割间通常都有一定的时间间隔，时间间隔长短依证券交易所规定的交割日期确定。证券成交与交割日期可在同一日，也可不是同一日期。在国际上，现货交易的成交与交割的时间间隔一般不超过20日。如依现行的T+1交割规则，证券经纪机构与投资者之间应在成交后的下一个营业日办理完毕交割事宜，如果该下一营业日正逢法定休假日，则交割日期顺延至该法定休假日开始后的第一个营业日。

证券交易所为确保证券交易所和证券公司有合理时间处理财务事宜（包括准备证券交付和款项往来），都会对证券成交和交割的时间间隔作出规定。但为防止该时间间隔过长而影响交割的安全性，交割日期主要有当日交割、次日交割和例行交割。当日交割也称"T+0"交割，为成交当日进行交割；次日交割则称"T+1"交割，为成交完成后下一个营业日办理交割;例行交割,则依照交易所规定确定,往往是成交后5个营业日内进行交割。

在现货交易中,证券出卖人必须持有证券,证券购买人必须持有相应的货币,成交日期与交割日期相对比较接近,交割风险较低。从稳定交易秩序角度,现货交易应成为主要交易形式。现货交易作为历史上最古老的证券交易方式,适应信用制度相对落后和交易规则相对简单的社会环境,有助于减少交易风险,是一种较安全的证券交易形式,也是场内交易和场外交易中广泛采用的证券交易形式。

2. 期货交易

在广义上,期货交易包括远期交易,与现货交易相对应。其特点如下。

(1) 期货交易对象不是证券本身,而是期货合约,即未来购买或出卖证券并交割的合约。期货合约属于证券交易所制定的标准合约。根据期货合约,一方当事人应于交割期限内,向持有期货合约的另一方交付期货合约指定数量的金融资产。

(2) 期货合约期限通常比较长,有些金融资产的期货合约期限可能长达数月,甚至一年。在合约期限来临前,期货合约持有人可依公开市场价格向他人出售合约,并借此转让期货合约项下权利。所以,在合约期限来临前,合约持有人可因转让期货合约而发生若干变化。

(3) 在证券交易所制定标准期货合约时,参考了该等证券资产当时的市场价格,但在期货合约期限内,证券资产的实物价格会发生变动,但在交割证券资产时,其期货价格可能已接近实物资产的市场价格。

由于期货交易具有预先成交、定期交割和价格独立的特点,买卖双方在达成证券期货合同时并无意等到指定日期到来时实际交割证券资产,而是企盼在买进期货合约后的适当时机再行卖出,以谋取利益或减少损失,从而出现"多头交易"和"空头交易"。多头交易与空头交易是站在对期货价格走势不同判断的基础上分别作出的称谓,但均属于低买高卖并借此谋利的交易行为。

在期货合约期限届满前,有一交割期限。在该期限内,期货合约持有人有权要求对方向其进行实物交割。证券交易所为保持信誉和交割安全性,会对此提供担保,并同时要求交割方存入需交割的证券或金钱。

3. 期权交易

证券期权交易是当事人为获得证券市场价格波动带来的利益,约定在一定时间内,以特定价格买进或卖出指定证券,或者放弃买进或卖出指定证券的交易。证券期权交易是以期权作为交易标的的交易形式。期权分为看涨期权和看跌期权两种基本类型。根据看涨期权,期权持有人有权在某一确定的时间,以某一确定价格购买标的资产即有价证券。根据看跌期权,期权持有人有权在某一确定的时间,以某一确定价格出售标的资产。根据期权交易规则,看涨期权持有人可以在确定日期购买证券实物资产,也可在到期日放弃购买证券资产;看跌期权持有人可以在确定日期出售证券实物资产,也可拒绝出售证券资产而支付保证金。期权交易属选择权交易。

4. 信用交易

对证券信用交易,学术上有多种学说。依据一般观点,信用交易是投资者凭借自己提供的保证金和信誉,取得经纪人信用,在买进证券时由经纪人提供贷款,在卖出证券时由经纪人贷给证券而进行的交易。因此,凡符合以下条件的证券交易,均属于信用交易。

(1) 典型的信用交易必须是保证金交易,即投资者向经纪人交付一定数额的保证金,并在此基础上进行交易,故信用交易也称保证金交易。

(2) 经纪人向投资者提供借款购买证券或者经纪人提供证券以供出售。据此,可将信用交易分为融资信用交易和融券信用交易,故证券信用交易也可称为"融资融券交易"。

(3) 信用交易是证券交易所依照法律规定创设的证券交易方式。证券信用交易具有活跃市场、创造公正市场价格和满足投资者需求的优点,但因存在投资风险,须均衡证券信用交易优劣,设置合理和周密的风险控制制度,给证券信用交易以适当的地位,以实现扬长避短的理想。

信用交易可分为融资交易和融券交易两种类型,但这与我国证券交易实践中出现的"融资交易"与"融券交易"根本不同。首先,信用交易是依照法律和证券交易所规则创设的证券交易方式,具有适法性,实践中出现的融资融券交易则缺乏法律依据。其次,信用交易以投资者交付保证金为基础,实践中的融资融券交易则几乎完全没有保证金交易的性质。另外,信用交易是经纪人向投资者提供信用的方式,但我国实践广泛存在经纪人向投资者借用资金或借用证券的形式,属于反向融资融券行为。加之,有些资金和证券的借用系未经投资者同意,属于非法挪用资金和证券行为。在此意义上,未经法律准许的融资融券行为,属非法交易行为。

在各国证券市场中,除前述四种基本证券交易方式外,还大量存在其他非主要形态的证券交易方式。有些是相对独立于前四种的证券交易方式,如股票指数交易;有的则是附属于前四种基本证券交易方式,如利率期货等。

扩展阅读 7-8

MSCI 中国指数

摩根士丹利资本国际公司(Morgan Stanley Capital International,MSCI)又译明晟,是美国指数编制公司,总部位于纽约,并在瑞士日内瓦及新加坡设立办事处,负责全球业务运作及在英国伦敦、日本东京、中国香港和美国旧金山设立区域性代表处。MSCI是一家股权、固定资产、对冲基金、股票市场指数的供应商,旗下编制了多种指数。明晟指数(MSCI指数)是全球投资组合经理最多采用的基准指数。

MSCI中国指数(MSCI China Index)是由摩根士丹利资本国际公司编制的跟踪中国概念股票表现的指数。MSCI中国指数由一系列国家指数、综合指数、境内及非境内指数组成,主要针对中国市场上的国际和境内投资者,包括QDII和QFII牌照持有人。MSCI中国指数覆盖大盘股、中盘股和小盘股规模各区段。

2017年6月20日,MSCI宣布将在MSCI新兴市场指数和MSCI ACWI指数中引入部分大市值的中国A股。2018年6月1日,新指数正式生效后,MSCI中国相关指数将覆盖全球范围内所有类型的中国上市公司。MSCI于2018年3月14日公告宣布推出12个新指数,以扩大MSCI中国指数产品的覆盖范围。新的MSCI中国A股指数

(MSCI China A Index)将不再局限于此前的大市值中国A股,中等市值的上市公司也将受到全面覆盖(MSCI China A Mid Cap Index),并遵循 MSCI 全球可投资市场指数方法和港股通资格标准的限制。

MSCI 中国全股指数(MSCI China All Shares Index)及 MSCI 中国 A 股国际指数(MSCI China A International Index)对 A 股成分的覆盖也将进一步得到完善,同样也将遵循港股通资格标准的限制。

扩展阅读 7-9

富时罗素国际指数

2018 年 9 月 27 日一早,全球第二大指数公司富时罗素(FTSE Russell)宣布,将 A 股纳入其全球股票指数体系,分类为"次级新兴市场",2019 年 6 月开始生效。

富时罗素是英国伦敦交易所下面的全资子公司,富时罗素国际指数是英国富时指数公司旗下专门跟踪全球新兴市场指标的股指,其指数产品目前已经吸引了全球超 1.5 万亿美元的资金。据其估计,跟踪全球指数和全球新兴市场指数的被动基金中,约有 40%以富时罗素指数体系为基准,60%以 MSCI 指数体系为基准。

至于具体实施情况,将分三步进行,时间节点及纳入比例为 2019 年 6 月纳入 20%,2019 年 9 月纳入 40%,2020 年 3 月纳入 40%。

2) 场外交易市场

场外交易市场是证券交易所以外的证券交易市场的总称。在证券市场发展初期,许多有价证券的买卖都是在柜台上进行的,因此称为柜台市场或店头市场。随着通信技术的发展,目前许多场外交易市场并不直接在证券经营机构柜台前进行,而是由客户与证券经营机构通过电话、电传、计算机网络进行交易,故又称为电话市场、网络市场。

场外交易市场是一个分散的无形市场,组织方式大多采取做市商制,交易对象以未能或无须在证券交易所批准上市的股票和债券为主,以议价方式进行证券交易。

我国的场外交易市场主要包括银行间债券市场和代办股份转让系统。

(1) 银行间债券市场。全国银行间债券市场是指依托于中国外汇交易中心暨全国银行间同业拆借中心和中央国债登记结算有限责任公司的,面向商业银行、农村信用联社、保险公司、证券公司等金融机构进行债券买卖和回购的市场。全国银行间债券市场目前已成为我国债券市场的主体部分,记账式国债的大部分、政策性金融债券都在该市场发行并上市交易。银行间债券市场集中进行债券的现券买卖与回购交易。

(2) 代办股份转让系统。代办股份转让系统又称三板。目前,在代办股份转让系统挂牌的公司大致可分为两类:一类是原 STAQ(全国证券交易自动报价系统)、NET(全国证券交易系统)挂牌公司和沪、深证券交易所退市公司,这类公司按其资质和信息披露履行情况,其股票采取每周集合竞价 1 次、3 次或 5 次的方式进行转让;另一类是非上市股份有限公司的股份报价转让,目前主要是中关村科技园区高科技公司,其股票转让主要采取协商配对和定价委托的方式进行成交。

7.4 其他金融市场

7.4.1 外汇市场

外汇是以外币表示的用于国际清偿的支付手段和资产。外汇包括：①外国货币，包括纸币、铸币；②外币支付凭证，包括票据、银行存款证、邮政储蓄凭证等；③外币有价证券，包括政府债券、公司债券、股票等；④特别提款权、欧洲货币单位；⑤其他外汇资产，包括记账外汇、租约、地契、房契等。

外汇市场是专门进行外汇买卖、调剂外汇供应的市场。现代外汇市场是国际金融市场的基础，也是世界上交易规模最大的金融市场。外汇市场是一个现代通信设施与通信服务联结起来的无形的世界性网络系统。世界各地的交易商们（银行、外汇经纪商）通过计算机网络、电话、电传等方式进行外汇的报价、询价、买进卖出、交割与清算，将分散在各地的外汇交易活动联结成一个 24 小时连续运转的相对统一的市场。

1. 汇率的标价方法

汇率又称为汇价，是用一个国家的货币折算成另一个国家的货币的比价。目前，在国际上有两种标价方法：直接标价法和间接标价法。直接标价法又称应付标价法，它是以一定单位的外国货币为基准计算应付多少本国货币的标价方法。如果一定数额的外国货币折成的本国货币的数额比以前增加了，说明本国货币贬值，外国货币升值；反之，则说明本国货币升值，外国货币贬值。间接标价法又称应收标价法，它是用一定单位的本国货币为基准计算应收回多少外币的标价方法。如果一定数额的本国货币折成的外国货币的数额比以前增加了，则说明本国货币升值，外国货币贬值；反之，则说明本国货币贬值，外国货币升值。目前，世界上绝大多数国家采用直接标价法，实行间接标价法的国家主要是英国和美国。

2. 汇率的种类

出于各种需要，人们对汇率进行了不同分类。

(1) 按银行买卖外汇的角度，分为买入汇率和卖出汇率。买入汇率(Buying Rate)又称买入价，是指银行买入外汇时所标明的汇率。卖出汇率(Selling Rate)又称卖出价，是指银行卖出外汇时所标明的汇率。这两种汇率是同时公布的。卖出价高于买入价，之间的差额一般为汇价的 1‰～5‰。买入汇率与卖出汇率的算术平均值被称为中间汇率(Medial Rate)。人们对汇率进行经济分析时，通常使用中间汇率的概念。

(2) 按外汇交易的交割时间，分为即期汇率和远期汇率。即期汇率(Spot Rate)是即期外汇交易中使用的汇率，它反映买卖成交时的市场汇率。远期汇率(Forward Rate)是买卖双方在远期外汇交易中达成的协议汇率，双方在预约的交割日将按此汇率办理交割。

(3) 按外汇汇兑方式，分为电汇汇率、信汇汇率和票汇汇率。电汇汇率(Telegraphic Transfer Rate)是用电信方式通知付款的外汇价格。电汇是交收速度最快的汇款方式，银行一般无法在传递时间利用这笔资金，所以电汇汇率较高。目前，国际支付多采用电汇汇率。电汇汇率也是计算其他各种汇率的基础。信汇汇率(Mail Transfer Rate)是以信函方式进行外汇交易时使用的汇率。付款人委托其所在国银行用邮政通信方式通知收款人所在地银行,转付给收款人的一种付款方式。由于汇出行向汇入行邮寄支付委托书的时间长于电报或电传所需时间,银行可以在邮程时间内利用客户资金,所以信汇汇率低于电汇汇率。票汇汇率(Demand Draft Rate)是以票汇方式买卖外汇时使用的汇率。票汇是汇出行应汇款人申请,开立以汇入行为付款人的汇票,由汇款人自行寄送银行汇票给收款人的汇款方式。由于银行占用客户资金在途时间较长,所以票汇汇率低于电汇汇率。

(4)按确定汇率的方法,分为基本汇率和套算汇率。基本汇率(Basic Rate)即本国货币与关键货币(Key Currency)的实际价值的对比。基本汇率一般不对外公布,只是作为内部掌握的主导汇率。套算汇率(Cross Rate)是根据基本汇率及关键货币与其他货币之间的汇率所套算出来的本国货币与其他货币的汇率。

(5)按外汇管制的松紧程度,分为官方汇率和市场汇率。官方汇率(Official Rate)是指一国官方机构(如中央银行、外汇管理局)对本国货币规定并公布的汇率。在外汇管制严格的国家,一切外汇交易均按官方汇率进行。市场汇率(Market Rate)是指由市场供求关系决定的汇率。它频繁地围绕均衡汇率上下波动,以货币自由兑换或外汇管制比较宽松为存在条件。

此外,外汇汇率还可以按照不同的标准和用途进行分类。按一种货币所能兑换的其他货币的数量表示的该种货币的汇率,分为名义汇率和实际汇率。按银行营业时间,分为开盘汇率和收盘汇率。按买卖外汇的对象,分为银行间汇率和商业汇率。按不同的汇率制度,分为固定汇率和浮动汇率等。

3. 外汇交易方式

目前,外汇市场上的外汇交易方式主要有即期外汇交易、远期外汇交易、套汇交易、外汇套利交易、外汇掉期交易、外汇期货交易、外汇期权交易等。

(1)即期外汇交易。即期外汇交易又称现汇交易,是指外汇买卖成交后,交易双方于当天或两个交易日内办理交割手续的一种交易行为。即期外汇交易是外汇市场上最常见的买卖形式,其交易量居各类外汇交易之首。即期外汇交易不但可以满足买方临时性的付款需要,而且可以帮助买卖双方调整外汇头寸的货币比例,以避免外汇汇率风险。

(2)远期外汇交易。远期外汇交易又称期汇业务,是一种买卖外汇双方先签订合同,规定买卖外汇的数量、汇率和将来交割外汇的时间,到了规定的交割日期买卖双方再按合同规定,卖方交付外汇,买方交付本币现款的外汇交易。通过远期外汇交易买卖的外汇称为远期外汇或期汇。远期外汇结算到期日以1星期、2星期、1月期、2月期、3月期、6个月居多,有的可达1年或1年以上。

(3)套汇交易。套汇又称地点套汇,是指套汇者利用不同外汇市场之间出现的汇率差异同时或者几乎同时在低价市场买进,在高价市场出售,从中套取差价利润的一种外汇业务。由于空间的分割,不同外汇市场对影响汇率诸因素的反应速度和反应程度不完全一样,因而在不同的外汇市场上,同一种货币的汇率有时可能出现较大差异,这就为异地套汇提供了条件。

(4)外汇套利交易。套利交易利用两国货币市场出现的利率差异,将资金从一个市场转移到另一个市场,以赚取利润的交易方式。

由于金融市场自身调节机制和投机者行为的作用,国际金融市场上高利率的货币远期汇率一般表现为贴水,低利率的货币期汇汇率表现为升水,而且根据利率平价理论,从长期来看,两种货币的利率差异与这两种货币之间的远期升(贴)水趋于相等。但是,在任意给定的一个时点上,两种货币的利率差异往往不等于它们之间的远期升(贴)水水平,此时,投机者就可以利用这种"不一致"进行有利的资金转移,从中套取利润。

(5) 外汇掉期交易。掉期交易是指将币种相同,但交易方向相反、交割日不同的两笔或者以上的外汇交易结合起来所进行的交易。

(6) 外汇期货交易。外汇期货是指以汇率为标的物的期货合约,用于回避汇率风险。它是金融期货中最早出现的品种。

(7) 外汇期权交易。外汇期权交易的是外汇,期权买方在向期权卖方支付相应期权费后获得一项权利,即期权买方在支付一定数额的期权费后,有权在约定的到期日按照双方事先约定的协定汇率和金额同期权卖方买卖约定的货币,同时权利的买方也有权不执行上述买卖合约。

7.4.2 黄金市场

黄金市场是进行黄金买卖交易的场所,是集中进行黄金买卖和金币兑换的交易中心。黄金交易与证券交易一样,都有一个固定的交易场所,世界各地的黄金市场就是由存在于各地的黄金交易所构成的。黄金交易所一般都是在各个国际金融中心,是国际金融市场的重要组成部分。伦敦黄金市场、苏黎世黄金市场、纽约和芝加哥黄金市场、中国香港黄金市场、上海黄金交易所等是世界主要黄金市场。在黄金市场上买卖的黄金形式多种多样,主要有各种成色和重量的金条、金币、金丝和金叶等,其中最重要的是金条。

1. 黄金市场的职能

黄金市场的发展不但为广大投资者增加了一种投资渠道,而且为中央银行提供了一个新的货币政策操作工具。

(1) 黄金市场的保值增值功能。黄金非货币化后,由于其特殊属性,黄金仍然被世界上绝大多数国家作为国际储备资产、价值的最终贮藏手段。在通货膨胀严重、政治经济危机时期,黄金的价值更会增加。因为黄金具有很好的保值、增值功能,可以作为一种规避风险的工具,这和贮藏货币的功能有些类似。黄金市场的发展使得广大投资者增加了一种投资渠道,从而可以在很大程度上分散投资风险。

(2) 黄金市场的货币政策功能。黄金市场为中央银行提供了一个新的货币政策操作工具,也就是说,中央银行可以通过在黄金市场上买卖黄金调节国际储备构成及数量,从而控制货币供给。虽然黄金市场的这个作用是有限的,但是由于其对利率和汇率的敏感性不同于其他手段,从而可以作为货币政策操作的一种对冲工具。随着黄金市场开放程度的逐步加深,它的这个功能也将慢慢显现出来。可以说,通过开放黄金市场深化金融改革是中国的金融市场与国际接轨的一个客观要求。

2. 黄金交易方式

1) 黄金现货交易

国内黄金现货交易主要通过银行金融柜台进行即期黄金买卖,国内银行提供的黄金业务大致分为两种：实物黄金业务和纸黄金业务。

（1）实物黄金业务。实物黄金业务是指实物黄金的买卖，其投资保值的特性较强，是追求黄金保值人士的首选，适合有长期投资、收藏和馈赠需求的投资者。银行的实物黄金业务分为自有品牌实体黄金业务和代理销售实体黄金业务。如中国银行在北京 2008 奥运会期间推出了一系列以奥运为主题的实物黄金产品，中国建设银行的"建行金"实物黄金产品，都属于银行的实物黄金品牌交易品种。

（2）纸黄金业务。"纸黄金"是一种个人凭证式黄金，投资者按银行报价在账面上买卖"虚拟"黄金，个人通过把握国际金价走势低吸高抛，赚取黄金价格的波动差价。投资者的买卖交易记录只在个人预先开立的"黄金存折账户"上体现，不发生实金提取和交割。中国银行的"黄金宝"、中国工商银行的"金行家账户金"、中国建设银行的"龙鼎金"个人账户金交易都属于此类范畴。

2）黄金 T+D 交易

黄金 T+D 市场是买卖黄金 T+D 合约的市场。国内黄金 T+D 品种是指由上海黄金交易所统一制定的、规定在将来某一特定的时间和地点交割一定数量标的物的标准化合约。黄金 T+D 里的"T"是 Trade(交易)的首字母，"D"是 Delay(延期)的首字母，黄金 T+D 又叫黄金延期交易。上海黄金交易所 T+D 交易品种主要有 AU(T+D) 和 AG(T+D)。

3）黄金期货交易

黄金期货交易是标准合约的买卖，黄金期货交易是在固定的交易所内进行，黄金期货的购买、销售者在合同到期日前出售和购回与先前合同相同数量的合约，也就是平仓，无须真正交割实金。每笔交易所得利润或亏损，等于两笔相反方向合约买卖差额。这种买卖方式，才是人们通常所称的"炒金"。黄金期货合约交易只需 10% 左右交易额的定金作为投资成本，具有较大的杠杆性，少量资金推动大额交易。所以，黄金期货交易又称"定金交易"。

4）黄金期权交易

黄金期权交易是在黄金远期交易的基础上产生的。黄金期权是赋予它的持有者在到期日之前或到期日当天，以一定的价格买入或卖出一定数量黄金的权利的合约。期权按买入和卖出的权利不同可以分为买入(看涨)期权和卖出(看跌)期权。

本模块小结

本模块主要是在我国金融市场发展实践基础上，学习货币市场、资本市场、外汇市场、黄金市场等各金融市场工具及其市场业务活动。完成本模块的学习，应该理解和掌握以下内容。

（1）金融市场有不同的划分标准，按交易对象不同，金融市场主要分为货币市场、资本市场、外汇市场、黄金市场。

（2）金融市场由交易主体、交易客体、交易价格、组织形式等基本要素构成。

（3）同业拆借市场的市场参与人是金融机构，市场交易对象是金融机构的存款准备金、银行间存款及金融机构吸收的活期存款，同业拆借市场交易期限短、交易额大、利率由供求双方议定、交易程序简便。

(4) 票据是一种商业证券。它是具有法定格式,表明债权债务关系的一种有价凭证。票据市场可分为票据承兑市场、票据贴现市场和本票市场。

(5) 大额可转让定期存单储蓄是一种固定面额、固定期限、可以转让的大额存款定期储蓄。发行对象既可以是个人,也可以是企事业单位。大额可转让定期存单市场的主要参与者是货币市场基金、商业银行、政府和其他非金融机构投资者,市场收益率高于国库券。

(6) 短期政府债券市场是以发行和流通政府债券所形成的市场。我国短期政府债券主要有两类:短期国债和中央银行票据。短期国债是指中央政府发行的短期债券,中央银行票据是指由中国人民银行发行的短期债券。短期政府债券违约风险小、流动性强、收入免税。短期政府债券市场不但是投资者的理想场所,而且是商业银行调节二级准备金的重要渠道,还是政府调整国库收支的重要基地,是中央银行进行公开市场业务操作的重要场所。

(7) 资本市场是相对于货币市场而言的,是指以期限一年以上的金融工具为交易对象进行长期性资金交易活动的市场。资本市场特点有融资期限长、流动性相对较差、风险大而收益较高、市场行情灵敏度强、资本市场的交易活动主要是集中在固定场所即证券交易所内进行的。资本市场包括股票和债券发行与流通市场。

(8) 外汇是以外币表示的用于国际清偿的支付手段和资产。外汇市场上的外汇交易业务主要有即期外汇交易、远期外汇交易、套汇交易、外汇套利交易、外汇掉期交易、外汇期货交易、外汇期权交易等。

(9) 黄金市场是进行黄金买卖交易的场所,是集中进行黄金买卖和金币兑换的交易中心。黄金市场具有保值增值功能,黄金市场可以执行货币政策功能。黄金有实物交易、T+D交易、期货交易和期权交易等方式。

关 键 术 语

金融市场　货币市场　资本市场　同业拆借　国债　外汇市场　黄金市场

案 例 分 析

中国资本市场具备长期获利能力

经济增长是资本市场发展的基础,近年来中国经济结构在优化,经济发展的质量在提升,对于A股来说,这个发展基础一直是坚实的。基金作为资本市场的重要参与者,过去20年也取得了非常好的回报,大家对中国经济和资本市场的未来充满信心。

基金过去20年创造了很好的投资回报。截至2017年年底,整个基金行业成立以来累计实现盈利超过2万亿元,其中偏股型基金平均年化收益率达到16.5%,为投资者创造了很好的长期回报,相信其未来参与中国资本市场也仍然具备长期获利能力,驱动因素主要有以下几点。

首先,监管力度不断加强,市场机制更加成熟,注重投资者利益保护。近年来,监管在不断加强,重组、定增、主题、改名等概念炒作不断减少,未来市场将回归到关注公司的业绩、持续创造利润的能力以及成长性方面上。市场机制将更为成熟,包括未来注册制改革以及加大退市制度的执行力度等,投资者利益保护的力度也在不断加大。

其次,优质企业增多,上市公司治理结构不断完善。混合所有制推进上市公司治理结构不断完善,包括企业经营受行政干预减少,鼓励兼并收购和资产重组等,提高上市公司质量。随着上市公司发展机制的不断成熟,对其业绩和股价都会产生积极的影响。

再次,机构投资者队伍不断壮大。A股的投资者结构近年来发生显著变化。2003年,机构投资者持股比例仅为4%,而到了2017年年中,这一数据已逐步提升至46%。未来,A股市场的机构投资者占比还将进一步提升,纳入MSCI意味着A股未来的国际机构投资者占比也将不断增加。而机构投资者的投资理念更加偏向价值投资,投资风格稳健,看重中长期投资价值。机构投资者成为主流,有助于市场向价值投资理念靠拢,整体形成更加重视长期业绩回报的氛围。

最后,国际化为资本市场带来更多的增量资金。A股近年来在国际化进程上不断加速,首先实现了与港股的互联互通,流入A股的资金规模增幅明显。

【讨论问题】 你认为中国资本市场具备长期获利能力吗?为什么?

思考与练习

一、不定项选择题

1. 下列金融工具中属于间接融资工具的是（　　）。
   A. 可转让大额定期存单　　　　B. 公司债券
   C. 股票　　　　　　　　　　　D. 政府债券
2. 按交易对象划分,金融市场可分为（　　）。
   A. 拆借市场　　B. 证券市场　　C. 外汇市场　　D. 黄金市场
3. 金融市场的主体是指（　　）。
   A. 金融工具　　　　　　　　　B. 金融中介机构
   C. 金融市场交易者　　　　　　D. 金融市场价格
4. 短期金融市场又称为（　　）。
   A. 初级市场　　B. 货币市场　　C. 资本市场　　D. 次级市场
5. 下列描述属于货币市场特点的有（　　）。
   A. 交易期限短　　　　　　　　B. 交易工具收益高而流动性差
   C. 风险相对较低　　　　　　　D. 流动性强
6. 货币市场上的交易工具主要有（　　）。
   A. 货币头寸　　　　　　　　　B. 长期公债
   C. 公司债　　　　　　　　　　D. 票据
7. 同业拆借市场利率常被当作（　　）。

A. 基准利率　　　　B. 公定利率　　　　C. 浮动利率　　　　D. 市场利率

8. 英文缩写 LIBOR 指的是（　　）。
   A. 全国证券交易自动报价系统　　　B. 全国统一的同业拆借市场网络系统
   C. 伦敦同业拆放利率　　　　　　　D. 上海银行间同业拆放利率

9. 下列不属于资本市场中介机构的是（　　）。
   A. 证券公司　　B. 证券交易所　　C. 会计师事务所　　D. 资产评估机构

10. 股票流通中的场内交易其直接参与者必须是（　　）。
    A. 股民　　　　　　　　　　　　B. 机构投资者
    C. 证券商　　　　　　　　　　　D. 证券交易所会员

11. 下列政策中，会引起证券市场价格上升的是（　　）。
    A. 增加货币供应量　　　　　　　B. 下调利率
    C. 扩张性财政政策　　　　　　　D. 减税

12. 美元兑英镑按（　　）计价。
    A. 直接标价法　　B. 间接标价法　　C. 美元标价法　　D. 应收标价法

13. 商业银行主要参与（　　）活动。
    A. 债券市场　　B. 同业拆借市场　　C. 证券市场　　D. 外汇市场

14. 在我国金融市场中，属于自律性的监管机构包括（　　）。
    A. 中国证券监督管理委员会　　　B. 中国人民银行
    C. 中国证券业协会　　　　　　　D. 中国银行保险监督管理委员会

15. 中国银行的"黄金宝"个人账户金交易属于（　　）。
    A. 黄金现货交易业务　　　　　　B. "纸黄金"业务
    C. 黄金 T+D 业务　　　　　　　　D. 黄金期货交易

二、填空题

1. 按融资的期限划分，可分为＿＿＿＿和＿＿＿＿。
2. 金融市场由＿＿＿＿、＿＿＿＿、＿＿＿＿、＿＿＿＿等要素组成。
3. 同业拆借市场的交易对象主要有商业银行的＿＿＿＿、＿＿＿＿银行间存款及其他活期存款。
4. 票据市场可分为＿＿＿＿市场、＿＿＿＿市场和＿＿＿＿市场。
5. 我国短期政府债券主要有两类：＿＿＿＿和＿＿＿＿。
6. 按股东享有权利的不同，股票可以分为＿＿＿＿和＿＿＿＿。
7. 证券交易市场通常分为＿＿＿＿市场和＿＿＿＿市场。
8. 我国股份公司首次公开发行（IPO）股票和上市后向社会公开募集股份（公募增发）采取＿＿＿＿发行方式。
9. 我国的场外交易市场主要包括＿＿＿＿和＿＿＿＿。
10. 按确定汇率的方法，分为＿＿＿＿与＿＿＿＿。
11. 外汇市场上的外汇交易业务主要有＿＿＿＿、＿＿＿＿、＿＿＿＿、＿＿＿＿等。
12. 黄金 T+D 又叫＿＿＿＿。

三、判断题

1. 在股份公司盈利分配和公司破产清理时,优先股股东优先于普通股股东。( )
2. 再贴现是指银行以贴现购得的没有到期的票据向其他商业银行所作的票据转让。( )
3. 债券回购交易实质是一种以有价证券作为抵押品拆借资金的信用行为。( )
4. 一般而言,金融资产的风险性与收益性呈正向关系,与流动性呈反向关系。( )
5. 在银行同业拆借市场上,日拆常以信用度较高的金融工具为抵押品。( )
6. 票据经过银行承兑,有相对小的信用风险,是一种信用等级较高的票据。( )
7. 相对主板市场而言,创业板市场是资本市场中最重要的组成部分。( )
8. 例行交割即自成交日起算,在第二个营业日内办完交割事宜。( )
9. 外汇银行即期外汇交易,一般采取"双档"报价法。( )
10. 在通货膨胀严重、政治经济危机时期,黄金的价值更会增加,因为黄金具有很好的保值、增值功能。( )

四、思考题

1. 金融市场有哪些类型?
2. 简述金融工具的特性及其相互关系。
3. 货币市场由哪些子市场构成?
4. 资本市场有哪些特点?如何理解资本市场在现代经济中的功能?
5. 股票有哪些特点和类型?
6. 我国证券交易所市场有哪些层次结构?
7. 外汇市场有哪些交易业务?
8. 黄金市场有哪些交易业务?

模块 8

互联网金融

【能力目标】

通过完成本模块的学习,学生应该能够掌握互联网金融的概念、互联网金融的主要模式、互联网金融风险及风险监管和互联网金融的发展趋势。

【核心能力】

掌握不同的互联网金融的主要模式。

【任务分解】

1. 了解互联网金融的概念、特点。
2. 掌握互联网金融的主要模式。
3. 掌握互联网金融的风险分析和风险控制。

导入案例

"85后""90后"成投资主力军,互联网金融引领时尚投资

由今日头条发布的《新中产家庭投资理财大数据报告》中显示,在所有关注投资理财内容的用户中,24~30岁人群占比为45.41%,位居全年龄段第一。年轻群体对投资的关注,主要归功于互联网金融服务逐渐进入年轻人的生活。互联网时代为年轻人带来了新的投资方式,互联网金融由此成为当今的时尚产业。

近年来,互联网金融对经济的贡献很大,可见大众对互联网金融的需求正与日俱增。随着互联网金融产业的飞速发展,政府频频加强监管,互联网金融发展被政策条款逐渐导正方向,结束了初期"野蛮生长"的状况。而监管的不断完善,证明了国家对互联网金融产业的支持态度。借助高需求度的市场与政策支持,互联网金融行业在未来拥有良好的发展前景,而网贷行业正是其主要代表。

P2P网贷即个体与个体之间通过网络平台实现的直接借贷,网贷平台在其中充当信息中介角色。能获得如此多年轻用户的青睐,网贷投资相比传统投资方式有哪些独特优势?

首先,网贷投资便捷性更高。网贷平台依托互联网科技,减少了不必要的人力资源与等待的时间成本,又有便于操作的PC端网页及手机端软件,让投资行为的发生更直观

快速。

其次,网贷投资期限更灵活。传统投资周期多从一年到数十年不等,时间普遍较长。网贷的投资周期从一个月到数年不等,可以由用户自行选择,免去了长期投资易出现的资金流问题,也在一定程度上减少了市场变化所带来的风险。

最后,网贷提倡小额投资分散风险。传统投资方式由于成本问题,多是大额项目,对于普通大众有较高的门槛限制,并且风险相对集中。而P2P网贷起投数额较低,适用的收入群体更加广泛,并且可将数份小额资金分别投入不同项目中,以达到分散风险的目的。

资料来源:《中国青年报》,2018-02-08.

【分析提示】 什么是互联网金融?互联网金融为什么会成为"85后""90后"选择的重要投资方式?互联网金融是否具有风险?

8.1 认识互联网金融

8.1.1 互联网金融的概念

互联网金融是利用互联网技术和移动通信技术等一系列现代信息科学技术实现资金融通的一种新兴金融服务模式。互联网"开放、平等、协作、分享"的精神渗透到传统金融业态,对原来的金融模式产生根本影响及衍生出来的创新金融服务方式,具备互联网理念和精神的金融业态及金融服务模式统称为互联网金融。其依托于移动支付、云计算、社交网络、搜索引擎等高速发展的新兴信息技术和高度普及的互联网进行的金融活动,不同于传统的以物理形态存在的金融活动,而是形态虚拟化,存在于电子空间中。

从狭义的金融角度来看,互联网金融则应该定义在跟货币的信用化流通相关的层面,也就是资金融通依托互联网实现的方式方法都可以称为互联网金融。

从广义的金融角度来看,在互联网上从事金融活动都应该是互联网金融,比如,第三方支付、P2P网贷、众筹、金融中介、在线理财、金融电子商务等。

8.1.2 互联网金融的特点

1. 成本低

一方面体现在交易成本上。在互联网金融模式下,资金供求双方可以通过网络平台自行完成信息甄别、匹配、定价和交易,无传统中介、无交易成本;另一方面体现在服务成本上。金融机构可以避免开设营业网点的资金投入和运营成本。同时,消费者可以在开放透明的平台上快速找到适合自己的金融产品,削弱了信息不对称程度,更省时省力。

2. 效率高

互联网金融业务主要通过计算机完成,其操作流程高效、快捷,客户不需要排队等候,用户体验好。如阿里小贷依托电商积累的信用数据库,经过数据挖掘和分析,引入风险分析和资信调查模型,商户从申请贷款到贷前调查、审核、发放和还款采用全流程网络化、无纸化操作，商户足不出户，只用在计算机前简单操作即可获取贷款，整个过程最短只需三分钟。

3. 覆盖广

互联网金融模式下，客户可以在互联网上寻找任意所需要的金融资源，金融服务更直接，客户基础更广泛。此外，互联网金融的客户主要以小微企业为主，满足了部分优质小微企业需求，提升了资源配置效率，促进了实体经济发展。

4. 风险大

目前我国互联网金融领域新兴业态的法律定位、监管主体、准入机制、业务运转流程监控、个人及企业的隐私保护等问题的法律法规存在的大量空白，导致互联网金融违约成本较低，出现了骗贷、伪互联网金融现象。2017年以来，淘金贷、优易网、安泰卓越等P2P网贷平台先后曝出"跑路"事件。另外，网络金融犯罪问题突出。一旦互联网遭遇黑客攻击，互联网金融的正常运作会受影响，危及消费者的资金安全和个人信息安全。

8.1.3 互联网货币

互联网货币又称为虚拟货币、数字货币或者电子货币，这与我们现实中使用的货币全然不同。在"互联网社会形态"里，人们根据自己的需求成立或者参与社区，同一社区成员往往基于同种需求形成共同的信用价值观，互联网货币就是在此基础上形成的"新型货币形态"。互联网货币不直接以实体经济为支撑，不直接与实体经济挂钩，它的发行、使用、运作都存在于虚拟社区中。

互联网货币通常没有以商品为基础的价值，社区成员可以通过从事社区活动增加该种货币的持有量。比如，信用卡积分、手机卡积分、会员卡积分、航空里程其实也是货币，除此之外，互联网货币还可以表现为比特币、Q币、亚马逊币等互联网货币。其中，尤以作为虚拟货币的比特币最具代表性。

1. 什么是比特币

四川雅安地震发生后，壹基金宣布接受比特币捐款。在短短的几天时间里，壹基金总共收到了233个比特币，折合人民币约22万元。北京市海淀区图书城车库咖啡厅接受用比特币进行消费，一杯咖啡售价0.012比特币。自2013年起，"比特币"三个字越来越频繁地出现在公共视野。但与此同时，很多人都有这样的疑问：比特币究竟是什么？如何获得和使用比特币？

比特币（Bitcoin）最初是由一个自称中本聪的人在一个隐秘的密码学评论组上论述了他对电子货币的新设想——比特币就此面世。比特币是一种根据中本聪的思路设计发布的开源软件及建构其上的P2P网络产生的电子货币。与大多数货币不同，比特币具有以下特点。

（1）去中心化。比特币没有一个集中的发行方，而是由网络节点的计算生成的，谁都可以参加制造比特币。

（2）流通性。全世界流通，不管你身在何处，只要在任意一台接入互联网的计算机上都可以买卖，任何人都可以挖掘、买卖或收取比特币。

（3）稀缺性。总量有限，根据程序算法，比特币总量到2140年将达到上限2100万个。

(4) 匿名性。比特币经济适用整个 P2P 网络中众多节点构成的分布式数据库确认并记录所有的交易行为,在交易过程中外人无法辨认使用者的身份信息。

2. 比特币的风险和缺陷

2013 年 12 月 5 日,中国人民银行等五部委印发了《关于防范比特币风险的通知》,否定了比特币在中国的货币地位,并要求各金融机构和支付机构不得以比特币为产品或服务定价。关于比特币未来是否能代替法定货币在商品市场上进行流通,由以下几个方面进行分析说明。

(1) 无政府信用支持。一种货币如果没有政府强制的支持和政府的信用背书,很难有特定的价值。如面值为 100 元的人民币,不管其如何进行流通,都能按照 100 元进行流通。因为其为中国政府指定的流通货币,有政府信用作为支持。同样地,腾讯推出的 Q 币,因为有腾讯公司对其信用支持,支持其作为支付工具使 Q 币具有了一定的价值。不可否认,比特币在某些特定地方或者特定领域也具备一定的价值,但是比特币无法等同或者代替官方货币。

(2) 违背货币的本质。从目前比特币的交易情况来看,比特币起到的作用并不是真正交换商品媒介的作用,更多的人运用比特币的目的是投资和投机作用。其违背了货币所具有的价值尺度、流通手段、支付手段、贮藏手段的职能。

(3) 总量有限,缺乏流动性。货币最基本的特征是可以进行一切商品交易,作为支付手段被广泛接受。但是,根据目前情况来看,没有任何机制确保比特币的流动性,没有一家银行会增发比特币以确保比特币的流动性。比特币不存在一个发行中心,根据中本聪的设计,直到 2140 年,全球比特币的总量将被限定在 2 100 万个,因而比特币根本不可能像人民币、美元、英镑等法定货币一样拥有庞大的储备和极强的流动性,无法从虚拟世界扩大到真实世界中,满足不了真实世界的庞大需求。

扩展阅读 8-1

区块链技术

所谓区块链技术,简称 BT(Blockchain Technology),也被称为分布式账本技术,是一种互联网数据库技术,其特点是去中心化、公开透明,让每个人均可参与数据库记录。区块链技术最早是比特币的基础技术,目前世界各地均在研究它,可广泛应用于金融等各领域。

基本概念如下。

交易(Transaction):一次操作,导致账本状态的一次改变,如添加一条记录。

区块(Block):记录一段时间内发生的交易和状态结果,是对当前账本状态的一次共识。

链(Chain):由一个个区块按照发生顺序串联而成,是整个状态变化的日志记录。

如果把区块链作为一个状态机,则每次交易就是试图改变一次状态,而每次共识生成的区块,就是参与者对于区块中所有交易内容导致状态改变的结果进行确认。

用通俗的话阐述:如果我们把数据库假设成一本账本,读写数据库就可以看作一种记账的行为,区块链技术的原理就是在一段时间内找出记账最快最好的人,由这个人记账,然后将账本的这一页信息发给整个系统里的其他所有人。这也就相当于改变数据库所有的记录,发给全网的其他每个节点,所以区块链技术也称为分布式账本(Distributed Ledger)技术。

以比特币为例,比特币系统的区块链由一连串加密的数据块(Block)构成,每个数据块中包含一定个数的比特币,并记录了每一单位比特币的当前所有者(公匙)与历史交易记录(比特币最小单位是 0.000 000 01 比特币)。比特币系统的区块链类似于一个无所不包的分布式账本,由对等的 P2P 网络节点共同保存。

8.2 互联网金融的主要模式

8.2.1 第三方支付

1. 第三方支付的定义

从狭义上来说,第三方支付是指具备一定实力和信誉保障的非银行机构,借助通信、计算机和信息安全技术,采用与各大银行签约的方式,在用户与银行支付结算系统间建立连接的电子支付模式。

从广义上来说,根据中央银行 2010 年在《非金融机构支付服务管理办法》中给出的非金融机构支付服务定义,第三方支付是指非金融机构作为收、付款人的支付中介所提供的网络支付、预付卡、银行卡收单及中国人民银行确定的其他支付服务。

第三方支付平台不涉及资金的所有权,而只是起到中转的作用。买卖双方在缺乏信用保障或法律支持的情况下,买方将货款支付给买卖双方之外的第三方,第三方担当中介保管及监督的职能,提供支付托管服务,完成从消费者到商户及金融机构间的货币支付、资金清算、查询统计等系列过程。

2. 第三方支付的业务流程

随着电子商务的蓬勃发展,网上购物、在线交易日渐成为人们生活中的一部分。在这些网上购物和网上交易的电子商务网站背后,往往连接着多个第三方支付平台,如果消费者选择通过某一个第三方支付平台完成付款,则直接链接到该第三方支付平台的支付页面,消费者可在此页面上选择适合自己的支付方式。

就网上支付而言,第三方支付平台有两种支付方式:银行卡支付和账户支付。

在银行卡支付方式下,付款人首先是某家银行网银用户,而无须先开立第三方支付平台虚拟账户。付款人通过第三方支付平台,进入第三方支付维护的银行支付页面,在页面上输入自己的银行账号和支付密码或证书,即可完成支付。

在账户支付方式下,交易双方需要在第三方支付平台开立虚拟账户,然后用户需要登录第三方支付平台,将资金从银行账户充值到第三方支付平台中。第三方支付平台根据付款方的指令将平台账户中的资金划付到收款方的平台账户中。此后,第三方支付平台通过其在银行的账户向商户的银行账户划转实际资金。

另外,有的第三方支付平台会提供担保服务,即付款人的金额不会马上打到收款人的银行账户,而是暂存于平台的银行账户中,当付款人对货物验收满意后,支付平台才会将货款转到收款人的账户。

3. 第三方支付的运营模式

从发展路径与用户积累途径来看,目前市场上第三方支付公司的运营模式可以归为两大类:一类为独立第三方支付模式,以快钱为典型代表;另一类为有担保功能的第三方支付模式,以支付宝为典型例子的依托于 B2C、C2C 电子商务网站。

(1) 独立第三方支付模式。独立第三方支付模式是指第三方支付平台完全独立于电子商务网站,不负有担保功能,仅仅为用户提供支付产品和支付系统解决方案。平台直接客户是企业,通过企业间接吸引消费者,平台后端连着众多的银行,平台负责与各银行之间的账务清算。独立第三方支付企业与依托电商网站的支付宝相比更为灵活,能够积极地响应不同企业、不同行业的个性化要求,面向大客户推出个性化的定制支付方案,从而方便行业上下游的资金周转,也使其客户的消费者能够便捷付款。独立第三方支付平台的收益来自银行的手续费分成和为客户提供定制产品的收入。但是,该模式没有完善的信用评价体系,容易被同行复制,因此迅速提升在行业中的覆盖率及用户黏性是其制胜关键。

(2) 有担保功能的第三方支付模式。有担保功能的第三方支付模式是指第三方支付平台捆绑着大型电子商务网站,并同各大银行建立合作关系,凭借其公司的实力和信誉充当交易双方的支付和信用中介,在商家与客户间搭建安全、快捷、低成本的资金划拨通道。

买方在电商网站选购商品后,使用第三方支付平台提供的账户支付货款,此时货款暂由平台托管并由平台通知卖家货款到达、进行发货;待买方检验物品进行确认后,通知平台付款给卖家,此时第三方支付平台再将款项划款至卖方账户。这就是有担保功能的第三方支付模式的运营模式,其本质是第三方支付平台作为买卖双方的信用中介,在买方收到商品前,代替买卖双方暂时保管货款,以防止信用缺失行为。

支付宝和财付通为典型的有担保功能的第三方支付模式,其借助淘宝、拍拍等母公司电子商务网站上积聚个人商户和小微企业商户。针对电子商务交易中,双方通过网络直接交易对消费者而言缺乏信任感,搭建了中立于买卖双方、有技术实力又有担保信用的第三方支付平台。担保支付模式不但极大地促进了它们所依附的电商网站的交易量,而且为其带来了庞大的用户群,这些海量的用户资源为这类第三方支付平台创造了强大的优势地位。

4. 第三方支付对金融业的影响

随着第三方支付的不断发展壮大,其日渐成为金融服务业不可或缺的组成部分,弥补了传统银行服务的空白,使银行从支付链条的前端逐渐走向幕后,迫使银行不断探索新的金融改革与产品创新;同时,随着第三方支付应用场景的丰富,支付平台成为金融产品的重要营销渠道,进一步推动金融脱媒,挑战传统金融服务的方式方法。

(1) 促进金融行业服务变革。第三方支付客观上助推了金融行业电子化,强化了金融业务重视客户体验的服务理念,使金融业的服务水平整体上升。由第三方支付引发的金融业服务变革正在加速,随着第三方支付的影响力不断发展及普及率不断上升,传统金融机构猛然觉醒,开始加速自身的电子化改革。中信银行和招商银行纷纷借力于第三方支付平台整合产品,抢占移动金融市场。2013年4月,中国工商银行宣布推出支付1 000元以下的在线小额快捷支付服务,这种小额电子支付交易的方式与支付宝的快捷支付非常相似。

(2) 分食银行中间业务。第三方支付平台是支付中介,同时也是金融产品的新兴营销渠道,它们正在不断地分食银行的中间业务。

收付款、转账汇款、保险代缴、电话费缴费、水电费代缴等结算和支付服务,客户都可以通过第三方支付平台完成。第三方支付企业开始将资源优势延伸至线下,通过铺设POS网络和代收付费系统开展线下收单、医保支付等业务,使银行客户出现了分流,对银行的电子银行产生的中间业务收入形成了替代效应。

第三方支付的兴起,很大程度上促使了金融行业间结算费率的降低。例如,支付宝和财付通为个人客户提供信用卡免费跨行异地还款、转账汇款、机票订购、火车票代购、保险续费、生活缴费等支付服务。这使得第三方支付平台客户足不出户,只需在互联网上进行操作即可享受零手续费的支付服务。

第三方支付机构除在结算、代理收付等中间业务方面与商业银行形成了正面竞争外,正加大力度发展代理基金销售业务,银行作为金融产品销售主渠道的垄断局面正在被逐步打破。支付宝推出的余额宝是针对个人用户打造的一项余额增值服务,通过余额宝,用户不仅能够在支付宝网站内直接购买基金等理财产品,得到较高的收益,还能随时消费支付和转出,无任何手续费。

(3) 创新融资方式。由于第三方支付企业所开展的支付服务业务为其积累了很多用户信息和交易信息,越来越多的第三方支付企业通过所掌握的信息资源以开展个人信用支付和企业信用贷款的方式切入融资领域。如支付宝推出的信用支付,实际上相当于消费信贷,即支付宝向用户发行了虚拟信用卡,授信额度从200元到5 000元不等。不同于传统信用卡业务中的抵押模式,支付宝通过对注册时间、网上消费记录、买家信用等级等长期积累的交易信息进行分析,对客户进行信用评级以提供相应的授信额度。

第三方支付公司为中小企业提供的融资服务,不需要其提供大量的资产抵押。一方面,它们同银行合作,共同推出满足中小企业的贷款产品。第三方支付企业通过信息化的方式将企业的合同量、交易量、资金流等数据进行分析转化为银行认可的信用,并收取服务费;另一方面,第三方支付平台由于对产业链上下游的交易情况有清晰的了解,也会用一部分自有资金或从银行、小贷公司贷款,以"垫付""保理"的形式向中小企业提供融资便利。第三方支付企业在提供融资服务的同时实现跨产业链的资金融合,在缓解中小企业融资难方面发挥了重要作用。

5. 第三方支付的风险分析

随着第三方支付的不断发展,其已成为互联网金融的重要组成部分。但由于其出现的时间较短,在自身的运营管理方面经验不足,对其管理及约束的法律法规也亟须修订,整个行业在系统安全、金融、监管等方面存在的风险隐患也逐渐凸显。

1) 操作风险

用户在第三方支付平台上注册及进行交易时,用户的身份信息、账户资金信息、交易信息及认证信息等,已经被记录和保存在第三方支付的数据库中。如果第三方支付平台对所搜集的用户信息的安全保护不到位,则很容易造成用户信息泄露。这会给用户带来潜在的风险,甚至造成经济损失。

另外,不法分子也会利用第三方支付系统的漏洞,通过钓鱼网站或植入木马,盗取网友在支付环节中输入的个人敏感信息,而后从用户的银行卡中划转资金,导致用户的资金被盗用。因此,任何操作失误或者系统设计不当等问题都可能带来操作风险。

2)法律风险

针对第三方支付平台,各相关部门都出台了一些部门规章和其他规范性文件。但是都未对第三方支付作出直接相关的规定,尚需上升到国家法律的层面。

目前,第三方支付尚存在三个法律问题:沉淀资金问题、信用卡套现问题和洗钱问题。

(1)沉淀资金问题。即时付款的交易方式不产生沉淀资金问题,但是,很多第三方支付存在着T+1的支付时间差,因此,会产生沉淀资金。这部分沉淀资金产生的巨额利息的归属便成为一个问题。目前,针对第三方支付平台出台的部门规章和法规,未确定沉淀资金产生巨额利息的归属问题。

(2)信用卡套现问题。通过第三方支付平台进行套现是信用卡套现的一种,即通过制造虚假的电子交易,利用第三方支付平台提供的将货款从买方账户划拨至卖方账户的服务,实现货款从信用卡到其他账户的转移,规避信用卡提现的手续费的行为。具体流程(假设在淘宝网上的支付宝环境中)如下:甲在淘宝网拥有店铺且有账户绑定储蓄卡→甲将信用卡卡号和密码告知乙→乙用另一台计算机购买甲的货物并用信用卡付费→甲收到支付宝提醒,发送空货→乙单击确认收货→乙支付宝账户中的金额打入甲的支付宝账户中→甲申请提现→支付宝将钱打入绑定储蓄卡中→甲成功套现。

目前,在我国相关的法律法规中对利用第三方支付平台进行套现行为的界定、违反的规制、可能产生的法律后果均未作出具体解释。

(3)洗钱问题。第三方支付平台交易存在匿名性、隐蔽性和信息的不完备性,交易资金的真实来源和去向很难辨别,这无疑为洗钱提供了一块犯罪滋生地。第三方支付机构有义务对其平台下的交易进行审查,对于以合法形式掩盖非法目的的交易行为必须严格予以制止。对此,各支付机构也都在其服务条款中进行了声明,比如《支付宝服务协议》中对洗钱罪发出了禁止性声明。但是,究竟如何有效地防范和制止这种犯罪行为,还需要更多人力和技术上的投入。

扩展阅读 8-2

2017年支付大盘点:十大行业标志性事件

2017年,支付行业风云诡谲。中央银行明令备付金集中存管,第三方支付机构"财路"被切断,不得不专注于业务创新;乐富的支付牌照被注销,引发市场震惊,支付机构合规进程逐渐加速;网联横空出世,支付行业将迎来"大一统"时代;支付宝、微信支付频频发力"无现金社会",却掀起了一场舆论的风波……

对于支付行业来说,刚刚过去的 2017 年,既可以说是"多灾多难"的一年,也可以说是对整个行业利好的一年。

随着 2018 年监管的持续收紧,支付行业将逐渐摆脱乱象、走上正轨。

1. 客户备付金"集中存管"

时间:1 月 13 日。

事件:中央银行发布《中国人民银行办公厅关于实施支付机构客户备付金集中存管有关事项的通知》。要求第三方支付机构在交易过程中产生的客户备付金,统一交存至指定账户,由中央银行监管,支付机构不得挪用、占用客户备付金。

影响:在此之前,备付金利息收入一直是支付机构的主要利润来源。而取消利息收入,意味着第三方支付机构必须专注业务创新,找到新的盈利模式。同时,行业分化速度也将大大减缓,中小支付企业迎来了更好的生存空间。

2. 支付宝助力"无现金社会"

时间:2 月 28 日。

事件:支付宝公开"五年计划",称希望用 5 年时间,推动中国率先进入无现金社会,"无现金社会是未来,而未来正在到来"。

随后仅仅过了 8 天,支付宝宣布给 4.5 亿用户连发 3 个月的奖励金,推动无现金社会建设。

影响:支付宝的"五年计划",正式将"无现金社会"概念在中国市场带火,但同时引发相关的争议。此后不断有媒体曝出,部分商家拒收现金的行为,一度导致中央银行相关负责人出面,表示不干涉"无现金社会"的市场推广,但是必须接受现金交易。

3. 支付宝升级"收钱码"

时间:2 月 28 日。

事件:支付宝就在首屏显要位置正式上线"收钱码",并推出免费提现、赔付保障等服务。收钱码上线后,用户单击支付宝首页的"收钱"按钮,即可发起面对面的收款。

5 月,支付宝将"支付宝收款"业务升级为"收钱码"。10 月,蚂蚁金服宣布以"收钱码"为基础,投入 100 亿元,支持小商家推广和应用移动支付。

影响:小微商户是线下支付的重要阵地,也是支付机构之间拼争的主要战场。在支付宝之前,微信支付就已经在线下小微商户的支付场景中展开布局,而随着支付宝的逐渐加码,双方的线下场景竞争越发激烈。

4. 网联正式启动

时间:3 月 31 日。

事件:网联也即非银行支付机构网络支付清算平台,正式启动试运行,完成首笔交易。试运行首日,招商银行、中国银行、财付通和网银在线四家机构率先接入网联平台,并完成首笔跨行清算交易。

影响:网联成立以后,将有效防范和处理诈骗、洗钱、钓鱼及违规等风险。对于中小机构来说,网联上线意味着它们不再有逐一对接银行的压力,也不再因银行数量有限而受到商户和用户的排斥,将会获得更公平的拓展线下场景的机会。

5. 乐富被注销支付牌照

时间：6月26日。

事件：在支付牌照第四批续展结果中，乐富因存在不予续展情形，被中央银行注销《支付业务许可证》。

随后，乐富官网发表声明，称因公司未能及时完成续展相关流程，以致银行卡收单续展未获批。9月4日，乐富宣布全面终止银行卡收单业务，正式退出支付市场。

影响：在支付牌照被注销之前，乐富一直是支付行业的一座大山，交易量一度排名行业前五。而乐富牌照的注销，也打破了之前市场上"续展一般都能通过"的论调，预示着中央银行对"银行卡收单"业务的监管会越来越严格。

6. 支付宝实现"刷脸吃饭"

时间：9月1日。

事件：支付宝宣布在肯德基的KPRO餐厅上线刷脸支付，也即用户可以不用手机，单单通过刷脸就可以完成支付宝支付。这也是刷脸支付在全球范围内的首次商用试点。

影响："刷脸"科技几乎成为金融科技巨头的新战场，而随着支付宝、苏宁、京东等纷纷推出"刷脸支付"，仿佛预示着"刷脸支付"时代的来临。不过，目前在金融行业暂无生物识别相关的标准，在实际业务中，"刷脸"仍存在风险。

7. 兰州银行首推ATM扫码取款

时间：9月4日。

事件：兰州银行宣布，将在全国首推微信、支付宝ATM扫码取款，用户将不再需要携带银行卡就可以完成取款。据悉，这项服务仅支持钱包余额和借记卡，不支持信用卡。ATM扫码取款单笔限额5 000元，单日累计限额20 000元。

消息当日，兰州银行该项业务被紧急叫停。原因是第三方支付机构不得经营或者变相经营现金存取等业务，即支付账户不能用于取现。

影响：兰州银行的做法本质上是商业银行利用第三方支付机构渠道"收单"，而非银行转账这一业务渠道。将第三方账户中的备付金，提取为客户的现金，完成现金存取服务。

8. 中央银行整治无证经营

时间：11月13日。

事件：中央银行下发《关于进一步加强无证经营支付业务整治工作的通知》(217号文)，要求持证机构自查于2017年年底完成，中国人民银行分支机构组织检查于2018年2月底前完成，中国人民银行总行现场督查于2018年4月底前完成。2018年6月前，所有的总结与处罚结果出炉。

整治范围包括银行业金融机构、非银行支付机构、中国银联、农信银资金清算中心、城商行清算中心、同城清算系统运营机构、小额支付系统集中代收付中心运营机构。

影响：监管此举，剑指"无证支付机构和支付"二清行为，加大对其整治和处罚力度，也是2016年10月以来，支付行业专项整治工作的延续和进一步深入。

9. 银联联合银行推出"云闪付"APP

时间：12月11日。

事件:中国银联联合各家商业银行正式发布"云闪付"APP,此软件为银行业移动支付统一入口,原有的如"银联钱包"等在内的银联各项服务C端用户的APP都将退出市场。

影响:此前中国移动支付市场,一直是支付宝和财付通两强争霸的局面,而银联通过组建银行"联盟军",或将撼动这一格局,实现"逆势翻盘"。

10. 条码支付迎来分级制

时间:12月27日。

事件:为规范条码支付业务,中央银行在官网公告中一口气挂出三份文件,设置四个条码支付的风险防范登记,要求银行和支付机构对个人客户的条码支付业务进行限额使用。

归纳来说,风险防范能力分为A、B、C、D四级,单日累计交易额度也由高到低。相应地,对于银行和支付机构来说,这四个级别对应的门槛也由高到低。

影响:这是我国首次对条码支付的一次全面和系统的安全梳理及管理规范,也意味着条码支付迎来建立有效的安全措施、统一的业务规则,以及消费者权益保护制度。

资料来源:《电商报》,2018-01-30.

8.2.2 P2P网贷

1. P2P网贷的定义

P2P网络贷款(Peer to Peer Lending)简称P2P网贷,是指个人或法人之间通过网络实现借贷,国内通常称为"人人贷"。P2P借贷主要表现为个体对个体的信息获取和资金流向,在债权债务关系中脱离了传统的资金媒介。从这个意义上来讲,P2P借贷涵盖在"金融脱媒"的概念里。

2. P2P网贷的交易流程

在P2P网贷交易流程中,借贷双方必须先要在P2P网贷平台上进行注册以获取平台账号。然后,平台需要借款人提供其身份凭证及资金用途、金额、接受利息率幅度、还款方式和借款时间等信息以供平台审核,待平台审核通过后,借款人的借款需求及其相关信息会在平台上进行公布。待平台上公布了借款人的相关信息后,投资者可根据平台发布的借款人项目列表,自行选择借款人项目,自行决定借出金额。P2P网贷平台上的借贷交易过程多采用"竞标"的方式实现,即一个借款人所需的金额资金可由多个出借人出资,待所借金额募集完成之后,该借款项目会从平台上撤下。在出借人与借款人就借款项目达成意向后,资金出借人与借款人直接签署个人间的借贷合同,一对一地相互了解对方的身份信息、信用信息。若借款项目未能在规定期限内筹到所需资金,则该项借款计划流标。

在整个交易流程中,借款利率的确定成为P2P网贷平台交易双方关注的重点。目前,对于借款利率的确定一般有三种模式:①平台给出利率指导范围,由贷款人自行决定利率,如人人贷、拍拍贷等;②平台根据借款人的信用水平决定其借款利率,较高信用等级的借款人可以得到较低的利率,而信用等级较低的借款人则会被规定较高的利率,如合力贷;③贷款利率根据出借人投标利率的范围而确定,投标利率最低者获得签订借贷合同的资格。

3. P2P 网贷的运营模式

1）纯平台模式和债权转让模式

根据我国 P2P 网贷公司相关借贷流程的不同，P2P 网贷可分为纯平台模式和债权转让模式。

（1）纯平台模式。从借贷流程上来看，纯平台模式是借贷双方在 P2P 网贷平台上进行注册获取平台账号，出借人根据需求在平台上自主选择所显示的贷款对象，平台不介入交易，只负责信用审核、展示及招标，平台给出利率指导范围，由贷款人自行决定利率。纯平台模式以收取账户管理费和服务费为收益来源。

扩展阅读 8-3

拍 拍 贷

我国纯平台模式的典型代表为 2007 年 8 月成立，总部位于上海的拍拍贷。拍拍贷的借款有小额、短期的特点，一般不超过 6 个月，额度一般不超过 10 万元。2012 年，拍拍贷一年的贷款成交规模大概是 2.5 亿元，截至 2013 年 9 月，总的贷款成交规模是 8.6 亿元。

拍拍贷作为纯平台的操作流程：首先，出借人和借款人在平台上填写相关信息进行注册，出借人将其出借资金充值到平台虚拟账户中，平台对出借人进行信用审核并给予评级；其次，经过审核的借款人填写借款信息，平台将其信息列入借款列表并挂在网站页面上；最后，出借人浏览借款列表并进行投标，由平台进行信息撮合并确定最后有交易资格的出借人，至此借贷交易达成。出借人的资金被放在第三方支付平台上，与公司资金账号隔离。资金划拨成功后，借款人必须按月还本付息（等额本息），出借人也可以按月收到还款。

在交易过程中，拍拍贷是单纯的中介，不保证投资人的本金，并不承担坏账风险。拍拍网的利润来自服务费，主要是成交服务费、充值服务费和取现服务费。

（2）债权转让模式。债权转让模式是指借贷双方不直接签订债权债务合同，而是通过第三方个人先行放款给资金需求者，再由第三方个人将债权转让给投资者。一般地，第三方个人为平台的内部核心人，与 P2P 网贷平台具有高度的关联性。P2P 网贷平台通过对第三方个人债权进行金额拆分和期限错配，将其打包成类似于理财产品的多个债权包，放于平台上供出借人选择。由此，借贷双方经由第三方个人产生借贷关系的模式使原本"一对一""一对多"或者"多对一"的 P2P 借贷关系变为"多对多"的债权关系。P2P 网贷平台将承担借款人的信用审核及贷后管理等相关职责，为整个交易过程提供服务。

扩展阅读 8-4

宜信：小额信贷"P2P"

中小企业融资和小额信贷一直都不是什么新鲜话题，近年来如民生、浦发等银行也越来越积极地探索相关的商业模式。但对于"小微贷款"，特别是 20 万元以下甚至几百元的贷款需求，比如农户想贷款购置一头奶牛，银行等机构就确实鞭长莫及了。而尽管每个城市都分布着一定数量的小额贷款机构,但大都是散兵游勇式甚至有些"背光"的作业方式。

宜信创始人唐宁希望在这片空白但需求旺盛的市场里掘金。2006年,他学习国外业已成熟的P2P贷款模式,试图在中国建立起一个"点对点"小额融资的服务中介平台。

P2P贷款模式起源于英国,多指在国外较成熟的个人信用体系和流行的互联网文化环境下,以互联网为媒介,为有闲置资金和借款需求的个人提供"配对"服务。但以国内的信用环境和互联网文化,显然不可能完全照搬,因此唐宁把这种模式进行了一系列因地制宜的创新工作。

(1) 重新定义服务对象。宜信主要将借款人确定为四类人群:微小企业主、工薪阶层、农民和学生,他们的典型特征是,资产很"轻",很难从既有的金融体系中获得信贷资金支持,一般需要的贷款额度也不高,贷款额度大都集中在几千元到几万元之间;出借方主要是有闲置资金,但又没什么投资渠道或者希望投资渠道多样化的中高收入人群。

(2) 国外的P2P贷款主要是基于互联网平台的业务,但鉴于国内缺乏国外那样成熟的个人信用体系,宜信采取了线上和线下相结合的方式,打造了一个基于信用管理和风险管理的小额信贷服务中介平台。

从2006年到现在,宜信在全国40多个城市建立了分公司,其中商业项目集中在东部地带,而一些助农项目则集中在西部地区,如陕西和甘肃。

宜信将服务费收取的比例定在百分之一到百分之十几,自然,针对不同的客户群体收费标准有所不同,比如,公益性项目的服务费标准是1%,商业性项目还会再根据用户群体制定不同标准。

宜信的商业模式听起来并不复杂,却着实是一个存在风险的生意。

首先,有演变为吸存放贷的非法金融机构甚至非法集资行为的可能。对宜信这样以"咨询服务"注册的融资平台来说,把握好类金融服务和金融服务之间的界限尤为重要,因此它绝对不涉及资金的吸纳和沉淀,只提供需求对接及信用评估和风险控制服务,借贷双方可以通过宜信的网络平台或见面签订借款协议,包括还款期限、利息等。

其次,对"不良贷款"进行全方位的风险控制。宜信目前的团队中有200人专门从事信用评估的相关工作,2011年7月,宜信和国际领先的分析与决策管理技术的领导者费埃哲公司达成战略合作,希望将国外的技术和本土实际结合在一起。同时,虽然建设一个完善的信用体系是整个社会的责任,但宜信为学生提供助学贷款、给农民提供助农贷款时,也对他们进行着大量的信用教育。

当然,无论如何做足前期工作,"不良贷款"在某种程度上是不可避免的,宜信对此也设计了一个立体的解决方案:第一,设计让出借方能够分散投资,尽可能规避风险的机制,比如一个农民的贷款需求是3万元,借款可能由10户完成,每户出3 000元,而每户又可以把钱分散到不同的借款人手里;第二,设计相应的担保方式控制风险,比如针对农民通常采用五户联保的担保方式;第三,设置风险保障金,一旦借款人没有及时还款,在事先签订好委托协议的前提下,宜信可以先行赔付,其后再向借款人催账。

2) 纯线上模式和线上线下相结合模式

(1) 纯线上模式。P2P网贷纯线上模式是指P2P网贷平台只是作为单纯的网络中介存在,负责制定交易规则和提供交易平台,从用户开发、信用审核、合同签订到贷款催收等整个业务主要在线上完成。网络视频认证、查看银行流水账单、检查身份证信息等方法是其审核借款人资质的主要方法。在P2P网贷纯线上模式中,"纯线上"的概念需要特别注意,其不仅仅是指信用审核等风控手段主要在线上完成,还是指用户开发、产品销售等环节均不涉及线下行为。纯线上模式的P2P网贷平台的优势在于规范透明、交易成本低,但其也存在数据获取难度大及坏账率高的缺陷。

由于纯线上模式的风控手段主要在线上完成,没有线下审核环节。因此,对贷款人的信用审核,主要利用模型对采集到的相关信息进行分析,从而对借款人给出一个合理的信用评级和安全的信用额度。目前,规模较大的纯线上的P2P网贷公司拍拍贷调用的是借款人的网络社交圈数据,通过对网络社交圈数据分析评估用户的信用等级。比如,拍拍贷会根据借款人在网站内圈中好友、会员好友多少,个人借入贷出次数多少等给予相应的信用等级和贷款额度。

(2)线上线下相结合模式。P2P网贷公司的线上线下相结合模式即P2P网贷公司将借贷交易环节主要放在线上,在线上主攻理财端,吸引投资人,并公开借贷业务信息及相关法律服务流程,而主要将借款来源、借款审查和贷后管理这样的环节放在线下,按照传统的审核及管理方式进行。借款人在线上提交借款申请后,平台会通过所在城市的门店或代理商采取入户调查的方式审核(协助审核)借款人的资信、还款能力等情况。

为降低违约风险,P2P网贷平台包括借款审查、贷后管理、抵质押手续等大部分风险控制的核心业务都以线下为主。例如,"人人贷"是从纯线上模式转到线上线下相结合模式的典型范例。2012年,为拓宽对网络并不熟悉的客户集体,人人贷与其子公司友众信业商务顾问(北京)有限公司(以下简称"友信")合并,将P2P网贷业务搬到线下,组建起自己的营销团队和风控团队。合并之后,人人贷利用友信遍布全国的48家门店对借款人进行有效的贷后管理,办理抵质押手续,并在其协助下积极拓展优质的客户群体。

3)无担保模式和有担保模式

为避免借款人的违约风险,降低出借人可能遭受的借款资金损失的风险,P2P网贷平台除直接实地信用审核的线下模式外,还有采用担保机制有效降低这些风险发生的概率。根据有无担保机制划分,可以分为无担保模式和有担保模式。

(1)无担保模式。无担保模式由出借人根据自己的风险承受能力和自己的喜好自主选择借款金额与借款期限,如发生贷款逾期和坏账风险,完全由出借人自己承担,P2P网贷平台不进行本金保障承诺,平台仅发挥信用认定和信息撮合的功能。

(2)有担保模式。有担保模式是平台为有效拓展贷款客户,提高平台的交易量和知名度所设计的担保机制,保障出借人的本金和收益安全。根据担保对象的不同,有担保模式可分为第三方担保模式和平台自身担保模式。平台自身担保又分为平台利用自身资金收购出借人逾期债权和通过设立风险准备金的方式填补出借人的本金损失。

① 第三方担保模式。第三方担保模式是指P2P网贷平台与第三方担保机构合作,其本金保障服务全部由外在的担保机构完成,P2P网贷平台不再参与风险性服务,其中,第三方担保机构为有担保资质的小额贷款公司或担保公司。在第三方担保模式中,小额贷款公司和担保公司对P2P网贷平台项目进行审核与担保,P2P网贷公司给予其一定比例

的渠道费和担保费。P2P网贷平台不负责坏账的处理,不承担资金风险,并且逐步剥离自身发掘考核项目的工作,只作为中介存在,提供金融信息服务。但是,担保模式只是实现了P2P网贷平台的风险转嫁给对外合作机构,使出借人资金偿还更有保障。平台上的投资风险并没有消失,坏账率受P2P网贷平台合作伙伴的运营能力的制约。

陆金所是典型第三方担保模式的代表。陆金所通过借助平安集团的信贷消费风险管理数据模型对每位借款人进行借款风险评估。陆金所产品的违约赔付、借款人的资质审核都由平安集团旗下的担保公司——平安融资担保(天津)有限公司提供。陆金所的《借贷及担保协议》显示,一旦借款人逾期超过80天或提前还款,由平安旗下担保公司承保过的出借人均可向平安担保申请履行保证责任,由平安担保代偿包括借款人尚未偿还的全部本金、利息以逾期罚息。出借人看中的其实是平安集团的信誉,如果离开平安融资担保,陆金所所有的交易链都将无法形成。

② 平台自身担保模式。平台自身担保模式是指由P2P网贷平台自身为出借人的资金安全提供保障,在这种模式中,出借人与借款人达成的借贷协议中一般都会包括这样的本金保障条款:"贷款到期时,如果出借人无法收回本金和利息的,可以将债权转让给平台,平台会先行垫付本金给出借人,然后将此笔坏账划入平台自己名下,再由平台对贷款人进行追偿。"

目前P2P网贷平台进行赔付的资金来源主要有两种:一种是平台的自有资金;另一种是专门的风险准备金,后者是主要模式。P2P网贷平台的风险准备金一般是从借款人的借款额中提取一定比例,然后直接划拨入P2P下方的账户,不记为平台的收入。例如,人人贷在人人贷网站上达成借贷协议后,人人贷会从贷款成交额里抽取一定的比例作为风险准备金。如借款逾期达到30天时,人人贷风险准备金会垫付给出借人本交易所有的未还本金,同时人人贷贷后部门会继续对该笔逾期借款进行催收催缴,将追回的资金重新放回风险准备金中。

这种平台担保机制在适应我国当前信用状况的同时也迅速提高平台交易量,但是平台承担了过多的代偿义务后就可能造成风险过于集中,如果坏账过高,风险准备金难以垫付逾期贷款的本金和利息,就会导致平台面临流动性困难,产生经营困境,从而给出借人带来更大损失,引发系统性风险。

因此,在机制设计上,可以在风险准备金协议中约定,风险准备金只用于对出借人贷款损失的赔付,但是其赔付的金额范围以风险准备金账户中的全部资金为限。如此一来,既可以保证平台信用审核的公允性,又可以在交易风险失控的情况下保证平台具备维持运营的能力,以便持有债权的出借人可以顺利地通过平台,此种机制可以在最大限度上收回欠款,减少损失。

不管是第三方担保模式还是平台自身担保模式,都只是为转移风险,其实际上并未真正做到降低风险。只有一个良好的机制约束借款人,增加其违约成本,才能将P2P网贷的逾期率和坏账率降下来,提高运营效益。

4. P2P网贷对金融业的影响

P2P网贷提高了借贷双方的资金对接效率,在一定程度上解决了目前个人和小微企业的投融资难题,同时,促进了我国金融业的创新改革。

1) 引导民间借贷阳光化

由于信贷信息高度不对称,民间资金无法找到合适的投资渠道,另外,目前我国的银行业难以为普通个人和小微企业提供充分的信贷服务,普通个人和小微企业难以通过正常的渠道吸收合适利率的资金。因此,一些民间借贷者大多数以某个固定收益向身边的亲戚朋友或不特定人群募集资金,然后再以更高的利息放贷。

P2P 网贷模式的出现,为借贷双方提供了一个资金与项目对接的平台。同时,交易信息被平台记录并共享,可以清晰地反映资金去向和交易总量,为民间借贷阳光化提供了可靠的商业模式。随着 P2P 网贷平台的发展和增多,借款人的融资渠道越来越多,行业市场化程度越来越高,使社会和民间的闲散资金通过平台寻找到合适的投资机会。另外,江浙一带小微企业发达,但传统银行难以满足这些小微企业的需求,从而长期导致地下借贷盛行,利率奇高,民众参与热情高涨,导致这些企业进入高利贷的恶性循环。P2P 网贷平台的出现,在更广阔的范围内引导了资金按照市场规律更合理、高效地进行重新配置。

2) 推动征信系统的建设

国内 P2P 网贷平台没有来自第三方的信用评分,因为国内没有具备公信力、商业化的征信机构。另外,中央银行的全国性个人信用信息基础数据库只对各国有独资商业银行、股份制商业银行和城市商业银行开通联网查询。而对 P2P 网贷平台,中央银行并未开放征信系统接口。

对于国内的 P2P 网贷平台来说,尚无征信系统数据足以作为借款人信用的依据,同时,P2P 行业的不良借款记录无法上传征信系统,对借款人缺乏足够的威慑,以至于 P2P 行业的坏账风险较高。推进全国征信系统的建设已成为保障 P2P 行业健康发展不容忽视的问题。

另外,P2P 金融业务所搭建的平台在满足借贷双方资金需求的同时,也正积累着越来越多的金融数据,这些数据未来可能会直接应用于中央银行个人信用体系中,届时网络接待将成为征信体系中的一项重要内容。

3) 创新金融业风控手段

传统金融机构通常以大额信贷为主,服务对象基本上以机构为主,且通常都具有抵押物。因此,传统金融机构都有一套严格的内部风控机制,对借贷项目进行单独的考察、风险评估,现金流及抵押物的分析。如果小微企业也运用这套内部风控机制,不仅单笔风控成本过高、效率过低,更有可能将一批有潜力的小微企业拒之门外。

P2P 网贷服务的对象主要是个人,小微企业的贷款通常也是以个人名义进行的,通常没有抵押物,而且 P2P 网贷单笔数量较小,风控成本较高,时间成本也较高。因此,高效率、批量化、规模化地开展小额信贷的授信和风险管理,将成为未来小额信贷业务发展的必然趋势。

4) 加速"影子银行"市场化

中国式的"影子银行"不仅包括地下钱庄,还包括数量众多的非银行金融机构,如信托、担保、小贷公司、典当行等。

在我国,因为正规金融领域的利率受到严格管制,并保持在狭窄的较低区间内。同时,拥有大量储蓄的企业和个人数量不断增多,在实际存款利率为负的情况下,他们无意把钱存入银行,而是在银行体外循环,这直接形成大型国企低利率从银行获得大笔贷款,而中小民企则普遍通过"影子银行"获得资金的金融"双轨制"业态。

P2P网贷的发展能迫使"影子银行"降低门槛,竞争还是全方位的,而且会越来越激烈。由于没有平等的"融资权","影子银行"往往是弱势群体(小企业和低收入消费者)的唯一融资手段,导致"影子银行"在为小企业服务过程中处于强势地位,小企业并不能真正享受市场化服务。例如,信托购买的准入门槛就是上百万元;足值抵押的典当业务,年化利率也是高达30%以上,包括银行理财产品在内风险不透明,而P2P网贷将是利用市场化的力量对这些融资渠道进行重新组合,是充分再分配的重要手段和促进力量。一方面,P2P网贷积极与传统的担保、信托、小贷机构等进行合作;另一方面,P2P网贷也会直接挤占典当、小贷公司等"影子银行"的市场,最终体现在价格机制上的市场化、市场参与的"低门槛"、产品的透明性,这些都将加速"影子银行"服务的市场化,并促进金融体系的健康发展。

5. P2P网贷的风险分析

1) 操作风险

在P2P网贷模式中,借贷双方的资金需要通过中间账户进行操作,但是中间账户的资金和流动性情况处于监管真空的状态。目前,P2P网贷平台普遍采用对接第三方支付平台的方式实现托管,但是第三方支付平台并没有权限也没有义务对P2P网贷公司的资金进行监管,而且,P2P网贷公司一般没有严格的资金收集、管理和使用程序,没有妥善保管资金安全的相应的制度规范,容易导致P2P网贷公司的业务人员或者P2P网贷公司轻易地挪用用户资金,存在较高的操作风险。

2) 流动性风险

P2P网贷的流动性风险主要来自平台的保本付息承诺和"拆标"两方面。

由于目前整个行业内平台之间的竞争日益激烈,为吸引出借人,大多数的平台都承诺本金保障或者本息保障。因此,如果一旦借款人出现违约的状况,平台必须用自有资金先行垫付出借人的本金或者利息。往往有些借款数倍于其注册资本,若出现大规模的坏账,P2P网贷平台的资金就无法覆盖全部风险,就会面临流动性风险。

另外,由于出借人希望出借的资金期限短、收益高,而借款人又希望所借款项期限长、成本低。因此,P2P网贷平台就将长期借款标的拆成短期,把大额资金拆成小额,从而造成期限和资金的错配。期限和资金的错配需要不断"借旧换新",滚动操作。如果P2P网贷行业出现风险,影响新出借人的信任感,导致资金链断裂,平台公司将承受一定的垫付压力,容易引发流动性风险。

3) 法律风险

P2P网贷平台涉及机构法律性质定位的风险、非法集资的风险和非法吸收公众存款的风险。

P2P网贷平台被定位成信贷服务中介机构,那么平台只能开展信用认定和撮合平台交易的业务,不能开展吸储、放贷和担保业务,但是,目前很多P2P网贷公司开展的债权转让业务和风险保证金业务都将被认定为违法。P2P网贷平台被定位成准金融机构,那么P2P网贷平台就要被纳入特殊的监管中。

P2P 的债权转让模式可能涉及非法集资。第一,P2P 网贷所注册的范围中并没有允许其能向公众募集资金。第二,第一出借人向其他出借人转让债权时,转让的不仅是本金还包括利息,属于变相给予其他出借人回报。第三,P2P 网贷在其平台上公开向出借人转让债权,其实际是向不特定公众募集资金。

P2P 网贷的资金托管方式可能涉及非法吸收公众存款。由于 P2P 网贷平台需要出借人在网络借贷平台上注册后,将出借资金转账到平台的账户上,而这些账户基本上都是 P2P 网贷公司在第三方支付平台上开立的企业账户。目前,在我国只有银行等金融机构可以吸收公众资金,而这些资金进入 P2P 网贷公司或公司个人账户,则属于非法集资或变相吸收公众存款。

4)信用风险

P2P 网贷属于新兴产业,其对借款人的信用评级存在局限性。另外,国内社会信用环境不成熟,征信体系不完善,P2P 网贷平台无法像银行一样通过征信系统掌握借款的资信情况,平台与平台之间也无法进行信息和数据的共享。因此,借款人在 P2P 网贷平台上的借款违约成本低,容易出现不良借款。

P2P 网贷平台的经营者可能通过虚假手段吸引出借人的资金,隐瞒资金的真实用途,到后来由拆东墙补西墙演变成为旁氏骗局,最终使出借人的利益受损。在倒闭的 P2P 网贷平台中,不乏出现虚构借款人的情况。通过伪造借款人,中介平台构筑资金池成为衔接借贷的地下银行。

8.2.3 众筹

1. 众筹的定义

众筹(Crowd Funding)即大众筹资或群众筹资,是指用团购+预购的形式,向网友募集项目资金的模式。众筹利用互联网和 SNS(Social Networking Services,社会性网络服务)传播的特性,让小企业、艺术家或个人对公众展示他们的创意,争取大家的关注和支持,进而获得所需要的资金援助。

相对于传统的融资方式,众筹的特点在于低门槛、小额、开放、多样性且不再以是否拥有商业价值作为唯一的评判标准。只要是网友喜欢的项目,都可以通过众筹方式获得项目启动的第一笔资金,为更多怀揣理想和梦想的人提供无限可能。

众筹项目品种类别繁多,不仅仅包括商业项目,还涵盖科学研究项目、民生工程项目、赈灾项目、艺术设计等。目前,我国知名的众筹网站点名时间、点梦时刻等基本上可看作创意筹资平台;淘梦网则是一家独立电影垂直众筹平台;而大家投、天使汇等则是创业股权式众筹平台。

众筹主要由发起人、支持者和平台构成。发起人是一批有创造能力的人,但是他们缺乏资金,亟须资金实现自己的梦想。支持者是对筹资者的故事和回报感兴趣的人,他们有能力支持发起人,而平台是连接发起人和支持者的互联网终端。

2. 众筹的交易流程

众筹首先收集需要资金的个人或团队的项目策划,经过相关审核后,便在平台的网站上建立属于自己的页面,通过视频短片、图片、文字介绍等把自己渴望实现的创意或梦想向公众进行介绍,以吸引支持者。在平台上建立自己的项目时,需要提前设定筹资项目的目标金额及筹款的截止日期,如有公众对某个项目感兴趣,则会在目标期限内投上一定数量的资金。

目前,众筹平台采用三种方式对所筹资金进行管理:"达标入账"方式、"当即入账"方式、"达标入账"与"当即入账"相结合的方式。"达标入账"方式是指在项目筹资成功前,项目支持者所投资的资金并不会直接到达发起者手中,而是先由众筹平台掌握;只有当项目筹资成功后,支持者的资金才会从众筹平台的账户划拨到项目发起者的账户。项目发起者能够得到资金的前提是项目在规定时间内成功甚至超过目标筹资金额,否则得不到任何资金,资金将全部返还给支持者。"当即入账"方式是指不论项目在规定的时间内是否筹集到目标资金,只要有出资人出资,资金当即被打入项目发起者的账户。出于风险规避的考虑,一般项目支持者更偏好采用"达标入账"方式进行筹资的项目。而项目发起人由于项目急需资金,则更倾向于采用"当即入账"方式。一般情况下,如果项目发起者自己有一定的资金或者发起项目紧急,那么通常会选择"当即入账"方式,而"达标入账"方式更能保护项目支持者的利益。

针对众筹平台筹资项目,一些众筹平台会从中抽取一定比例的佣金。在"达标入账"方式下,众筹平台仅向成功融资的项目收取一定比率的佣金作为手续费。在"当即入账"方式下,众筹平台对融资成功的项目收取较低比率的手续费,对融资不成功的项目收取较高比率的手续费。另外,还有一些众筹平台不将手续费作为其主要的收入来源,甚至还有些平台对融资项目不收取任何费用。比如追梦网,一直实行完全免费的运营策略。淘梦网是国内最大的微电影众筹平台,专注于独立电影的众筹平台,其九成收入主要来自作品的发行及版权方面的服务。

众筹不是捐款,在支持者将自己的钱投入项目后,需要有一定相应的回报。通常情况下,回报可以以股权凭证、债权凭证、红利、现金、产品或服务等形式进行。如果项目启动成功,项目的支持者会根据出资数额的多少获得项目发起者一定的回报。如果项目启动不成功,众筹平台代为管理的资金将会全数返还到项目支持者手中或者依据众筹平台相关条款予以处置。

3. 众筹的运营模式

目前,我国现有四种众筹平台的运营模式:奖励制众筹、募捐制众筹、股权制众筹和借贷制众筹。由于我国相关法律环境的限制,众筹网站上的所有项目不能以股权、债券、分红或者利息等金融形式作为回报,项目发起者更不能向支持者许诺任何资金上的收益,必须以相应的实物、服务或媒体内容等作为回报。此外,对于股权制众筹平台还存在对股东人数的限制。因此,我国目前大多数众筹平台属于奖励制众筹,仅有少部分众筹平台谨慎地进行着类似股权制众筹的探索。

1) 奖励制众筹

奖励制众筹平台通过在网络上发布"活动(或项目)"吸引大众参与者的支持;明确规定所需的支持者人数(或金额)下限和截止期限;在截止期限内达到或超过预设的目标人数(或金额)下限,活动(或项目)方可生效,否则,资金将被返还给项目的支持者。但是,奖励制众筹平台在收益兑现方面是"买家"(众筹平台的项目支持者)无法在支付后立即获得"卖家"(众筹平台的项目发起者)售出的"商品"(众筹平台项目的回报)。通常,根据项目的不同性质,项目发起者会在项目成功后的几天甚至几十天内同项目的支持者兑现事先所承诺的回报,即具有相当于预购的性质。既然具有预购性质,众筹模式一方面能够使消费者的消费资金前移,提高生产资金筹备和销售等环节的效率,产生出原来可能无法实现的新产品;另一方面通过众筹可以获得潜在消费者对于预期产品的市场反馈,从而满足用户更加细化和个性化的需求,有效规避盲目生产所带来的风险和资源浪费。

目前,国内的奖励制众筹平台都是以产品的预购或团购的模式换取大家的支持。相关专家表示,众筹模式从商业和资金流动的角度来看,和非法集资有本质上的差别。它其实是一种团购的形式,所有的项目不能够以股权或是资金作为回报,项目发起人更不能向支持者许诺任何资金上的收益,必须是以实物、服务或者媒体内容等作为回报,是出于对项目的兴趣和支持,属于购买行为,而不是投资行为。

以一个例子说明奖励制众筹模式的特性。李四设计了一款手表,他有两种方式可以获得生产资金:一种是通过众筹平台筹集资金;另一种是通过其父亲李三获得资金。如果通过其父亲李三获得生产资金,李三不看好这款手表而拒绝提供这款手表的生产资金,那么李四的手表就无法走向市场,研发所投入的人力、物力和时间都变成了沉没成本。如果李三欣赏这款手表同意投入资金进行生产,可手表投入市场后,市场反应冷淡,因而这是对时间和资源的浪费。如果通过众筹平台获取资金,李四可以将生产计划的决定权交给消费者,如果支持者众多,在截止期限内达到或超过预设的目标人数(或金额)下限,那么市场对这款手表的需求是存在的,投入生产是可行的、有必要的。如果众筹网站对这款手表的反应冷淡,不能顺利达到筹资目标,说明这款手表进入市场的时机尚未成熟。另外,李四通过众筹网站上的宣传,能让更多人了解自己的产品,大大降低了市场调研和销售的成本。众筹的预购属性可以将项目支持者的"投资资金"看作消费者消费资金的前移,对于李四而言,这种支持(投资)不但是为生产手表提供资金,而且锁定了手表的销路,解除了销售方面的后顾之忧。

2) 募捐制众筹

在募捐制众筹模式下,通过众筹平台支持某个产品或服务与通过电商预购某个产品或服务没有太大的差别,可能在消费者的心理上存在着差异。消费者通过电商购买某种产品更多的是看重"物有所值",而在募捐制众筹模式下,消费者表现出来的是对这个项目的支持,"重在参与"的属性。他们对募捐制众筹的支持几乎是不在乎回报的。募捐制众筹网站与团购网站都能提供购物商品,但是募捐制众筹致力于让"消费者"(出资者)忘掉购物这回事儿,而是在资助一个梦想。因此,募捐制众筹网站与团购网站的区别在于众筹网站带有一定程度的公益性质,将购买消费品的行为转换为捐助梦想的行为。

3) 股权制众筹

目前,根据我国特定的法律法规和政策,股权制众筹在我国主要分为三类表现形式:会籍式、凭证式、天使式。会籍式众筹具有圈子的性质,一般通过熟人融资,出资人不成为股东;凭证式众筹则成为被投资企业的股东,这两者均带有公益性质;而天使式众筹则有明确的财务回报要求。下面我们举例对会籍式、凭证式及天使式众筹进行说明。

2012年,淘宝曾经出现一家名为"美微会员卡在线直营店"的店铺,其采用的就是凭证式的众筹模式,在网上公开发行会员卡,消费者可通过淘宝系统拍下相应金额的会员卡,得到会员卡后除能够享有"订阅电子杂志"的权益外,还可以拥有美微传媒的原始股份100股。

创投平台"3W 咖啡"则是会籍式众筹的典型代表,其面向社会公众进行资金募集,每个人可认购10股,每股6 000元,总计6万元。与凭证式众筹不同的是,"3W 咖啡"强调的是互联网创业和投资圈的顶级圈子,投资者看重的并非仅仅是分红带来的回报,而更多的是在"3W 咖啡"中获得的人脉价值。也就是说,只要创业者先期花6万元,就可以在这样的平台中认识大批同样优秀的创业者和投资人,既具有人脉价值,也具有学习价值。

而"大家投"则是目前国内唯一一家天使式众筹平台,其模式是由一名领投人发现项目后,先行按比例投入部分资金,然后再通过网络平台发布信息,引领其他投资者跟投,最后成立有限合伙基金入股项目公司。

由于投资对象都是草根型中小规模的创业企业,融资规模相对较小,因此每个人投资额少且分散的众筹模式,正好可以满足中小企业的融资需求。众筹模式打破了传统融资模式投融资对象的限制,跳过传统的风险投资,直接投资自己心仪的项目,为金融行业提供了一种更有效率的投融资方式。

4)借贷制众筹

从某种程度上来看,P2P 网贷平台可以看作是借贷制众筹的转型。借贷制众筹模式是利用债权对借款企业进行股权投资。作为借贷制众筹模式的成功操作者——红岭创投,每年在其平台上登记借款的企业有上千家,平台能切实掌握这些企业的资金流水和财务情况,根据这些情况,红岭创投在这些企业中挖掘成长性良好的企业,然后在平台上进行网络募股。红岭创投在募资的过程中,对其设置了回购条款:投资者出资入股后若对公司表现不满,可在入股后相应的时间段,要求大股东以溢价回购股票。同时,考虑今后出资者可能会转让股权而引起的工商注册资料变更,可以选择在投资的前两年先由大股东代持的方案。

美微传媒成立于2012年6月,公司致力于建立电视、杂志和网络的跨媒体营销平台。但是,美微传媒却成为网上公开卖股被证监会叫停的先例。因为美微传媒在淘宝上售卖股票属于通过媒体公开宣传,以及向社会公众及不特定对象吸收资金,触犯了非法集资的条例而被证监会紧急叫停,所筹集的款项也悉数退还。但红岭创投的模式是通过向平台上的投资人进行募集资金,属于通过网络社区发布信息,对象均是平台上的投资人,因此现在未有相关部门出面干预。但是,借贷制众筹依然游走于法律上的灰色地带,还需逐步地探索。

4. 众筹模式对金融业的影响

传统的金融模式对实业的支持或者是对其他项目的支持都需要融资者具备一定的融资能力。银行贷款需要企业提供抵质押物,并具有一定的担保条件;通过上市股权融资需要企业满足一系列的财务指标要求;私募或者风投对融资者的盈利模式及其在市场中的发展前景提出了很高的要求。天使投资者虽然对创业融资要求的门槛较低,但是天使投资者在对一个优秀的创意进行投资时往往提出较大的股权要求。另外,天使投资虽然能提供一定的人脉、经验,但是较少在融资活动中直接实现项目的推广。

众筹模式恰恰解决了传统金融模式所无法解决的问题,契合互联网金融创新的要求,也符合互联网时代数据庞大的网民以游戏的心态参与投资的热情。首先,众筹重点关注处于计划期、预孵化期或孵化期的公司,它不需要现有一定的实体和经济基础,只需一个被网友接受的可行的创意即可;其次,它能够确保作为筹资者的项目发起者对项目本身的控制权;最后,它能在众筹筹资的过程中物色能够共同参与项目的合作者,同时众筹本身又是一个吸引眼球宣传推广的过程,众筹项目的支持者往往又是该众筹项目最重要的消费群体。因此,众筹的过程本身也是项目筛选的过程,不被潜在客户感兴趣、不具有市场潜力的项目在众筹的过程中就会失败,避免了资源更大限度的浪费。

众筹模式虽然具有以上优点,但是其对传统金融行业的冲击有限,传统金融行业的很多业务功能,互联网公司尚不具备,互联网金融对传统金融行业所产生的冲击只局限于渠道方面。众筹模式由于种种原因目前仍难以发展壮大,更多的只用于创意类、艺术类项目的小型筹资,较难向一般项目推广。目前,国内的法律法规对股权制众筹公开募资有所限制,因而在政策尚未改变之前,众筹模式对金融业和企业融资影响有限。

5. 众筹的风险分析

1) 法律风险

(1) 非法集资的风险。对于非法集资,最高人民法院给出司法解释:根据《最高人民法院关于审理非法集资刑事案件具体应用法律若干问题的解释》第一条非法集资应当同时满足四个条件,即①未经有关部门依法批准或者借用合法经营的形式吸收资金;②通过媒体、推介会、传单、手机短信等途径向社会公开宣传;③承诺在一定期限内以货币、实物、股权等方式还本付息或者给付回报;④向社会公众即社会不特定对象吸收资金。从形式上看,众筹平台通过互联网向社会公开推介,并确实承诺在一定期限内给予回报(募捐制众筹除外)——其中股权制众筹平台以股权方式回报出资者,奖励制众筹平台主要以物质方式回报出资者,借贷制众筹平台以资金回馈方式回报出资者,且都是向公众吸收资金的行为。因此,众筹模式很容易被不法分子以成立众筹平台或者发布众筹项目为外衣,骗取支持和非法集资。

(2) 知识产权受到侵犯的风险。奖励制众筹平台的主要目的是挖掘创意,鼓励项目发起人创新,给予项目发起人实现其创意和贩卖其创意的平台。而对于出资人来说,其出发点在于支持创意,购买有创意的产品。但是,目前发布在奖励制众筹平台上的众筹项目大都是没有申请专利权的产品,很多优秀项目发起人不敢将自己的项目发布在众筹平台上,因为优秀项目很容易被抄袭山寨。由于存在这样的情况,许多众筹项目的发起者只有向公众展示其创意的部分细节,具有出资意愿的出资人无法看到项目的整体,只能对项目有零散和残缺的印象,这也就大大降低了投资者的投资兴趣和投资热情。

(3) 监管缺失的风险。目前,众筹网站的成立只需进行工商登记和网站备案,众筹项目主要由众筹平台负责审核。目前并没有专门针对众筹平台的监管部门和监管规定,其监管正处于一片真空地带。由于众筹平台涉及大量的公众资金和社会群众,一旦发生任何危害社会大众的情况,容易引发社会经济问题和社会稳定问题。所以,监管制度的缺失使众筹平台的出资者面临投资风险,也不利于众筹平台整个行业的发展。

(4) 存在"公开发行证券"的风险。《中华人民共和国证券法》第十条第一款:"公开发行证券,必须符合法律、行政法规规定的条件,并依法报经国务院证券监督管理机构或者国务院授权的部门核准;未经依法核准,任何单位和个人不得公开发行证券。有下列情形之一的,为公开发行:①向不特定对象发行证券的;②向特定对象发行证券累计超过200人的;③法律、行政法规规定的其他发行行为。"众筹平台在募集资金过程中毫无疑问是面对不特定对象,且人数常常超过200人,很容易触犯《证券法》关于公开发行证券的规定。

2) 信用风险

按照众筹法律关系的主体划分,信用风险主要包括项目发起者的信用风险和众筹平台的信用风险。

(1) 项目发起者的信用风险。目前,项目发起者的信用风险主要包括项目发起者的资格审核不够严格及募集资金成功后无法兑现承诺。

在众筹网站的现实操作层面上,众筹平台可以接受任何自然人、法人、其他组织在其上线网站加以注册、发布项目。比如,点名时间在其网站上规定:只要年满18周岁(18岁以下可由监护人代理),不论你从事什么职业,不论你的梦想大小,都可以在其网站上发起项目。因此,众筹平台对项目发起者的资质并无太多的要求和审核条件。而这样容易产生一旦项目募集资金成功,而该发起人是以虚假的身份发起项目,出资人就无法再次与项目发起人取得联系,更无法获得应有的回报。这不仅损害了出资人的利益,也给众筹平台造成了信用风险。

目前,通过众筹模式进行筹资的项目大多为创意类项目,项目支持者看好某种创意,通过资助的形式使其有足够的资金将创意变为实物。但出资者和项目发起双方没有任何实际的接触,出资者仅仅是通过在众筹平台上挂出的项目介绍,决定是否对其进行资金支持。对于成功募集资金的众筹项目,众筹平台通常会一次性将款项拨付众筹项目发起者的账户。众筹项目发起者在取得款项后有些会按照项目发布公告兑现承诺;有些由于项目计划不周或者其他原因,无法兑现承诺;更有一些众筹项目发起者将募集资金挪为他用。众筹平台不负有对众筹项目监督的义务,后期的监督缺乏导致权力的滥用。

(2) 众筹平台的信用风险。众筹平台在目前属于普通的互联网线上平台,其注册为普通工商企业,既不具备像银行等金融机构支付结算和资金清算的资格,也不具备像支付宝等非金融机构具有支付服务的资格。因此,众筹平台的信用风险主要在于资金托管。在实际操作中,出资者将出资拨付众筹平台的账户,再将资金打到成功募集的项目上,众筹平台实质上在其中担当了支付中介的角色。整个资金流转过程并没有资金托管部门,也未受到监管机构的监督。因此,一旦众筹平台出现信用危机,投资者的出资将难以追回。此外,项目开始到结束的一段时间内,被托管的资金是会产生收益的,而资金在托管期间所产生的收益应该如何分配也尚无法律作出明确规定。

8.2.4 大数据金融

1. 大数据金融的定义

大数据又称海量数据、巨量数据,是指所涉及的数据量规模巨大,无法通过软件工具在合理时间内达到截取、管理、处理并整理成为达到帮助企业经营决策更积极有效目的的信息。大数据是在海量数据中,能够获取有价值信息的能力。它的战略意义不仅是掌握庞大的数据,更注重对数据进行专业化的处理,通过加工实现数据的增值。大数据从数据向能力的转变,使大数据具有从海量数据中发现规律,对未来投资者、消费者的行为趋势进行预测,融合多种多样的数据,实现数据资产化的作用。

金融业是产生海量数据的行业,大数据正在改变金融业的运作方式。金融的本质就是"资金融通",简单来说,是金融市场资金由货币盈余向货币赤字的转移。大数据与金融的结合是传统金融服务依托于海量数据,通过互联网、云计算等信息化方式对其数据进行专业化的挖掘和分析,创新性地开展相关资金融通工作,对资金融通进行创新,扩大能够纳入合格资金被融通方的单位,增加资金融通的方式和场所。因此,大数据金融是将金融置于大数据平台之上,扩展金融的外延,增加了金融的维度。

阿里巴巴是在大数据金融方面典型的企业。2013 年,阿里巴巴旗下阿里小微金融集团 3 亿元淘宝信用额度,在 2 个小时内由 1.8 万家淘宝小卖家分享,平均每个卖家贷款约 1.6 万元。这些卖家的贷款手续均在互联网上完成,都是由阿里小微金融集团根据卖家在淘宝上的营业情况、售卖产品、好评程度等大数据分析筛选得到的,所有卖家贷款没有担保和抵押,都是凭借其自身信用。

2. 大数据金融的优势

在现在的信息时代,数据其实就是资产。与传统金融行业相比,大数据金融有着难以比拟的优势。互联网的快速发展不仅扩充了企业拥有的数据量,也使掌握客户数据的企业通过数据分析更加贴近客户,了解客户需求,实现精准化的服务,增加客户黏性。另外,大数据对于互联网金融企业来说,就像是一套完整的征信系统,通过大数据的分析筛选,可以实现数据管理的创新,能有效掌握客户基本信息,有效降低坏账率,扩大服务范围,加大对小微企业的融资比例,降低运营成本和服务成本,实现规模化经济。

扩展阅读 8-5

大数据在互联网金融发展中的作用

金融机构希望能够收集和分析大量中小微企业用户日常交易行为的数据,判断其业务范畴、经营状况、信用状况、用户定位、资金需求和行业发展趋势,解决由于小微企业财务制度的不健全,无法真正了解其真实的经营状况的难题。

阿里小贷首创了从风险审核到放贷的全程线上模式,将贷前、贷中及贷后三个环节形成有效联结,向通常无法在传统金融渠道获得贷款的弱势群体批量发放"金额小、期限短、随借随还"的小额贷款。

首先,通过阿里巴巴 B2B、淘宝、天猫、支付宝等电子商务平台,收集客户积累的信用数据,利用在线视频全方位定性调查客户资信,再加上交易平台上的客户信息(客户评价度数据、货运数据、口碑评价等),并对后两类信息进行量化处理;同时引入海关、税务、电力等外部数据加以匹配,建立数据库模型。

其次,通过交叉检验技术辅以第三方验证确认客户信息的真实性,将客户在电子商务网络平台上的行为数据映射为企业和个人的信用评价,通过沙盘推演技术对地区客户进行评级分层,研发评分卡体系、微贷通用规则决策引擎、风险定量化分析等技术。

最后,在风险监管方面,开发了网络人际爬虫系统,突破地理距离的限制,捕捉和整合相关人际关系信息,并通过逐条规则的设立及其关联性分析得到风险评估结论,结合结论与贷前评级系统进行交叉验证,构成风险控制的双保险。阿里小贷还凭借互联网技术监控贷款的流向:如果该客户是贷款用于扩展经营,阿里小贷将会对其广告投放、店铺装修和销售进行评估与监控。

资料来源:大数据在互联网金融发展中的作用.财新网,http://www.caixin.com/.

3. 大数据金融的运营模式

目前,大数据金融服务平台的运营模式可以分为以阿里小贷为代表的平台模式和京东、苏宁为代表的供应链金融模式。

1)平台模式

平台模式是平台企业对其长期以来积累的大数据通过互联网、云计算等信息化方式对其数据进行专业化的挖掘和分析,并与传统金融服务相结合,创新性地为平台服务企业开展相关资金融通工作。平台模式的优势在于其建立在庞大的数据流量系统的基础上,对申请的企业或个人情况了如指掌,能够在较大限度上解决风险控制问题,降低企业的坏账率。同时,平台模式依托于企业的交易系统,具有稳定的客户来源,能有效地解决信息不对称的问题,在高效的互联网系统上,将贷款流程流水线化。平台模式针对的大多贷款客户为个人及难以从银行等其他金融机构得到贷款支持的企业,平台企业以这些贷款对象在其平台的交易数据为基础对其资金状况进行分析,审核通过的对象无须抵押和担保,能够快速发放短期贷款。平台模式具有寡头经济的特点,如依托阿里集团的阿里小贷集团,其前期进行了长时间交易数据的积累。阿里小贷公司以大数据为基石,根据自己统计的数据,主动给客户进行授信,并且根据客户真实贸易及实际需求,进行适当额度的放贷,而不是直接根据客户信贷需求规模进行放贷。

作为平台模式的代表,阿里巴巴小额贷款的主要产品为"阿里小贷"和"淘宝小贷",两种产品面向不同的客户。"淘宝小贷"是针对B2C平台客户的订单贷款和信用贷款,两者的贷款额度最高限额为100万元,订单贷款周期较短,为30日,日利率为0.05%;信用贷款的贷款周期为6个月,日利率为0.06%。"淘宝小贷"主要是解决商户的短期融资需求,审核通过后,打入商户的支付宝账户。"阿里小贷"是针对B2B平台上的企业客户提供的信用贷款,贷款额度为5万~100万元,期限为1年,分为循环贷和固定贷两种。循环贷是将一定额度作为备用金,不取用不收取利息,随借随还,日利率为0.06%。固定贷是获贷额度在获贷后一次性发放,日利率为0.05%。

作为阿里巴巴小额贷款的两种产品,从商户提出申请,到商户收到贷款,整个过程速度快,全流程系统化。其以阿里云为整个贷款的技术基础,淘宝网、天猫网等阿里巴巴旗下平台信息源源不断地流入阿里云,阿里云对其进行专业化的分析和处理,通过网络数据模型,辅以交叉检验技术及在线视频检验技术,加上通过各个渠道获得信用记录、交易状况等情况出具信用评估报告,确定授信额度,进行放款。在风险控制方面,实行贷前、贷中和贷后紧密结合的方式。在贷中,通过支付宝和阿里云实时监控商户的家庭状况及现金流,有效进行预警风险。在贷后,通过互联网监控企业经营动态和行为,对可能影响正确履约的行为进行预警。

2）供应链金融模式

供应链金融模式是核心龙头企业依托自身的产业优势地位,通过其对上下游企业现金流、进销存、合同订单等信息的掌控,依托自己资金平台或者合作金融机构对上下游企业提供金融服务模式。在此模式下,核心龙头企业起到对信息进行确认审核、担保或提供信息的作用,并没有实质上对用户提供资金的融通,资金仍由银行或者别的资金供给方担任。

以京东为代表的供应链金融模式是以电商或行业龙头企业为主导的模式。京东的供应链金融由京东对供应商、银行双向深度绑定,从供应商的角度来看,这主要是由于金融借贷需要信用凭证,其往往和支付、物流等供应链环节紧密对接,通过供应商在支付、物流上的数据和凭证进行抵押担保。从银行的角度来看,互联网手段正在驱动银行作出改变。银行希望放款更便捷,同时缩短放款时间,这也是银行积极搭建供应链金融网络的原因,不过涉及融资,就一定要用到信用评价体系,银行需要借助京东所掌握的数据了解上游供应商的情况。

目前,京东商城所提供的供应链金融服务主要针对采购、入库、结算前、扩大融资四方面的融资产品。京东商城供应链金融服务平台具体服务包括应收账款融资、订单融资、委托融资、协同融资、信托计划等。以应收账款融资为例,供应商根据与京东签署的销售合同、货物单据、应收账款及京东的确认文件,在第三方保险机构投保之后,获得与京东有合作关系的银行的贷款。银行再将应收账款以理财计划的方式转售给京东和其他供应商,账期到期后,京东将款项付给供应商,供应商将款项还给银行。在这个流程中,京东既使产业链中的供应商缩短了收款周期,缓解资金紧张的问题,又从银行的理财产品中获得投资收益。在这个模式中,可以看到京东商城扮演了供应商与银行之间的授信角色,而资金的发放由银行完成。

4．大数据金融对金融业的影响

1）冲击金融业的思维方式

从2002年起,阿里巴巴就开始了其金融布局,除大家熟知的小贷业务外,阿里金融还涉及保险、基金、担保、支付等方面。阿里之所以能完成全方位的金融谋划,其根本在于数据优势。以余额宝为例,在同阿里巴巴合作前,天弘基金的规模为50亿元,拥有30万客户;与支付宝合作后,短短3个多月的时间余额宝的规模或已超过500亿元,成为市场上最大的公募基金。余额宝的规模和用户量的迅猛增长冲击着传统金融业,同时,也给传统金融业一项启示:企业层面,其拥有数据的规模、活性,以及收集、运用数据的能力,决定公司的核心竞争力。掌控数据,就可以支配市场,意味着巨大的投资回报,数据将成为企业的核心资产。企业通过数据创造新的商业模式,或直接通过数据售卖及利用数据提供增值服务获得巨大利润。

2）创新产品与金融模式

提到大数据,大型商业银行的数据比起其他非金融机构来说,可能算是数据中的"航空母舰"了,而且其数据价值远大于互联网企业。但是,像大型商业银行一样级别的金融机构的很多数据都沉睡在数据库中,并没有得到充分有效的利用,因而,传统金融机构离用户和市场越来越遥远。随着搜索引擎、云计算、大数据等新兴科技时代的到来，完全颠覆了传统信息的获取、加工、分析的模式，打破了信息的不对称，降低了信息获取和加工的成本。如阿里小贷作为一个成功的案例，其在信用管理上相比传统模式更有优势，借助其客户在网络上的数据分析，阿里小贷在信用成本、运营成本等多方面远远低于传统的金融机构。

大数据就商业银行的角度来讲，解决了长期困扰银行的信贷管理问题，为银行信贷审批和决策提供了一个全新的视角，将微信、微博在内的社交网络及搜索引擎、电子商务平台等模式积累的数据加入巨大的个人信息，以此在信用分析方面和客户评级方面作出正确的决策。因此，各家银行纷纷建立自己的电商平台，如中国建设银行的"善融商务"，中国交通银行的"交博汇"等。

5. 大数据金融的风险分析

虽然大数据给很多企业带来了机遇和商业上的无限潜力，但是，在很多企业还没能够很好地了解和管理大数据前，大数据就可能存在很大的风险。对于阿里这样已经在大数据服务平台操作上有了成功实践的企业，也需要关注大数据的风险，不然由于大数据出现的风险随即能让阿里失去现在的市场。

1）技术风险

大数据也叫海量数据、巨量数据，面对海量数据进行备份可谓是"老生常谈"了。随着互联网的发展，数据量的持续增加增长了备份和恢复的时间，企业面临严重的宕机风险，因此数据备份成为最后的保障、最后的一个利器，可以保护企业系统在崩溃或受到损害之后数据依然可用。2012年6月20日，雅虎日本服务器系统发生故障，导致近5 700家企业数据丢失，除小林制药这样日常进行数据备份的用户可以在几天之内恢复数据外，其他用户的数据无法得到恢复，其损失可谓"惨重"。

2）信息安全风险

随着虚拟网络的迅速发展，在线交易、在线对话、在线互动越来越多，社交网络、智能终端已经成为人们生活当中不可或缺的一部分。而如今的黑客们组织严密，作案手段高明且层出不穷，如果黑客攻击或由于企业管理漏洞所造成的数据泄露，都会给整个企业带来巨大的经济损失，严重的还要承担法律责任。

如今我们都身处在大数据的环境下，既是数据的提供者也是数据的应用者，手机、平板电脑等每个电子设备都有可能成为数据的记录端口，大数据的获取、存储、保持、利用和展示都会使自己的隐私泄露。另外，随着越来越多的企业员工携带自己的移动设备进行办公，虽然给工作和生活带来便利，同时降低企业的办公成本，但这给黑客入侵带来了绝佳的跳板。

3）法律风险

大数据金融服务平台中，涉及数据的采集、处理及应用，也涉及拥有大数据的企业跨界金融涉及金融监管的问题。在电商企业为客户提供金融服务的过程中，积累了大量的客户个人信息，人们逐渐发现和利用隐含在其中的商业价值。在利益驱使下，越来越多的机构或个人采取种种手段获取他人信息，加之部分企业保护意识和保护能力不强，导致近年来对个人信息的侵权行为时有发生。造成此种侵权行为发生的一个重要原因是，目前我国尚无一部专门的法律对个人信息数据特别是个人金融信息的收集、使用、披露等行为进行规范,立法散乱,呈零星、分散状态,不成体系。目前,主要通过宪法和相关法律法规对个人信息进行间接保护,但这些法律法规仍然过于原则化、抽象化,导致缺乏实际操作性,并存在规制范围狭窄、公民举证困难等不足。此外,现行"谁主张、谁举证"的司法规则在大数据时代下具有很大的局限性,由于现代信息技术环境下收集和滥用个人用户信息的主体众多、渠道隐蔽、方式先进,导致被侵害合法权益的个人用户举证难度极大,即使最后举证成功,在请求损害赔偿时也很难证明和评估个人的实际损失。

8.3 互联网金融的风险及其风险控制

8.3.1 互联网金融的风险分析

互联网金融具备互联网和金融的双重属性,其核心还是金融,互联网仅仅是手段和方法。因此,互联网金融也面临着传统金融所面临的风险:系统性风险、流动性风险、信用风险、技术风险、操作风险等。同时,由于互联网技术的特点,互联网金融也具备自己的风险特点。

互联网金融风险扩散速度快。本模块上述所述的互联网金融模式都具备高科技网络技术所具有的快速远程处理能力,为金融服务提供了强大的 IT 技术支持。但如果互联网金融行业发生风险,高科技网络技术可能会加快支付、清算及金融风险的扩散速度。另外,由于互联网流动的并不仅仅是现实货币资金,而更多的是数字化信息,当金融风险在短时间集中化地爆发,进行预防和化解就比较困难了,这就加大了金融风险的扩散面积和补救成本。

互联网金融风险监管难度高。互联网金融中的交易和支付过程均在互联网或者移动互联网上完成,交易的虚拟性决定了金融业务没有时间和地理的限制,金融风险形式多样化。由于被监管者和监管者之间信息的不对称,金融监管机构难以真实、准确地了解金融机构的实际情况,难以针对可能发生的金融风险采取切实有效的监管手段。

互联网金融交叉传染性高。传统金融行业分业经营,监管也是分业监管,将金融风险隔离在相对独立的领域。而互联网金融业主与客户之间的相互渗入和交叉,金融机构之间、各金融业务种类之间、国家之间的风险相关性日益增强,这导致了互联网金融交叉传染性高。

8.3.2 互联网金融风险控制的常用方法

随着人才、科技、资金的聚集,各行各业都参与到互联网金融的行业中,因为没有统一的行业标准、没有专门从事监管互联网金融的金融监管机构,所以互联网金融背后滋生风险,并且随着风险的集聚不断地放大、叠加。控制风险是传统金融行业的强项和优势,互联网金融由于在互联网的条件下,其比传统金融行业更具有风险性。但是,任何风险都是可以控制的,互联网金融当然也不例外。

1. 完善信息披露制度

信息披露制度是可行的预防互联网金融风险的方法。从经济的角度来讲,有效的信息披露能为经营者和购买者提供充分的信息,有利于购买者作出正确的投资决策,有利于优化金融资源。从法律的角度来讲,信息披露制度能有力地防止由于信息不对称、错误等导致的不平等现象,防止信息垄断和信息优势导致的不公平。目前,互联网金融行业没有统一的行业标准,一些互联网金融企业存在很大的信用风险和操作性风险,因而需要监管当局强制规定互联网金融行业对所经营的业务、运营情况、财务状况等一系列信息进行披露,增强互联网金融的透明度,减少风险的隐蔽性。

2. 加强行业自律

自律是为规范行业行为,协调同行利益关系,维护行业间的公平竞争和正当利益,促进行业发展。由于互联网金融尚属于新兴事物,我国尚未就互联网金融明确统一的监管机构,中国互联网金融行业协会和中关村互联网行业协会等都属新成立的行业协会。因此,加快行业协会建设,实现行业自律成为互联网金融风险控制尤为重要的举措。近几年,互联网金融发展迅速,在互联网金融迅速发展的同时,其背后也滋生着风险,行业自律能协调同行之间的利益,规范行业行为,树立行业良好风气,在抑制风险生长的同时起到很好地预防风险的作用。

3. 事前审核、事中监控、事后管理

不管是互联网金融的哪一种模式,事前审核、事中监控、事后管理都是一种很好的风险管理办法。事前审核主要是对用户和商户进行身份与信用级别上的审核,能有效地防止网络诈骗和非法交易的发生。事中监控能有效地起到监督的作用,对于交易发生后所发生的问题应及时准备好处理方案。同时,开通群众举报热线,鼓励用户对违规、非法的交易进行举报,减少风险发生的可能性。对于发生风险的情况,事后做好记录,保存交易过程等消息资料。建立不良信用记录黑名单,对有不良信用的用户和商家,拒绝提供相关的服务。

4. 个人信用风险管理体系

互联网金融机构往往是面对众多个人用户提供金融服务,因此,建立个人信用的评估和科学评分体系,对互联网金融机构管理风险和进行风险控制至关重要。个人信用风险管理体系的关键在于个人信用评级,互联网金融机构可以根据收集到的信用资料对借款人的还款意愿和能力进行风险评估,根据整个详尽的信用状况并根据个人不同时期的表现,实现动态管理。虽然,我国目前的个人征信及个人信用评估体系尚不健全,但是 2013 年 8 月,由中国人民银行征信中心控股的上海资信宣布,全国首个网络金融征信系统正式上线,这标志着中国人民银行正在为以后网络借贷纳入央行征信系统做前期准备。随着我国个人征信体系的完善,其将成为以后控制互联网金融风险的主要手段。

2015 年 7 月,中国人民银行等十个部门联合印发《关于促进互联网金融健康发展的指导意见》(银发〔2015〕221 号),明确由中国人民银行牵头负责对从业机构履行反洗钱义务进行监管,并制定相关监管细则。2016 年 4 月,国务院办公厅下发《互联网金融风险专项整治工作实施方案》。整治工作开展以来,互联网金融总体风险水平显著下降,监管机制及制度逐步完善。但是,互联网金融领域风险防范和化解任务仍处于攻坚阶段。为规范互联网金融从业机构反洗钱和反恐怖融资工作,切实预防洗钱和恐怖融资活动,中国人民银行、中国银行保险监督管理委员会、中国证券监督管理委员会制定了《互联网金融从业机构反洗钱和反恐怖融资管理办法(试行)》,自 2019 年 1 月 1 日起施行。

本模块小结

本模块主要对互联网金融概念、互联网金融特点、互联网金融货币、互联网金融主要模式、互联网金融的风险与监管、互联网金融的发展等内容作出说明。完成本模块的学习,应该理解和掌握以下内容。

(1) 互联网金融是利用互联网技术和移动通信技术等一系列现代信息科学技术实现资金融通的一种新兴金融服务模式。

(2) 互联网金融具有成本低、效率高、覆盖广、发展快、管理弱、风险大等特点。

(3) 在"互联网社会形态"里,人们根据自己的需求成立或者参与社区,同一社区成员往往基于同种需求形成共同的信用价值观,互联网货币就是在此基础上形成的"新型货币形态"。互联网货币不直接以实体经济为支撑,不直接与实体经济挂钩,它的发行、使用、运作都存在于虚拟社区之中。在互联网货币中,尤以虚拟货币比特币最具代表性。

(4) 互联网金融的主要模式:第三方支付、P2P 网贷、众筹、大数据金融。每一种模式叙述分为概括、运营模式、对金融业的影响及风险分析等方面。

(5) 互联网金融具有互联网与金融双重的特性。因此,对互联网金融整体的风险分析和风险控制方法的叙述显得尤为重要。

关 键 术 语

互联网金融　比特币　第三方支付　P2P 网贷　众筹　大数据金融　互联网金融风险

案 例 分 析

P2P 网贷行业爆发式增长,当前在全球都面临挑战

2013 年以来,我国 P2P 行业开始出现爆发式增长,据相关数据统计,2014 年年底,运营平台数量激增到 2 290 家,贷款余额突破 1 000 亿元规模。2015 年,P2P 机构数量继续增加,P2P 贷款余额在 2017 年年中突破万亿关口。截至 2018 年 6 月底,P2P 运营平台数量有 1 836 家,贷款余额接近 1.32 万亿元规模。

但是,在 P2P 网贷行业爆发增长的同时,也面临着道德、资金池、信用、坏账、网络等风险的挑战。目前,国内 P2P 行业连环"暴雷",仅 2018 年 7 月,100 多家 P2P 网贷平台逐次出现倒闭、跑路的现象,行业内称为"暴雷"现象。网贷平台遭遇发展瓶颈。同样,国外 P2P 行业也不太平,以美国的 Lending Club 为例,自 2016 年第二季度开始持续亏损长达

8个季度,且短时间内很难扭转亏损局势。2018年第一季度亏损3 118万美元。可见P2P网络借贷的发展,当前在全球都面临严峻挑战。

【讨论问题】 谈谈你对网贷行业前景的看法。

思考与练习

一、填空题

1. 互联网金融的特点分为_____、_____、_____、_____、_____、_____。

2. 从狭义上来说,第三方支付是指具备一定实力和信誉保障的_____,借助_____、_____和_____,采用与各大银行签约的方式,在用户与银行支付结算系统间建立连接的_____模式。

3. 从发展路径与用户积累途径来看,目前市场上第三方支付公司的运营模式可分为_____和_____。

4. P2P网贷的运营模式分为_____、_____、_____三类。

5. 互联网金融风险控制的常用方法主要有_____、_____、_____、_____。

6. 目前,大数据金融的模式主要分为_____模式和_____模式。

7. 互联网金融风险有_____、_____、_____等特点。

二、判断题

1. 按照筹资方式的不同,众筹大致可分为四类:奖励制众筹、募捐制众筹、股权制众筹、借贷制众筹。（　　）

2. 比特币为真实货币,可以代替法定货币在商品市场上进行流通。（　　）

3. 目前,我国的第三方支付模式已趋于成熟,不存在任何法律风险。（　　）

4. 大数据金融的风险表现在法律风险、信息安全风险、技术风险三个方面。（　　）

5. 在募捐制众筹模式下,出资者表现出来的是对这个项目的支持,"重在参与"的属性。（　　）

三、思考题

1. 互联网金融的概念是什么?

2. 什么是比特币?叙述比特币的风险和缺陷。

3. 试比较独立的第三方支付模式和有担保的第三方支付模式。

4. 众筹模式具有哪些风险?

5. 根据本模块的学习,试分析互联网金融未来的发展趋势。

模块 9

国际金融

【能力目标】

通过完成本模块的学习,学生应该能够掌握国际货币制度的内容和类型等基本知识;了解布雷顿森林体系的概念和内容等;掌握国际货币基金组织和世界银行的组织机构、宗旨、资金来源、业务活动等基本知识;了解国际收支基本知识和基本理论;掌握国际收支失衡的概念、类型、失衡的原因;掌握国际储备的构成及国际信用的种类。

【核心能力】

掌握国际货币制度的内容和类型等基本知识;掌握国际货币基金组织和世界银行的组织机构、宗旨、资金来源、业务活动等基本知识;掌握国际收支失衡的概念、类型、失衡的原因;掌握国际储备的构成及国际收支失衡的调节机制。

1. 掌握国际货币制度的内容和类型等基本知识。
2. 了解金本位制度、布雷顿森林体系、牙买加货币制度的概念和内容等。
3. 掌握国际货币基金组织和世界银行的组织机构、宗旨、资金来源、业务活动等基本知识。
4. 了解国际收支基本知识和基本理论。
5. 掌握国际收支失衡的概念、类型、失衡的原因。
6. 掌握国际储备的构成。
7. 掌握国际信用的种类。

人民币"入篮"两周年成绩亮眼　汇率动荡仍存挑战

2018年10月1日,人民币"入篮"满两周年,两年内人民币国家化地位不断凸显。2018年8月,人民币全球交易使用量比例上升至2.12%,人民币在全球支付货币中的使用排名为第五位;2018年第二季度,人民币外汇储备资产达1 933.8亿美元,占参与官方外汇储备货币构成报告成员外储资产的1.84%。不过,喜人的成绩背后,人民币国际化依然面临人民币汇率动荡等阻力。分析人士指出,因美元指数的大幅剧烈波动,使得人民币汇率也出现了大幅动荡,同时由于人民币资本项目可自由兑换程度依然有限,使得人民币资产作为国际避险货币的职能难以发挥。

人民币"入篮"是人民币国际化进程中里程碑式的一步。2016年10月1日,人民币纳入国际货币基金组织特别提款权货币篮子,与美元、欧元、英镑和日元一起跻身全球储备货币之列,成为仅次于美元和欧元的第三大权重货币。

人民币加入SDR两年来,至少有以下几方面的成绩:一是人民币在全国交易使用量都有比较明显的提升;二是人民币在全球外汇储备货币中的比重也出现连续四个季度的上升;三是人民币在资本项下自由兑换程度大幅提高,特别是QFII、QDII额度大量增加,沪港通、深港通为境内外资本市场自由流动的重要渠道;四是各国央行和全球投资者对于人民币的认可程度逐渐提升,特别是国际投资者大规模增持人民币债券。

【分析提示】 你是如何看待人民币国际化问题的?

9.1 国际货币体系

9.1.1 国际货币体系的概念

1. 国际货币体系的具体内容

国际货币体系就是各国政府为适应国际贸易与国际支付的需要,对货币在国际范围内发挥世界货币职能所确定的原则、采取的措施和建立的组织形式的总称。

一般而言,国际货币体系的主要内容包括:①确定世界及各国货币的汇率制度;②确定有关国际货币金融事务的协调机制或建立有关协调和监督机构;③确定资金融通机制;④确定主导货币或国际储备货币;⑤确定国际货币发行国的国际收支及履行约束机制。

2. 国际货币体系的目标和作用

(1) 国际货币体系的目标:保障国家贸易、世界经济稳定、有序地发展,使各国的资源得到有效的开发利用。

(2) 国际货币体系的作用:建立汇率机制,防止循环的恶性贬值;为国际收支不平衡的调节提供有利手段和解决途径;促进各国的经济政策协调。

9.1.2 金本位制度

金本位制度是指以黄金为本位货币并发挥世界货币作用的一种货币制度,是历史上第一个国际货币制度,是19世纪到第一次世界大战前相继推行的货币制度。

1. 金本位制度的主要内容

(1) 黄金是国际货币体系的基础,可以自由输出输入国境,是国际储备资产和结算货币。

(2) 金铸币可以自由流通和储藏,也可以按法定含金量自由铸造,各种金铸币或银行券可以自由兑换成黄金。

2. 金本位制度的优势

金本位制度是一种较为稳定的货币制度,表现为该体系下各国货币之间的比价、黄金及其他代表黄金流通的铸币和银行券之间的比价,以及各国物价水平相对稳定。因此,对汇率稳定、国际贸易、国际资本流动和各国经济发展起到了积极作用。

3. 金本位制度的劣势及制度的解体

金本位制度过于依赖黄金,而现实中黄金产量的增长远远无法满足世界经济贸易增长对黄金的需求,简言之,黄金不够用了。再加上各国经济实力的巨大差距造成黄金储备分布的极端不平衡。于是,银行券的发行日益增多,黄金的兑换日益困难。第一次世界大战爆发,各国便中止黄金输出,停止银行券和黄金的自由兑换,金本位制度宣告解体。

9.1.3 布雷顿森林体系

布雷顿森林体系是以美元和黄金为基础的金汇兑本位制,其实质是建立一种以美元为中心的国际货币体系,基本内容包括美元与黄金挂钩、国际货币基金会员国的货币与美元保持固定汇率(实行固定汇率制度)。布雷顿森林体系的运转与美元的信誉和地位密切相关。

1. "双挂钩"的具体内容

(1) 确定了国际储备货币——美元,美元与黄金挂钩:①官价为 35 美元=1 盎司黄金;②美国准许各国政府或中央银行随时按官价向美国兑换黄金;③其他国家的货币不能兑换黄金。其他货币与美元挂钩:①各国货币与美元保持固定比价,通过黄金平价决定固定汇率;②各国货币汇率的波动幅度不得超过金平价的上下 1%,否则各国政府必须进行干预。

(2) 建立永久性国际货币金融机构——国际货币基金组织(IMF)。

(3) 规定了美元的发行和兑换方式。

(4) 确定固定汇率制。

(5) 提出了资金融通方案。

2. 布雷顿森林体系的优势和劣势

布雷顿森林体系的优势:①解决了国际储备短缺的困难(黄金短缺);②固定汇率稳定了世界金融市场;③国际货币基金组织及资金融通方案促进了国际金融合作。

布雷顿森林体系的劣势:以一个强大经济实体稳固世界金融市场,容易因该经济实体的起伏与衰盛导致世界金融市场的波动,而造成不稳定性。

3. 布雷顿森林体系崩溃的原因

(1) 美国借此成就了自身的世界金融霸权。

(2) 金汇兑制本身的缺陷。美元与黄金挂钩,享有特殊地位,加强了美国对世界经济的影响。其一,美国通过发行纸币而不动用黄金进行对外支付和资本输出,有利于美国的对外扩张和掠夺。其二,美国承担了维持金汇兑平价的责任。当人们对美元充分信任,美元相对短缺时,这种金汇兑平价可以维持;当人们对美元产生信任危机,美元拥有太多,要求兑换黄金时,美元与黄金的固定平价就难以维持。

(3) "特里芬难题"揭示了该体制存在无法解决的难题。以美元为中心的国际货币制度是在美国经济实力雄厚,国际收支保有大量顺差,黄金外汇储备比较充足,而其他国家普遍存在"美元荒"的情况下建立的。

扩展阅读 9-1

"特里芬难题"的由来

布雷顿森林体系建立,实际上是参考金本位制的美元本位制度。就是美国在"挟黄金以令诸侯",那么,真的像美国政府承诺的那样"美元与黄金一样可靠"吗?当时人们并不觉得这个体制存在问题。直到 1960 年,罗伯特·特里芬在其《黄金与美元危机——自由兑换的未来》一书中指出,布雷顿森林体系存在其自身无法克服的内在矛盾:在黄金生产停滞的情况下,如果美国的国际收支长期保持顺差,国际储备资产就不能满足国际贸易发展的需要,就会发生美元供不应求的美元短缺现象,即美元荒;如果美国国际收支长期保持逆差,国际储备资产就会发生过剩现象,造成美元泛滥,即美元灾,进而导致美元危机,并危及布雷顿森林体系。"美元无论是多是少,均会造成世界经济灾荒"的内在悖论应当如何解决,被国际经济学界称为"特里芬难题"(Triffen Dilemma)。

"特里芬难题"实际上指出的是美元的清偿力和对美元的信心问题。要满足世界经济和国际贸易的不断增长之需,国际储备必须有相应的增长,即要求各国手中持有比较多的美元,而美元供给量太多,就会发生不能兑换黄金的风险,从而导致对美元的信心危机;而美元供给量太少,又会发生国际清偿力不足的问题。随着国际贸易的发展,为使国际清偿顺利开展,美国要持续不断地向其他国家提供美元,只能让自己的国际收支始终保持赤字,而美元发行过多,会影响人们对美元的信心。

9.1.4 牙买加体系

牙买加体系从布雷顿森林体系 20 世纪 70 年代崩溃后沿用至今。布雷顿森林体系瓦解后,1976 年 IMF 通过《牙买加协定》,确认了布雷顿森林体系崩溃后浮动汇率的合法性,继续维持全球多边自由支付原则。虽然美元的国际本位和国际储备货币地位遭到削弱,但其在国际货币体系中的领导地位和国际储备货币职能仍得以延续,IMF 原组织机构和职能也得以续存。但是国际货币体系的五个基本内容所决定的布雷顿森林体系下的准则与规范却支离破碎。因此,现存国际货币体系被人们戏称为"无体系的体系",规则弱化导致重重矛盾,特别是经济全球化引发金融市场全球化趋势在 20 世纪 90 年代进一步加强时,该体系所固有的矛盾日益凸显。

1. 牙买加体系的主要内容

(1)黄金非货币化:黄金与各国货币彻底脱钩,不再是汇价的基础。

(2)国际储备多元化:美元、欧元、英镑、日元、黄金、特别提款权等。

(3)浮动汇率制合法化:单独浮动制、联合浮动制、盯住浮动制、管理浮动制。

(4)货币调节机制多样化:汇率调节、利率调节、国际货币基金组织干预和贷款调节。

2. 牙买加体系的优势和劣势

牙买加体系的优势：①国际储备多元化，摆脱对单一货币的依赖，货币供应和使用更加方便灵活，并解决了"特里芬难题"；②浮动汇率制在灵敏反应各国经济动态的基础上是相对经济的调节；③货币调节机制多样化，各种调节机制相互补充，避免了布雷顿森林体系下调节失灵的尴尬。

牙买加体系的劣势：①国际储备多元化，国际货币格局不稳定、管理调节复杂性强、难度高；②浮动汇率制加剧了国际金融市场和体系的动荡与混乱，套汇、套利等短线投机活动大量泛滥，先后引发多次金融危机，汇率变化难以预测不利于国际贸易和投资；③调节机制多样化不能从根本上改变国际收支失衡的矛盾。亚洲金融危机，国际货币基金组织的几次干预失败就是例证。

如果说在布雷顿森林体系下，国际金融危机是偶然的、局部的，那么，在牙买加体系下，国际金融危机就成为经常的、全面的和影响深远的。1973年，浮动汇率普遍实行后，西方外汇市场货币汇价的波动、金价的起伏经常发生，小危机不断，大危机时有发生。1978年10月，美元对其他主要西方货币汇价跌至历史最低点，引起整个西方货币金融市场的动荡。这就是著名的1977—1978年的西方货币危机。国际货币体系改革的前景如何，主要取决于国际货币体系中本位币的选择、汇率制度、国际调节机制和基金份额及发展资金等问题的解决。

9.2 国际金融机构

9.2.1 国际金融机构的概念

国际金融机构是指从事国际金融管理和国际金融活动的超国家性质的组织机构，能够在重大的国际经济金融事件中协调各国的行动；提供短期资金，缓解国际收支逆差、稳定汇率；提供长期资金，促进各国经济发展。国际金融机构分为全球性国际金融机构和区域性国际金融机构。全球性国际金融机构包括国际货币基金组织、世界银行、国际开发协会、国际金融公司等；区域性国际金融机构包括国际清算银行、欧洲投资银行、亚洲开发银行、亚洲基础设施投资银行等。

9.2.2 国际金融机构的产生与发展

为适应国际经济发展的需要，曾先后出现各种进行国际金融业务的政府间国际金融机构。其发端可以追溯到1930年5月在瑞士巴塞尔成立的国际清算银行。

第二次世界大战后建立了布雷顿森林体系，并相应建立了几个全球性国际金融机构，作为实施这一国际货币体系的组织机构。1957年到20世纪70年代，欧洲、亚洲、非洲、拉丁美洲、中东地区的国家为发展本地区经济的需要，通过互助合作方式，先后建立起区域性国际金融机构，如泛美开发银行、亚洲开发银行、非洲开发银行等。其中，亚洲基础设施投资银行是首个由中国倡议设立的多边金融机构，总部设在北京。

9.2.3 全球性国际金融机构

1. 国际货币基金组织

国际货币基金组织(IMF)根据1944年7月在美国布雷顿森林召开的联合国货币金融会议上通过的"国际货币基金协定",于1945年12月正式成立,总部设在美国首都华盛顿,它是联合国的一个专门机构。

国际货币基金组织成立的宗旨是帮助会员国平衡国际收支,稳定汇率,促进国际贸易的发展。其主要任务是通过向会员国提供短期资金,解决会员国国际收支暂时不平衡和外汇资金的需要,以促进汇率的稳定和国际贸易的扩大。

按照"国际货币基金协定",凡是参加1944年布雷顿森林会议,并在协定上签字的国家,称为创始会员国。在此以后参加国际货币基金组织的国家称为其他会员国。两种会员国在法律上的权利和义务并无区别。我国是创始会员国之一。

参加国际货币基金组织的每一个会员国都要认缴一定的基金份额。基金份额的确定,与会员国利益密切相关,因为会员国投票权的多寡和向国际货币基金组织取得贷款权利的多少取决于一国份额的大小。

国际货币基金组织的最高权力机构是理事会,由各会员国委派理事和副理事各1人组成。执行董事会是负责处理基金组织日常业务的机构,共由23人组成。

国际货币基金组织的资金来源,除会员国缴纳的份额以外,还有向会员国借入的款项和出售黄金所获得的收益。国际货币基金组织的主要业务是发放各类贷款;商讨国际货币问题;提供技术援助;收集货币金融情报;与其他国际机构的往来。

中国是该组织创始会员国之一。国际货币基金组织于1980年4月17日正式恢复中国的代表权。中国在该组织中的份额为80.901亿元特别提款权,占总份额的3.72%。中国共拥有81 151张选票,占总投票权的3.66%。中国自1980年恢复在国际货币基金组织的席位后单独组成一个选区并派一名执行董事。1991年,该组织在北京设立常驻代表处。2016年1月27日,国际货币基金组织宣布IMF 2010年份额和治理改革方案已正式生效,中国正式成为IMF第三大股东,仅次于美国和日本。

2. 世界银行

世界银行又称"国际复兴开发银行",是1944年与国际货币基金组织同时成立的另一个国际金融机构,也属于联合国的一个专门机构。它于1946年6月开始营业,总行设在美国首都华盛顿。世界银行的宗旨是通过提供和组织长期贷款及投资,解决会员国战后恢复和发展经济的资金需要。

根据协定,凡参加世界银行的国家必须是国际货币基金组织的会员国,但国际货币基金组织的会员国不一定都参加世界银行。凡会员国均须认购世界银行的股份,认购额由申请国与世界银行协商,并经理事会批准。一般情况下,一国认购股份的多少根据其经济和财政实力,并参照该国在国际货币基金组织缴纳份额的大小而定。世界银行会员国的投票权与认缴股本的数额成正比例。

世界银行的最高权力机构是理事会,由每一会员国委派理事和副理事各一名组成。理事会每年9月同国际货币基金组织联合举行年会。执行董事会是世界银行负责组织日常业务的机构,由 21 人组成。

世界银行的资金来源除会员国缴纳的股份外,还有向国际金融市场借款、出让债权和利润收入。其主要业务活动是提供贷款、技术援助和领导国际银团贷款。

我国是世界银行创始会员国之一。世界银行 1980 年 5 月 5 日正式恢复我国的代表权。我国向世界银行缴纳的股份大约占世界银行股金总额的 1/3。1987 年年底,我国政府与世界银行达成协议,共同开展对我国企业改革、财税、住宅、社会保险和农业方面的项目研究。

3. 国际开发协会

国际开发协会是世界银行的一个附属机构,成立于 1960 年 9 月,总部设在美国首都华盛顿,凡是世界银行会员国均可参加该机构。

国际开发协会的宗旨是专门对较贫困的发展中国家提供条件极其优惠的贷款,加速这些国家的经济建设。国际开发协会每年与世界银行一起开年会。国际开发协会的资金来源除会员国认缴的股本外,还有各国政府向协会提供的补充资金、世界银行拨款和协会的业务收入。我国在恢复世界银行合法席位的同时,也自然成为国际开发协会的会员国。

4. 国际金融公司

国际金融公司也是世界银行的一个附属机构,1956 年 7 月成立。1957 年,它与联合国签订协定,成为联合国的一个专门机构。参加国际金融公司的会员国必须是世界银行的会员国。国际金融公司的宗旨是鼓励会员国(特别是不发达国家)私人企业的增长,以促进会员国经济的发展,从而补充世界银行的活动。

国际金融公司的资金来源主要是会员国缴纳的股金,其次是向世界银行和国际金融市场借款。其主要业务活动是对会员国的私人企业贷款,不需政府担保。我国在恢复世界银行合法席位的同时,也成为国际金融公司的会员国。20 世纪 90 年代以来,我国与国际金融公司的业务联系不断密切,其资金已成为我国引进外资的一条重要渠道。

5. 多边投资担保机构

多边投资担保机构是 1988 年新成立的世界银行附属机构,该机构直接承保成员国私人投资者在向发展中国家成员投资时可能遭遇的政治风险。其宗旨是通过自身业务活动推动成员国之间的投资,特别是向发展中国家会员国投资,以补充国际复兴开发银行、国际金融公司和其他国际性开发机构的活动,并对投资的非商业性风险予以担保,以促进向发展中成员国的投资流动。

9.2.4 区域性国际金融机构

1. 国际清算银行

国际清算银行是根据 1930 年 1 月 20 日在荷兰海牙签订的海牙国际协定,于同年 5 月,由英国、法国、意大利、德国、比利时和日本六国的中央银行,以及代表美国银行界利益的摩根银行、纽约花旗银行和芝加哥花旗银行三大银行组成的银团共同联合创立,行址设在瑞士的巴塞尔。中国人民银行于 1996 年 9 月加入该行。目前,国际清算银行在中国香港设有代表处。

国际清算银行成立之初的宗旨是处理第一次世界大战后德国赔款的支付和解决对德

国的国际清算问题。1944年,根据布雷顿森林会议决议,该行应当关闭,但美国仍将它保留下来,作为国际货币基金组织和世界银行的附属机构。此后,该行的宗旨转变为增进各国中央银行间的合作,为国际金融业务提供额外的方便,同时充当国际清算的代理人或受托人。

国际清算银行的最高权力机构是股东大会,由认缴该行股金的各国中央银行代表组成,每年召开一次股东大会。董事会领导该行的日常业务。董事会下设银行部、货币经济部、秘书处和法律处。

国际清算银行的资金来源主要是会员国缴纳的股金,另外,还有向会员国中央银行的借款及大量吸收客户的存款。其主要业务活动是办理国际结算业务;办理各种银行业务,如存贷款和贴现业务;买卖黄金、外汇和债券;办理黄金存款;商讨有关国际货币金融方面的重要问题。国际清算银行作为国际货币基金组织内的十国集团(代表发达国家利益)的活动中心,经常召集该集团成员和瑞士中央银行行长举行会议,会议于每月第一个周末在巴塞尔举行。

2. 欧洲投资银行

欧洲投资银行是在1957年3月25日,根据《欧洲共同体条约》(《罗马条约》)的有关条款组成的欧洲金融机构。它的成员都是欧洲共同体的会员国,行址设在卢森堡。欧洲投资银行的宗旨是为欧洲共同体的利益,利用国际资本市场和共同体本身的资金,促进共同市场平衡而稳定地发展。该行的主要业务活动是在非营利性的基础上,提供贷款和担保,以资助欠发达地区的发展项目,改造和使原有企业现代化及开展新的活动。其资金来源主要是向欧洲货币市场借款。

3. 亚洲开发银行

亚洲开发银行是1965年3月根据联合国亚洲及远东经济委员会(联合国亚洲及太平洋地区经济社会委员会)第21届会议签署的"关于成立亚洲开发银行的协议"而创立的。1966年11月,在日本东京正式成立,同年12月开始营业,行址设在菲律宾首都马尼拉。亚洲开发银行的宗旨是为亚太地区的发展计划筹集资金,提供技术援助,帮助协调成员国在经济、贸易和发展方面的政策,与联合国及其专门机构进行合作,以促进区域内经济的发展。其资金来源主要是会员国缴纳的股金、亚洲开发基金和在国际金融市场上发行债券。

4. 非洲开发银行

非洲开发银行在联合国非洲经济委员会的赞助下,于1964年9月正式成立,1966年7月开始营业,行址设在象牙海岸首都阿比让。非洲开发银行的宗旨是为会员国的经济和社会发展提供资金,协调各国发展计划,促进非洲经济一体化。其资金来源主要是会员国认缴的股本及向国际金融市场借款。

5. 泛美开发银行

泛美开发银行于1959年12月30日正式成立,1960年11月1日开始营业,行址设在美国首都华盛顿。泛美开发银行的宗旨是动员美洲内外资金,为拉丁美洲国家的经济和社会发展提供项目贷款和技术援助,以促进拉美经济的发展。其资金来源主要是会员国认缴的股金、向国际金融市场借款和较发达会员国的存款。

6. 亚洲基础设施投资银行

亚洲基础设施投资银行(Asian Infrastructure Investment Bank,AIIB)简称亚投行,是一个政府间性质的亚洲区域多边开发机构,重点支持基础设施建设,成立宗旨是促进亚洲区域的建设互联互通化和经济一体化的进程,并且加强中国及其他亚洲国家和地区的合作,是首个由中国倡议设立的多边金融机构,总部设在中国首都北京,法定资本1 000亿美元。截至2017年5月13日,亚投行有77个正式成员国。

2013年10月2日,习近平提出筹建倡议。2014年10月24日,包括中国、印度、新加坡等在内21个首批意向创始成员国的财长和授权代表在北京签约,共同决定成立亚投行。2015年12月25日,亚洲基础设施投资银行正式成立。2016年1月16日至18日,亚投行开业仪式暨理事会和董事会成立大会在北京举行。

中国提倡筹建亚洲基础设施投资银行,一方面能继续推动国际货币基金组织(IMF)和世界银行(WB)的进一步改革;另一方面也是补充当前亚洲开发银行(ADB)在亚太地区的投融资与国际援助职能。

亚洲基础设施投资银行(AIIB)是继提出建立金砖国家开发银行(NDB)、上合组织开发银行之后,中国试图主导国际金融体系的又一举措。这也体现出中国尝试在外交战略中发挥资本在国际金融中的力量。更值得期待的是,亚洲基础设施投资银行将可能成为人民币国际化的制度保障,方便人民币"出海"。

亚投行正式宣告成立,是国际经济治理体系改革进程中具有里程碑意义的重大事件,标志着亚投行作为一个多边开发银行的法人地位正式确立。

9.3 国际收支

9.3.1 国际收支的概念

国际货币基金组织对国际收支的定义:国际收支是一种统计报表,系统地记载了在一定时期内经济主体与世界其他地方的交易。大部分交易在居民与非居民之间进行。国际收支分为狭义的国际收支和广义的国际收支。狭义的国际收支是指一国在一定时期(常为1年)内对外收入和支出的总额。广义的国际收支不仅包括外汇收支,还包括一定时期的经济交易。

国际收支是一个流量概念。国际收支所反映的内容是经济交易,包括商品和劳务的买卖、物物交换、金融资产之间的交换、无偿的单向商品和劳务的转移、无偿的单向金融资产的转移。记载的经济交易是居民与非居民之间发生的。国际收支既有私人部门交往的内容,也有政府部门交往的内容;既有基于经济目的而产生的各种交易,也包括因非经济动机而产生的交易。

9.3.2 国际收支平衡表

国际收支平衡表是指根据经济分析的需要,将国际收支按照复式记账原理和特定账户分类编制出来的一种统计报表。它集中反映了一国国际收支的结构和总体状况。

编制国际收支平衡表时,需要对各个项目进行归类,分成若干个账户,并按照需要进行排列,即所谓的账户分类。国际货币基金组织出版的《国际收支手册(第五版)》提供了国际收支平衡表的账户分类标准,即分为经常账户、资本和金融账户两大账户,各国可以根据本国具体情况对其进行必要的调整。

1. 经常账户

经常账户记录实际资源的流动,包括货物和服务、收益、经常转移三项。

(1) 货物和服务。货物是指通过海关的进出口货物,以海关的进出口统计资料为基础,该货物所有权发生变化时被记录下来,进出口均采用离岸价格(FOB)计价。服务包括运输、旅游、通信、建筑、保险、金融服务、计算机和信息服务、专有权使用费和特许费、各种商业服务、个人文化娱乐服务及政府服务。

(2) 收益。收益包括职工报酬和投资收益两类。职工报酬是指本国居民在国外工作(一年以内)而得到并汇回的收入及支付外籍员工(一年以内)的工资福利。投资收益包括直接投资项下的利润利息收支和再投资收益、证券投资收益和其他投资收益。

(3) 经常转移。经常转移包括侨汇、无偿捐赠和赔偿等项目,包括实物和资金形式。

2. 资本和金融账户

资本和金融账户记录资本在国际间的流动,包括资本账户和金融账户。

(1) 资本账户。资本账户包括资本转移和非生产、非金融资产交易。资本转移主要包括固定资产转移、债务减免、移民转移和投资捐赠等。非生产、非金融资产交易是指不是生产出来的有形资产和有形资产的所有权转移。

(2) 金融账户。金融账户记录的是一经济体对外资产负债变更的交易,包括直接投资、证券投资、其他投资和储备资产四类。①直接投资。直接投资是投资者寻求获取在本国以外经营企业的有效发言权为目的的投资。②证券投资。证券投资包括股本证券和债务证券两大类证券投资形式。债务证券又可以细分为中长期债券、货币市场工具和其他衍生金融工具。③其他投资。其他投资是指直接投资和证券投资外的所有金融交易,分为贸易信贷、贷款、货币和存款、其他资产负债四项。④储备资产。储备资产是指中央银行等货币当局拥有的对外资产,包括货币黄金、外汇、特别提款权和在国际货币基金组织的储备头寸。

此外,国际收支平衡表还设置了"净误差和遗漏"一项。净误差和遗漏是基于会计上的需要,在国际收支平衡表中借贷双方出现不平衡时,设置的用以抵销统计偏差的项目。

我国国际收支平衡表是在国际货币基金组织《国际收支手册(第五版)》基础上编制而成的,该表包括经常账户、资本和金融账户、储备资产、净误差和遗漏四大项。

扩展阅读 9-2

国际收支平衡表的分析

国际收支是经济分析的主要工具,一国的国际收支记录了它与世界各国的经济金融往来的全部情况,反映了该国的对外经济特点及变动对国际金融的影响。因此,认真、全面地对国际收支平衡表进行分析,对了解国内外经济状况,制定相应的措施具有极其重要的意义。

1. 不平衡的判别

判断国际收支是否平衡,通常的做法是将国际收支平衡表记录的国际经济交易,按照交易主体和交易目的的不同划分为自主性交易和调节性交易。按交易主体和交易动机识别国际收支是否平衡,为我们提供了一种思维方式和基本框架,在理论上是正确的,但在实践中却存在一定的技术性困难。实践中,国际收支是否平衡的观察,通常是在自主性交易和调节性交易对比的基本框架下,具体对国际收支的几个主要差额进行比较分析。

2. 失衡的原因与调节的必要性

国际收支失衡的主要原因:周期性失衡;结构性失衡;收入性失衡及货币性失衡。

国际收支失衡调节的必要性在于:持续的巨额国际收支逆差会耗费大量的国际储备,导致国内通货紧缩和生产下降;削弱该国货币和国家信用的国际地位;如果逆差主要是由资本流出引起的,则会造成本国的资金短缺,利率上升,从而使该国消费和生产下降;如果逆差主要是由进口大于出口引起的,则会导致本国开工不足,失业增加,国民收入下降。持续的巨额国际收支顺差,会导致本币汇率上升,抑制出口,削弱本国商品的国际竞争力;使国际储备大量增加,国内货币供应量增加,引发通货膨胀;如果顺差主要是由出口大于进口引起的,则会减少国内生产资源,影响本国经济发展;容易造成与主要贸易伙伴国之间的摩擦,不利于国际经济关系的正常发展。

3. 不平衡的分类

国际收支不平衡是绝对的、经常的,而平衡则是相对的、偶然的。

(1) 周期性不平衡,是由于国际间各国所处的阶段不同而造成的不平衡。经济周期一般包括四个阶段,危机—萧条—复苏—繁荣。当一国处于繁荣阶段,而贸易伙伴国处于衰退阶段,易造成本国的贸易收支赤字。

(2) 结构性不平衡,是由于国际市场对本国的出口和进口的需求条件发生变化,本国贸易结构无法进行调整所导致的国际收支不平衡。

(3) 货币性不平衡,是由于一国的价格水平、成本、汇率、利率等货币性因素而造成的国际收支不平衡。

(4) 收入性不平衡,是由于一国国民收入相对快速增长,导致进口增长超过出口增长而引起的国际收支失衡。

4. 国际收支调节政策的措施

(1) 外汇缓冲政策。外汇缓冲政策是指一国利用官方储备的变动或临时向外筹措资金抵消超额外汇供给或需求,这种方法可以融通一次性或季节性的国际收支赤字。该政策受储备规模的影响,只适于规模较小的短期国际收支赤字。

(2) 财政货币政策。出现赤字时,可以采取紧缩性的财政货币政策。该政策可以降低商品和劳务的支出,从而降低进口;调整国内商品与国外商品的价格比,促进出口;提高国内利率,改善资本账户的状况。其局限性:改善国际收支往往以牺牲国内经济为代价。

(3) 汇率政策。利用汇率变动消除国际收支赤字,主要取决于以下条件。

① 进出口需求弹性之和是否符合马歇尔—勒纳条件。

② 本国是否有剩余的生产能力可以利用,以便增加出口商品的生产能力。

③ 贬值带来的本国贸易商品和非贸易商品的相对价格优势能否维持一段时间,汇率贬值引起的通货膨胀能否为社会接受。

④ 直接管制。包括外汇管制和贸易政策管制,管制是否引起贸易伙伴国的报复。

9.3.3 国际收支不平衡的经济影响

1. 国际收支逆差的不利影响

持续的、大规模的国际收支逆差对一国经济的影响表现为以下两个方面。

(1) 不利于对外经济交往。存在国际收支持续逆差的国家会增加对外汇的需求,而外汇的供给不足,促使外汇汇率上升,本币贬值;本币的国际地位降低,可能导致短期资本外逃,从而对本国的对外经济交往带来不利影响。

(2) 如果一国长期处于逆差状态,不仅会严重消耗一国的储备资产,影响其金融实力,还会使该国的偿债能力降低,如果陷入债务困境不能自拔,又会进一步影响本国的经济和金融实力,并失去在国际间的信誉。如20世纪80年初期爆发的国际债务危机,在很大程度上就是因为债务国出现长期国际收支逆差,不具备足够的偿债能力所致。

2. 国际收支顺差的不利影响

持续的、大规模的国际收支顺差也会对一国经济带来不利影响,具体表现在以下几个方面。

(1) 持续性顺差会使一国所持有的外国货币资金增加,或者在国际金融市场上发生抢购本国货币的情况,这就必然产生对本国货币需求量的增加,由于市场法则的作用,本国货币对外国货币的汇价就会上涨,不利于本国商品的出口,对本国经济的增长产生不良影响。

(2) 持续性顺差会导致一国通货膨胀压力加大。国际贸易出现顺差,就意味着国内大量商品被用于出口,可能导致国内市场商品供应短缺,带来通货膨胀的压力。另外,出口公司将会出售大量外汇兑换本币收购出口产品,从而增加国内市场的货币投放量,带来通货膨胀压力。如果资本项目出现顺差,大量的资本流入,该国政府就必须投放本国货币购买这些外汇,从而也会增加该国的货币流通量,带来通货膨胀压力。

(3) 一国国际收支持续顺差容易引起国际摩擦,而不利于国际经济关系的发展,因为一国国际收支出现顺差也就意味着世界其他一些国家的国际收支出现逆差,从而影响这些国家的经济发展,他们要求顺差国调整国内政策,以调节过大的顺差,这就必然导致国际摩擦。例如,20世纪80年代以来愈演愈烈的欧、美、日贸易摩擦就是因为欧共体国家、美国、日本之间国际收支状况不对称引起的。

可见,一国国际收支持续不平衡时,无论是顺差还是逆差,都会给该国经济带来危害,政府必须适当地调节,以使该国的国内经济和国际经济得到健康的发展。

9.4 国际储备

9.4.1 国际储备的概念

国际储备也称"官方储备"或"自由储备",是指各国政府为弥补国际收支逆差,保持汇率稳定,以及应付其他紧急支付的需要而持有的国际间普遍接受的所有流动资产的总称。国际储备是第二次世界大战后国际货币制度改革的重要问题之一,它不但关系各国调节国际收支和稳定汇率的能力,而且会影响世界物价水平和国际贸易的发展。

国际储备资产具有以下几个方面的特征。

(1) 公认性。国际储备资产应该是各国普遍承认和接受的资产。因此,充当国际储备货币的都是可自由兑换的货币或国际货币。

(2) 流动性。具有充分流动性,即储备资产不但能够在各种形式的金融资产间进行自由的兑换,而且货币当局能够在任何需要的时候无条件地获得并利用这些资产。

(3) 稳定性。国际储备资产的货币价值必须相对稳定。

(4) 适应性。国际储备资产性质与数量必须适应国际经济活动和国际贸易的发展要求。

9.4.2 国际储备的构成

根据国际货币基金组织对国际储备资产构成的有关规定,一个国家的国际储备包括黄金储备、外汇储备、储备头寸和特别提款权。

1. 黄金储备

黄金储备是指一国货币当局持有的,用以平衡国际收支,维持或影响汇率水平,作为金融资产持有的黄金。黄金一直是最重要的国际储备形式,一国黄金储备数量反映该国应付国际收支危机的能力及其货币的国际信用,也反映其在国际金融市场的实力地位。它在稳定国民经济、抑制通货膨胀、提高国际资信等方面有着特殊作用。

2. 外汇储备

外汇储备是指一个国家的中央银行和政府机构所集中持有的可以兑换货币和用它们表示的支付手段。外汇储备的具体形式是政府在国外的短期存款或其他可以在国外兑现的支付手段,如外国有价证券,外国银行的支票、期票、外币汇票等。外汇储备主要用于清偿国际收支逆差,以及干预外汇市场以维持该国货币的汇率。

3. 储备头寸

在国际货币基金组织的储备头寸又称普通提款权,是指国际货币基金组织的会员国在基金组织账户中可以自由提取和使用的资产。储备头寸是国际货币基金组织最基本的一项贷款,用于解决会员国的国际收支不平衡。一个国家在国际货币基金组织的储备头寸包括三个部分:①成员国向国际货币基金组织缴纳份额中 25% 的黄金或可兑换货币;②国际货币基金组织为满足成员国借款而使用的本国货币;③国际货币基金组织在该国借款的净额。

4. 特别提款权

特别提款权(Special Drawing Right,SDR)是国际货币基金组织创设的一种储备资产和记账单位,也称"纸黄金"。它是国际货币基金组织分配给会员国的一种使用资金的权利。会员国在发生国际收支逆差时,可用它向国际货币基金组织指定的其他会员国换取外汇,以偿付国际收支逆差或偿还国际货币基金组织的贷款,还可与黄金、自由兑换货币一样充当国际储备。但由于其只是一种记账单位,不是真正的货币,使用时必须先换成其他货币,不能直接用于贸易或非贸易的支付。因为它是国际货币基金组织原有的普通提款权以外的一种补充,所以称为特别提款权。

特别提款权不是一种有形的货币,它看不见、摸不着,而只是一种账面资产。

9.4.3 国际储备的作用

国际储备是一个国家金融实力的标志,对一个国家而言,国际储备的作用主要如下。

1. 调节国际收支

国际储备的首要用途是在一国国际收支发生困难时作为一种缓冲器对国际收支调节起缓冲作用。这种缓冲作用能使一国避免在国际收支暂时发生困难时被迫采取不利于本国经济的调整行为,或当一国国际收支长期恶化而使调整不可避免时,能将调整分散在一个最适当的时期。具体地讲,当一个国家发生国际收支顺差时,将这些顺差额充作本国的储备资产;而当该国出现国际收支逆差时,可以动用国际储备弥补这个缺口。

2. 维持本国货币汇率的稳定

国际储备对于稳定一个国家的货币汇率有一定的作用。一个国家的货币当局持有足够的国际储备资产,可以在必要时对外汇市场进行干预,使本国货币的汇率维持在政府所希望的对本国有利的水平上。为防止汇率波动影响本国经济,一些国家通过动用国际储备在国际金融市场买卖外币或本币以影响外汇行市。因此,国际储备是维持货币汇率的"干预资产"。

3. 作为对外举债的信用保证

国际储备状况是反映一国的对外金融实力及评定一国偿债能力和资信的重要标志。国际储备充实,说明支付能力强,经济实力雄厚,可以增强一国的资信,吸引外资流入,促进经济发展。一国拥有雄厚的国际储备,才有能力维护本国货币在国际市场的信誉;才能够提高国家的信用级别,通过各种渠道借入国际资金并保证所借外债的到期偿还。

4. 争取国际间的竞争优势

一国掌握了充足的国际储备资产,就可以具有维持本国货币高位或低位的能力,争取国际间的竞争优势。一国的货币如果能作为储备货币或关键货币,则更有利于支持本国货币在国际上的地位。

9.5 国际信用

9.5.1 国际信用的概念

国际信用是指一个国家的政府、银行及其他自然人或法人对别国的政府、银行及其他自然人或法人所提供的信用。国际信用与国内信用不同,表示的是国际间的借贷关系,债权人与债务人是不同国家的法人,直接表现资本在国际间的流动。

国际信用是国际货币资金的借贷行为。最早的票据结算就是国际上货币资金借贷行为的开始,经过几个世纪的发展,现代国际金融领域内的各种活动几乎都同国际信用有着紧密联系。没有国际借贷资金不息的周转运动,国际经济、贸易往来就无法顺利进行。

国际信用同国际金融市场关系密切。国际金融市场是国际信用赖以发展的重要条件，国际信用的扩大反过来又推动国际金融市场的发展。国际金融市场按资金借贷时间长短可分为两个市场：一个是货币市场，即国际短期资金借贷市场；另一个是资本市场，即国际中长期资金借贷市场。国际金融市场中规模最大的是欧洲货币市场，这个市场上的借贷资本是不受各国法令条例管理的欧洲货币。在欧洲货币市场中占主要地位的是欧洲美元，其次是欧洲马克。此外，还有亚洲美元市场。欧洲货币市场是巨额国际资金的供求集散中心，它和由其延伸出来的其他众多国际金融市场及离岸金融市场，将世界各地的金融活动都纳入庞大的金融网络，使借贷资金的国际化有更深入的发展。

9.5.2　国际信用的种类

国际信用以领域划分，可分为贸易信用和金融信用两大类。

1. 贸易信用

贸易信用是以各种形式与对外贸易业务联系在一起的信用。信用的提供以外贸合同的签订为条件，它只能用于为合同规定的商品交易供应资金。这种商业信用又可分为公司信用，即出口商以延期支付的方式出售商品，向进口商提供信用和银行信用，银行向进口商或出口商提供贷款。

2. 金融信用

金融信用没有预先规定的具体运用方向，可用于任何目的，包括偿还债务，进行证券投资等。金融信用又可分为银行信用，即由银行向借款人提供贷款；债券形式的信用，即由借款人发行债券以筹集资金。

国际信用按其期限可分为短期信贷、中期信贷和长期信贷。不同国家的出口商与进口商相互提供的商业信用，通常是短期的，但在市场竞争激烈的情况下，这种信用往往也具有长期的性质。此外，商业银行对进口商和出口商提供的信用大多也是短期的。中期信用和长期信用基本上用于购买工业装备或支付技术援助等。第二次世界大战前，动员长期资金多采用发行债券的方式；第二次世界大战后，这种方式的作用降低了，而银行信用和政府间信用的作用则提高了。

国际信用还可按贷款人分为由私营企业、银行、经纪人等提供的私人信用，由政府直接提供或通过国营的信贷机构提供的国家信用，以及国际金融组织与区域性金融组织的信用。

对外贸易信用有商业信用和银行信用两种形式。

1）商业信用

商业信用发生于下列情况。

（1）预付款信用。出口信用的一种方式，进口商向外国出口商预付的货款，将来由出口商供货偿还。

（2）公司信用。进口信用的一种方式，进口商从外国出口商方面以商品形态获得的信用，然后定期清偿债务。

2）银行信用

银行信用可分为以下几种。

（1）银行对出口商提供的短期信用，如商品抵押贷款或商品凭证抵押贷款。即在商品运到指定地点，等待推销的过程中，以商品或商品凭证为抵押取得国外银行的贷款。

（2）由卖方（出口商）银行提供给出口商的中长期信贷，称为卖方信贷。这与大型成套设备及技术的出口密切相关。出口商（卖方）以分期付款和赊销的方式将主要机器或成套设备卖给进口商，然后根据协议由进口商分期偿付货款。由于出口商要在全部交货若干年后才能陆续收回全部货款，因此为保持企业正常经营，往往需向当地银行借取这种信贷。

（3）银行对进口商提供的信用又分为：①承兑信用。即当出口商提供商业信用给进口商时，出口商往往要求由银行承兑票据。在这种情况下，进口商必须先取得银行方面承兑出口商汇票的同意。这样，出口商就不再向进口商提出汇票，而是向进口商委托的银行提出汇票，并由银行在汇票规定的期限内兑付汇票。②票据贴现。如果出口商在汇票到期前需要现款，可以将已经进口商或其银行承兑的汇票拿到银行贴现。③买方信贷。即卖方（出口商）银行提供给买方企业（进口商）或买方银行的中长期信贷。

国际信用对贷款国和借款国的经济也有巨大影响。

对于贷款国来说，一方面，对外贷款会给它们带来利息，带动商品输出，从而有助于维持国内经济繁荣；另一方面，对外贷款会减少国内资本供应，从而在某种程度上引起经济发展停滞的趋势。此外，不适当的、过量的对外贷款还会破坏贷款国的国际收支平衡，产生不良后果。

对于借款国来说，应区分发达资本主义国家和发展中国家两种情况。发达资本主义国家在一定条件下也借助国际信贷作为进行国内经济建设的资金来源。当然，借款国要为此付出一定代价（如支付利息、接受某些条件等），但由于它们本身具有一定的政治与经济实力，不至于在总体上形成被贷款国控制的局面。对于发展中国家来说，国际信用过去曾是帝国主义国家对它们进行掠夺与控制的工具。由于对债权国在财政上的依赖，使它们不但在经济上受剥削，而且被迫接受各种奴役性的条件，从而加深了在政治、经济上的依附性，并最终沦为殖民地、附属国。

9.5.3 信用评级

1．信用评级的目的

信用评级的目的是充分揭示受评对象的特定违约风险和违约的严重程度，为评级结果使用者提供客观公正的信用信息。

2．评级要素

考察受评对象面临的宏观经济环境、产业背景、基本经营和竞争地位、管理水平及财务状况等基本方面。

3．评级原则

均采用 AAA-C 的评级符号体系表示信用风险的大小，再用"＋""－"，或"1""2""3"，或"a""aa"等修正在主要等级内的相对高低。将 BBB 级以上的信用级别规定为投资级，其他信用级别为投机级。在很多情况下，评级下降多于上调，特别是在经济衰退的环境下，评级机构以下调信用等级作为基本思路。例如，对公司的评级，在对公司等级进行调整前，一般会通过先将公司放在"评级前景"及"观察名单"上进行审议，以此向外界发出公司评级将会调整的信号。评级结果在短期内出现逆转的情况很罕见。

4. 评级行业

国际信用评级行业在20世纪初诞生，历经一百多年经济危机与金融风险的洗礼，已经成就了它在全球资本市场不可动摇的权威地位。美国是世界上资本市场最发达的国家，穆迪、标准普尔、惠誉国际三家公司是国际评级行业的垄断者。据国际清算银行(BIS)的报告，在世界上所有参加信用评级的银行和公司中，穆迪涵盖了80%的银行和78%的公司；标准普尔涵盖了37%的银行和66%的公司；惠誉国际涵盖了27%的银行和8%的公司。

美国的评级行业采用的是市场主导模式，欧洲的信用评级行业是按照美国的模式发展起来的。法国信用评级的发展是由管理当局直接推动的，法国政府规定绝大多数的证券发行商有信用评级。在英国，金融市场历史悠久且规模较大，这使得英国的市场比欧洲其他国家更有可能和更愿意接受信用评级。在德国，信用评级主要开展于国际性债务的发行。

亚洲的信用评级行业起步于20世纪70年代。日本是在大批本土机构到海外资本市场发放债务的过程中，逐渐接受欧美的信用评级，之后随着股票交易和债券规模的扩大，评级行业的地位逐渐确立。印度评级行业始于1987年，在政府的支持下仅用了10多年就形成了全国统一的评级市场；1985年，韩国建立了本国的评级机构，政府对金融市场进行积极的开发和推进，规定公司发行超过一定数额的商业票据就必须经过信用评级。菲律宾(1982年)、中国(1988年)、马来西亚(1991年)也相继诞生了本国的评级行业。

5. 国际商业信用评级

商业信用评估中，国际上通用的是基于"5C"理论的五个方面的考察。所谓"5C"，是指被考察对象的品质或付款意愿(Character)、资本规模(Capital)、偿付能力(Capacity)、抵押担保状况(Collateral)及环境或条件(Condition)。企业的商业信用表现最终是由这五个方面综合作用的结果。

(1) 品质或付款意愿。品质或付款意愿是指企业的品行、品质，将直接影响其合同履约或付款的意愿。一般从企业的付款历史记录、管理层的素质及管理规范程度进行考量。

(2) 资本规模。在其他条件相同的情况下，规模较大的企业的抗风险能力较强，而与商业信用最直接相关的规模即为资本规模。净资产、营运资金、销售收入等是常用的考量指标。

(3) 偿付能力。经研究，就全球范围内，导致较差信用表现的最主要因素还是偿付能力缺乏。大企业因没有偿付能力而最终倒闭的案例比比皆是。偿付能力风险分短期风险与长期风险，对企业财务状况及经营状况的分析是研究偿付能力的基础。

(4) 抵押担保状况。抵押担保状况是指企业提供的备用偿债保证，通常需要对抵押资产进行估价，对担保人进行信用分析以确定抵押担保的价值。这一方面的考量对企业的商业信用是一个较好的保证措施，同时也需要考虑企业对第三方提供的担保状况。

(5) 环境或条件。事物是内因与外因共同作用的结果，在环境或条件这一部分，要考虑一些系统风险，如国家、地区、行业等特有的风险对企业信用的影响。

本模块小结

完成本模块的学习,应该理解和掌握以下内容。

(1) 国际货币体系就是各国政府为适应国际贸易与国际支付的需要,对货币在国际范围内发挥世界货币职能所确定的原则、采取的措施和建立的组织形式的总称。

(2) 国际金融机构是指从事国际金融管理和国际金融活动的超国家性质的组织机构,能够在重大的国际经济金融事件中协调各国的行动;提供短期资金,缓解国际收支逆差、稳定汇率;提供长期资金,促进各国经济发展。

(3) 国际收支分为狭义的国际收支和广义的国际收支。狭义的国际收支是指一国在一定时期(常为1年)内对外收入和支出的总额。广义的国际收支不仅包括外汇收支,还包括一定时期的经济交易。国际收支平衡表是指根据经济分析的需要,将国际收支按照复式记账原理和特定账户分类编制出来的一种统计报表。它集中反映了一国国际收支的结构和总体状况。编制国际收支平衡表时,需要对各个项目进行归类,分成若干个账户,并按照需要进行排列,即所谓的账户分类。

(4) 国际储备也称"官方储备"或"自由储备",是指各国政府为弥补国际收支逆差,保持汇率稳定,以及应付其他紧急支付的需要而持有的国际间普遍接受的所有流动资产的总称。根据国际货币基金组织对国际储备资产构成的有关规定,一个国家的国际储备包括黄金储备、外汇储备、储备头寸和特别提款权。

(5) 国际信用是指一个国家的政府、银行及其他自然人或法人对别国的政府、银行及其他自然人或法人所提供的信用。信用评级的目的是充分揭示受评对象的特定违约风险和违约的严重程度,为评级结果使用者提供客观公正的信用信息。

关 键 术 语

国际货币基金组织　布雷顿森林体系　国际收支平衡表　国际储备　国际信用　信用评级

案 例 分 析

积极借鉴国际金融市场经验

上海市市长应勇昨天下午会见了加拿大多伦多交易所集团首席执行官埃克莱斯顿一行。

应勇说,上海作为中国最大的经济中心城市,是中外资金融机构的重要集聚地,也是国际上金融市场体系最完备的城市之一。当前,根据中央对上海的定位要求,上海正加快建设与中国经济实力和人民币国际地位相适应的国际金融中心。前不久,我们制定出台了"上海扩大开放100条",进一步深化金融改革开放与创新是其中的重要内容。同时,上海还成立了中国首个金融法院,着力优化金融市场环境。上海鼓励更多成长性企业和高科技企业与资本市场结合,在推动资本市场繁荣发展的同时,也促进企业更好地成长。多伦多交易所集团是全球重要的科技资本市场,上海将积极借鉴包括多伦多交易所集团在内的国际金融市场发展经验,与各方加强合作交流,推动上海国际金融中心建设取得更大突破。

埃克莱斯顿说,上海在金融等领域的开放创新举措吸引了世界的关注,上海国际金融中心建设成果丰硕。多伦多交易所集团愿发挥自身所长,与上海加强经验分享,与相关金融机构深化合作,为上海国际金融中心建设作出积极贡献。

资料来源:《解放日报》,2018-10-10.

【讨论问题】 你认为该如何积极借鉴国际金融市场经验?

思考与练习

一、不定项选择题

1. 向会员国中央银行提供短期贷款,旨在帮助它们克服暂时性国际收支不平衡的国际金融机构是( )。
   A. 世界银行　　　　　　　　　B. 国际开发协会
   C. 国际货币基金组织　　　　　D. 国际金融公司

2. 判断一国国际收支是否平衡的标准是( )。
   A. 经常账户借贷方金额相等　　　B. 资本金融账户借贷方金额相等
   C. 自主性交易项目的借贷方金额相等　D. 调节性交易项目的借贷方金额相等

3. 布雷顿森林体系规定会员国汇率波动幅度为( )。
   A. ±10%　　　　　　　　　　　B. ±2.25%
   C. ±1%　　　　　　　　　　　D. ±(10%～20%)

4. 下列不属于国际复兴开发银行的资金来源项是( )。
   A. 会员国缴纳的股金　　　　　B. 银行债券取得的借款
   C. 债权转让　　　　　　　　　D. 信托基金

二、填空题

1. 国际货币体系的目标:保障_____的稳定、有序地发展,使各国的资源得到有效的开发利用。

2. 国际货币基金组织成立的宗旨是帮助会员国平衡_____,稳定_____,促进国际贸易的发展。

3. 世界银行的资金来源除会员国缴纳的_____外,还有向_____借款、出让债权和利润收入。

4. 经常账户记录实际资源的流动,包括_____、_____、_____三项。

5. 国际收支失衡的主要原因有_____;_____;_____及货币性失衡。

6. 国际信用是指一个国家的_____、_____及其他自然人或法人对别国的_____、_____及其他自然人或法人所提供的信用。

7. 国际信用以领域划分,可分为_____和_____两大类。

三、判断题

1. 出口信贷的贷款利率较低,但有指定用途。（   ）
2. 国际储备是指一国货币当局为弥补国际收支逆差,稳定本币汇率和应付紧急支付等目的所持有的国际间普遍接受的资产。（   ）
3. 布雷顿森林协定包括《国际货币基金协定》和《国际复兴开发银行协定》。（   ）
4. 国际货币基金组织会员国提用储备部分贷款是无条件的,也不需支付利息。（   ）
5. 一国货币汇率升值将有利于进口。（   ）
6. 在金本位制度下,各国货币之间的比价是由它们各自的含金量所决定的。（   ）

四、思考题

1. 简述国际收支平衡表的主要内容。
2. 国际储备的作用是什么？
3. 简析影响一国国际收支失衡的主要原因。

货币供求

【能力目标】

通过完成本模块的学习,学生应该能够掌握影响货币需求的因素、货币供给的主要内容、通货膨胀和通货紧缩;了解货币创造过程和货币均衡,财政的产生和发展过程。

【核心能力】

掌握货币需求和影响货币需求的因素,货币供给的主要内容;能判断通货膨胀和通货紧缩,并对其进行原因分析和分析对社会经济的影响。

【任务分解】

1. 掌握货币需求和影响货币需求的因素。
2. 掌握货币供给的主要内容。
3. 了解货币创造过程和货币均衡。
4. 掌握通货膨胀和通货紧缩。
5. 能够对通货膨胀和通货紧缩进行分析。

 导入案例

津巴布韦的通货膨胀

津巴布韦政府对国内白人的打压还使之与部分西方国家迅速交恶,后者对其实施了严厉的制裁,津巴布韦经济进一步濒临崩溃。

到 2006 年,津巴布韦的年通胀率为 1 042.9%,2007 年则冲到 10 000% 以上。到了 2008 年 6 月末,津巴布韦货币的汇率已跌至 1 美元兑 1 000 亿津巴布韦元(津元),而厚厚一沓纸币凑够的 1 000 亿津元却只能买到一个面包。

2008 年,津巴布韦政府多次推出大面值纸币,从年初的 1 000 万津元面额到 5 000 万津元、2.5 亿津元。到了 8 月,政府开始发行第三代津元,新货币的 1 元相当于上一代的 100 亿津元。但这一举措并未见效,2008 年 12 月 4 日,政府推出了新版面额为 1 000 万津元、5 000 万津元和 1 亿津元三种新钞;12 月 12 日,推出面额 5 亿津元的钞票;12 月 19 日,面额 100 亿津元的钞票正式问世。

2009 年,在推出了"1"后面紧跟着 14 个"0"的 100 万亿津元面额钞票后,津巴布韦政府选择发行第四代新钞,划掉了前一代纸币上的 12 个"0",即 1 万亿津元第三代钞票＝1 津元新钞。但由于恶性通货膨胀,这些"0"又迅速地涨了回来。最终,在该国通货膨胀率达到 1 000 000 000% 后,政府宣布停止发行本国货币,开始使用稳定经济体的一篮子货币组合。

此后,美元、欧元、英镑、南非兰特、博兹瓦纳普拉、人民币、日元、澳元、印度卢比 9 种货币先后被允许在当地流通。其中,美元与南非兰特占据主体。

为促使已印发的津巴布韦币彻底退出历史舞台,2015 年津巴布韦宣布采取"换币"行动,从当年 6 月 15 日起至 9 月 30 日内,175 千万亿津巴布韦元可兑换 5 美元,每个津元账户最少可得 5 美元。此外,对于 2009 年以前发行的老版津元,250 万亿津元可兑换 1 美元。

然而,即便将津巴布韦元兑换成美元,对于许多民众而言,不过是其银行账户里换了一个数字。由于长期缺乏美元储备,津巴布韦中央银行实行管制,规定每天每个账户只能提取 50 美元,而银行自身的限制则更为严苛——只能提取 20 美元。每天,都有民众在银行门口排起长龙,等待着将账户中的"津美元"变为手中真实存在的现钞。

同时,为防止潜在的通货膨胀,除比特币外,津巴布韦人还疯狂地囤积任何他们认为具有保值能力的东西。汽车、房产和股票的价格都在不断上涨。在 2008 年 10 月,津巴布韦工业指数曾出现过一天内涨幅最高达到 257% 的记录。据"财富"网站报道,过去一年内,津巴布韦工业指数共上涨了 322%,市值约为 145 亿美元。而在过去两个月内,这一指数再度翻了一番。

资料来源:观察者,2017-11-17.

【分析提示】 为什么津巴布韦会发生严重通货膨胀?可采取哪些解决措施?

10.1 货币需求

10.1.1 认识货币需求

货币需求是一个商业经济的范畴,发端于商品交换,随商品经济及信用化的发展而发展。在产品经济及半货币化经济条件下,货币需求强度(货币发挥自身职能作用的程度、货币与经济的联系即在经济社会中的作用程度,以及社会公众对持有货币的要求程度)较低;在发达的商品经济条件下,货币需求强度较高。

1. 货币需求的概念

货币需求量是指经济主体(如居民、企业和单位等)在特定利率下能够并愿意以货币形式持有的数量。经济学意义上的需求指的是有效需求,不单纯是一种心理上的欲望,而是一种能力和愿望的统一体。货币需求作为一种经济需求,理当是由货币需求能力和货币需求愿望共同决定的有效需求,这是一种客观需求。

货币需求是一种派生需求,派生于人们对商品的需求。货币是固定充当一般等价物的特定商品,具有流通手段、支付手段和贮藏手段等职能,能够满足商品生产和交换的需求,以及以货币形式持有财富的需求等。

居民、企业和单位持有的货币是执行流通手段和贮藏手段的。如居民用货币购买商品或者支付服务费用,购买股票和债券,偿还债务,以及以货币形式保存财富等;企业以货币支付生产费用,支付股票、债券的息金,以货币形式持有资本等。

人们对货币有需求的原因是货币是最具方便性、灵活性、流动性的资产。持有货币能满足人们对货币的流动性偏好。人们对货币的偏好叫货币的流动性偏好(凯恩斯)。

2. 货币需求的四种类型

现代经济理论认为,居民、企业等持有货币是出于不同的动机,它包括交易性动机、预防性动机、投机性动机和安全动机。与此相对应,货币需求也可以分为交易性货币需求、预防性货币需求、投机性货币需求和安全需求。

(1)交易性货币需求。交易性货币需求是居民和企业为交易目的而形成的对货币的需求,居民和企业为顺利进行交易活动必须持有一定的货币量,交易性货币需求是由收入水平和利率水平共同作用的。

(2)预防性货币需求。预防性货币需求是指人们为应付意外事故而形成对货币的需求。预防性货币需求与利息率有密切的关系,当利率低时,人们持有的成本低,人们就会持有较多的货币以预防意外事件的发生;当市场利率足够高时,人们可能试图承担预防性货币减少的风险,将这种货币的一部分变为生息资本,以期获得较高的利息。

(3)投机性货币需求。投机性货币需求是由于未来利息率的不确定,人们为避免资本损失或增加资本利息,及时调整资产结构而形成的货币需求。货币需求分为在当前价格水平下的名义货币需求和剔除价格影响下的实际货币需求两种形式。凯恩斯在凯恩斯总模型中指出货币是为交易目的和保值目的。货币的"投机性货币需求"并非是为投机的资产,而是为降低损失风险而以货币形式保值的资产。货币的"投机性货币需求"有机会成本。

(4)安全需求。安全需求是指非银行金融机构为进行不可预知的交易而需要的流动性。这是必需的,因为经济主体对未来的状况是不确定的,不能准确预知。一方面,收入越高,安全需求的实际范围就越大,即可预见的交易数额越大。另一方面,必需的更新购买和维修的不确定性也需要货币的"安全需求"。"安全需求"在模型中一般不是独立的,是被简化归入"交易性货币需求"。

10.1.2 决定货币需求的因素

1. 收入状况

收入状况是决定货币需求的主要因素之一。这一因素又可以分解为收入水平和收入间隔两个方面。在一般情况下,货币需求量与收入水平成正比,当居民、企业等经济主体的收入增加时,他们对货币的需求也会增加;当其收入减少时,他们对货币的需求也会减少。如果人们取得收入的时间间隔延长,则整个社会的货币需求量就会增加;相反,如果人们取得收入的时间间隔缩短,则整个社会的货币需求量就会减少。

2. 经济体制

经济体制对处在改革过程中的经济的作用特别明显,这一因素涉及产权关系、分配关系、交换关系及宏观管理方式等方面,它与一定时期的经济政策相结合,构成了居民和企业这些微观经济主体的经济运作环境。这种环境如果存在根本性差异,就会形成不同的货币需求行为,从而对整个社会的货币需求产生影响。

3. 营业因素

营业因素是引起企业部门货币需求行为发生变化的一个直接原因。企业部门要购买生产要素、维持正常的经营活动,就必须持有一定量的货币满足各项成本开支。当企业产品销售受到市场需求不确定因素的制约,使企业货币收入的随机性增大时,就需要常备部分货币购买力,则整个社会的货币需求量就会增加。

4. 信用的发达程度

如果一个社会信用发达、信用制度健全,人们在需要货币时能很容易地获得现金或贷款,那么整个社会所必需的货币量相对于信用不发达、信用制度不健全的社会所必需的货币量就少些。

5. 居民的资产选择行为

居民进行资产选择,其目的有两个:一是保值;二是生利。不同的资产组合会对整个社会的货币需求产生不同的影响。影响居民的资产选择行为的因素除收入水平外,还有其他三个方面:一是金融市场的发达程度;二是市场利率;三是人们的预期和心理偏好。

扩展阅读 10-1

货币需求的理论

1. 交易方程式(费雪方程)

$$MV = PQ$$

在公式中,P 的值取决于 M、V、Q 三个变量的相互作用;M 是由模型以外的因素决定的;由于制定因素在短期内不变,V 可视为常数;Q 对产出水平常常保持固定的比例,也大体上不变,因此,P 的值特别取决于 M 数量的变化。

它认为,流通中的货币数量对物价具有决定性作用,而全社会一定时期一定物价水平下的总交易量与所需要的名义货币量之间也存在着一个比例关系 $1/V$。

2. 剑桥方程式

$$M_d = KPY$$

式中:Y 为总收入;P 为价格水平;K 为以货币形式持有的财富占名义总收入的比例;M_d 为名义货币需求。

这一理论认为货币需求是一种资产选择行为,它与人们的财富或名义收入之间保持一定的比率,并假设整个经济中的货币供求会自动趋于均衡。

3. 凯恩斯的货币需求理论

凯恩斯对货币需求的研究是从对经济主体的需求动机的研究出发的。凯恩斯认为,人们对货币的需求出于以下三种动机。

(1) 交易动机。为从事日常的交易支付,人们必须持有货币。

(2) 预防动机。又称谨慎动机,持有货币以应付一些未曾预料的紧急支付。

(3) 投机动机。由于未来利息率的不确定,人们为避免资本损失或增加资本收益,及时调整资产结构而持有货币。

在货币需求的三种动机中,由交易动机、谨慎动机而产生的货币需求均与商品和劳务交易有关,故称为交易性货币需求(L_1)。

由投机动机产生的货币需求主要用于金融市场的投机,故称为投机性货币需求(L_2)。

而货币总需求(L)等于货币的交易性货币需求(L_1)与投机性货币需求(L_2)之和。对于交易性货币需求,凯恩斯认为它与待交易的商品和劳务有关,若用国民收入(Y)表示这个量,则货币的交易性货币需求是国民收入的函数,表示为$L_1=L_1(Y)$。而且,收入越多,交易性货币需求越多,因此,该函数是收入的递增函数。对于投机性货币需求,凯恩斯认为它主要与货币市场的利率(i)有关,而且利率越低,投机性货币需求越多,因此,投机性货币需求是利率的递减函数,表示为$L_2=L_2(i)$。但是,当利率降至一定低点之后,货币需求就会变得无限大,即进入凯恩斯所谓的"流动性陷阱",这样,货币需求函数就可写成:

$$L=L_1(Y)+L_2(i)=L(Y,i)$$

也就是说,货币的总需求是由收入和利率两个因素决定的。

4. 弗里德曼的货币需求理论

将货币视同各种资产中的一种,通过对影响货币需求 7 种因素的分析,提出了货币需求函数公式。货币学派强调货币需求与恒久收入和各种非货币性资产的预期回报率等因素之间存在着函数关系,货币需求函数具有稳定性的特点。

$$M_d=f\left(P,\text{rb},\text{re},\text{rm},\frac{1}{p^*},\frac{\mathrm{d}p}{\mathrm{d}t},Y,W,U\right)$$

他认为:Y 是实际恒久性收入;W 是非人力财富占个人财富的比率;rb 是固定收益的证券利率;re 是非固定收益的证券利率;rm 是货币预期收益率;$\frac{1}{p^*}$ 是预期物价变动率;U 是其他的变量函数。

他强调恒久性收入的波动幅度比现期收入小得多,且货币流通速度也相对稳定,所以货币需求也比较稳定。

5. 马克思的货币需求理论

马克思的货币需求理论集中反映在其货币必要量公式中。马克思的货币必要量公式是在总结前人对流通中货币数量广泛研究的基础上,对货币需求理论的简要概括。

马克思的货币必要量公式:

$$M=PQ\cdot V$$

马克思认为:商品价格取决于商品的价值和黄金的价值,而价值取决于生产过程,所以,商品是带着价格进入流通的;商品价格有多大就需要多少金币实现;商品与货币交换后,商品退出流通,黄金却留在流通中,可使其他的商品得以出售,因此,货币流通速度可以当量。由此:

执行流通手段的货币必要量=商品价格总额×货币流通速度

公式表明:货币必要量与货币流通速度成正比;与商品数量和商品的价格水平成反比。

10.2 货币供给

货币供给是指一定时期内某一国或货币区的银行系统向经济体中投入、创造、扩张（或收缩）货币的金融过程。货币供给首先是一个经济过程，即银行系统向经济中注入货币的过程。其次，货币供给必然形成一定的货币量，一般称为货币供给量。

10.2.1 货币供给的主要内容

货币供给的主要内容包括货币层次的划分；货币创造过程；货币供给的决定因素等。在现代市场经济中，货币流通的范围和形式不断扩大，现金和活期存款普遍认为是货币，定期存款和某些可以随时转化为现金的信用工具（如公债、人寿保险单、信用卡）也被广泛认为具有货币性质。

一般认为，货币层次可以划分如下：

M_1＝现金＋活期存款＋旅行支票＋其他支票存款

$M_2＝M_1$＋小额定期存款＋储蓄存款＋散户货币市场共同基金

$M_3＝M_2$＋其他金融资产

10.2.2 货币供给过程

货币供给过程是指银行主体通过其货币经营活动而创造出货币的过程，它包括商业银行通过派生存款机制向流通供给货币的过程和中央银行通过调节基础货币量而影响货币供给的过程。

决定货币供给的因素包括中央银行增加货币发行、中央银行调节商业银行的可运用资金量、商业银行派生资金能力及经济发展状况、企业和居民的货币需求状况等因素。货币供给还可划分为以货币单位表示的名义货币供给，以流通中货币所能购买的商品和服务表示的实际货币供给两种形式。

由于货币供应量包括通货与存款货币，货币供给的过程也分解为通货供给和存款货币供给两个环节。

1. 通货供给

通货供给通常包括三个步骤：①由一国货币当局下属的印制部门（隶属于中央银行或隶属于财政部）印刷和铸造通货；②商业银行因其业务经营活动而需要通货进行支付时，便按规定程序通知中央银行，由中央银行运出通货，并相应贷给商业银行账户；③商业银行通过存款兑现方式对客户进行支付，将通货注入流通，供给到非银行部门手中。

通货供给的特点：①通货虽然由中央银行供给，但中央银行并不直接把通货送到非银行部门手中，而是以商业银行为中介，借助于存款兑现途径间接将通货送到非银行部门手中。②由于通货供给在程序上是经由商业银行的客户兑现存款的途径实现的，因此，通货的供给数量完全取决于非银行部门的通货持有意愿。非银行部门有权随时将所持存款兑现为通货，商业银行有义务随时满足非银行部门的存款兑现需求。如果非银行部门的通货持有意愿得不到满足,商业银行就会因其不能履行保证清偿的法定义务,而被迫停业或破产。

上述通货供给是就扩张过程而言的,从收缩过程说明通货供给,程序正好相反。

2. 存款货币供给

商业银行的存款负债有多种类型,其中究竟哪些属于存款货币,而应当归入货币供应量之中尚无定论。但公认活期存款属于存款货币。

在不兑现信用货币制度下,商业银行的活期存款与通货一样,充当完全的流通手段和支付手段,存款者可据以签发支票进行购买、支付和清偿债务。因此,客户在得到商业银行的贷款和投资以后,一般并不立即提现,而是把所得到的款项作为活期存款存入同自己有业务往来的商业银行之中,以便随时据以签发支票。这样,商业银行在对客户放款和投资时,就可以直接贷入客户的活期存款。所以,商业银行一旦获得相应的准备金,就可以通过账户的分录使自己的资产(放款与投资)和负债(活期存款)同时增加。从整个商业银行体系看,即使每家商业银行只能贷出它所收受的存款的一部分,全部商业银行却能把它们的贷款与投资扩大为其所收受的存款的许多倍。换言之,从整个商业银行体系看,一旦中央银行供给的基础货币被注入商业银行内,为某一商业银行收受为活期存款,在扣除相应的存款准备金之后,就会在各家商业银行之间辗转使用,从而最终被放大为多倍的活期存款。

扩展阅读 10-2

存款货币的形成

存款货币的形成与商业银行的资产业务有关,但存款货币反映在商业银行资产负债表的负债方。

1. 存款货币的构成:原始存款和派生存款

所谓原始存款(Primary Deposit),是指商业银行接受客户的现金存款及从中央银行获得的再贴现或再贷款而形成的存款。

所谓派生存款(Derivative Deposit),是指由商业银行的贷款等业务而衍生出来的存款,也是在原始存款基础上扩大的那部分存款。具体可从以下三方面理解。

(1) 派生存款必须以一定量的原始存款为基础。

(2) 派生存款是在商业银行系统内形成的。

(3) 原始存款的发生只改变货币的存在形式,而不改变货币的总量。派生存款的发生意味着货币总量的增加。

原始存款和派生存款还存在相互转化的关系,但必须以贷款作为条件。

原始存款、派生存款、存款货币之间的关系:

$$原始存款 + 派生存款 = 存款货币$$

2. 存款货币的创造过程

(1) 存款货币形成的制度环境:不兑现的信用货币制度;中央银行制度。

(2) 存款货币形成的基本条件:部分准备金制度;非现金结算制度,即经济交易中贷款者绝大多数采用转账结算的方式进行支付。

(3) 存款货币的形成过程:为分析简便,作以下假设。

① 法定存款准备金率为 20%(rd= 20%)。

② 商业银行系统不保留超额存款准备金率,即银行超额存款准备金率为零($e=0$)。

③ 银行客户将其一切收入均存入银行体系(不存在现金漏损),即银行体系没有现金外流发生($C=0$)。

④ 客户没有将活期存款转为定期存款($D=0$)。

存款货币创造过程概括如表 10-1 所示。

表 10-1 存款货币创造过程

银 行	存款货币量	法定准备金	贷 款
一	1 000	200	800
二	800	160	640
三	640	128	512
四	512	102.4	409.6
五	409.6	81.9	327.7
⋮	⋮	⋮	⋮
总计	5 000	1 000	4 000

$$存款货币量 = 1\,000 + 800 + 640 + \cdots$$
$$= 1\,000 \times [1 + (1+20\%) + (1+20\%) \times 2 + \cdots]$$
$$= 1\,000 \times 1/20\% = 5\,000$$

存款货币扩张的公式(模型)如下。

假设法定存款准备金率为 rd,准备金总额为 R(原始存款),存款货币总额为 D,则:
$$D = R[1 + (1-\text{rd}) + (1-\text{rd})^2 + (1-\text{rd})^3 + \cdots] = R \times 1/\text{rd}$$

上述过程表明,在部分准备金制度下,一笔原始存款由整个银行体系运用扩张信用的结果,可产生大于原始存款若干倍的存款货币。这一扩张的数额,主要取决于两大因素:一是原始存款量的大小;二是法定存款准备金率的高低。原始存款量越多,创造的存款货币量越多;反之,则越少。法定存款准备金率越高,扩张的数额越小;反之,则越大。

这里的存款乘数是 1/rd=5,即存款货币是原始存款的 5 倍。存款乘数的含义是每一元准备金的变动所能引起的存款变动。用公式表示为

$$K = \frac{1}{\text{rd}}$$

(4) 超额存款准备金率(e)。超额存款准备金率大,则银行信用扩张的能力缩小;反之,则提高。

(5) 定期存款准备金率(rt)。rt·t 提高,银行信用扩张能力缩小;反之,则提高。

综合五个因素的影响,存款乘数(K)的公式可修正为

$$K = \frac{1}{\text{rd} + C + e + \text{rt} \cdot t}$$

3. 存款货币的多倍收缩

存款货币的多倍收缩的过程与多倍扩张的过程正好相反。

存款货币的多倍扩张由准备金增加引起,存款货币的多倍收缩由准备金减少引起。

在前述假设下,多倍收缩的倍数等于多倍扩张的倍数。

10.3 货币均衡

10.3.1 货币均衡的含义

货币的需求与供给既相互对立,又相互依存,货币的均衡状况是这两者对立统一的结果。

货币均衡即货币供求均衡,是指在一定时期经济运行中的货币需求与货币供给在动态上保持一致的状态。货币均衡用于说明货币供给与货币需求的关系,货币供给符合经济生活对货币的需求则达到均衡。

10.3.2 货币均衡的理解

(1) 货币均衡是货币供求作用的一种状态,是货币供给与货币需求的大体一致,而非货币供给与货币需求在价值上的完全相等。

(2) 货币均衡是一个动态过程,在短期内货币供求可能不一致,但在长期内是大体一致的。

(3) 货币均衡不是货币供给量和实际货币需求量一致,而是货币供给量与适度货币需求量基本一致。

10.3.3 货币均衡的标志

货币均衡的标志体现在以下几个方面。

(1) 商品市场物价稳定。

(2) 商品供求平衡。社会上既没有商品供给过多引起的积压,也没有商品供给不足引起的短缺。

(3) 金融市场资金供求平衡,形成均衡利率。社会有限资源得到合理配置,货币购买力既非过多,也非不足。

10.3.4 利率与货币均衡

在市场经济条件下,货币均衡的实现有赖于三个条件,即健全的利率机制、发达的金融市场及有效的中央银行调控机制。

在完全市场经济条件下,货币均衡最主要的实现机制是利率机制。除利率机制外,还有:①中央银行的调控手段;②国家财政收支状况;③生产部门结构是否合理;④国际收支是否基本平衡四个因素。

在市场经济条件下,利率不但是货币供求是否均衡的重要信号,而且对货币供求具有明显的调节功能。因此,货币均衡便可以通过利率机制的作用实现。

就货币供给而言,当市场利率升高时,一方面,社会公众因持币机会成本加大而减少现金提取,这样就使现金比率缩小,货币乘数加大,货币供给增加;另一方面,银行因贷款收益增加而减少超额准备以扩大贷款规模,这样就使超额准备金率下降,货币乘数变大,货币供给增加。所以,利率与货币供给量之间存在同方向变动关系。就货币需求来说,当市场利率升高时,人们的持币机会成本加大,必然导致人们对金融生息资产需求的增加和对货币需求的减少。所以,利率同货币需求之间存在反方向变动关系。当货币市场上出现均衡利率水平时,货币供给与货币需求相等,货币均衡状态便得以实现。当市场均衡利率变化时,货币供给与货币需求也会随之变化,最终在新的均衡货币量上实现新的货币均衡。

10.4 通货膨胀

10.4.1 认识通货膨胀

1. 通货膨胀的含义

通货膨胀(Inflation)是指在纸币流通条件下,因货币供给大于货币实际需求,也即现实购买力大于产出供给,导致货币贬值,而引起的一段时间内物价持续、普遍上涨的现象。其实质是社会总需求大于社会总供给(供远小于求)。也是指一个经济体在一段时间内货币数量增速大于实物数量增速,普遍物价水平上涨,于是单位货币的购买力下降。

货币是实物交换过程中的媒介,货币也就代表着所能交换到的实物的价值。在理想的情况下货币数量的增长(货币供给,如中央银行印刷、币种兑换)应当与实物市场实物数量的增长相一致,这样物价就能稳定,不会出现通货膨胀。

当货币数量的增长速度大于实物数量的增长速度时,就会出现通货膨胀。例如,货币总量100元,实物总量10个苹果,那么一个苹果的价格就是10元,如果第二年苹果产出增加了10个,也就是市场上有20个苹果,而货币增加了200元,也就是300元总量的货币,那么第二年每个苹果的价格就是15元,推广到整个经济体,物价水平就上升了,于是就出现通货膨胀。

2. 通货膨胀的类型

1) 按通货膨胀程度划分

(1) 爬行式通货膨胀。又称温和的通货膨胀,即允许物价水平每年按一定的比率缓慢而持续上升的一种通货膨胀,通货膨胀率<2.5%。

(2) 跑马式通货膨胀。又称小跑式通货膨胀,即通货膨胀率达到两位数字,在这种情况下,人们对通货膨胀有明显感觉,不愿保存货币,抢购商品,用以保值。年通货膨胀率为20%~50%。

(3) 恶性通货膨胀。又称极度通货膨胀,即货币贬值可达到天文数字,如第一次世界大战后的德国和国民党政府垮台前退出大陆的情况。年通货膨胀率超过50%。

2) 按表现形式划分

（1）隐蔽式通货膨胀。表面上看物价涨幅不大，但实际商品供应紧张，特点是国家进行物价管理，控制上涨限制消费。

（2）公开式通货膨胀。价格水平明显上升，政府不干涉，随市场供求自由涨落。

3) 按产生原因划分

（1）需求拉上型通货膨胀。当商品总需求大于总供给时，过多的需求引起物价上涨（来自需求者或消费者）。

（2）成本推动型通货膨胀。总需求不变时，因为生产成本提高而引起的物价上涨（来自生产者）。

① 工人要求涨工资（如来自西方强大的工会组织推动）。

② 垄断企业操纵其产品价格，而这些商品又是其他许多商品的原材料，使物价总水平上涨。

（3）供需结构型通货膨胀。总需求不变时，需求结构发生变化，需求增加，部门物价上涨或工资上涨导致需求减少、部门产品成本增加；价格上涨，则使物价水平上涨。由于物价的出售一致性（刚性），需求减少，部门物价随着上涨。

10.4.2　通货膨胀的原因分析

造成通货膨胀的最直接原因是货币供应量过多。货币供应量与货币需求量相适应，是货币流通规律的要求。一旦违背了这一经济规律，过多发行货币，就会导致货币贬值，物价水平持续上涨，引发通货膨胀。

造成通货膨胀的直接原因是国家财政赤字的增加。政府为挽救经济危机或弥补庞大的财政赤字，不顾商品流通的实际需要，滥发纸币，并以此对劳动人民进行掠夺。他们之所以要利用这种办法弥补财政赤字，是因为这种办法比起增加税收、增发国债等办法富于隐蔽性，并且简便易行。当它们用滥发的纸币向厂商订货，向农民收购农产品，向政府职员、军人等发放薪饷时，即通过这种渠道把大量的纸币投入流通时，一般人并不会马上知道这些纸币是不代表任何价值的纸片。

通货膨胀的深层原因则主要有需求拉动、成本推进、需求和成本混合推进、预期和通货膨胀惯性等。

1. 需求拉动

需求拉动的通货膨胀是指总需求过度增长所引起的通货膨胀，即"太多的货币追逐太少的货物"，按照凯恩斯的解释，如果总需求上升到大于总供给的地步，过度的需求能引起物价水平的普遍上升。所以，任何总需求增加的因素都可以是造成需求拉动的通货膨胀的具体原因。

2. 成本推进

成本或供给方面的原因形成的通货膨胀，即成本推进的通货膨胀又称为供给型通货膨胀，是由厂商生产成本增加而引起的一般价格总水平的上涨，造成成本向上移动的原因大致有工资过度上涨；利润过度增加；进口商品价格上涨。

（1）工资推进的通货膨胀。工资推进的通货膨胀是工资过度上涨所造成的成本增加而推动价格总水平上涨,工资是生产成本的主要部分。工资上涨使得生产成本增长,在既定的价格水平下,厂商愿意并且能够供给的数量减少,从而使得总供给曲线向左上方移动。

在完全竞争的劳动市场上,工资率完全由劳动的供求均衡所决定,但是在现实经济中,劳动市场往往是不完全的,强大的工会组织的存在往往可以使得工资过度增加,如果工资增加超过了劳动生产率的提高,则提高工资就会导致成本增加,从而导致一般价格总水平上涨,而且这种通货膨胀一旦开始,还会引起"工资—物价螺旋式上升",工资物价相互推动,形成严重的通货膨胀。

工资的上升往往从个别部分开始,最后引起其他部分攀比。

(2)利润推进的通货膨胀。利润推进的通货膨胀是指厂商为谋求更大的利润导致的一般价格总水平的上涨,与工资推进的通货膨胀一样,具有市场支配力的垄断和寡头厂商也可以通过提高产品的价格而获得更高的利润,与完全竞争市场相比,不完全竞争市场上的厂商可以减少生产数量而提高价格,以便获得更多的利润,为此,厂商都试图成为垄断者,结果导致价格总水平上涨。

一般认为,利润推进的通货膨胀比工资推进的通货膨胀要弱。原因在于,厂商由于面临着市场需求的制约,提高价格会受到自身要求最大利润的限制,而工会推进货币工资上涨则是越多越好。

(3)进口成本推进的通货膨胀。造成进口成本推进的通货膨胀的另一个重要原因是进口商品的价格上升,如果一个国家生产所需要的原材料主要依赖于进口,那么,进口商品的价格上升就会造成进口成本推进的通货膨胀,其形成的过程与工资推进的通货膨胀是一样的,如20世纪70年代的石油危机期间,石油价格急剧上涨,而以进口石油为原料的西方国家的生产成本也大幅度上升,从而引起通货膨胀。

3. 需求和成本混合推进

在实际中,造成通货膨胀的原因并不是单一的,因各种原因同时推进的价格水平上涨,就是供求混合推进的通货膨胀。

假设通货膨胀是由需求拉动开始的,即过度的需求增加导致价格总水平上涨,价格总水平的上涨又成为工资上涨的理由,工资上涨又形成进口成本推进的通货膨胀。

4. 预期和通货膨胀惯性

在实际中,一旦形成通货膨胀,便会持续一段时期,这种现象被称为通货膨胀惯性,对通货膨胀惯性的一种解释是人们会对通货膨胀作出的相应预期。

预期是人们对未来经济变量作出的一种估计,预期往往会根据过去的通货膨胀的经验和对未来经济形势的判断,作出对未来通货膨胀走势的判断和估计,从而形成对通货膨胀的预期。

预期对人们经济行为有重要的影响,人们对通货膨胀的预期会导致通货膨胀具有惯性,如人们预期的通货膨胀率为10%,在订立有关合同时,厂商会要求价格上涨10%,而工人与厂商签订合同中也会要求增加10%的工资,这样,在其他条件不变的情况下,每单位产品的成本会增加10%,从而通货膨胀率按10%持续下去,必然形成通货膨胀惯性。

如果以消费物价总水平变动作为通货膨胀的代表性指标,那么我国近年来的通货膨胀主要是需求拉上性的,但是成本推进、结构失调、制度变革及微观经济主体的不合理提价行为等因素也形成了促使物价全面上升的强大合力,所以,应该说我国近年来的通货膨胀的原因是多种因素混合的。

10.4.3 通货膨胀的表现形式

通货膨胀的典型表现——物价上涨。

一般来说,通货膨胀必然引起物价上涨,但不能说凡是物价上涨都是通货膨胀。影响物价上涨的因素是多方面的。

(1) 纸币的发行量必须以流通中所需要的数量为限度,如果纸币发行过多,引起纸币贬值,物价就会上涨。

(2) 商品价格与商品价值成正比,商品价值量增加,商品价格就会上涨。

(3) 价格受供求关系影响,商品供不应求时,价格就会上涨。

(4) 政策性调整,理顺价格关系会引起商品价格上涨。

(5) 商品流通不畅,市场管理不善,乱收费、乱罚款,也会引起商品价格上涨。

可见,只有在物价上涨是因纸币发行过多而引起的情况下,才是通货膨胀。

扩展阅读 10-3

反通货膨胀

在经济中,反通货膨胀是指通货膨胀速度下降,此时经济仍然处于通货膨胀的状态。比如,当一个国家处于反通货膨胀时,物价增长率从每年10%减缓至每年3%,虽然说物价仍然在增长,但是增长的速度下降了。

国家中央银行,如美联储,可经由设定利率及其他货币政策有力地影响通货膨胀率。高利率(及资金需求成长迟缓)是中央银行反通货膨胀的典型手法,以降低就业及生产抑制物价上涨。

然而,不同国家的中央银行对控制通货膨胀有不同的观点。例如,有些中央银行密切注意对称性通货膨胀目标,而有些仅在通货膨胀率过高时加以控制。欧洲中央银行因在面对高失业率时采取后者而受指责。

货币主义者着重经由金融政策以降低资金供给提高利率。凯恩斯主义者则着重经由增税或降低政府开支等财政手段普遍性地降低需求。其对金融政策的解释部分来自罗伯特·索罗对日用品价格上涨所做的研究成果。供给学派所主张的抵抗通货膨胀方法:固定货币与黄金等固定参考物的兑换率,或降低浮动货币结构中的边际税率以鼓励形成资本。所有这些政策可通过公开市场操作达成。

20世纪70年代早期,美国在尼克松主政下,曾试验过直接控制薪资与物价的方法。其中一个主要的问题是,这些政策与刺激需求面同时实施。故供给面的限制(控制手段、潜在产出)与需求增长产生冲突。经济学家一般视物价控制为不良做法,因其助长短缺、降低生产品质,从而扭曲经济运行。然而,若能避免因经济严重衰退导致成本升高,或在抵抗战时通货膨胀的情形下,这样的代价或许值得。

实际上，物价控制可能因抵抗通货膨胀而使经济衰退更具影响力（因降低需求而提高失业率），而经济衰退可在需求高涨时防止物价因控制产生歪曲。

10.4.4　通货膨胀对经济的影响

在有通货膨胀的情况下，必将对社会经济生活产生影响。如果社会的通货膨胀率是稳定的，人们可以完全预期，那么通货膨胀率对社会经济生活的影响很小。因为在这种可预期的通货膨胀下，各种名义变量（如名义工资、名义利息率等）都可以根据通货膨胀率进行调整，从而使实际变量（如实际工资、实际利息率等）不变。这时通货膨胀对社会经济生活的唯一影响，是人们将减少其所持有的现金量。但是，在通货膨胀率不能完全预期的情况下，通货膨胀将会影响社会收入分配及经济活动。因为这时人们无法准确地根据通货膨胀率调整各种名义变量，以及他们应采取的经济行为。

1. 通货膨胀对生产的影响

通货膨胀对生产的影响主要表现在两个方面：一方面，通货膨胀破坏社会再生产的正常进行。在通货膨胀期间，由于物价上涨的不平衡造成各生产部门和企业利润分配的不平衡使经济中的一些稀有资源转移到非生产领域，造成资源浪费，妨碍社会再生产的正常进行。同时，通货膨胀妨碍货币职能的正常发挥，由于币值不稳和易变货币不能表现价值，市场价格信号紊乱，不利于再生产的进行。另一方面，通货膨胀使生产性投资减少，不利于生产的长期稳定发展。预期的物价上涨会促使社会消费增加、社会储蓄减少，从而缩减了社会投资、制约生产的发展。

2. 通货膨胀对流通的影响

通货膨胀打破了流通领域原有的平衡，使正常的流通受阻。通货膨胀会鼓励企业大量囤积商品，人为加剧市场的供求矛盾。而且由于币值的降低，潜在的货币购买力就会转化为实际的货币购买力，加快货币流通速度，也进一步加剧通货膨胀。

3. 通货膨胀对分配的影响

通货膨胀改变了原有的收入分配比例和原有的财富占有比例。依靠固定收入的人群在整体收入分配中所占的比例变小了。以货币形式持有财富的人也受到损害。通货膨胀还影响国民收入的初次分配和再分配环节。通货膨胀通过"强制储蓄效应"把居民、企业持有的一部分收入转移到发行货币的政府部门。货币供应总量增加使社会总名义收入增加，社会实际总收入不会增加。不同的阶层有不同的消费支出倾向，必然会引起国民收入再分配的变化。

4. 通货膨胀对消费的影响

通货膨胀使居民的实际收入减少，这意味着居民消费水平的下降，物价上涨的不平衡性、市场上囤积居奇和投机活动的盛行使一般消费者受到的损失更大。

10.4.5　通货膨胀的对策

应对通货膨胀的对策主要有以下几种。

1. 紧缩政策

货币紧缩政策主要如下。

(1) 中央银行提高存款准备金。

(2) 中央银行提高再贴现率,使商业银行提高贴现率,提高存贷款利率(也为货币回笼),但是弊端有:①利率提高,使贷款企业生产成本高,产品售价高,导致新的通货膨胀;②因贷款利率高,投资减少,经济衰退;③国外资金大量流入(存款利率高),使大量利息流到国外;④外资流入,本币升值,换汇成本低,不利于出口。

(3) 通过公开市场业务,中央银行向商业银行或市场售出手中的有价证券,回收货币。

(4) 中央银行规定货币发行指标(控制现金发行额)。

(5) 实行道义劝告,口头、书面控制商业银行信贷。该政策通过影响信贷及投资压缩总量需求,但如过之,易导致产出不足,经济衰退,失业率上升。

2. 货币改革

物价上涨率每月50%以上,每年可600%以上。此时,政府可废旧币、换新币,通过对新币制定保值稳定措施而增强人们对货币的信心,使货币恢复原有正常的功能及基本职能。

3. 控制物价及工资

国家采取物价及工资管制的政策,政府规定物价及工资标准。但如过之,易因物价相对下降使企业利润减少,造成失业增加。

政府实行这种政策有以下两种方法。

(1) 强迫性管制:政府立法。

(2) 自愿性管制:政府引导。

但对物价的"冻结",会导致疯狂的囤积商品,因前期物价疯涨而预期解冻后的持续涨价,囤货等待解冻。同样,如冻结工资,人们心理预期物价还会续涨,便提取存款抢购商品,则加剧供大于求,加剧通货膨胀。

4. 供应政策

可突出增加供给以下降物价;加上前述的紧缩需求政策,双管齐下,既因前者降低失业率又因后者平衡供求,使物价得以稳定,较好地缓解通货膨胀。如1981年美国里根政府双管政策,收效良好。

5. 发行国债

公债及国库券发行的主要目的:弥补财政赤字。它代替发行纸币的弥补赤字方式,相对减少了市场货币供应量。因为纸币的发行快,且大于国债发行及购买量,同时,纸币是向外直接多投放形式,另一个是回笼再投形式,两者在量上有明显不同。

6. 税制改革

通过增税,可以回笼更多货币量,也缩小了财政赤字,使货币供求失衡有所缓解,供求趋于平衡,通货膨胀有所缓解。

7. 经济保持低速增长

一国在发展经济初期,经济过热,而高经济增长率会直接导致通货膨胀(来自信贷、投资膨胀所致求大于供),而高通货膨胀率直接导致经济停滞(物价高到普遍无法接受而使供大于求,产出停滞)。反过来,低经济增长率的代价:直接导致低通货膨胀率及低就业率,进而会导致经济不增长,反而衰退。

8．国际紧缩政策

当今世界性货币供量增长是定势,即导致世界总需求小于总供给,如果要彻底解决这个难题,需要国际紧缩政策,通过各种国际紧缩政策共同减少货币供给量,但实行起来极为困难,有待未来解决。

10.5 通货紧缩

10.5.1 通货紧缩的含义和测度

1．通货紧缩的含义

通货紧缩是与通货膨胀相对立的一种经济现象。因此,我们以通货膨胀相反的经济现象理解通货紧缩就很容易了。通货紧缩的主要特征是一般商品和服务项目价格水平全面、持续、普遍下降的一种经济状态,它不是地区性的下降,也不是偶然、短期的价格下降。目前,对通货紧缩的定义存在较多争议。比如《中国大百科全书》的《经济学》分卷中,将通货紧缩定义为"在流通过程中收缩货币量或减慢纸币发行增长率以提高货币的购买力或减轻纸币贬值的程度"。而在经济学界则有主张"单一要素论""二要素论",还有主张"三要素论"的。持"单一要素论"观点的人认为,通货紧缩是指一般商品与服务的货币价格普遍地不断下降;持"二要素论"观点的人认为,通货紧缩需要满足商品和服务项目价格持续下降、货币供应量持续下降两个必要条件,并且通货紧缩伴随着经济衰退;"三要素论"观点与"二要素论"观点的区别主要在于,把经济衰退作为通货紧缩的衡量标准而不是伴随物、附带物。

对于其概念的理解仍然存在争议,但经济学者普遍认为,当消费者价格指数(CPI)连跌三个月,即表示已出现通货紧缩。通货紧缩就是产能过剩或需求不足导致物价、工资、利率、粮食、能源等各类价格持续下跌。

2．通货紧缩的测度

既然通货紧缩是指物价水平的全面持续下降,那么,判断通货紧缩的程度就必须解决两个问题:一是用什么指标测度物价水平的变化;二是连续下降多长时间才可看作持续下降。

反映物价总水平变化的指标,最为常见的不外三种:国民生产总值物价平减指数、生产者价格指数(批发物价指数)和消费者价格指数。三种价格指数都可作为测度指标,但综合分析,为进行国际比较和考虑对居民的影响程度,采用消费者价格指数可能会更合适一些。

而消费者价格指数又有两种:一种是同比价格指数;另一种是环比价格指数。这两种价格指数对于判断价格走势,有时是一致的,有时又会出现差异。对于一般的分析判断,可以用同比价格指数,但据此得出的结论,对于轻度的通货紧缩可能不太准确。对于专业分析,用环比价格指数衡量和判断通货紧缩的出现程度更为合理与准确,但限于统计资料的不足,用环比价格指数时要对统计数据进行专业调整。

10.5.2 通货紧缩的类型

通货紧缩类型的划分,对于全面、准确地把握通货紧缩的性质、机理,针对不同情况寻找不同的治理对策具有重要意义。按照不同的标准,通货紧缩可以划分为不同的类型,主要有以下几种。

1. 按照通货紧缩的发生程度不同

按照通货紧缩的发生程度不同,可以将其分为相对通货紧缩和绝对通货紧缩。

相对通货紧缩是指物价水平在零值以上,在适合一国经济发展和充分就业的物价水平区间以下,在这种状态下,物价水平虽然还是正增长,但已经低于该国正常经济发展和充分就业所需要的物价水平,通货处于相对不足的状态。这种情形已经开始损害经济的正常发展,虽然是轻微的,但如果不加重视,可能会由量变到质变,对经济发展的损害会加重。

绝对通货紧缩是指物价水平在零值以下,即物价出现负增长,这种状态说明一国通货处于绝对不足状态。这种状态的出现,极易造成经济衰退和萧条。根据对经济的影响程度,又可以分为轻度通货紧缩、中度通货紧缩和严重通货紧缩。而这三者的划分标准主要是物价绝对下降的幅度和持续的时间长度。一般来说,物价出现负增长,但幅度不大(比如-5%),时间不超过两年的称为轻度通货紧缩。物价下降幅度较大(比如在-10%~-5%),时间超过两年的称为中度通货紧缩。物价下降幅度超过两位数,持续时间超过两年甚至更长的情况称为严重通货紧缩,20 世纪 30 年代世界性的经济大萧条所对应的通货紧缩,就属此类。

2. 按照通货紧缩产生的原因不同

按照通货紧缩产生的原因不同,可以将其分为需求不足型通货紧缩和供给过剩型通货紧缩。

所谓需求不足型通货紧缩,是指由于总需求不足,使得正常的供给显得相对过剩而出现的通货紧缩。由于引起总需求不足的原因可能是消费需求不足、投资需求不足,也可能是国外需求减少或者几种因素共同造成的不足,因此,依据造成需求不足的主要原因,可以把需求不足型通货紧缩细分为消费抑制型通货紧缩、投资抑制型通货紧缩和国外需求减少型通货紧缩。所谓供给过剩型通货紧缩,是指由于技术进步和生产效率的提高,在一定时期产品数量的绝对过剩而引起的通货紧缩。这种产品的绝对过剩只可能发生在经济发展的某一阶段,如一些传统的生产、生活用品(像钢铁、落后的家电等),在市场机制调节不太灵敏,产业结构调整严重滞后的情况下,可能会出现绝对的过剩。这种状态从某个角度来看并不是一件坏事,因为它说明人类的进步,是前进过程中的现象。但这种通货紧缩如果严重,则说明该国市场机制存在较大缺陷,同样会对经济的正常发展产生不利影响。

3. 按照通货紧缩的表现方式不同

按照通货紧缩的表现方式不同,可以将其分为显性通货紧缩和隐性通货紧缩。

界定通货紧缩,在一般情况下可以用物价水平的变动衡量,因为通货紧缩与通货膨胀都是一种货币现象。但是如果采取非市场的手段，硬性维持价格的稳定，就会出现通货紧缩，但价格可能并没有降低的状况，而这种类型的通货紧缩就是隐性通货紧缩。隐性通货紧缩的存在为我们的判断带来了困难，但并不影响以物价水平的变化作为通货紧缩的标准，就像隐性通货膨胀的存在，不影响以物价水平作为通货膨胀是否发生的判断标准一样。

扩展阅读10-4

通货紧缩产生的机理

关于通货紧缩的起因、发展与加深，不同国家在不同时期是不同的，不同的经济学家也有不同的认识，由此形成了不同的通货紧缩理论。在此，我们介绍几种影响较大的通货紧缩理论。

1. 马克思对通货紧缩问题的分析

在经济学研究中，较早提出通货紧缩问题的是马克思，他在《资本论》中，多次分析流通中货币的膨胀和收缩问题。认为通货的膨胀和收缩可能由经济的产业周期引起，可能由流通中的商品数量、价格变动引起，可能由货币流通速度变化引起，还可能由技术因素引起。但他在研究这一问题时，其对象是以金币为主的货币流通，由于金属货币本身具有价值，其过多过少都不会引起币值的变化，只有在纸币流通的条件下，货币供给的过多或过少才会引起币值的变动。因此，马克思对通货膨胀和通货紧缩问题的研究，是建立在信用货币（纸币）流通规律的基础上的。实际上是在讨论金币流通与替代金币流通的价值符号的关系，并非在讨论货币供给的多少与物价涨落的关系。

2. 凯恩斯的通货紧缩理论

继马克思之后，联系货币政策讨论通货紧缩问题的是凯恩斯。他于1923年在《币值变动的社会后果》中分析了1914—1923年英国物价水平的变动，指出："从1914年到1923年，所有国家都出现了通货膨胀现象，也就是说，相对于可购买的物品而言，支出货币的供给出现了极大的扩张。从1920年起，重新恢复对其金融局势控制的那些国家，并不满足于仅仅消灭通货膨胀，因而过分缩减了其货币供给，于是又尝到了通货紧缩的苦果。"他认为，通货紧缩将使社会生产活动陷于低落。指出："无论是通货膨胀还是通货紧缩，都会造成巨大的损害，两者对财富的生产也同样会产生影响，前者具有过度刺激的作用，而后者具有阻碍作用，在这一点上，通货紧缩更具危害性。"而通货紧缩之所以会使社会生产活动陷于低落，是因为通货紧缩的再分配效应不利于生产者。由于生产者的生产资金大部分是借来的，在通货紧缩的情况下，生产者停止经营，减少借款，把自己的实物资产变为通货，比辛苦经营劳作更有益。

凯恩斯在他的代表作《就业、利息和货币通论》中，对通货紧缩现象的分析，更多使用的是就业不足和有效需求不足，通过对20世纪30年代大危机的精辟分析，提出"有效需求不足"的论断，认为有效需求不足是导致通货紧缩的根本原因。治理的对策自然就是扩大有效需求，而在扩大有效需求方面，财政政策比货币政策更有效，在通货紧缩时期，政府要做的就是通过财政政策和货币政策的有机结合，尽可能地扩大有效需求。

3. 欧文·费雪的通货紧缩理论

与凯恩斯的有效需求理论不同,费雪是从供给角度,联系经济周期研究通货紧缩问题的,他通过对 20 世纪 30 年代世界经济危机的研究,于 1933 年提出了"债务—通货紧缩"理论。他认为,企业的过度负债是导致 20 世纪 30 年代大萧条的主要原因。在经济的繁荣时期,企业家为追求更多利润,会过度负债,而在经济状况转坏时,企业家为清偿债务会降价倾销商品,导致物价水平的下跌,出现通货紧缩。通货紧缩的出现,又会使企业利润减少,生产停滞,失业增加。而失业的增加,会使人们的情绪低落,产生悲观心理,对经济和生活丧失信心,更愿持有较多的货币,居民和企业的这种行为将使货币流通速度下降。而因物价下降出现的利润减少和实际利率的上升,意味着企业真实债务的扩大,会使贷者不愿贷,借者不愿借。过度负债和通货紧缩会相互作用,由于过度负债的存在,在经济周期的阶段转型时,会出现通货紧缩,反过来由债务所导致的通货紧缩又会反作用于债务,其结果会形成欠债越多越要低价变卖,越低价变卖自己的资产越贬值,而自己的资产越贬值,负债就越重的恶性循环。最后,则必然出现企业大量破产、银行倒闭的危机。该理论实际上是将通货紧缩的过程看作是商业信用被破坏和银行业引发危机的过程。

走出"大萧条",解决通货紧缩的对策要么是自由放任,企业破产后的强制恢复;要么是增加货币供给,利用通货膨胀的方式助其恢复。

4. 其他经济学家对通货紧缩的看法

第二次世界大战后,西方许多国家处于通货膨胀之中,因此,理论界对通货紧缩问题的专门论述不多,多是在研究通货膨胀问题时,把通货紧缩作为它的对立面顺便论及。如弗里德曼等人认为,"货币存量的大幅度变动是一般价格水平大幅度变动的必要且充分条件",货币供给过分低的增长率,更不用说货币供给的绝对减少,将不可避免地意味着通货紧缩;反之,若没有货币供给如此低的或负的增长率,大规模的、持续的通货紧缩绝不会发生。萨缪尔森、布坎南等人也把通货紧缩和通货膨胀同样都看作是政府干预过多、政策失当的产物。20 世纪 90 年代以来,通货紧缩问题开始受到人们的重视,提出了许多很有价值的观点。

美国经济学家保罗·克鲁格曼将近年来出现世界性通货紧缩的原因归结为社会总需求的不足,并强调需求不足在不同国家或在同一国家的不同时期有着不同的社会制度根源,如果实行联系汇率和固定汇率制度的国家的货币被高估,就极易受到其他出口国家货币突然贬值的冲击,出现国内价格下降导致通货紧缩。他主张用"有管理的通货膨胀"政策治理通货紧缩,而这一观点则对以稳定物价为目标的传统货币金融理论构成了挑战;美国另一著名经济学家加利·西林则指出通货紧缩具有自我强化的性质,他认为,当购买者采取观望态度,等待物价进一步下跌时,资本将进一步过剩,商品存货将继续增加,从而将使物价进一步下降。物价继续下降的结果,会使消费者产生进一步的观望心理。这样,物价就会陷于一个螺旋式的自我强化的下降过程;美联储主席格林斯潘认为,通货紧缩的发生是由于人们更愿意把持有的实物换成货币。通货紧缩产生的主要原因很可能是资产泡沫破裂对经济产生的消极影响,20 世纪 30 年代经济危机的出现,与资产泡沫破裂有着紧密的联系,至少加重了通货紧缩的局面。出现的通货紧缩,与技术进步、信息的快速传播导致的结构性变化,有着直接的关系,也是导致通货紧缩发生的重要原因。

10.5.3 通货紧缩的成因

尽管不同国家在不同时期发生通货紧缩的具体原因各不相同,但从国内外经济学家对通货紧缩的理论分析中,仍可概括出引起通货紧缩的一般原因。

1. 紧缩性的货币财政政策

如果一国采取紧缩性的货币财政政策,降低货币供应量,削减公共开支,减少转移支付,就会使商品市场和货币市场出现失衡,出现"过多的商品追求过少的货币",从而引起紧缩性的通货紧缩。

2. 经济周期的变化

当经济到达繁荣的高峰阶段,会由于生产能力大量过剩,商品供过于求,出现物价的持续下降,引发周期性的通货紧缩。

3. 投资和消费的有效需求不足

当人们预期实际利率进一步下降,经济形势继续不佳时,投资和消费需求都会减少,而总需求的减少会使物价下跌,形成需求拉下性的通货紧缩。

4. 新技术的采用和劳动生产率的提高

由于技术进步及新技术在生产上的广泛应用,会大幅度地提高劳动生产率,降低生产成本,导致商品价格的下降,从而出现成本压低性的通货紧缩。

5. 金融体系效率的降低

如果在经济过热时,银行信贷盲目扩张,造成大量坏账,形成大量不良资产,金融机构自然会"惜贷"和"慎贷",加上企业和居民不良预期形成的不想贷、不愿贷行为,必然导致信贷萎缩,同样减少社会总需求,导致通货紧缩。

6. 体制和制度因素

体制变化(企业体制、保障体制等)一般会打乱人们的稳定预期,如果人们预期将来收入会减少、支出将增加,那么人们就会"少花钱,多储蓄",引起有效需求不足,物价下降,从而出现体制变化性的通货紧缩。

7. 汇率制度的缺陷

如果一国实行盯住强币的联系汇率制度,本国货币又被高估,那么,会导致出口下降,国内商品过剩,企业经营困难,社会需求减少,则物价就会持续下跌,从而形成外部冲击性的通货紧缩。

我国存在严重的通货紧缩,其形成原因是复杂的,既有深远的全球经济形势背景,又受到我国内部因素的多重影响,既有客观原因,也有主观原因。对形成我国通货紧缩局面的主要原因,存在不同看法。

有的学者认为,导致我国通货紧缩的主要原因不在国内,而是由国际通货紧缩的大背景决定的,亚洲金融危机不但使世界经济增长率大幅度下降,而且使生产能力大量过剩,需求减少,导致国际商品价格大幅度下降;同时,东南亚一些国家和地区为摆脱危机,大幅度贬值本国货币,向世界市场低价出口其商品,大大增加了我国商品出口的竞争压力,而商品出口已成为我国总需求的重要组成部分,出口的受阻必然影响我国的需求,因而出现了通货紧缩。

更多的学者认为,外部冲击只是一个诱因,导致我国通货紧缩的主要原因只能在国内寻找,而且要从总量、结构和体制等角度寻找。我国正处于制度变迁和转型时期,由于原来的稳定预期被打破,居民的消费行为变得更为保守,都在推迟消费需求,而现实消费需求的不足则会使商品变得过剩;我国多年来盲目投资,重复建设,形成了极不合理的产业结构和生产结构,而低水平生产能力的大量过剩,必然造成众多产品供大于求,引起物价下降,出现通货紧缩;面对通货紧缩局面的慢慢形成,由于缺乏经验,货币政策调整的滞后,加剧了通货紧缩的形成。

10.5.4 通货紧缩的治理

通货紧缩与通货膨胀都属于货币领域的一种病态,但通货紧缩对经济发展的危害比通货膨胀更严重。首先,通货紧缩会加速经济衰退。由于物价水平的持续下降,必然使人们对经济产生悲观情绪,持币观望,使消费和投资进一步萎缩,加速经济的衰退。其次,物价的下降会使实际利率上升,企业不敢借款投资,债务人的负担加重,利润减少,严重时引起企业亏损和破产。由于企业经营的不景气,银行贷款难以及时回收,出现大量坏账,并难以找到盈利的好项目,经营也会出现困难,甚至面临"金融恐慌"和存款人的挤提风险,从而致使银行破产,使金融系统面临崩溃。最后,经济形势的恶化与人们的预期心理相互作用,会使经济陷入螺旋式的恶性循环之中。同时,这种通货紧缩还会通过国际交往输出到国外,而世界性的通货紧缩反过来又会加剧本国的通货紧缩局面。

由于通货紧缩形成的原因比较复杂,并非由单一的某个方面的原因引起,而是由多种因素共同作用形成的混合性通货紧缩,因此治理的难度甚至比通货膨胀还要大,必须根据不同国家不同时期的具体情况进行认真研究,才能找到有针对性的治理措施。下面以我国存在的通货紧缩为例,提出治理通货紧缩的一般措施,包括以下两个方面。

1. 实行扩张性的财政政策和货币政策

要治理通货紧缩,必须实行积极的财政政策,增加政府公共支出,调整政府收支结构。对具有极大增长潜力的高新技术产业,实行税收优惠,尽可能地减少对企业的亏损补贴及各种形式的价格补贴,利用财政贴息的方式启动民间投资,大力发展民营经济,引导其资金投向社会急需发展的基础设施领域,在继续增加国家机关和企事业单位及退休人员工资的基础上,更要把增加农民和中低收入者的收入水平当作一件大事来抓。总之,实行积极的财政政策,就是要在加大支出力度的基础上,优化财政收支结构,既要刺激消费和投资需求,又要增加有效供给。

通货紧缩既然是一种货币现象,那么治理通货紧缩,也就必须采取扩张性的货币政策,增加货币供给,以满足社会对货币的需求。增加货币供给的方式不外从基础货币和货币乘数两个方面着手。作为中央银行,可以充分利用自己掌握的货币政策工具,影响、引导商业银行及社会公众的预期和行为。在通货紧缩时期,一般要降低中央银行的再贴现率和法定存款准备金率,从社会主体手中买进政府债券,同时采用一切可能的方法,鼓励商业银行扩张信用,从而增加货币供给。具体操作要根据造成货币供给不足的原因,灵活掌握。

财政政策与货币政策的配合运用,是治理通货紧缩和通货膨胀的主要政策措施,但由于货币政策具有滞后性的特点,而且在通货紧缩时期,利率弹性较小,因此财政政策的效果一般比货币政策更直接有效。

2. 加大改革,充分发挥市场机制

市场经济是在全社会范围内由市场配置资源的经济,市场经济不是万能的,但实践证明它是最优的,政府对"市场缺陷"的矫正,必须限制在一定的范围,受到约束;否则,对经济的破坏作用是巨大的。反思我国通货紧缩局面的形成,无不跟政府主导型发展战略有关,像国有企业大量亏损,失业现象严重,重复建设造成经济结构的扭曲,短缺与无效供给的并存及政府部门的腐败,效率低下等都与政府对市场的不信任,对市场的过度干预紧密相连。因此,要想尽快走出通货紧缩的困境,必须加大改革力度,充分发挥市场机制的作用,积极推进国有企业的转制工作,甩掉国有企业的沉重包袱,建立现代企业制度,增强国有企业的活力,使其真正发挥促进经济发展的关键作用,完善市场经济所需要的科技、教育、住房、卫生、医疗、社会保障制度。

本模块小结

本模块介绍货币供求理论,通货膨胀和通货紧缩的成因与对策。完成本模块的学习,应该理解和掌握以下内容。

(1)货币需求量是指经济主体(如居民、企业和单位等)在特定利率下能够并愿意以货币形式持有的数量。货币需求是一种派生需求,派生于人们对商品的需求。货币需求也可以分为交易性货币需求、预防性货币需求和投机性货币需求等。货币需求是货币政策选择的出发点。

(2)货币创造(供给)过程是指银行主体通过其货币经营活动而创造出货币的过程,它包括商业银行通过派生存款机制向流通供给货币的过程和中央银行通过调节基础货币量而影响货币供给的过程。

(3)货币均衡即货币供求均衡,是指在一定时期经济运行中的货币需求与货币供给在动态上保持一致的状态。货币均衡用于说明货币供给与货币需求的关系,货币供给符合经济生活对货币的需求则达到均衡。

(4)通货膨胀是指在纸币流通条件下,因货币供给大于货币实际需求,也即现实购买力大于产出供给,导致货币贬值,而引起的一段时间内物价持续、普遍上涨的现象。造成通货膨胀的最直接原因是货币供应量过多。通货膨胀的深层原因则主要有需求拉上、成本推动、结构因素及供给不足、预期不当、体制制约等。主要的治理措施有控制货币供应量、调节和控制社会总需求、增加商品有效供给、调整经济结构等。

(5)通货紧缩是与通货膨胀相对立的一种经济现象。以通货膨胀相反的经济现象理解通货紧缩就很容易了。通货紧缩的主要特征是一般商品和服务项目价格水平全面、持续、普遍下降的一种经济状态,它不是地区性的下降,也不是偶然、短期的价格下降。治理通货紧缩的一般措施有实行扩张性的财政政策和货币政策;加大改革,充分发挥市场机制。

关键术语

货币需求　货币供给　货币创造　通货膨胀　通货紧缩

案 例 分 析

白皮书辨析中美经贸关系事实

2018年9月24日,美国政府对约2 000亿美元中国商品加征10%的关税措施正式生效。同时,中国政府对原产于美国约600亿美元进口商品实施加征5%~10%不等关税的措施正式生效。

同日,国务院新闻办公室发表了《关于中美经贸摩擦的事实与中方立场》白皮书。

白皮书指出,现任美国政府通过发布《对华301调查报告》等方式,对中国作出"经济侵略""不公平贸易""盗窃知识产权""国家资本主义"等一系列污名化指责,严重歪曲了中美经贸关系的事实,无视中国改革开放的巨大成绩和中国人民为此付出的心血和汗水,这既是对中国政府和中国人民的不尊重,也是对美国人民真实利益的不尊重,只会导致两国分歧加大、摩擦升级,最终损害双方的根本利益。

白皮书辨析中美经贸关系六大事实,认为不应仅看货物贸易差额片面评判中美经贸关系得失;不应脱离世界贸易组织的互惠互利原则谈论公平贸易;不应违背契约精神指责中国进行强制技术转让;不应抹杀中国保护知识产权的巨大努力与成效;不应将中国政府鼓励企业"走出去"歪曲为一种推动企业通过并购获取先进技术的政府行为;不应脱离世界贸易组织规则指责中国的补贴政策。

【讨论问题】　中美贸易战的结果会出现通货紧缩吗?如何防止通货紧缩?

思考与练习

一、不定项选择题

1. 下列属于预期到的通货膨胀的成本的是(　　)。
   A. 投资匮乏　　　　　　　　　　B. 任意的财富分配
   C. 皮鞋成本　　　　　　　　　　D. 资源配置的失误
2. 工资上涨等引起的通货膨胀称为(　　)通货膨胀。
   A. 需求拉动型　　　　　　　　　B. 成本推进型
   C. 结构性　　　　　　　　　　　D. 隐性
3. 经济萧条时期,政府可以采取的政策是(　　)。
   A. 膨胀性财政政策和紧缩性货币政策　　B. 紧缩性财政政策和紧缩性货币政策
   C. 紧缩性财政政策和膨胀性货币政策　　D. 膨胀性财政政策和膨胀性货币政策
4. 政府经济政策目标主要有(　　)。

A. 充分就业 B. 价格稳定
C. 经济持续均衡增长 D. 国际收支平衡

5. 属于扩张性财政政策工具的是（ ）。
A. 增加政府支出 B. 减少政府税收
C. 减少政府支出 D. 增加政府税收

二、填空题

1. 货币需求量是指经济主体（如居民、企业和单位等）在特定利率下_____持有的数量。

2. 货币供给是指某一国或货币区的_____向经济体中投入、创造、扩张（或收缩）货币的_____。货币供给是指一个国家在某一特定时点上由_____和_____持有的政府和银行系统以外的货币总和。

3. 货币均衡即货币供求均衡，是指在一定时期经济运行中的_____与_____在动态上保持一致的状态。

4. 通货膨胀是指在_____条件下，因货币_____大于货币_____，也即现实购买力大于产出供给，导致_____，而引起的一段时间内物价持续而普遍地_____现象。

5. 经济学者普遍认为，当消费者价格指数（CPI）连跌三个月，即表示已出现通货紧缩。通货紧缩就是_____或_____导致物价、工资、利率、粮食、能源等各类_____持续下跌。

三、判断题

1. 从长远来看，货币供给的增加主要对实际产量有影响。（ ）
2. 财政政策可以直接影响需求，货币政策则是间接影响需求。（ ）
3. 当要减少货币供给量时，中央银行应降低再贴现率。（ ）
4. 经济繁荣时，紧缩性的货币政策效果较理想。（ ）
5. 由于不同部门劳动生产率增长快慢不同导致的通货膨胀被称为需求拉动型通货膨胀。（ ）
6. 成本推动型通货膨胀是工资推动的通货膨胀。（ ）
7. 通货膨胀是指一般物价水平的显著上涨。（ ）
8. 对于需求拉动型通货膨胀，可以采取收入政策解决。（ ）

四、思考题

1. 通货膨胀有哪些种类？分别是如何形成的？
2. 通货膨胀对经济有何影响？如何治理？
3. 通货紧缩会造成什么后果？如何治理？

模块 11

风险管理

【能力目标】

通过完成本模块的学习,学生应该能够掌握风险管理的内容和程序、经济主体控制风险的常用方法。

【核心能力】

掌握经济主体控制风险的常用方法。

【任务分解】

1. 认识风险和风险管理。
2. 掌握现代信用风险管理的特点与发展趋势。
3. 运用投资风险控制技术防范企业投资风险。
4. 运用金融衍生工具保值运作防范企业汇率风险。
5. 运用财务风险控制技术防范企业财务风险。

导入案例

孙宏斌在乐视的 8 个月:从倾心到痛心再到断腕

距离原定任期还有 7 个月,融创孙宏斌辞任了乐视网董事长一职。乐视网 2018 年 3 月 14 日公告显示,孙宏斌离任后,融创系高管、乐视网总经理刘淑青将代为履职。

从 2017 年 7 月坐镇算起,孙宏斌的乐视之行不过短短 8 个月时间。此番离开,给乐视网的重生增添了更多悬念。有观点认为,乐视网将很难获得重组机会,退市可能性较大,但也有观点认为,乐视网股权处置将有新动作,或迎来新的接盘方。3 月 15 日,乐视网澄清,截至目前,乐视网未形成任何引入投资者增资方案及意向。同时,经确认,公司 5% 以上股东没有减持计划。无论后市如何发展,孙宏斌入驻乐视时的初心已经被打折。

2016 年年底,乐视网遭遇资金链危机。2017 年 1 月,孙宏斌跑步入场,携 150 亿元资金买下乐视网、乐视影业和乐视致新分别 8.61%、15% 和 33.495 9% 的股权。当时的战略投资暨合作发布会令人印象深刻,背板上"同袍偕行,共创未来"的字样,让不少人相信,孙宏斌将携手贾跃亭共度乐视危机。在那场发布会上,贾跃亭说得没错,彼时的乐视"万事俱备,只欠资金"。但快马进入的孙宏斌,并没有料到这个资金完全超出了他的想象。

这次的"一见钟情"也为双方后来的矛盾埋下了伏笔。

2017年9月，在融创中期业绩会上，孙宏斌落泪抱怨："老贾（贾跃亭）别说断臂求生了，他连一片羽毛都不愿意失去。"腾讯棱镜后来的报道也证实了他的这一说法。有人开价数亿元收购乐视商城，贾跃亭说No；有人开价百亿元购买易到，贾跃亭还说No；有人开价50亿元购买乐视金融，贾跃亭依然说No。虽然与贾跃亭沟通无果，但当时的孙宏斌对挽救乐视仍抱有信心，他觉得如果不能把乐视这个公司搞好，这辈子就真的有遗憾了。

遗憾来的并不突然。在经历乐视系公司关联债务的相互扯皮后，原本打算只投入少量精力的孙宏斌萌生了退缩之意。在2018年1月23日召开的投资者说明会上，孙宏斌留下了"人有时候要敢叫日月换新天，有时候也要愿赌服输"的金句。此后，乐视网2018年第一次临时股东大会，孙宏斌因故缺席。这距离他辞任乐视网董事长不到1个月。现在的问题，不仅孙宏斌离场了，贾跃亭也逐渐淡去。2017年7月，贾跃亭前往美国处理个人投资的美国电动汽车Faraday Future（FF）事宜，随后其资产被冻结的消息爆出。同月，贾跃亭辞去乐视网所有职务，董事长一职由孙宏斌接任。贾跃亭资产被冻结查封算是引爆点，随后引发的挤兑让乐视陷入真正的危机。7月底，乐视网公告称，贾跃亭直接所持乐视网股份被全部冻结。

资料来源：东方财富网，2018-03-17。

【分析提示】 本案例揭示了哪些风险？该如何防范这些投资风险？

11.1 认识风险

金融工具的多样化是金融创新的结果，金融创新又是与金融风险的增大密切相关的。美国次贷危机的爆发，使人们对此有了深刻的认识。虽然金融市场和金融中介机构提供了分散与降低风险的功能，但是，这并不意味着金融风险的消失。事实上，金融活动本身也蕴含了大量的风险，如债券，发行主体可能无法按时还本付息；又如期货，由于只需缴纳少量的保证金就可以进行大额实物交易的买卖，一旦出现价格的剧烈变化，有可能会使交易一方无法履行交易合约。金融中介机构本身也会因委托—代理问题、操作事故、流动性不足等因素产生各种各样的风险。因此，正确地认识并科学地控制风险显得非常重要。必须先发制人、未雨绸缪，要弄清风险所在，同时还要弄清运作的环境。在即将进入陌生的环境时，企业应尽量弄清全部的风险所在。每一种风险都会得到分析，之后，据此制定缓解策略。非常重要的是，输入这一过程中的信息并不只是来自公司内部，我们还会从很多外部资源寻求建议，其中包括官方和同行。这个过程虽然不可能成功预测所有可能发生的风险，但是有可能成功控制重大的风险。

11.1.1 风险的概念

第二次世界大战以后，全世界的经济体系遭到了巨大的破坏，面临一个恢复的问题，即经济重建的问题。在这个经济恢复、重建阶段，大量的管理理论和技术不断涌现。20世纪40年代后期，是全球经济理论、管理技术手段产生最多的阶段，各种思潮、管理观点非常活跃。风险管理的技术也就是从那时开始得到了重视。风险管理最早是从企业的重建开始的,企业遇到一个突如其来的情况,导致企业的信誉体系崩溃、企业的支付体系崩溃,最终导致企业运转的链条断裂。如果不能及时修复,企业有可能再也站不起来了。所以,急需一些理论、技术专门研究企业重建自己的财务、重建自己的信用、重建自己的生产经营链条的学科。这样,风险管理就应运而生。风险管理最早应用于生产企业,应用于工程建设项目是在20世纪60年代初期。20世纪60年代以后,全球的经济经过十几年的恢复,实力已大大加强。德国和日本那时也已初步恢复元气,美国的经济更是蓬勃发展,欧洲的经济当时也非常好。在资金比较充裕时,全球开展了大量建设基础设施的高潮。基础设施都面临着周期长、风险大的问题。比如,大型水坝、高速公路、大型输油管路,特别是地铁都遇到巨大的风险因素。在这样的大型项目不断增多时,风险管理技术被列入工程项目管理。英国的伦敦地铁修建时,采用了风险管理技术,虽然投资很大,但对企业在事后的不可预见情况的控制上(总投资的控制上)起了非常重大的作用。此后,全球开始认可工程项目风险管理。

我国风险管理的引进比西方发达国家滞后,对西方管理学科的引进也有一个滞后的过程。20世纪80年代初期,在中美大连培训中心,约翰宾先生(他在20世纪70年代援建我国大型化工化肥项目时在总承包公司承担项目管理工作)认为中国缺乏项目管理的技术,他率先到我国传播项目管理的知识。但是,当时没有把有关风险的内容引进来,因为当时我们的投资中政府的投资占绝大多数,所以风险意识比较淡薄。在全国经济一盘棋、国家单一的所有制情况下,风险的承担者就是国家。所以,具体的项目不用承担具体项目风险,这样对项目风险的认识不是很深,当时也没有同时引进国际上的项目风险技术。无论从当时的职责来讲,还是从美国的造价工程师制度来讲,都无例外地在自己的工作范围内把工程保险业务纳入自己的工作业务领域,所以我们现在引进项目风险分析技术,并列入造价工程师的知识结构是有其现实意义的。风险是什么?有两种认识:第一种,把风险定义为风险的不确定性;第二种,把风险定义为预期的目标和实际的差距。

有人把这两种定义结合起来,既要强调不确定性,又要强调这种不确定性给事业和项目带来的损害。这种综合的定义,符合我们思维的逻辑。考虑比较周全,对每一个观点要求不是十分偏颇,也比较能够被人接受。首先,强调风险的不确定性。其次,强调风险带来的损害。对于这两方面,可用不同的指标衡量。

对于风险的不确定性,可以用其发生的概率衡量。对于风险带来的损害,可以用风险度衡量,即损害的绝对值和可能发生的概率的乘积。比如,在地基施工过程中,地基遇到强大的有腐蚀性地下水的可能性有多大?遇到同地质资料不相符的情况的可能性有多大?这种情况发生的概率应如何确定呢?可用客观概率和主观概率衡量。这个客观概率的确定需要有大量的历史资料和同类工程的历史资料。如果同类工程的历史资料不具备,那么这种历史资料是找不到的,就只能用主观概率代替。主观概率是根据一些专家的实际经验判断这类工程在这一问题上出现风险的可能性。给它一个定性的思考方法,然后用定量的思考方法,给出一个确定的概率。专家遇到过多种多样的工程,在什么年代、时期、季节,什么地形、地貌,什么地区、什么类型的工程上,他们经验丰富,他们的判断可能最接近客观概念。但这种主观概率,根据每个人的阅历不同,肯定会有许多偏差。根据统计学的观点,只要是专家库的样本积累得多,这种偏差就可能得到纠正。所以,在经费允许的情况下,专家库越大越好。吸取专家经验的这种做法得出的主观概率,就能够代替客观概率使用。这是风险管理中常用的一种方法。

11.1.2 风险的类型

对风险进行分类,是为了进一步理解风险的内涵,并进行有针对性的风险管理。按不同的标准,风险可以分为不同的类型。如按风险的来源划分,风险可分为信用风险、市场风险、操作风险和其他风险;按风险是否可分散划分,风险可分为系统性风险和非系统性风险;按风险的对象划分,风险可分为财产风险、人身风险、责任风险等。

1. 按风险的来源划分

1)信用风险

信用风险也称违约风险,是指经济主体对签订的各种经济合同到期后因无法履约而给其他签约人带来损失的风险。

例如,美国次贷危机爆发前,雷曼积累了850亿美元的房贷资产,是华尔街持有房贷资产最多的投行,大量次贷被证券化后卖到世界各地。2008年9月14日晚,随着雷曼的一声破产清算,世界各地的次贷证券购买者一下陷入无法追偿的陷阱,我国几大国有商业银行也不能幸免。

违约风险产生的原因主要有两方面:一方面是道德风险,即签约方主观上不愿履行合约,或通过采取一些措施导致无法执行合约;另一方面是不可抗力风险,即签约方主观上想履约,但因受第三方违约拖累,导致企业亏损甚至破产而无力履约。银行对于违约风险的防范,可以采取的措施主要包括对企业进行信用等级评定、实施抵押担保、购买信用保险等。

例如,银行向企业发放贷款,贷款合同中虽然约定了资金的用途,但企业可能会出于赚取更多回报的投机动机,而把资金投入具有更高风险的项目中。投机成功,银行只能得到协议约定的利息,额外的收益归企业所有;而一旦投机失败,银行却要面临贷款不能收回的风险。

2)市场风险

市场风险是指由于基础经济变量变化带来的风险。基础经济变量包括利率、股价、物价水平和汇率等因素。利率风险是指因市场利率变化造成资金交易价格波动,使投资者遭受损失的可能性。金融资产定价和投资项目评价的重要依据是市场利率,市场利率的变动会直接影响金融资产的价值。在其他条件不变的情况下,市场利率上升必然会引起金融资产价格下降。

股价变化会引起上市公司及投资上市公司股票的经济主体的资产发生变化。

物价水平的变动,可表现为一般物价水平的整体上升或下降,也可表现为某一种或某几种商品的价格变化。前者容易引发通货膨胀或通货紧缩风险,造成货币持有者用同样多货币只能买到比原来少的商品和服务,或者同样多的商品只能换回更少的货币;后者容易给某些企业经营带来不确定性,具体表现是原材料价格上升导致企业生产成本上升,企业销售利润减少。

汇率风险是指由于汇率的不确定性变动给相关经济主体带来损失的可能性。

例如,在企业出口商品的国际市场价格保持不变的情况下,人民币汇率升值,出口企业外汇收入折算为人民币的数额就会减少。

所以,在开放经济形势下,汇率风险应当引起经济主体更多的关注。

3) 操作风险

操作风险是指因业务操作过程中发生失误而造成损失的可能性。巴塞尔委员会将银行操作风险损失事件类型按照导致损失发生的原因分为7类,即内部欺诈;外部欺诈;雇用合同及工作状况带来的风险事件;客户、产品及商业行为引起的风险事件;有形资产的损失;经营中断和系统出错;涉及执行、交割及交易过程管理的风险事件。

4) 其他风险

除上述风险外,还有流动性风险、国家风险和法律风险等。流动性风险是指经济主体由于持有的资产的流动性不能满足其负债的流动性需要而遭受损失的可能性。国家风险是指在经济活动中,经济主体因为一国政府政权更迭、政局动荡等形势变化而遭受损失的可能性。法律风险是指由于交易不符合法律规定从而造成损失的可能性。在跨国经济活动中,东道国和母国不同的法律制度往往是法律风险产生的主要原因。

2. 按风险是否可分散划分

风险按是否可以分散划分为系统性风险和非系统性风险,用公式表示:

$$总风险＝系统性风险＋非系统性风险$$

系统性风险是经济体系中所有资产都面临的、无法通过分散投资而消除的风险。系统性风险一旦出现,将影响所有金融活动,因而是无法回避与分散的风险。所以,系统性风险只能通过预测提前决策,以改变资产结构加以防范,无法通过资产多样化加以规避。

非系统性风险是某一项或某几项资产特有的、可以通过分散投资而消除的风险。非系统性风险又称可分散风险,因其只与特定公司或行业相关,而与全球或全国的宏观经济、政治等影响所有金融变量的因素无关,故可通过分散投资加以防范。

3. 按风险的性质划分

风险按性质可以划分为静态风险和动态风险。静态风险是由于纯自然力量的不规则运动和人们的错误判断、失常行为导致的风险,如地震、洪水等。它主要是以自然灾害为原因的实物损失风险。而动态风险是指以社会经济结构变动为直接原因的风险,如由消费需求、价格变动带来的风险。它对社会而言不一定都是损失,即对部分个体有损失,而对另一部分个体则可能有益。

4. 按风险的可控制程度划分

风险按可控制程度可以划分为可控风险和不可控风险。可控风险是指可以预测,并可采取措施加以控制的风险;反之,则为不可控风险。风险能否控制,取决于风险不确定的规律掌握情况及活动主体的管理水平。

我们已经看到了这样一种倾向:将风险划分为界限分明的不同部分——运营风险、市场风险、信用风险,等等。但是,我们发现的实际情况是,重大的动荡和重大的问题并不是以这种方式出现的。比如,在金融领域,坐在交易台后面的人都是市场风险专家,但是,他们正在交易的产品却颇具信用风险。周全考虑每一种风险的技能都各不相同,但是除非对风险拥有全面认知的能力,否则,就可能会遇到大麻烦。

尽管如此,承担风险却一直都是管理的目标,而且不仅限于金融服务领域,所有行业都是如此。的确,从经济角度而言,所有企业从根本上说都在根据自己的核心能力承担风险。所以,经理人的基本目标很简单,那就是祖尔·沙皮拉(Zur Shapira)在其1995年的著作《从管理的视角谈风险承担》(*Risk Taking:A Managerial Perspective*)中引述的一位总经理的观点:"你必须承受风险。但是,你一定要胜多负少。"可问题在于,经理人总是在还没有确定哪些风险是"好风险",哪些风险是"坏风险"的情况下,就试图胜多负少。

扩展阅读 11-1

"黑天鹅"可怕,其实"灰犀牛"更可怕

"灰犀牛"这一概念是由美国学者、古根海姆学者奖得主米歇尔·渥克(Michele Wucker)于2013年1月在达沃斯全球论坛上提出的,根据他所著《灰犀牛:如何应对大概率危机》一书,"黑天鹅"比喻小概率而影响巨大的事件,而"灰犀牛"则比喻大概率且影响巨大的潜在危机。

灰犀牛生长于非洲草原,体形笨重、反应迟缓,你能看见它在远处,却毫不在意,一旦它向你狂奔而来,憨直的路线、爆发性的攻击力定会让你猝不及防,直接被扑倒在地!所以危险并不都来源于突如其来的灾难或者太过微小的问题,更多的只是因为我们长久地视而不见。换句话说,同为会造成金融系统崩溃的重大问题,"黑天鹅"突如其来,而"灰犀牛"则厚积薄发。"灰犀牛"是一种大概率危机,在社会各个领域不断上演。很多危机事件,与其说是"黑天鹅",其实更像是"灰犀牛",在爆发前已有迹象显现,但却被忽视。比如,2007—2008年的那一场金融风暴,对某些人来说是"黑天鹅"性质的事件,但对大多数人来说,风暴是众多"灰犀牛"汇聚的结果。

在每一次、每一组"黑天鹅"事件的背后,都隐藏着一个巨大的"灰犀牛"危机。米歇尔·渥克在书中给出了"灰犀牛"风险(危机)的应对策略。

第一,要承认危机的存在。

第二,要定义"灰犀牛"风险的性质。

第三,不要静止不动,也就是不要在冲击面前僵在原地。

第四,不要浪费已经发生的危机,要真正做到从灾难中吸取教训。

第五,要站在顺风处,眼睛紧紧盯住远方,准确预测远处看似遥远的风险,摒除犹疑心态,优化决策和行动过程。

第六,成为发现"灰犀牛"风险的人,就能成为控制"灰犀牛"风险的人。

11.1.3 风险的本质

在讨论风险的本质时,除涉及风险的定义和一般概念外,还应明确下列概念:风险因素、风险事故、损失,以及三者之间的关系。

1. 风险因素

风险因素是指能增加或发生损失频率和损失幅度的要素,如建筑物所用的建筑材料

和建筑结构,一个人的年龄和健康状况等。一般常把风险因素分为以下三种。

(1) 物理风险因素,即有形的因素,并能直接影响某事物的物理性质,如汽车的厂牌、规格、刹车系统和发动机性能等。

(2) 道德风险因素,即无形的因素,与人的品德修养有关,如欺骗行为。

(3) 心理风险因素,它与人的心理状态有关,也是一种无形的因素,如投保后不够注意对损失的防范。

2. 风险事故

风险事故是指在风险管理中直接或间接造成损失的事故,因此可以说风险事故是损失的媒介物,但应把风险事故和风险因素区分开来。例如,汽车的刹车系统失灵导致车祸中人员伤亡,这里刹车失灵是风险因素,而车祸为风险事故,不过有时两者很难区分。

3. 损失

损失在风险管理中是指非故意的、非计划的和非预期的经济价值的减少,通常以货币单位衡量。损失可分为直接损失和间接损失两种。直接损失应理解为实质性的损失;间接损失则包括额外费用损失、收入损失和责任损失三种。例如,某企业因遭受火灾导致设备损毁是属于直接损失。额外费用损失是指必须修理或重置而支出的费用;收入损失是指由于该企业设备损毁以致无法生产成品而减少利润;责任损失是指由于过失或故意致使他人遭受体伤或财产损失的侵权行为。依法应当负赔偿责任或指无法履行合同造成的损失。

4. 风险因素、风险事故和损失三者之间的关系

解释这三者之间的关系有两种理论:①亨利希(H. W. Heinrich)的骨牌理论;②哈同(W. Haddon)的能量释放论。虽然他们都认为风险因素引发风险事故,而风险事故导致损失,但侧重点不同。前一种理论强调风险因素、风险事故和损失三张骨牌之所以相继倾倒,主要是由于人的能量超过其所能容纳的能量所致,而物理风险因素起主要作用。我们认为这三者的关系可通过风险的链条表示,如图 11-1 所示。

图 11-1 风险因素、风险事故和损失三者之间的关系

认识风险作用链条对预防风险、降低风险损失有着十分重要的意义。需要注意的是,在一般场合下,可用风险因素表示风险的名称,需要在一定的风险发生的背景下才有意义。

股票交易者、经济学家和学者与大部分企业经理人考虑风险的方式具有显著的差异。对前者来说,风险管理中的关键问题是变化,即结果可能出现的变化。但是,这并不是企业经理人思考风险的方式。对他们来说,最大的风险是损失。因此,他们会问:"不好的那一面会如何?"如果风险过高,或者根本不知道风险状况如何,那么,公司通常都会撤退。

11.2 风险管理的过程与方法

风险管理过程是指经济主体通过对可能遇到的风险进行预测、识别、分析和衡量,并在此基础上有效地处置风险,以最小的代价将风险导致的不利后果减少到最低限度的控制过程。

11.2.1 风险管理的内涵和目标

1. 风险管理的内涵

风险管理又称危机管理,是指如何在一个肯定有风险的环境里把风险减至最低的管理过程。其中包括对风险的量度、评估和应变策略。理想的风险管理,是一连串排好优先次序的过程,使其中的可以引致最大损失及最可能发生的事情优先处理,而相对风险较低的事情则押后处理。

但现实情况里,优化的过程往往很难决定,因为风险和发生的可能性通常并不一致,所以要权衡两者的比重,以便作出最合适的决定。

风险管理也要面对有效资源运用的难题。这涉及机会成本(Opportunity Cost)的因素。把资源用于风险管理,可能使能运用于有回报活动的资源减少;而理想的风险管理,正希望能够花最少的资源尽可能化解最大的危机。

"风险管理"在 20 世纪 90 年代是西方商业界前往中国进行投资的行政人员的必修科目。当年不少 MBA 课程都额外加入"风险管理"的环节。

风险管理的目标并不是要求风险越低越好,而是要讲求消除风险所获得的收益与风险管理成本之间的权衡。例如,作为一个出口企业,为减少或消除由于汇率变动而导致的销售收入损失风险,企业可能购买保险或期权,但企业必须为此支付一定的保险费或期权费,企业在进行有关决策时必须进行权衡,讲求风险管理的效率。

风险管理的主体是各个经济主体,不存在适用于所有经济主体的风险管理方案。因为不同的经济主体的风险态度和风险承受能力不同,所面临的风险事件也具有不同的风险特性,所以应当有针对性地实施有效风险管理。虽然存在一些对所有经济主体都适用的风险管理原理和技术,但无法找到一个对所有人都适用的最优的风险管理方案。

风险管理是一个动态的管理过程。经济主体应当根据变化的经济形势、市场趋势,及时评价和调整风险管理方案。

对风险管理决策正确性的判断是基于决策时的信息。风险管理决策是在不确定的情况下作出的,所以事后评判时,要看就当时所依据的信息而言是否是最优决策。

2. 风险管理的目标

风险管理的目标是通过建立风险管理体系,对纷繁复杂、变化多端的风险进行识别、挖掘、分析估测、预警、防范、控制和事后处理,以最经济、最有效的方法保护经济主体的利益和发展。

(1) 经济性目标。经济性目标是指管理者用最经济节约的方法,为可能发生的风险做好准备。在损失发生前,管理者应比较各种工具、各种安全计划及保险和防损技术的费用,并对它们进行全面的分析,以谋求用最经济合理的处置方式,把控制损失的费用降到最低限度。这需要管理人员运用最适合的、最佳的技术手段降低管理成本,注意各种效益与费用支出的分析,严格核算成本与费用支出。

(2)安全性目标。风险存在与发生的后果,不仅会造成各种物质的毁损和人身伤亡的恶果,还会给人带来忧虑和恐惧等不良心理。因此,管理者应尽可能减少人们的忧虑和恐惧心理,创造一种安全、宽松、有利于企业经营的环境,使企业经营者能放手经营各种新业务。

(3)履行社会责任目标。企业风险事件常常会对有往来的顾客、其他企业、投资人乃至一个地区的经济社会产生不同程度的影响。比如,一个企业突然倒闭,会使对顾客的售后承诺无法实现,使投资人的投资收益甚至投资本金受损,使供应商和合作商、经销商受到或大或小的各种损失。社会责任的履行在很大程度上有助于企业风险管理目标的实现,可以减轻企业受损给其他人和整个社会带来的不利影响。

扩展阅读 11-2

风险管理的历史

风险管理从 20 世纪 30 年代开始萌芽。风险管理最早起源于美国,在 20 世纪 30 年代,由于受到 1929—1933 年的世界性经济危机的影响,美国约有 40% 的银行和企业破产,经济倒退了约 20 年。美国企业为应对经营上的危机,许多大中型企业都在内部设立了保险管理部门,负责安排企业的各种保险项目。可见,当时的风险管理主要依赖保险手段。

1938 年以后,美国企业对风险管理开始采用科学的方法,并逐步积累了丰富的经验。20 世纪 50 年代风险管理发展成为一门学科,"风险管理"一词才形成。

20 世纪 70 年代以后,逐渐掀起了全球性的风险管理运动。随着企业面临的风险复杂多样和风险费用的增加,法国从美国引进了风险管理并在法国国内传播开来。与法国同时,日本也开始了风险管理研究。

近 20 年来,美国、英国、法国、德国、日本等国家先后建立起全国性和地区性的风险管理协会。1983 年,在美国召开的风险和保险管理协会年会上,世界各国专家学者云集纽约,共同讨论并通过了"101 条风险管理准则",它标志着风险管理的发展已进入了一个新的发展阶段。

1986 年,由欧洲 11 个国家共同成立的"欧洲风险研究会"将风险研究扩大到国际交流范围。1986 年 10 月,风险管理国际学术讨论会在新加坡召开,风险管理已经由环大西洋地区向亚洲太平洋地区发展。

中国对于风险管理的研究开始于 20 世纪 80 年代。一些学者将风险管理和安全系统工程理论引入中国,在少数企业试用中感觉比较满意。中国大部分企业缺乏对风险管理的认识,也没有建立专门的风险管理机构。作为一门学科,风险管理学在中国仍旧处于起步阶段。

进入 20 世纪 90 年代,随着资产证券化在国际上兴起,风险证券化也被引入风险管理的研究领域中。而最为成功的例子是瑞士再保险公司发行的巨灾债券和由美国芝加哥期货交易所发行的 PCS 期权。

11.2.2　经济主体的常见风险

风险管理的微观经济主体包括两类：一类是家庭；另一类是企业。

1. 家庭面临的经济风险

家庭常见的经济风险主要分为三类：①失业风险，是指家庭主要成员因失去工作导致收入剧减的风险。②耐用消费品风险，是指因房屋、汽车或其他价值较高的耐用消费品发生损坏或贬值而导致的风险。因损坏而引致的风险可通过购买保险防范。③金融资产贬值风险，是指家庭持有的金融资产价值因市场价格发生波动造成贬值，或因发行人违约而部分或全部损失本金和利息的风险。

2. 企业面临的经济风险

企业在经营过程中为实现利润最大化，需要面对多种经济风险，概括起来大致有以下几种：①自然风险，是指因自然灾害或因意外事故引起的风险。常见的有雷电、水灾、火灾、地震等自然灾害损失，这种风险应通过购买财产保险防范。②市场风险，是指因原材料价格上升，造成生产成本增加，或消费者消费偏好变化使企业的产品市场价格下降，以及市场利率上升使企业融资成本提高形成的风险，此类风险主要可通过衍生金融交易加以防范。③决策风险，是指因企业管理层的决策失误造成损失甚至破产关闭的风险。此类风险应通过提高经营者素质和加强管理加以防范。

11.2.3　风险管理的过程

风险管理是为分析和应对风险而进行的动态的系统管理过程。这一过程可分为以下四个步骤。

1. 风险识别

风险识别是在将不确定性转变为明确的风险陈述基础上，再将风险陈述转变为按先后顺序排列的风险列表，并指出研究对象所面临的重要风险，分析引起该风险的根本原因。因为经济主体不经风险分析，不能完全知道其面临的所有风险。有效的风险识别方法是把经济主体当作一个整体评判，把所有可能产生的不确定性都考虑进去。具体进行识别时，先设计一个检验表，列出承担的所有潜在风险及其相互关系，然后一一比较评判。对企业而言，这需要大量的知识与资料，诸如产业经济学知识、发展经济学知识、企业经营现状、发展阶段、生产管理技术及市场状况等。

2. 风险评估

风险评估是对识别出的风险进行量化分析。评估风险使用两个标准：潜在损失的大小和风险出现的概率。评估时最常用也是最简单的办法是对单个风险因素的期望值、标准差进行测量。同时，还可以结合不同风险事件之间的相关关系，如协方差、相关系数等进行分析。此外，比较常用的风险评估方法还有百分位分析、极值理论、压力测试、情境分析等。

3. 风险应对

风险应对是指对于已识别的风险,研究出应采取的对策并加以实施。这个阶段的关键是降低相应费用,力争使实施费用最小化。风险应对的主要策略有接受、回避、预防、保护、减少和转移几种方式。对风险评估结果的选择方案有三种:无法承受、可以承受、不重要。如果一种风险显著地影响经济主体的正常运营,则是不可承受的,不管这种风险出现的概率多少都一样,这种风险一旦出现,损失将很大;如果损失小,即使概率比较高,则也是可以承受的;如果损失很小,概率又很低,就是不重要的,可以不予考虑。

4. 对实施效果进行评价和修正

风险管理是一个动态反馈、渐进的过程,当一个管理过程结束后,可能结果不能令人满意,或者随着时间推移,情况会发生新的变化,产生新的风险,因而需要对风险决策实施效果进行定期评价和修正,以重新考虑风险管理控制计划,更换其他控制措施,或者及时发现新的风险,找到更便宜的风险管理措施。

需要说明的是,风险管理模型因其未能准确预测最近这场撼动全世界的经济危机,也没能让企业为这场危机做好准备而饱受诟病。一些专家认为,基于模型作出的决策,比模型本身带来的麻烦更多。以前,预测往往是直截了当的。过去数年来,每到第一个季度结束时,通常情况下,公司的经理都能对企业的运营态势如何,企业的目标是已经实现、未能实现还是超额完成,拥有非常切实的感觉。因为他们对企业季度表现和年度表现的预测充满信心,所以,即便超出或者低于预测的数量微乎其微,也会令人惊讶,从而会引发股票价格的动荡。换句话说,一切预测也许都是徒劳的。我们依赖模型进行风险评估时,要全面考虑经济面临的各种因素。我们必须小心谨慎——并不是所有的模型都很糟糕。实际上,我们现在需要认识到的是,要将决策过程整合到风险评估过程中。这些并不是边边角角的工作,它们就是中心所在。当然也可以用最优秀的专家仔细评估风险,但是,如果不考虑风险评估的结果,不能将它们整合到战略决策的过程中,就不会取得进步。

11.2.4 风险管理的方法

管理风险最基本的方法主要有风险回避、风险预防、风险留存和风险转移四种。

1. 风险回避

风险回避是指有意识地避免某种特定风险,它分为积极回避和消极回避两类。消极的风险回避是中止甚至放弃正在实施的方案以降低风险;积极的风险回避是针对风险产生的原因及其影响程度,结合自身和外界实际,对原方案进行调整。应当注意的是,风险回避会造成新的损失,且不是任何风险都能回避的。

风险回避虽然会降低损失,但同时也意味着市场份额的降低和盈利机会的丧失,容易使自身在竞争激烈的市场中处于不利地位。所以,企业经营管理者应该持有的正确态度是正确权衡风险与效益的关系,回避风险与效益不相匹配的业务,主动争取风险与效益相匹配的业务,既要保证企业资产的安全,又要获取超额利润。

2. 风险预防

风险预防是经济主体为降低风险带来损失的可能性而提前采取的防范措施。这些措施可以在风险发生之前、之中甚至之后采取。

例如,企业在重大投资实施之前,应实施严格的可行性论证,谨慎决策;在实施过程中,严格内部管理,及早发现问题,及时采取措施加以调整;在投资风险发生之后,进行客观评价,迅速补救,严重的可及时作出停产或转产决策,降低损失。

3. 风险留存

风险留存是指经济主体自己承担风险并以自己的财产弥补损失。

例如,有些人身体很健康,极少生病,因而宁肯选择用自身积蓄承担治疗疾病的费用,也不去购买健康保险。又如,银行建立坏账准备金,以防范不能收回的死贷造成的损失风险。

4. 风险转移

风险转移是指将风险转移给他人。风险转移的主要途径:一是风险资产出售,即将自己不愿意承担的风险资产出售给他人。而购买者恰巧是对该类风险能加以防范,并能通过承担该风险获取超额收益者。二是担保,即通过采用保证方式,将风险可能造成的损失,通过对担保物或担保人加以追索挽回。三是保险,即向保险公司投保,通过支付一定的保险费,补偿一旦发生风险事故所造成的损失。四是市场交易,即通过金融市场期货、期权、远期和互换等交易活动,将金融价格波动的风险转嫁给愿意承担该风险的机构与个人。

市场环境的复杂性和多变性,使得各经济主体对风险的看法及承受能力各不相同。在一定时期内,有些人预计某些项目会有较大风险的同时,另一些人却认为是机会,会有利可图。这种认识上的差异及不同的风险承担力为经济主体之间转移风险创造了条件,并提供了可能。

11.3 信用风险管理

信用风险管理是指通过制定信息政策,指导和协调各机构业务活动,对从客户资信调查、付款方式的选择、信用限额的确定到款项回收等环节实行的全面监督和控制,以保障应收款项的安全、及时回收。

11.3.1 现代信用风险管理的特点

1. 信用风险管理的量化困难

信用风险管理存在难以量化分析和衡量的问题。相对于数据充分、数理统计模型运用较多的市场风险管理而言,传统信用风险管理表现出缺乏科学的定量分析的手段,更多地倚重定性分析及管理者的主观经验和判断的艺术性的管理模式。信用风险定量分析和模型化管理困难的主要原因在于两个方面:一是数据匮乏;二是难以检验模型的有效性。数据匮乏的原因,主要是信息不对称、不采取 IT 市原则计量每日损益、持有期限长、违约事件发生少等。模型检验的困难很大程度上也是由于信用产品持有期限长、数据有限等原因。近些年,在市场风险量化模型技术和信用衍生产品市场的发展的推动下,以 Credit Metrics、KMV、Credi Risk+为代表的信用风险量化和模型管理的研究及应用获得了相当大的发展,信用风险管理决策的科学性不断增强,这已成为现代信用风险管理的重要特征之一。

2. 信用风险管理实践中存在"信用悖论"现象

这种"信用悖论"是指,一方面,风险管理理论要求银行在管理信用风险时应遵循投资分散化和多样化原则,防止授信集中化,尤其是在传统的信用风险管理模型中缺乏有效对冲信用风险的手段的情况下,分散化更是重要的、应该遵循的原则;另一方面,实践中的银行信贷业务往往显示出该原则很难得到很好的贯彻执行,许多银行的贷款业务分散程度不高。造成这种信用悖论的主要原因在于以下几个方面:一是对于大多数没有信用评级的中小企业而言,银行对其信用状况的了解主要来源于长期发展的业务关系,这种信息获取方式使得银行比较偏向将贷款集中于有限的老客户企业;二是有些银行在其市场营销战略中将贷款对象集中于自己比较了解和擅长的某一领域或某一行业;三是贷款分散化使得贷款业务小型化,不利于银行在贷款业务上获取规模效益;四是有时市场的投资机会也会迫使银行将贷款投向有限的部门或地区。

3. 信用风险的定价困难

信用风险的定价困难主要是因为信用风险属于非系统性风险,而非系统性风险理论上可以通过充分多样化的投资完全分散,因此基于马柯威茨资产组合理论而建立的资本资产定价模型(CAPM)和基于组合套利原理而建立的套利资产定价模型都只针对系统性风险因素,如利率风险、汇率风险、通货膨胀风险等进行了定价,而没有对信用风险因素进行定价。这些模型认为,非系统性风险是可以通过多样化投资分散的,理性、有效的市场不应该对这些非系统性风险因素给予回报,信用风险因而没有在这些资产定价模型中体现出来。

对于任何风险的定价,首先都是以风险的准确衡量为前提条件的。由于前述的一些原因,信用风险的衡量非常困难。目前国际市场上由 J. P. 摩根公司等机构所开发的信用风险计量模型,如 Credit Metrics、Credit Risk+、KMV 模型等,其有效性、可靠性仍有争议。因此,从总体上来说,对信用风险仍缺乏有效的计量手段。

信用衍生产品的发展还处于起步阶段,整个金融系统中纯粹信用风险交易并不多见,因而市场不能提供全面、可靠的信用风险定价依据。

对不同类型同期限的金融工具,如国债、企业债券等到期收益率的对比分析,尽管能为信用风险回报和定价提供一定参考,但主要局限于大类信用风险的分析,难以细化到具体的信用工具。

11.3.2 信用风险管理方法的演变

近 20 年来,国际银行业信用风险管理的发展历程,大致经历了以下几个阶段。

1. 20 世纪 80 年代的信用风险管理

20 世纪 80 年代初因受债务危机影响,银行普遍开始注重对信用风险的防范与管理,其结果是《巴塞尔协议》的诞生。该协议通过对不同类型资产规定不同权数量化风险,是对银行风险比较笼统的一种分析方法。

1999 年 6 月 3 日,巴塞尔银行委员会发布关于修改 1988 年《巴塞尔协议》的征求意见稿,该协议对银行进行信用风险管理提供更为现实的选择。一方面,对现有方法进行修改,将其作为大多数银行计算资本的标准方法,并且对于某些高风险的资产,允许采用高于100%的权重。另一方面,巴塞尔银行委员会在一定程度上肯定了目前J.P.摩根等国际大银行使用的计量信用风险模型。但是由于数据的可获得性及模型的有效性,信用风险模型目前还不能在最低资本限额的制定中发挥明显作用。委员会希望在经过进一步的研究和实验后,使用信用风险模型将成为可能。

2. 20世纪90年代的信用风险管理

20世纪90年代以来,一些大银行认识到信用风险仍然是关键的金融风险,并开始关注信用风险测量方面的问题,试图建立测量信用风险的内部方法与模型。其中以J.P.摩根的Credit Metrics信用风险管理系统最引人注目。

1997年4月初,美国J.P.摩根财团与其他几个国际银行——德意志摩根建富、美国银行、瑞士银行、瑞士联合银行和BZW共同研究,推出了世界上第一个评估银行信贷风险的证券组合模型——Credit Metrics。该模型以信用评级为基础,计算某项贷款或某组贷款违约的概率,然后计算上述贷款同时转变为坏账的概率。该模型覆盖了几乎所有的信贷产品,包括传统的商业贷款;信用证和承付书;固定收入证券;商业合同,如贸易信贷和应收账款;由市场驱动的信贷产品,如掉期合同、期货合同和其他衍生产品等。

3. 亚洲金融危机以来的信用风险管理

1997年亚洲金融危机爆发以来,世界金融业风险出现了新特点,即损失不再是由单一风险造成的,而是由信用风险和市场风险等联合造成的。金融危机促使人们更加重视市场风险与信用风险的综合模型及操作风险的量化问题,由此全面风险管理模式引起人们的重视。

全面风险管理是指对整个机构内各个层次的业务单位、各种类型风险的通盘管理。这种管理要求将信用风险、市场风险和各种其他风险及包含这些风险的各种金融资产与资产组合,承担这些风险的各个业务单位纳入统一的体系中,对各类风险再依据统一的标准进行测量并加总,且依据全部业务的相关性对风险进行控制和管理。这种方法不仅是银行业务多元化后,银行机构本身产生的一种需求,也是当今国际监管机构对各大金融机构提出的一种要求。在新的监管措施落实后,这类新的风险管理方法会更广泛地得到应用。

继J.P.摩根银行推出Credit Metrics之后,许多大银行和风险管理咨询及软件公司已开始尝试建立新一代的风险测量模型,即一体化的测量模型,其中有些公司已经推出自己的完整模型和软件(如AXIOM软件公司建立的风险监测模型),并开始在市场上向金融机构出售。全面风险管理的优点是可以大大改进风险——收益分析的质量。银行需要测量整体风险,但只有在具有全面风险承受的管理体系以后,才有可能真正从事这一测量。

随着全球金融市场的迅猛发展,一种用于管理信用风险的新技术——信用衍生产品逐渐成为金融界关注的对象。简单地说,信用衍生产品是用于交易信用风险的金融工具,在使用信用衍生产品交易信用风险的过程中,信用风险被从标的金融工具中剥离,使信用风险和该金融工具的其他特征分离开来。最早的信用衍生产品在1993年就已产生,当时日本的信孚银行为防止其向日本金融界的贷款遭受损失,开始出售一种兑付金额取决于特定违约事件的债券。投资者可以从债券中获得收益,但是当贷款不能按时清偿时,投资者就必须向信孚银行赔款。但只有最近几年,信用衍生产品才取得突飞猛进的发展。

扩展阅读 11-3

商业银行信用风险管理的主要模型和方法

风险管理从 20 世纪 30 年代开始萌芽,最早起源于美国,由于受到 1929—1933 年的世界性经济危机的影响,美国约有 40%的银行和企业破产,经济倒退,风险管理应运而生。

商业银行传统的信用风险度量方法有信贷决策的"6C"法和信用评分方法等。

"6C"法是指由有关专家根据借款人的品德(Character,借款人的作风、观念及责任心等,借款人过去的还款记录是银行判断借款人品德的主要依据);能力(Capacity,指借款人归还贷款的能力,包括借款企业的经营状况、投资项目的前景);资本(Capital);抵押品(Collateral,提供一定的、合适的抵押品);经营环境(Condition,所在行业在整个经济中的经营环境及趋势);事业的连续性(Continuity,借款企业的持续经营前景)六个因素评定其信用程度和综合还款能力,决定是否最终发放贷款。

信用评分方法主要有 Z 值模型等。Z 值模型由 Altman 于 1968 年提出,采用五个财务指标进行加权计算,对借款企业实施信用评分,并将总分与临界值(最初设定为 1.81)比较,低于该值的企业被归入不发放贷款的企业行列。

近 20 年来,由于商业银行贷款利润持续下降和表外业务风险不断加大,促使银行采用更经济的方法度量和控制信用风险,而现代金融理论的发展和新的信用工具的创新,给开发新的信用风险计量模型提供了可能。与过去的信用管理相对滞后和难以适应市场变化的特点相比,新一代金融工程专家将建模技术和分析方法应用到这一领域,在传统信用评级的基础上提出了一批信用风险模型。现代信用风险度量模型主要有 Credit Metrics、麦肯锡模型、CSFP 信用风险附加计量模型和 KMV 模型四类。

Credit Metrics 是由 J.P.摩根公司等 1997 年开发出的模型,运用 VAR 框架,对贷款和非交易资产进行估价和风险计算。该方法是基于借款人的信用评级、次年评级发生变化的概率(评级转移矩阵)、违约贷款的回收率、债券市场上的信用风险价差计算出贷款的市场价值及其波动性,进而得出个别贷款和贷款组合的 VAR 值。

麦肯锡模型则在 Credit Metrics 的基础上,对周期性因素进行了处理,将评级转移矩阵与经济增长率、失业率、利率、汇率、政府支出等宏观经济变量之间的关系模型化,并通过蒙地卡罗模拟技术(A Structured Monte Carlo Simulation Approach)模拟周期性因素的"冲击",测定评级转移概率的变化。麦肯锡模型可以看成是对 Credit Metrics 的补充,它克服了 Credit Metrics 中不同时期的评级转移矩阵固定不变的缺点。

CSFP 信用风险附加计量模型与作为盯市模型(MTM)的 Credit Metrics 不同,它是一个违约模型(DM),它不把信用评级的升降和与此相关的信用价差变化视为一笔贷款的 VAR(信用风险)的一部分,而只看作是市场风险,它在任何时期只考虑违约和不违约这两种事件状态,计量预期到和未预期到的损失,而不像在 Credit Metrics 中度量预期到的价值和未预期到的价值变化。在 CSFP 信用风险附加计量模型中,违约概率不再是离散的,而是被模型化为具有一定概率分布的连续变量。每一笔贷款被视作小概率违约事件,并且每笔贷款的违约概率都独立于其他贷款,这样,贷款组合违约概率的分布接近泊松分布。CSFP信用风险附加计量模型考虑违约概率的不确定性和损失大小的不确定性,并将损失的严重性和贷款的风险暴露数量划分频段,计量违约概率和损失大小可以得出不同频段损失的分布,对所有频段的损失加总即为贷款组合的损失分布。

KMV模型是估计借款企业违约概率的方法。首先,它利用Black-Scholes期权定价公式,根据企业资产的市场价值、资产价值的波动性、到期时间、无风险借贷利率、负债的账面价值估计企业股权的市场价值及其波动性;其次,根据公司的负债计算公司的违约实施点(Default Exercise Point,为企业1年以下短期债务的价值加上未清偿长期债务账面价值的一半);再次,计算借款人的违约距离;最后,根据企业的违约距离与预期违约率(EDF)之间的对应关系,求出企业的预期违约率。

上述模型的区别可归纳为以下六个方面。第一,在风险的界定方面,Credit Metrics和麦肯锡模型属于MTM模型;CSFP信用风险附加计量模型属于DM模型;而KMV模型既可被当作MTM模型,也可被当作DM模型。第二,在风险驱动因素方面,在KMV模型和Credit Metrics中,风险驱动因素是企业资产价值及其波动性;在麦肯锡模型中,风险驱动因素是失业率等宏观因素;而在CSFP信用风险附加计量模型中,关键的风险驱动因素是经济中可变的违约率均值。第三,在信用事件的波动性方面,在Credit Metrics中,违约概率被模型化为基于历史数据的固定或离散的值;而在KMV模型、麦肯锡模型和CSFP信用风险附加计量模型中,违约概率是可变的,但服从于不同的概率分布。第四,在信用事件的相关性方面,各模型具有不同的相关性结构,KMV模型和Credit Metrics是多变量正态;麦肯锡模型是因素负载;而CSFP信用风险附加计量模型是独立假定或与预期违约率的相关性。第五,在回收率方面,在KMV模型的简单形式中,回收率是不变的常数;在CSFP信用风险附加计量模型中,损失的严重程度被凑成整数并划分为不同的频段,在频段内回收率是不变的;在KMV模型的最新版中,回收率是随机的;在Credit Metrics和麦肯锡模型中,回收率也是随机的。第六,在计量方法方面,Credit Metrics对个别贷款或贷款组合采用分析方法进行计量,对大规模贷款组合则采用蒙地卡罗模拟技术进行计量;KMV模型和CSFP信用风险附加计量模型采用分析方法进行计量;麦肯锡模型则采用模拟技术求解。

11.3.3 现代信用风险管理的发展趋势

信用风险作为一种古老的风险形式,长期以来,人们采取了许多方法规避信用风险,以期减少损失。传统的信用风险管理方法主要有专家制度、贷款内部评级分级模型及Z评分模型等。但是,现代金融业的发展,使得这些方法有些显得过时,有些则显得不精确。随着现代科学技术的发展,以及对于市场风险等其他风险的管理水平的提高,现代信用风险的管理水平也得到了提升,出现了Credit Metrics、KMV、Credit Risk+等信用风险量化管理模型,使得信用风险管理更加精确、更加科学。总地来说,现代信用风险管理呈现出以下几个发展趋势。

信用风险管理由静态向动态方向发展。传统的信用风险管理长期以来都表现为一种静态管理。这主要是因为信用风险的计量技术在相当长的时间里都没有得到发展，银行对信贷资产的估值通常采用历史成本法，信贷资产只有到违约实际发生时才计为损失，而在违约发生前，因借款人的还款能力变化造成信用风险程度的变化难以得到反映，银行因而难以根据实际信用风险的程度变化进行动态的管理。在现代信用风险管理中，这一状况得到了很大的改进。首先，信用风险计量模型的发展使得组合管理者可以每天根据市场和交易对手的信用状况动态地衡量信用风险的水平，IT 市的方法也已经被引入信用产品的估价和信用风险的衡量。其次，信用衍生产品市场的发展使得组合管理者拥有了更加灵活、有效的管理信用风险的工具，其信用风险承担水平可以根据其风险偏好，通过信用衍生产品的交易进行动态的调整。

信用风险对冲手段开始出现。长期以来，信用风险管理模式局限于传统的管理和控制手段，与日新月异的市场风险管理模式相比，缺乏创新和发展，尤其缺乏有效的风险对冲管理手段。传统的管理方法只能在一定程度上降低信用风险的水平，很难使投资者完全摆脱信用风险；而且，这种传统的管理方式需要投入大量的人力和物力，这种投入还会随着授信对象的增加而迅速上升。这一局限性对以经营存贷业务和承担信用风险为核心业务的商业银行而言并无多大影响，但随着信用风险越来越多地进入证券交易和投资银行领域，传统信用风险管理的这一局限性变得日益突出。对于证券交易商而言，其面临的信用风险具有以下特点：一是与商业银行不同，证券交易商是以承担市场风险而不是信用风险为自身业务的核心的，信用风险只是交易的副产品，是交易双方都试图剥离或摆脱的；二是由于证券交易品种多样化、交易对手也涉及广泛的特点，证券交易商往往比商业银行面临更多的信用对象；三是证券交易商往往缺乏商业银行那样管理信用风险的经验和相应的人力、物力，这都使得传统的信用风险管理模式和手段不能适应市场发展的需要。在市场力量的推动下，以信用衍生产品为代表的新一代的信用风险对冲管理手段开始走到风险管理发展的最前沿，并开始推动整个风险管理体系不断向前发展。

信用风险管理方法从定性走向定量。传统的信用风险管理手段主要包括分散投资、防止授信集中化、加强对借款人的信用审查和动态监控，要求提供抵押或担保的信用强化措施等。尽管这些传统的信用风险管理方法经过多年的发展已相当完善和成熟，有些甚至已经制度化，成为金融机构风险内控体制的重要组成部分，但是，这些传统的信用风险管理方法主要都是基于定性分析。

近年来，信用风险的计量和管理方法发生了革命性的变化。与过去的信用管理相对滞后和难以适应市场变化的特点相比，新一代的金融工程专家将建模技术和分析方法应用到这一领域，产生了一批新技术和新思想。随之而来，在传统信用评级方法的基础上产生了一批信用风险模型，这些模型受到了业内人士的广泛关注。现代信用风险模型主要是通过数理统计手段对历史数据进行统计分析，从而对有关群体或个体的信用水平进行定量评估，并对其未来行为的信用风险进行预测，提供信用风险防范的有效依据和手段。

信用评级机构在信用风险管理中发挥越来越重要的作用。独立的信用评级机构在信用风险管理中的重要作用是信用风险管理的又一突出特点。由于相对于市场风险而言，信息不对称导致的道德风险是信用风险产生的重要原因之一，对企业信用状况及时、全面的了解是投资者防范信用风险的基本前提。独立的信用评级机构的建立和有效运作是保护投资者利益、提高信息收集与分析的规模效益的制度保障。在发达国家,信用评级机构已经存在了很长时间,现代信用风险管理对信用评级的依赖更加明显。如信用风险管理模型都直接依赖于企业被评定的信用等级及其变化。巴塞尔银行监管委员会发布的《新资本协议》中加强了信用评级在金融监管中的作用。

11.4 投资风险管理

11.4.1 投资风险的含义

投资活动作为一种专门的经济过程,是包含着时间长度和资本增值在内的一种预期。由于不确定性包含在每一项投资活动中,投资风险可以说是投资活动的必然伴生物。一方面,投资活动通常与未来某一时期的技术、产品、市场、收益和增值等经济变量相联系,但是人在知识上的有限性、掌握信息的不对称性和投资过程中伴随着的失误,容易使投资结果偏离预期,从而导致投资风险。另一方面,由于投资活动渗透到国民经济的每个层面,而市场的发达又使各种投资活动变成一个相互影响的整体,因此,一项投资活动可能同时牵扯到几个方面,而由于其他方面发生的投资障碍同样会产生一种不确定性,从而导致投资风险。

投资风险是一项投资活动在运作中的不确定性面临损失的可能性,只要投资就一定会遭遇风险。投资风险管理,是为了解其作用于经济的规律性,以便减少投资风险,防止其逐步沉积并突然释放而造成投资领域的剧烈震荡,危及投资安全。

11.4.2 投资风险产生的原因

每一项投资都有一定的风险,如果投资决策面临的不确定性和风险较大,且足以影响方案的选择,就必须对其进行测量并在决策中加以考虑。否则,一旦决策失误,将产生巨大损失。一般而言,企业的投资风险产生的原因有以下几方面。

1. **超额报酬造成的投资风险**

企业投资有两个目的:一是取得投资收益;二是控制相关企业,进而攫取更多的超额利润。但由于风险和收益呈正相关性,风险大的项目投资报酬率大,风险小的项目投资报酬率小,如果企业在投资时只考虑高额回报,而忽略风险的大小,则势必造成投资失误,产生不必要的经济损失。

2. **利率升降造成的投资风险**

利率受国家宏观财税政策、金融政策及市场行情等因素的影响,经常处于不稳定状态,或升或降。当银行利率下降时,企业投资报酬率上升;当银行利率上升时,企业投资报酬率下降。利率波动引起的企业收益波动,容易给企业投资带来风险,甚至造成损失。

3. **购买力变化造成的投资风险**

购买力变化造成的投资风险是指由通货膨胀造成投资企业的投资到期或中途出售时,所获现金的购买力下降而带来的风险。在通货膨胀率较高时期,由于物价上涨、货币贬值,使同等价值购买力减少,此时如正赶上企业进行投资,必将产生不利影响。

4. 管理混乱造成的投资风险

一是前期准备工作不充分,如项目的施工图纸尚未设计完成就仓促上马,资金不到位就盲目开工;工程接近竣工或已到年终决算,施工合同还未签订等,会造成工作扯皮、责任不清,工期延长,造成投资风险。二是建设工期及战线过长,造成资金占用严重超标、投资消耗大的不利局面,增加企业负担。三是建设资金不足,资金到位不及时,造成组织材料困难,施工进度受阻,以及竣工后拖欠施工单位款等,造成项目骑虎难下。四是投资项目完工交付使用后,不能很快形成生产能力并达到设计生产能力,给企业带来沉重负担,进一步增大投资风险。

5. 被投资方造成的投资风险

被投资方造成的投资风险是指由于被投资方经营管理不善出现经营性亏损,或无法按期向投资企业支付红利或偿还本息,或被投资企业未履行或未完全履行投资协议,而给投资企业造成损失的可能。对此,企业在投资前,必须对被投资企业的生产规模、财务状况及信誉等进行充分了解后,再决定是否投资。

11.4.3 投资风险管理的程序

投资风险管理程序同营销风险管理相似,分为投资风险的识别、分析和评估三大步骤。

1. 投资风险的识别

认识风险是防范风险的前提,只有对风险进行科学的分析,才能决定如何控制风险。投资风险可分为以下两大类。

1) 非系统风险

(1) 技术风险。从技术原理的探索、构思、组织实施到从实验室研制成功转向大规模工业生产的全过程,都会因技术方面的挫折造成项目的失败。而且,当今社会技术更新的速度日益加快,因技术的开发周期过长而失去新颖性,被提前淘汰的情况也可能存在。

(2) 生产风险。一项技术转变为现实生产力,成功地完成产业开发过程,要受生产条件、生产费用及原料供应等很多相关因素的影响,带有极大的不确定性。

(3) 管理风险。在项目实施全过程中,能否建立规范、高效的运作体系,采取行之有效的管理手段,进行科学正确的决策,直接关系到投资回收的安全性。

2) 系统风险

(1) 市场风险。由于未来市场是未知的,信息很少,加上市场需求很难预测和把握,以及来自同行业的激烈竞争,很多高技术产品刚投入市场不久,就被更新的同类产品或仿制品代替,面临失去获利机会甚至难以收回投资的境地。

(2) 金融风险。这是指因税率、汇率、银行利率及其他投资收益率变动给项目带来的风险。

(3) 政策法律风险。这是指有关投资政策、宏观政策及国家产业政策的变动对投资造成的不确定性。

(4) 宏观经济风险。这是指经济景气指数、通货膨胀率、市场汇率、市场平均投资收益率和市场利率等方面对投资造成的影响。

（5）社会风险。这是指社会稳定性、基础设施状况、自然资源条件和社会文化习俗等对投资造成的影响。

（6）不可抗力风险。这是指投资项目的参与方不能预见且无法克服及避免的事项给项目造成损害或毁灭的风险。包括战争、内乱、罢工等社会风险和地震、洪水、火灾等自然风险。

2．投资风险的分析

投资风险的分析主要内容包括风险辨识、风险估计和评价。

（1）风险辨识。风险辨识的作用是把这个工程项目可能遇到的风险逐一列举出来。例如，我们在建一个普通商品房时，可能遇到什么风险。有经验的专家都会列举出许多。一般设计上出现错误的概率是很小的，因为都有规范的图纸，专家打分一般不会超过5％。但遇到20世纪90年代初期通货膨胀，材料不断涨价的情况下的风险，专家一般都给出80％左右，到现在还能给出20％左右。所以，各种各样的风险要靠专家逐个识别出来。

（2）风险估计和评价。风险估计和评价中要估计两个指标：一是风险发生的概率，采用客观概率和主观概率这两种方法确定风险发生的概率；二是估计风险一旦发生，所产生的后果，对工程造成多大的损害，是什么样的损害，都要估计清楚，然后根据一些数学方法归类。

若是对工程的某一项的风险估计还比较简单好做，但若深入下去，对各部分风险相互关联，进而估计最后造成整个项目的总风险则比较难。各个层次间的风险关系的分析，有的层级风险发生是串联关系，有的层级风险发生是并联关系，它下层可能有好几个风险发生，那么它们怎么影响到上层，就涉及风险的加法和乘法问题。英国人切夫曼是专门搞大型工程，尤其是大型水电工程风险管理研究的，其代表作是《大型工程项目的风险管理》。切夫曼做了一个CIM模型，对于下层的风险怎样对上层一步步地产生影响，用概率的加法和乘法进行区间记忆与控制的方法分析。还有美国哥伦比亚大学的数学家萨蒂发明的AHP方法，即层次分析法，也适合这个概率的加法问题。萨蒂认为，有高中毕业数学水平的人就能使用这种方法。他专门用它解决对策问题。但其中最实用的是CIM模型，数学基础差些的可用AHP方法，它的最大优点是把定性问题定量化。

3．投资风险的评估

1）投资风险评估的原则

投资风险评估是对包括每个项目，以及项目所有阶段的整体风险、各风险之间的相互影响、相互作用及对项目的总体影响，项目主体对风险的承受能力进行全面的评价。

企业投资风险评估通常要遵循以下原则。

（1）全面周详原则。处理风险的前提是明确风险的存在，要识别风险的存在，必须对风险进行全面、系统的考虑，对项目诸风险进行比较和评价，确定它们的先后顺序，全面了解各种风险事件发生的概率及损失的程度；全面了解各种风险损失及后果等详细状况，并从项目整体出发，搞清各风险事件之间确切的因果关系，为制订系统的风险管理计划奠定基础。

（2）科学计算原则。风险评价的过程是对企业当今经营状况及其所处的外部环境进行量化核算的过程。要以严格的数学、统计学为基础，在具有普遍意义的基础上进行测量、统计和核算，量化已识别风险发生的概率和后果，求得科学合理的分析预测结果，减少风险发生概率和后果估计中的不确定性。

（3）综合考虑原则。现代企业面临一系列风险，如生产风险、环境风险、责任风险、经营风险等。如果项目的重要风险处理不当，会导致不可估量的经济损失，企业必须从自身利益出发，对不同类型、不同性质、损失程度不同的各种风险综合考虑，对风险作出系统性、准确性和综合性评价，以实现管理的有效目标。

（4）制度化、系统化、经常化原则。为保证风险评估的准确性，必须作周密系统的调查分析，将风险进行综合归类，揭示各种风险的性质及后果，研究各种不同风险之间相互转化的条件，对风险有一个总体的、综合的认识，以确定风险发生的可能性，合理选择控制和处理风险的方法，化威胁为机会。

2）投资风险评估的步骤

（1）确定风险评估基准。风险评估基准是项目主体针对每一种风险后果确定的可接受水平，分为单个评估基准和整体评估基准。风险的可接受水平可以是绝对的，也可以是相对的。

（2）确定项目整体风险水平。项目整体风险水平在综合所有的个别风险之后加以确定。

（3）将单个风险与单个评估基准、项目整体风险水平与整体评估基准对比，评估项目风险是否在可接受的范围之内，进而确定该项目应该就此止步还是继续进行。

11.4.4　投资风险控制策略

我们都知道，投资行为分为两类：一类是项目投资、基本建设投资；另一类是股权投资、并购投资。许多情况是两种行为交叉进行。

当然，有投资就有风险，多年来大规模的投资，产生一定比率的损失是必然的。也可以看作是投资要付出的成本。但投资损失总应有一个合理的边界，如国内、国外行业平均损失率、EVA值。投资损失超过合理边界的原因是什么？如何控制投资风险？

以项目建设投资风险为例，在实际工作中，投资风险控制要研究解决以下几个问题。

1. 决策风险

决策风险是指项目立项前的决策，要不要做项目可行性研究。例如，行业风险，新进入一个行业，要研究行业风险。假如这个行业风险太大，且是无法承受的风险，那就不需要再考虑对这个行业投资了。例如，"走出去"的国家风险，经过评估拟投资项目所在国家风险过大，且无法受控，那么项目投资的前提就不存在了。在决策项目投资之前，若仅见树木，不见森林，后面的工作再出色，也徒劳无益。

2. 项目可行性研究风险

项目投资的研究报告通常称为可行性研究报告，顾名思义就是项目可行吗？为什么可行？但实际上，相当多的可行性报告是先定性可行，再去论证它。这是为了证明自己的决策是正确的。如果项目投资要上级批准、政府批准，那就更进一步，怎么样能批准就怎么写。报告内容完全对号入座。因此称为"可批性"报告。写"可批性"报告时,可以跟实际情况完全脱钩,也可以添油加醋,不达目的誓不罢休。到现在为止,这个问题也没有得到很好的解决。"可批性"报告就是钓鱼报告,目的是钓到鱼。如果决策是建立在"可批性"报告、钓鱼报告的基础上,这个风险有多大是可想而知的。

3. 决策体制风险

一些公司在金融危机中出问题的一个很重要原因,就是这些公司董事会失效。如果可行性报告不可信,董事会再失效,所有关口都没有了,不出事才怪!问题出在哪儿?公司的董事会里是有独立董事的,但是公司董事会里独立董事是董事长请来的,可能是董事长的朋友。董事长又兼任 CEO,这就决定了独立董事难独立,很难独立于管理层表达自己的意志,对管理层的决策很难形成制衡,独立董事与董事长有利益冲突。以瑞士的苏黎世保险公司为例,该公司 2000 年以后的董事全部为外部董事。董事会结构就保证了董事会既可以听取管理层的意见,又可以独立于管理层作决策。董事长当然是外部董事,与管理层无利益冲突。上次金融危机中,苏黎世保险公司没有大的失误,与董事会结构、董事会决策直接相关。董事会结构是我们面临的一个大问题,仅靠独立董事个人素质和外部监管是靠不住的。

4. 投资成本控制风险

企业竞争力的基础在成本控制。因为价格不是买方说了算,是市场说了算。成本的影响在经济上升期表现得不明显,在经济危机中才看得清楚。经济危机来临,同一个行业内的企业有的撑不住了,严重亏损,以至于关门;有的仅是利润下降,挺过去没问题。为什么?关键在成本。企业的成本构成中首要的是投资成本,其次才是运营成本。投资成本中,如果两个同样的项目投资,行业平均投资成本假如是 100 元,一个项目投资成本是 130 元,一个项目投资成本是 90 元,这两个企业成本的高下将会直接影响未完全成本的大小。以后运营成本对最终成本的影响是有限的,关键是投资成本,投资成本一定程度上决定企业的竞争力。台塑王永庆给北京某大学捐一个建筑物,王永庆说,你们只管设备进口,因为你们申请可以免税,其余都由我们来负责。王永庆的理念不仅要一流的水准,更要一流的成本。建筑物要最好,但是成本要最低。一流水准容易做到,谁不会花钱?但一流成本最难做到。我们很多项目建设,建成一流水准的同时,也是一流成本。概算超预算,投资刚开始就已经输了。

5. 投资体制风险

我们的投资体制也需要研究,投资主体要尽可能地实现股权多样化,把不同利益主体引进来,将不同的资源引进来,如技术、管理、人才、渠道、品牌、资金通过引股权而引入。要保证项目建设的高质量、低成本,必要时把项目建设企业的管理团队装进去。例如,允许企业项目管理团队投资持股 10%、20%,与其他股东利益、企业利益捆在一起,那么成本控制就不一样了,他们自己的风险和投资在里面,体制就会起作用。这么做要解决的是项目管理团队的机会主义和道德风险问题。

6. 项目法人责任制风险

建立项目法人责任制就是要从项目的市场调研、可行性研究、项目建设、企业运营全过程有人负责。这个人不是自然人,而是项目法人。自然人无法承担这么大的责任。如过去的项目总指挥。传统的做法是将项目分段管理,进行项目市场调研、项目建设、项目运营的是不同的机构、不同的人,出了问题相互推诿,谁都没有责任。如三峡工程建设,一开始就设立长江三峡总公司,公司从项目可行性研究到项目建成运行负全责,这才有连续性。现在这个制度并没有真正完全建立起来,这涉及"项目建设全生命周期"问题。

7. 项目建设考核风险

很多企业在项目决策之后没有跟上相应的考核,虎头蛇尾,决策时比较重视,雷声大;决策之后放任自流,雨点小。应将项目建设要求列入对项目执行团队的考核,对项目法人的考核。

8. 项目建设后评估制度

现在企业真正做到每一个项目建成运营后,对照当初决策的依据、可行性报告的评价指标对项目进行后评估的不多。有的后评估是走形式,看样子也做了,但没有真正做到。为什么要做项目建设后评估呢?一是要明确责任;二是要明确奖惩,干好了要奖励,干不好要有个说法。

这些都是投资风险中要解决好的问题。这些投资风险不能控制,投资效果会不尽如人意。

11.5 汇率风险管理

由于我国已实行浮动汇率制度,外汇汇率波动已成为一种正常现象,而且幅度会加大。因此,涉外经济主体的汇率风险无时不在,并且已经给许多企业造成了巨大损失。

11.5.1 汇率风险的含义及种类

1. 汇率风险的含义

汇率风险又称外汇风险或者货币风险,是指在不同币别货币的相互兑换或者折算中,因为汇率在一定时间内发生未预料到的变动,致使有关的经济主体的实际收益与预期收益或实际成本与预期成本发生背离,从而蒙受经济损失的可能性。

2. 汇率变动的决定因素

(1) 物价的相对变动。根据购买力平价理论,反映货币购买力的物价水平变动是决定汇率长期变动的根本因素。

如果一国的物价水平与其他国家的物价水平相比相对上涨,即该国相对通货膨胀,则该国货币对其他国家货币贬值;反之,如果一国的物价水平与其他国家的物价水平相比相对下跌,即该国相对通货紧缩,则该国的货币对其他国家货币升值。

(2) 国家收支差额的变化。市场汇率的变动是直接由外汇市场上的外汇供求变化所决定的。

如果外汇供不应求,则外汇汇率上升,本币贬值;反之,如果外汇供大于求,则外汇汇率下跌,本币升值。

外汇市场上的外汇供求关系基本是由国际收支决定的,国家收支差额的变动决定外汇供求的变动。如果国际收支逆差,则外汇供不应求,外汇汇率上升;反之,如果国际收支顺差,则外汇供过于求,外汇汇率下跌。

进一步来说,国际收支又是由物价、国民收入、利率等因素决定的。如果一国与其他国家相比,物价水平相对上涨,则会限制出口,刺激进口;国民收入相对增长,则会扩大进口;利率水平相对下降,则会刺激资本流出,阻碍资本流入,这些都是导致该国国际收支出现逆差,从而造成外汇供不应求,外汇汇率上升的原因。反之,如果一国与其他国家相比,物价水平相对下降,则会刺激出口,限制进口;国民收入相对萎缩,则会减少进口;利率水平相对上升,则会限制资本流出,刺激资本流入,这些都是导致该国国际收支出现顺差,从而造成外汇供过于求,外汇汇率下跌的原因。

(3) 市场预期的变化。市场预期变化是导致市场汇率短期变动的主要因素。市场预期变化决定市场汇率变动的基本机理:如果人们预期未来本币贬值,就会在外汇市场上抛售本币,导致本币现在的实际贬值;反之,如果人们预期未来本币升值,就会在外汇市场上抢购本币,导致本币现在的实际升值。

(4) 政府干预汇率。世界各国赋予货币当局(主要是中央银行)干预外汇市场、稳定汇率的职责。有的国家为此还专门设立了"外汇平准基金"。当外汇市场上因外汇供不应求、外汇汇率上涨的幅度超出规定的界限或心理大关时,货币当局就会向外汇市场投放外汇,收购本币,使外汇汇率回调;反之,当外汇市场上因外汇供过于求、外汇汇率下跌的幅度超出规定的界限或心理大关时,货币当局就会向外汇市场投放本币,收购外汇,使外汇汇率反弹。

3. 汇率风险的种类

1) 企业外汇风险

(1) 交易风险(Transaction Exposure)。交易风险也称交易结算风险,是指以外币计价的交易,由于该币与本国货币的比值发生变化即汇率变动而引起的损益的不确定性。

交易风险的特点:具有损失或获益的或然性,即依一定条件可相互转嫁。

(2) 会计风险(Accounting Exposure)。会计风险也称折算风险,是根据会计制度的规定,在公司全球性的经营活动中,为适应报告的需要而出现的风险,即因汇率的变化,引起资产负债表上某些项目价值的变化。

会计风险的特点:发生折算风险时,用外币计量的项目(资产、负债、收入和费用)的发生额必须按本国货币重新表述,且必须按母公司所在国的会计规定进行。公司在报告时,为把原来用外币计量的资产、负债、收入和费用,合并到本国货币账户内,必须把上述用外币计量的项目的发生额按本国货币重新表述,也称折算的重新表述,它必须按母公司所在国政府或公司自己确立的规定进行。

(3) 经济风险(Economic Exposure)。经济风险是指由于突然的汇率波动,引起公司或企业的未来一定期间的收益发生变化。它是一种潜在性的风险,其程度大小取决于汇率变动对产品数量、价格及成本的影响程度。

经济风险的特点:带有主观意识;不包括预测的汇率变动;其风险影响比交易风险和折算风险大。

(4) 税收风险(Tax Exposure)。税收风险是指因汇率的变动而引起的应税收益或减税损失,它是一种范围较小的风险,因国而异,但也不可忽视。

2) 银行经营外汇业务的风险

（1）外汇买卖风险。外汇买卖风险是银行在外汇买卖即把本币兑换成外币或把一种外币兑换成另一种外币过程中所产生的风险。

① 外汇银行与外汇买卖业务。外汇银行是经营外汇买卖的重要金融机构，银行在外汇买卖当中是作为中介而存在的。外汇银行在外汇供求者之间、在整个对外金融活动中都是积极参与活动，并成为一切外汇业务交易的中心。外汇买卖业务是外汇银行的基本业务，包括卖汇和买汇。

外汇银行买卖的结果会导致其国内或国外账户存款的增加或减少。在国内，银行买进或卖出外汇即付出或收进本币。而在国外，则把买进或卖出的外汇，经在国外开立的账户办理收付活动。银行通过买卖不同货币、不同金额、不同支付时间的汇票等外汇支付凭证，把居民或非居民的结算转变为银行之间账户的冲销，以结清国际间的债权债务。

② 外汇头寸。外汇银行所持有的各种外币账户余额状况，称为外汇头寸（Foreign Exchange Position）。

银行买卖外汇经常处于不平衡之中，某种外汇头寸卖大于买（不论即期或各种期限的远期，买卖合并轧抵计算），称"空头"（Short Position）或超卖（Oversold）；反之，买大于卖，称"多头"（Long Position）或超买（Overbought）；买卖持平而不增不减则称"轧平"（Square）。各种外汇各种期限的头寸汇总计算的净余额，即为人们所称的外汇"总头寸"（Overall Position）。

如果买卖外汇不平衡程度较小，银行可用手头资金抵补，如果差额过大，由于汇率变幻莫测，银行有可能会遭受损失。因此，为免除这种风险，银行一般都要进行掩护，执行"买卖平衡"原则。

一般来说，当某个国家对外出现逆差，则意味着外汇的卖出必超过买进，这时银行的外汇资金或外币就会大量集中于国内银行，银行的国外资金势必紧缩。相反，当一个国家出现顺差，则外汇的买进必超出卖出，银行的国内资金必然紧缩。银行为调节资金盈虚，轧平资金，必须预先作反向的买卖予以补进或抛出。当地国外分行或代理行资金过少时，就需要将其他地方多余的资金调拨到该地以补其不足。这种业务是在银行同业之间进行的，又称为"银行同业外汇交易"。

值得注意的是"轧平"，并不意味着所有银行在买卖外汇后，都需立即进行平衡，而是根据国际金融的发展情况、银行本身资力的大小及对汇率变动趋势的预测，决定是立即轧平，还是推迟。如果推迟，实质上就是进行投机（Speculation）。投机有好有坏，当今西方国家的银行，在经营外汇业务中常要掺进投机因素。各国的外汇管理机构（大都为中央银行）为防止外汇银行在外汇业务中大量投机，有时就根据各外汇银行资力的大小，分别规定银行买卖外汇时多头和空头的额度，予以干涉限制。

③ 银行买卖外汇的类型。银行买卖外汇的类型一般有两种：代客户买卖；自营买卖。

（2）外汇信用风险。外汇信用风险是指在外汇交易中由于当事人违约而给银行带来的风险。

① 与同业交易中，对方到期资力不足或破产倒闭造成的风险。

② 代客买卖中，客户不能或不愿履行期汇合约的交割而造成的风险。

③ 外汇贷款中，客户不能如期还本付息而带来的风险。

从某种程度上讲，外汇信用风险比外汇买卖风险还更具"风险"，因此，详细考察对方资信，加强风险防范，十分重要。

(3) 清算风险(Settlement Risk)。清算风险也称交割风险，是指在外汇交易未能按规定时间履行付款责任的风险。

按照惯例，在外汇买卖中，当事人应于到期日或交割日把自己卖出的货币如数付至对方指定的收款银行(代理行)。若其中一方由于各种原因未能履行付款责任，则另一方有可能蒙受损失。

3) 国家外汇储备风险

国家外汇储备风险(Foreign Exchange Reserve Risk)是指一国所有的外汇储备因储备货币贬值而带来的风险。它主要包括国家外汇库存风险和国家外汇储备投资风险。

自1973年国际社会实行浮动汇率制度以来，世界各国外汇储备都面临同样的一种运营环境，即储备货币多元化，储备货币以美元为主，包括美元在内的储备货币汇率波动很大。这样，就使各国的外汇储备面临极大的风险。由于外汇储备是国际清偿力的最主要构成，是一国国力大小的重要象征，因此外汇储备面临的风险一旦变为现实，其造成的后果是十分严重的。

11.5.2　企业汇率风险的内部控制

企业要规避汇率风险，应针对不同情况采取不同的方法。要关注国际市场的金融动态，分析合同中规定的计价货币国的经济发展状况，了解外汇市场的汇率走势，增强规避汇率风险的能力，从而增加公司的社会效益和经济效益。从内部管理的角度看，可以通过完善经营管理实现汇率风险控制。

1. 成本核算控制

成本核算控制是指在保证产品质量的前提下，降低并控制进口原料成本、减少中间环节费用、降低换汇成本，从而达到规避汇率风险的目的。对此，企业也可以通过经营多样化，即在国际范围内分散其销售、生产基地及原材料来源地，将经营业务分散到各个不同国家的各个行业中，通过分散化经营和选择在不同市场或国家直接或间接投资生产，产品在当地直接销售，消除关税壁垒和货币兑换的风险与成本，降低汇率变动所带来的经济损失，使整个企业业务现金流的波动缩小。

2. 配对管理

配对管理是指将外币债权和外币债务、资产与负债、收汇与付汇配对，减少外汇敞口，降低外汇风险。对企业来说，就是进口付汇及有关的债务应和出口创汇结合起来。配对管理分为自然配对和平行配对两种。

自然配对是指将某种特定的外币收入用于该种货币的支出。在经常有某种外币流入、流出的情况下，不将该外币的收入兑换成本币，而将其全部存入外币账户，用于该外币的支出需要。利用自然配对，没有必要再经过买卖性的外汇交易，并且节约了银行手续费和外汇的买卖差价，同时又可以抵消因汇率变动引起的外汇损益，排除了汇率风险。

平行配对是在收入和支出不是同种货币,但是两种货币之间通常呈现出正相关的情况下进行的,即不同的货币的波动幅度和时间是相接近的。例如,欧元产生前的欧洲货币体系就是这样的,当一种货币流入而另一种货币流出时,平行配对就可以在一定程度上抵消汇率风险,但一旦货币之间的相关性发生了变动或者汇率发生了调整,背离了平行的变动轨迹,那么资金配对不仅不能实现,反而会造成更大的外汇风险。

3. 提前或者延期结汇

提前或者延期结汇是指在国际支付中,通过预测支付货币的汇率变动趋势,提前或者延期收付有关的款项,以避免外汇风险。对于一项交易,提前或者延期结付,会导致资产或者负债的变动,从而在一定条件下规避外汇风险,这种做法应以不影响企业的信誉为前提。

在国际金融市场瞬息万变的情况下,提前或推迟收款、付款,对外贸企业来说会产生不同的利益效果。企业可运用轧差、配平、提前与推后收付、定价、记价货币和资产负债管理等技巧,通过调整其内部经营活动实现防范汇率风险的目的。因此,企业应根据实际情况灵活掌握收付时间。

在人民币升值的情形下,外向型企业通常采取提前收汇和延期付汇或匹配外汇收支期限的方式规避汇率风险。比如作为出口商,当计价货币坚挺,即汇率呈上升趋势时,由于收款日期越向后推就越能获得汇差收益,故企业应在合同规定的履约期限内尽可能推迟出运货物,或向外方提供信用,以延长出口汇票期限。当汇率呈下跌趋势时,应争取提前结汇,即加速履行合同,如以预收货款的方式在货物装运前就收汇。当然,这要在双方协商同意的基础上才能进行。反之,当企业作为进口商时,则需作出相应调整。由于使用这种方法企业所受利益便是外方的损失,故不易为外方所接受。但企业应对此有所了解,一方面在有条件时可借此避免收汇风险;另一方面则可以防止外方向我方企业转嫁风险。但是,在实际运用中可能受到合同约定或者国家外汇或者信贷管制的约束。

4. 定价政策

定价政策是指在可能的情况下,利用价格战略在产品销售价格上采取一定措施,达到规避汇率风险的目的。定价政策包括调整销售价格和对交易货币的选择两个方面。其规避风险的效果取决于外向型企业长期汇率预测的准确性及商品市场对销售价格变化的接受程度。

(1) 灵活选择计价货币。企业应掌握以下原则:在出口时争取用硬货币(指国际市场上汇价上浮的货币)对成交有利;进口时争取用软货币对成交有利。在我国对外贸易中,商品出口和劳务输出以美元计价已成为传统,对此应针对新的情况适当加以改变,尤其是体现在对日和对欧贸易方面,应从我国出口收汇和进口付汇平衡的角度选择计价货币,争取出口收汇用硬货币,进口付汇用软货币。应适当增加欧元在出口结算中的比重,防止由于美元收汇而支付这类偏硬货币的货款而带来的风险。

(2) 调整商品价格或者制定转移价格。企业应根据汇率变化,适当调整商品价格,以抵消可能出现的汇率风险。在对外贸易谈判中将有关交易货币汇率变动因素考虑在内,适当调整价格。即在出口贸易中,出口商通过加价将承担的汇率风险转嫁给进口商;在进口贸易中,进口商可争取压价,将承担的汇率风险从进口商品价格中剔除。

(3) 合同中规定汇率风险条款。在商务合同或贷款协议中订立汇率风险条款是国际上防范汇率风险通行的做法之一。为此可在进口贸易或贷款协议中,约定有关交易货币汇率的变动范围,并明确双方的责任。在范围内的,风险由进口商负担;超过范围部分,由出口商负担或双方共同承担。对于交易风险,在签订合同时,可以选择恰当的合同货币。为避免汇率风险,企业应该争取使用本国货币作为合同货币,在出口、资本输出时使用硬货币,而在进口、资本输入时使用软货币。另外,还可在合同中加列保值条款等。同时还可根据所选定的计价货币在合同中订立适当的货币保值条款或争取对谈判中的价格或利率作适当的调整,防范汇率风险。

损益分摊不是选择某种货币的参考物,而是在交易结算时,根据汇率变动的情况,直接按照共识对合同中的价款总额进行调整,使交易双方共担风险。

5. 调整外汇资产与债务

汇率变化可能会造成利润下降或者折算成本币后债务增加。资产和债务管理是将这些账户进行重新安排或者转换成最有可能维持自身价值甚至增值的货币。在债务置换的同时,企业还可以通过银行进行货币掉期保值,锁定还贷时的汇率风险。

外汇资产与债务调整的核心:尽量持有硬货币资产或软货币债务。实施资产债务调整策略有利于企业对交易风险进行自然防范。如当企业拥有以外币表示的应收账款时,可借入一笔与应收账款等额的外币资金,以达到防范交易风险的目的;或改变单一外币资产结构,进行分散投资,分散风险。对于折算风险,通常采用资产负债表保值法防范汇率风险。即调整资产负债表中以各种货币表示的受险资产与受险负债的数额,使其达到平衡,从而使折算风险头寸为零。

11.5.3 运用衍生金融工具防范汇率风险

对于我国外贸出口或外贸加工出口企业来说,可以考虑通过运用衍生金融工具达到管理汇率风险的目的。

(1) 运用远期结售汇或远期外汇买卖管理汇率风险。如果企业在未来有以外币结算的项目收入,并希望能在当期锁定收款时的结算汇率,就可以通过银行的远期结汇汇率报价将未来的外汇收入卖出;同样地,当企业在未来有一定金额的外汇支出,并预期人民币将贬值,因此希望在即期就将付款时的结算汇率固定下来,通过远期结售汇同样是比较合理的途径。

(2) 通过外汇掉期管理汇率风险。对于有一定规模外币存款的外贸企业,如果预期人民币将升值,那么企业可以办理人民币与美元掉期业务,即按即期汇率卖出暂时不用的美元买入人民币,按远期汇率买入美元卖出人民币。与其他金融衍生工具相比,货币互换可以用于管理较长时期存在的汇率风险,因为货币互换的期限通常长达数年,甚至10年以上。

(3) 利用外汇期权管理汇率风险。外汇期权业务可锁定未来汇率,提供外汇保值,其优点在于客户有较灵活的选择性。对于期权的买方,在汇率变动向有利方向发展时,可从中获得盈利的机会,且收益率可能无限大,而在汇率变动向不利方向发展时,其损失仅限于期权费;但是对于期权的卖方,则利润有限,仅限于期权费,风险则无限。

总体来讲,每一种金融衍生工具都各有其运用的时机,如果企业认为未来汇率走势不明朗且汇率波动幅度未知时,为固定成本,可以选择使用远期外汇合约。这样,企业可将成本固定在一个可以接受的水平上。如果企业背负长期外币债务,并预期外币将升值,就可以选择使用货币互换、外汇期权规避汇率风险;如果企业预测汇率波动幅度很大,而又不十分肯定自己的预测时,就应该使用外汇期权合约防范利率风险。当然,无论采用哪种工具,风险程度通常随着偿还期的延长而增加。

11.6 财务风险管理

随着我国市场体系的发育健全,企业资金运动已跳出传统的范畴,使资金的筹集、分配、运用、调度、补偿和积累等,都日趋多样化和复杂化,其中所面临的财务风险也不能与过去同日而语,因此将财务风险抽象出来单独进行观察分析,是非常必要的。

11.6.1 财务风险的界定

财务风险实质是一种微观经济风险,是企业理财活动风险的集中体现,同时也是现代企业所面临的一个重要问题。

1. 财务风险的定义

财务风险(Financial Risk)是指公司财务结构不合理、融资不当使公司可能丧失偿债能力而导致投资者预期收益下降的风险。

财务风险有广义的定义和狭义的定义,决策理论学家把风险定义为损失的不确定性,这是风险的狭义定义。日本学者龟井利明认为,风险不仅是指损失的不确定性,还包括盈利的不确定性。这种观点认为风险就是不确定性,它既可能给活动主体带来威胁,也可能带来机会,这就是广义风险的概念。

2. 财务风险的类型

财务风险在不同的理财环境、理财阶段,针对不同的经营主体和理财项目有不同的表现形式,有不同的风险种类。为便于经营主体正确认识财务风险在不同理财环境中的特殊形式,以利于掌握财务风险的运动规律,有针对性地采用不同的风险对策,实现风险管理的基本目标,现对财务风险进行划分如下。

1) 按风险的来源划分

(1) 筹资风险。筹资风险是指由于资金供需市场、宏观经济环境的变化,企业筹集资金给财务成果带来的不确定性。筹资风险主要包括利率风险、再融资风险、财务杠杆效应、汇率风险、购买力风险等。利率风险是指由于金融市场金融资产的波动而导致筹资成本的变动;再融资风险是指由于金融市场上金融工具品种、融资方式的变动,导致企业再次融资产生不确定性,或企业本身筹资结构的不合理导致再融资产生困难;财务杠杆效应是指由于企业使用杠杆融资给利益相关者的利益带来不确定性;汇率风险是指由于汇率变动引起的企业外汇业务成果的不确定性;购买力风险是指由于币值的变动给筹资带来的影响。

(2) 投资风险。投资风险是指企业投入一定资金后,因市场需求变化而影响最终收益与预期收益偏离的风险。企业对外投资主要有直接投资和证券投资两种形式。在我国,根据《公司法》的规定,股东拥有企业股权的25%以上应该视为直接投资。证券投资主要有股票投资和债券投资两种形式。股票投资是风险共担、利益共享的投资形式;债券投资与被投资企业的财务活动没有直接关系,只是定期收取固定的利息,所面临的是被投资者无力偿还债务的风险。投资风险主要包括利率风险、再投资风险、汇率风险、通货膨胀风险、金融衍生工具风险、道德风险、违约风险等。

(3) 经营风险。经营风险又称营业风险,是指在企业的生产经营过程中,供、产、销各个环节不确定性因素的影响所导致企业资金运动的迟滞,产生企业价值的变动。经营风险主要包括采购风险、生产风险、存货变现风险、应收账款变现风险等。采购风险是指由于原材料市场供应商的变动而产生的供应不足的可能,以及由于信用条件与付款方式的变动而导致实际付款期限与平均付款期的偏离;生产风险是指由于信息、能源、技术及人员的变动而导致生产工艺流程的变化,以及由于库存不足所导致的停工待料或销售迟滞的可能;存货变现风险是指由于产品市场变动而导致产品销售受阻的可能;应收账款变现风险是指由于赊销业务过多导致应收账款管理成本增大的可能性,以及由于赊销政策的改变导致实际回收期与预期回收的偏离等。

(4) 存货管理风险。企业保持一定量的存货对于其进行正常生产来说是至关重要的,但如何确定最优库存量是一个比较棘手的问题,存货太多会导致产品积压,占用企业资金,风险较高;存货太少又可能导致原料供应不及时,影响企业的正常生产,严重时可能造成对客户的违约,影响企业的信誉。

(5) 流动性风险。流动性风险是指企业资产不能正常和确定性地转移现金或企业债务及付现责任不能正常履行的可能性。从这个意义上来说,可以把企业的流动性风险从企业的变现能力和偿付能力两方面分析与评价。由于企业支付能力和偿债能力发生的问题,称为现金不足及现金不能清偿风险。由于企业资产不能确定性地转移为现金而发生的问题则称为变现力风险。

2) 按资金运动的过程划分

(1) 企业筹资风险。企业筹资风险包括自有资金和负债的风险,此外,筹资技术欠佳,资金投放、使用、收回、分配的不合理也会造成筹资风险。

(2) 企业投资风险。企业投资风险是指因投资项目的实际收益与预期收益之间可能存在的偏差,给投资者带来的不利或亏损的可能性。它主要包括收益风险、投资额风险、变现风险、购买力风险。

(3) 企业资金回收风险。企业资金回收风险是指企业产品出售后,从成品资金转化为结算资金,再从结算资金转化为货币资金这两个转化过程在时间上和金额上的不确定性。

(4) 收益分配风险。收益分配风险是指由于收益分配而给企业今后的生产经营活动带来的不利影响。它主要有两个来源:一是收益确认风险,即由于客观环境因素的影响和会计方法不当,造成少计成本,多确认当期收益,形成虚增当期利润,使企业提前纳税,导致大量资金提前流出企业而引起企业财务风险;二是对投资者分配收益的形式、时间和金额把握不当而产生的风险。

3) 按产生原因划分

(1) 制度性财务风险。由于制度相对稳定,影响期长,一旦制度不适应客观实际的要求,就会对企业的财务活动产生不利影响,这种由制度引发的财务风险称为制度性财务风险。影响企业财务风险的相关制度包括外部财务制度和内部财务制度两类。外部财务制度是指国家机构或行业组织为规范企业财务行为和协调不同财务主体之间财务关系而制定的相关规定;内部财务制度是企业管理当局制定的用于规范企业内部财务行为,处理企业内部财务关系,协调企业与相关利益主体财务关系的具体规则。影响企业内部财务风险的企业制度可分为两个层次:第一个层次是企业的委托代理关系;第二个层次是企业财务运行机制。企业应该在解决好"道德风险"和"逆向选择"问题的基础上,不断地完善自身的财务运行机制。

(2) 固有财务风险。固有财务风险是指来自财务管理本身固有的局限性和财务管理依据的信息的局限性两个方面的风险。财务管理运作的很多重要理论都建立在一定的假设之上,这些假设与现实存在一定的差距,是对不确定的客观经济环境所作的一种估计,可以说这些理论本身蕴涵着一定的风险。另外,随着社会经济日趋复杂,财务管理的对象不断扩展,财务理论对一些经济现象的规律把握得还不够;同时,会计信息作为财务管理依据的主要信息来源也不是完美无缺的。

(3) 操作性财务风险。操作性财务风险是指财务管理的相关人员在进行财务管理过程中,由于操作失误或是对具体的财务方法把握不准确而造成工作上的失误,给企业带来的财务风险。操作性财务风险虽然可能只来源于个别人员,但有时其危害不容低估。

11.6.2 财务风险管理的程序

财务风险管理的程序分为五步:财务风险的识别、财务风险的估计、财务风险的综合评价、财务风险的综合决策和财务风险的综合处理。

1. 财务风险的识别

财务风险的识别是指对尚未发生的、潜在的及客观存在的各种财务风险进行系统的、连续的预测、识别、推断和归纳,以准确把握各种财务风险信号及其产生原因。财务风险的识别包括内、外两种财务风险的识别。

内部财务风险的识别是指系统运用各种分析方法,对企业的各种财务指标的异动进行分析,找出对企业财务活动产生不利影响的因素。财务风险的识别的方法很多,如从宏观层面分析有结构分析法、预测分析法、动态分析法等;从微观层面分析有现场观察法、财务状况分析法、因素分析法、平衡分析法、专家意见法、保险调查法等。其中最常用的有现场观察法和财务状况分析法。现场观察法是通过直接观察企业的各种生产经营和具体业务活动,具体了解和掌握企业面临的各种财务风险。财务状况分析法是通过分析企业资产负债表、利润表和现金流量表等报表的会计资料,确定企业的潜在损失和原因,对主要指标的实际值和标准值进行对比分析,以确定存在的风险和风险程度。在实际工作中,管理者应根据企业所处的经营环境、企业自身经营管理的基础工作、管理人员的经验、风格及其能力水平等具体情况决定采用何种方法。

外部财务风险的识别主要是指企业识别外部环境中对企业的财务活动造成影响的各种因素及其变化。外部财务风险主要有国家宏观经济政策和法律法规的变动风险、违约风险、通货膨胀风险、汇率变动风险、原材料来源和价格变动风险、竞争风险等。

扩展阅读 11-4

企业财务风险"四高"现象

企业在筹资、投资、资金回收和收益分配等财务活动中,由于受不确定因素的影响,往往会发生财务收益与预期收益之间的一定偏离,即财务风险。在企业财务结构中久存不息的"四高"现象——高负债率、高债权、高不良资产率、高法律诉讼,令人警惕。

在财务结构中出现的"四高"现象,必然构成企业很高的经营风险和财务风险,对企业的持续经营能力构成威胁。究其原因,固然有市场环境变化、竞争加剧、结构调整及技术进步等外部原因和历史遗留问题,但很大程度上还是由于企业内部管理不力造成的。

一是管理混乱。采购、生产、销售、财务、市场预测等各环节之间缺乏统筹协调配合,造成应收款项、存货等资产损失严重。资本结构缺乏科学规划,筹资综合成本高,造成负债比重加大,财务风险增高。

二是财务决策失误。有的企业经验决策、"拍脑门"决策严重,在进行投资决策时不进行深入的市场调研和科学论证,盲目投资,形成不良资产或巨额损失。

三是财务管理人员风险意识薄弱。

四是内控机制缺失或有制度不执行。有的企业监督制度执行不严格,内审不健全,缺乏资产损失责任追究制度,对财经纪律置若罔闻,财务风险极易发生。

2. 财务风险的估计

财务风险的估计是在全面识别财务风险的基础上,通过分析大量损失资料,估计损失发生的频率和幅度的过程。一般来说,全面进行财务风险的估计主要应解决以下问题。

(1) 财务风险的发生需要具备什么条件。

(2) 财务风险发生的概率是多少。

(3) 会造成多大的损失。

(4) 实际损失将落入怎样的大小区间。

通过风险估计,可以较为准确地预测损失概率和损失幅度,进而采取适当的措施,减少损失发生的不确定性,降低风险。另外,通过建立损失概率分布,可为风险管理者进行决策提供依据。财务风险的估计的方法有很多,如故障树分析法、蒙特卡洛法、外推法、马尔可夫过程分析法、动态层次分析法、模糊分析法等。

3. 财务风险的综合评价

财务风险的综合评价是指在全面财务风险识别和估计的基础上,综合考虑财务风险发生的概率、损失幅度及其他因素,得出系统发生财务风险的可能性及其程度,并与公认的安全标准进行比较,确定企业财务风险等级,由此决定是否需要采取控制措施,以及控制的程度。

在财务风险评价中,需要通过对大量损失资料进行分析,确定一个最低风险界限,作为衡量企业风险严重程度的标准,根据衡量结果确定是否需要采取控制措施。财务风险的评价方法很多,主要分定性分析和定量分析两大类。常用的财务风险定性评价法包括财务风险调查表法、故障树分析法、财务风险等级评价法等。定性评价不需要统计资料和复杂的计算,操作简单,成本低。定量评价法是以过去的损失资料为依据,运用数学方法建立数学模型进行评价。

4．财务风险的综合决策

财务风险的综合决策是根据全面财务风险评价的结果,为实现企业财务风险管理目标,通过风险管理技术的优化组合,选择投资少、安全保障大的方案。

财务风险的综合决策的风险管理技术主要有控制型风险管理技术和财务型风险管理技术。控制型风险管理技术的实质是积极采取控制技术以消除风险因素,或减少风险因素的危险性。在事故发生前,降低事故的发生频率;在事故发生时,控制损失继续扩大,将事故损失减少到最低限度。控制型风险管理技术主要包括风险回避、损失控制、非保险转移风险等。财务型风险管理技术是通过事故发生前所作的财务安排,解除事故发生后给人们造成的经济困难和精神忧虑,为生产自救、恢复企业经济提供财务基础。财务型风险管理技术主要包括风险自留、非保险转移和保险转移等。

5．财务风险的综合处理

财务风险的综合处理是指财务风险管理计划的实施和财务风险管理效果的评价。财务风险管理计划的实施要求企业在实施计划的过程中,一方面应该严格按照计划执行;另一方面应该根据实际情况不断地修订完善计划。财务风险管理效果的评价是指对风险管理的技术性及经济性进行分析、检查、修正与评估。由于风险的可变性、风险分析水平的阶段性,风险管理技术处于不断提高和完善的过程中。因而,在一定时期内,需要对风险管理的效果进行科学评估。

11.6.3 化解财务风险的措施

1．筹资风险及其防范与控制

1) 筹资风险的识别

筹资风险是指由于资金供需市场、宏观经济环境的变化,企业筹集资金给财务成果带来的不确定性。

企业筹集资金的方式主要有两种:自有资金和借入资金。自有资金是所有者投入的资金,不存在还本付息的问题,其风险只存在于其使用效益的不确定上。借入资金是引发筹资风险的主要原因。借入资金风险来源于两方面:一方面是非法贷款中介机构恶意诈骗;另一方面是合法金融机构的财务杠杆负作用风险。因为贷款合同严格规定了借款人的还款方式、还款期限和利息率,其特点之一是定期支付固定利息,当企业资金收益率高于负债利率时,企业通过负债筹资经营获得收益,除支付固定利息外,剩余的收益全部归投资者所有,使投资者实际收益率高于企业资金收益率,负债筹资的这个作用称为财务杠杆作用。但是,由于投资收益的不确定性,当企业资金收益率低于负债利率时,财务杠杆作用恰恰相反,使投资者收益率低于企业资金收益率,并加快下降,这种作用称为财务杠杆负作用。

此外,资金投放、使用、收回、分配环节的合理安排与否也会影响企业的筹资风险。在资金投放环节,只有当企业资金收益率大于负债利率时,企业投资才能获得回报。反之,当企业资金收益率等于或小于负债利率时,企业就面临很大的筹资风险。在资金的使用环节,合理的资金调度管理,可以相对节约资金占用,并使之既能满足生产经营的需要,又能在时间上衔接、形式上协调,充分地挖掘资金使用的潜力。相反,不合理的资金管理会增加资金占用,增加需要筹集的资金数量,增大筹资风险。在资金的收回环节,资金收回得越快,企业所需要筹集的资金越少,筹资风险越低。在资金的分配环节,企业在分配股利时若采用现金股利形式进行分配,且额度过大,一方面会影响企业的偿债能力;另一方面可能会增加企业未来的筹资数量和筹资成本。

企业筹资结构不合理会加大筹资风险。这主要表现在两个方面:一方面是自有资金与借入资金的比例是否合理,这是因为自有资金与借入资金的比例会影响企业的资金成本率,当资金成本率大于资金的收益率时,企业面临的筹资风险会增大。另一方面是长短期负债的安排是否合理。若企业长期负债的比例过大,则过高的资金成本会给企业带来较重的还债包袱;而负债到期时间安排得过于集中,也会加大企业偿债压力。

2) 筹资风险的衡量

评价企业筹资风险程度的指标有多种,其中自有资金收益率、资金成本率指标分别从效益和成本两个不同角度反映企业筹资风险程度,是较为实用的筹资风险评价指标。

(1) 自有资金收益率。

$$自有资金收益率 = 投资收益率 + \frac{借入资金}{自有资金} \times (投资收益率 - 借入资金利率)$$

从上式可以看出,投资收益率、借入资金与自有资金的比例、借入资金利率的变化决定了自有资金收益率的高低。通过对自有资金收益率指标的分析,可以判断筹资风险程度,调整筹资决策。

首先,自有资金收益率高,说明企业筹资效益较好,筹资风险相对减少;相反,自有资金收益率低,说明企业筹资效益差,筹资风险相对增大;如果自有资金收益率为零,说明该筹资无效益,筹资风险达到最大值;如果自有资金收益率为负值,说明该投资方案不可取;如果投资项目已付诸实施,自有资金收益率呈现负值,说明筹资风险已给企业带来损失。

其次,在借入资金利率低于全部资金收益率的情况下,借入资金对自有资金的比率越大,自有资金收益率就越高;反之,借入资金对自有资金的比率越小,自有资金收益率就越低。因此,投资效益好的企业,适当增加借入资金,采用"举债经营"的方法,在不改变生产方法和销售的条件下,就可以提高筹资效益。

最后,在借入资金利率高于全部资金收益率的情况下,借入资金对自有资金的比率越大,自有资金收益率越低;反之,借入资金对自有资金的比率越小,自有资金收益率则越高。如果企业投资效益差,则应尽量减少外借资金。在企业的投资报酬不足以支付借款利息时,企业将发生亏损,甚至因过量举债而面临破产的危险。因此,不是任何企业都能"举债经营"。

(2) 资金成本率。资金成本是企业为筹集和使用资金所支付的各种费用。资金成本率是指资金成本占筹措资金的比例。

如果企业筹集的资金为负债,上述公式中的资金占用费还应扣除因增加利息支出而少缴的所得税税额。

企业多种渠道同时筹集资金时,需要计算全部筹集资金的综合资金成本率,其计算公

式为

$$综合资金成本率 = \sum 各项资金成本率 \times 该项资金占全部资金比例$$

通过对资金成本率变化的分析,可以判断筹资风险程度。

首先,资金成本是企业支付给投资者的投资报酬,在投资总收益不变的情况下,资金成本率越高,企业支付给投资者的报酬越多,企业得到的净收益则越少,筹资风险就大。如果资金成本率等于投资报酬率,说明企业筹资风险达到最大限度。一般情况下,若资金成本率大于投资报酬率,则该投资方案不宜采用。

其次,企业的资金可以从多方面筹集,如长期投资,可以从银行借款,也可以发行债券,还可以发行股票。在同时可以取得多种来源的条件下,企业首先应考虑的因素就是资金成本率。企业应择优吸收资金成本率最低的资金来源,以便减少企业筹资风险。

最后,从综合资金成本率计算公式可以看出,在有多种资金来源的筹资方案中,如果资金成本率较低的资金占总资金额的比例,则综合资金成本率会相应降低。因此,在确定筹资结构时,应尽量采用综合资金成本率最低的筹资方案。

3) 筹资风险的防范与控制

(1) 正确选择筹资方式。随着市场经济的发展,企业筹资渠道日益多元化。因此,需要正确选择筹资方式,选择标准是方案的可行性、经济性和安全性。方案的可行性研究是指筹资方案选择的安全渠道有无问题。方案的经济性研究是指综合资金成本率越低越好。方案的安全性研究是指筹资风险对筹资目标和项目建设影响的程度。重点是分析潜在的危险,确定其可能带来的经济损失和导致项目延期、停建或失败的可能性。

(2) 合理确定财务结构,控制负债经营风险。要合理确定债务资金与自有资金、短期资金与长期资金的比例关系,并随着企业生产的变化而变化,始终处于一种动态的管理过程中。在评价、控制负债经营风险时,必须考虑多种因素,重点有以下五个方面。

第一,企业的规模和实力。规模大,经济实力、竞争能力、互利能力和抗风险能力强的企业,其偿债能力相应较强,债务资本可以高些。

第二,企业销售收入的成长率和稳定性。企业销售收入增长幅度大,且持续时间长的,企业债务资本可以高些。相反,企业若销售收入不稳定,经营风险高,现金回流时间与数额不稳定,债务资本必须低些。

第三,资产结构的影响。资产结构合理是优化财务结构的重要条件。企业的偿债风险大小,归根结底取决于企业的资产风险大小。只要资产风险价值能够顺利实现和得到补偿,企业偿债也就不存在风险。但这是以资产结构与财务结构存在合理对称关系为前提的,否则,即使资产价值得以实现和补偿,财务风险仍然会由于企业收入与支付期不一致而继续存在。

第四,财务结构的弹性分析。财务结构的弹性是指资本要素从一种形式转换成另一种形式的可能性,即随时清欠、退还和转换的可能性。弹性较强,则企业债务资本可以略高;反之,债务资本略低。

第五,企业的财务状况和偿债能力。企业获利能力越强,财务状况越好,变现能力越强,偿债能力越强,越有能力负担财务风险,因而债务资本可以适当增加。

(3) 运用合适的金融衍生工具防范因利率和汇率变动产生的筹资风险。如用远期外汇交易、外汇期货交易和期权交易等方法避免汇率风险；运用远期利率协定和利率期货等方法处理利率风险。

2. 资金营运风险及其防范与控制

企业资金的营运过程是指从资金投入开始到资金收回的过程。在这一过程中企业主要面临现金、应收账款、存货和资产的风险。

（1）现金风险及其防范与控制。现金风险主要是指企业现金短缺或者现金持有过量所形成的风险。现金是流动性最强的资产，现金持有量过少不能保证企业的日常支出，影响企业的信誉；而现金持有量过大又会增加机会成本，降低企业的利润率。因此，企业财务部门要掌握各部门对资金的日常需求量及资金的支付时间，确定合理的现金余额，以防范与控制现金风险。

（2）应收账款风险及其防范与控制。企业为增加销量，扩大市场占有率，经常采用赊销方式，这极易导致企业应收账款大量增加。大量的应收账款会妨碍企业资产的流动性，同时相当比例的应收账款由于长期无法收回而成为坏账，严重影响企业的安全性。

为防范与控制应收账款对企业造成的不利后果，首先，应当合理控制应收账款的规模，在采用各种信用政策时，注重评估对方企业的财务状况和信用状况，评价其偿债能力和信誉，谨慎签订合同，综合衡量各种得失，选择效用最大的方案。其次，采取适当的催收方式和力度加快应收账款的收回。如定期分析账龄分析表，紧密跟踪应收账款的还款情况，根据不同账龄制定收款政策，必要时可依靠诉讼方式，以控制应收账款风险，减少坏账损失。

通过账龄分析表，企业可以了解应收账款的大致情况，如有多少欠款尚在信用期内，有多少欠款超过了信用期，超过时间长短的款项各占多少，有多少欠款会因拖欠时间太久而成为坏账等。然后根据具体情况制定对策，从而使企业应收账款的风险降到最低。

（3）存货风险及其防范与控制。存货的大量存在会妨碍企业资产的流动，同时使管理费用大量增加，而存货短缺又会影响企业的信誉。因此，应当建立以预算为基准的指标考核体系，采用科学合理的内部控制制度，使存货量保持在一个合理的水平上，尽可能避免存货产生的风险。存货的管理和现金的管理比较类似，但更加复杂多变，要求企业派专业人员管理。

（4）资产风险及其防范与控制。随着企业生产经营环境及过程日益复杂多变，各种不确定因素明显增多。作为企业重要生产要素的流动资产和固定资产，面临的意外事件损失风险大幅上升。保险作为分摊意外损失的一种财务安排，企业可通过支付一笔保险费来避免此类资产未来不确定损失的风险。通过购买保险，企业以一项确定的损失（购买保险的保费）代替了不确定性带来的更大损失风险。

3. 收益分配风险及其防范与控制

收益分配是指企业取得的最终利润对投资者的分配，它是企业每年财务循环的最后一个环节。收益分配风险则是指由于收益分配可能给企业今后的生产经营活动带来的不利影响。

（1）收益分配风险的识别。收益分配风险产生的原因主要有两个：一是收益确认的风险，这是指客观环境因素的影响和会计方法使用的不当，有可能多计收益、少计成本，使企业提前纳税,所确定的可分配利润也偏高。二是收益对投资者分配的时间、形式和金额的把握不当所产生的风险。

例如,在企业资金紧缺时期,以货币资金的形式分红且金额过大,大大降低了企业的偿债能力,影响企业再生产的规模。但企业如单纯以股票股利的形式进行分配,则会挫伤投资者的积极性,降低企业信誉,导致股票价格下跌,影响企业未来发展。

(2) 收益分配风险的防范与控制。收益分配风险控制的主观随意性较强,没有一个客观的控制标准。既要使投资者满意,又要控制资金成本,考虑扩大再生产,是收益分配风险控制的矛盾,其核心体现为利润分配率的确定。主要考虑以下因素。

① 考虑通货膨胀的影响,有计划地建立价格变动补偿基金,保证收益分配不影响企业的简单再生产,坚决制止短期行为。

② 在提高效益的基础上,争取使投资者每年的收益率呈递增趋势。

③ 考虑企业下一年生产情况和资金使用来源,满足企业扩大再生产需要,尽力降低资金成本。

④ 结合企业偿债能力强弱,确定收益分配率的大小。

本模块小结

本模块主要是在基本完成金融基础知识学习的基础上,学习风险管理的内容和程序、经济主体控制风险的常用方法。完成本模块的学习,应该理解和掌握以下内容。

(1) 风险是经济主体在生产经营过程中由于各种不确定因素带来的影响,使经济主体的实际收益与预期收益(或可能收益)之间的偏离程度,或发生不利事件,从而有蒙受损失的机会和可能性。

(2) 按不同的标准,风险可以分为不同的类型。例如,按照风险的来源划分,可分为信用风险、市场风险、操作风险和其他风险;按风险是否可分散划分,可分为系统性风险和非系统性风险;按风险可控程度划分,可分为可控风险和不可控风险。

(3) 风险管理又称危机管理,是指如何在一个肯定有风险的环境里把风险减至最低的管理过程。其中包括了对风险的量度、评估和应变策略。

(4) 信用风险管理是指通过制定信息政策,指导和协调各机构业务活动,对从客户资信调查、付款方式的选择、信用限额的确定到款项回收等环节实行的全面监督和控制,以保障应收款项的安全及时回收。

(5) 投资风险是一项投资活动在运作中的不确定性面临损失的可能性,只要投资就一定会遭遇风险。投资风险管理是为了解其作用于经济的规律性,以便减少投资风险,防止其逐步沉积并突然释放而造成投资领域的剧烈震荡,危及投资安全。

(6) 汇率风险又称外汇风险或者货币风险,是指在不同币别货币的相互兑换或者折算中,因为汇率在一定时间内发生未预料到的变动,致使有关的经济主体的实际收益与预期收益或实际成本与预期成本发生背离,从而蒙受经济损失的可能性。

(7) 财务风险实质是一种微观经济风险,是企业理财活动风险的集中体现,同时也是现代企业所面临的一个重要问题。财务风险管理的程序分为五步:财务风险的识别、财务风险的估计、财务风险的综合评价、财务风险的综合决策和财务风险的综合处理。

关 键 术 语

风险　风险管理　信用风险　投资风险　汇率风险　财务风险

案 例 分 析

回溯黑历史：坑了多少投资者

兴业证券2018年最大败笔是被迫成为长生生物第一大股东。长生生物给了兴业证券一次惨痛的教训,但像这样的教训在兴业证券的历史上屡见不鲜。最著名的就是2016年的因欣泰电气造假案而受牵连。欣泰电气成为首个被强制退市的上市公司。

作为保荐机构的兴业证券因虚假陈述行为领到罚单,即没收保荐业务收入1 200万元,并处以2 400万元罚款;没收承销股票违法所得2 078万元,并处以60万元罚款。从被立案调查到调查结果公布,兴业证券的保荐项目被暂停了近一年。

频频踩雷对公司产生的影响巨大,除依法承担行政处罚的相关责任外,还要面临民事赔偿责任。

无论长生生物,还是欣泰电气,最遭殃的还是投资者。兴业证券还曾多次盲目推荐,使得股民蒙受巨大损失。

更为讽刺的是,兴业证券对富临运业的盲目推荐。富临运业于2015年收购了一家名为兆益科技的公司,本来业绩表现不错的兆益科技在收购之后便迅速出现了亏损。2016年,兆益科技的净利润已经变成了－783.5万元。

然而,在兆益科技亏损如此严重的2016年,兴业证券在当年12月却连发两篇研报表示看好富临运业,并且未提及富临运业将发生商誉减值的风险提示。

盲目推荐、失败保荐等种种事件发生后,自身股价也大幅度下跌,不仅坑了众多投资者,也坑了兴业证券的自家员工。

对于券商来说,只有下功夫整改缺陷,补上内控缺失短板,今后才有望避免重大损失,维持良好的运营。

资料来源：凤凰网,http://finance.ifeng.com/a/20180926/16524014_0.shtml。

【讨论问题】 请分析本案例涉及的风险以及市场参与各方进行此类风险的管理。

思考与练习

一、单项选择题

1. 下列关于信用风险正确的说法是(　　)。
   A. 信用风险是给债务人或者金融产品售卖人造成经济损失的风险
   B. 信用风险通常与市场风险一样,观察数据较多,且容易获取

C. 结算风险是一种特殊的信用风险
D. 信用风险具有明显的系统性风险特征

2. 某商业银行在发放贷款时,要求借款人以第三方作为还款保证,若借款人在贷款到期时不能偿还贷款本息,则保证人必须代为清偿,这是风险管理技术和措施的(　　)方法。
   A. 风险对冲　　　B. 风险分散　　　C. 风险转移　　　D. 风险规避

3. 风险管理的核心在于(　　)。
   A. 风险识别　　　　　　　　　　B. 风险计量
   C. 风险监测　　　　　　　　　　D. 选择最佳风险管理技术组合

4. 一家从技术上仍有清偿力的银行(　　)因为不具有充足的流动性而倒闭。
   A. 不会　　　B. 也会　　　C. 两者没有关系　　　D. 以上都不对

5. 流动性需求和流动性来源之间的(　　)是流动性风险产生的根源。
   A. 不匹配　　　B. 匹配　　　C. 两者没有关系　　　D. 以上都不对

6. 投资或者购买与管理基础资产收益波动负相关或完全负相关的某种资产或金融衍生品的风险管理策略是(　　)。
   A. 风险规避　　　B. 风险对冲　　　C. 风险分散　　　D. 风险转移

7. (　　)是由不完善或有问题的内部程序,人员及系统或外部事件所造成损失的风险。
   A. 市场风险　　　B. 操作风险　　　C. 流动性风险　　　D. 国家风险

8. (　　)是指经营决策错误、决策执行不当或对行业变化束手无策,对银行的收益或资本形成现实和长远的影响。
   A. 流动性风险　　　B. 战略风险　　　C. 操作风险　　　D. 法律风险

9. 因赚取外汇能力减低,导致外汇短缺,而影响债务国偿债能力的风险,一般称为(　　)。
   A. 国际收支风险　　B. 转移风险　　C. 制度风险　　D. 以上都不是

二、判断题

1. 哈瑞·马柯维茨提出的证券组合理论是现代风险分散化思想的重要基石,揭示了在一定条件下资产的风险溢价、系统风险和非系统风险的定量关系。(　　)
2. 有效的风险管理是指在一定的时间将正确的信息传递给正确的人。(　　)
3. 经济资本就是账面资本。(　　)
4. 风险就是危险。(　　)
5. 实践表明,单一法人客户的各项周转率越高,盈利能力和偿债能力必然就越好。(　　)
6. 一般来说,国家机关和学校、幼儿园、医院等事业单位,因为它们一般有较好的信用,因此,对于银行来说,是最优质的客户贷款的保证人。(　　)
7. 信用风险计量经历了从专家判断法、信用评分模型到内部评级体系分析三个主要发展阶段。(　　)
8. 分析企业融资活动的现金流时,主要是关注企业债务与所有者权益的增加或者减

少及股息分配等内容。 （ ）

三、思考题

1. 风险如何分类？
2. 风险控制的主要过程是什么？
3. 谈谈现代信用风险管理的必要性。
4. 投资风险管理要遵循什么程序？
5. 如何防范与控制筹资风险？

模块 12

财政政策与货币政策

【能力目标】

通过完成本模块的学习,学生应该能够掌握宏观调控的目标;掌握财政政策、货币政策及两者之间相互作用的模式。

【核心能力】

掌握财政政策、货币政策及两者之间相互作用的模式。

【任务分解】

1. 掌握宏观调控的目标及手段。
2. 掌握财政政策的传导机制。
3. 掌握货币政策的工具。
4. 掌握财政政策与货币政策协调配合的必要性、可能性和模式。

导入案例

中国央行:健全双支柱调控框架,保持货币政策稳健中性

2018年中国人民银行工作会议2月5日至6日上午在北京召开。会议提出了下一步金融工作的主要任务:一是保持货币政策稳健中性。综合运用多种货币政策工具,保持银行体系流动性合理稳定,促进货币信贷和社会融资规模合理增长。进一步支持供给侧结构性改革,引导金融机构加大对国民经济重点领域和薄弱环节的支持力度,做好军民融合发展、乡村振兴等国家战略的金融服务,大力推进深度贫困地区金融精准扶贫工作。二是切实防范化解金融风险。加强金融风险研判及重点领域风险防控,完善金融风险监测、评估、预警和处置体系。进一步完善宏观审慎政策框架,加强影子银行、房地产金融等的宏观审慎管理。三是稳妥推进重要领域和关键环节金融改革。深化利率市场化改革,继续探索利率走廊机制,增强利率调控能力。加大市场决定汇率的力度,保持人民币汇率在合理均衡水平上的基本稳定。加强金融基础设施统筹监管和互联互通。四是持续推动金融市场平稳健康发展。推动公司信用类债券发行准入和信息披露的分类统一,完善债券违约处置机制。扩大债券市场双向开放。完善住房金融体系,建立健全住房租赁金融支持体系。建立完善互联网金融监管和风险防范长效机制。五是稳步推进人民币国际

化。六是深度参与国际金融合作和全球经济金融治理。七是进一步推动外汇管理体制改革。八是全面提高金融服务与管理水平。九是持续加强内部管理。

资料来源：网易财经，2018-02-06。

【分析提示】 请谈谈我国当前采取稳健的货币政策的意义。

12.1　宏观调控概述

12.1.1　宏观调控

宏观调控理论由经济学家约翰·梅纳德·凯恩斯创立。凯恩斯宏观调控理论是凯恩斯经济理论的核心与实质，产生于20世纪30年代资本主义经济面临全面危机之时。凯恩斯认为自由放任的资本主义市场并非可以完全地进行自身调节，市场这只"看不见的手"并非是万能的，其调节能力是有限的。因此资本主义的危机与失业是必然的，解决问题的办法只能是政府的宏观调控。为此，他提出必须以政府干预提高社会的消费倾向和加强投资引诱，以扩大社会有效需求。而政府的宏观调控主要是通过货币政策和财政政策进行"需求管理"。

2011年，诺贝尔经济学奖获得者托马斯·萨金特和克里斯托弗·西姆斯都认为，任何时候货币政策和财政政策都应该并重，而不应有所偏废，这两种政策的运用是相辅相成的。他们以政策手段及其经济影响研究获得2011年诺贝尔经济学奖。世界上许多国家都在利用他们的研究成果分析宏观经济并制定相应政策和评估发展预期。这种基础分析工具无论在发达国家还是发展中国家都可以被广泛应用，并对解决欧洲债务危机等问题发挥重要作用。

宏观调控是一个使用频率极高的词汇。但是，至今中国的学界和政府都没有对中国的宏观调控给出清晰的定义。总结起来，宏观调控就是政府运用法律手段、经济手段、行政手段对经济运行状态和经济关系进行干预与调整，以保证国民经济的持续、快速、协调、健康发展。

宏观调控本质上是政府通过变革宏观经济政策实施对市场的干预。但宏观调控政策在中国有其特殊性。宏观调控的主要领域集中在有关国家整体经济布局及国计民生的重大领域；容易产生"市场失灵"的经济领域；私人的力量不愿意进入的领域。市场经济的宏观调控体系以间接调控为基本特征，即政府调控主体主要通过政策手段把经济参数附加到市场中多种生产要素的价格信号上，进而调节、引导市场主体的生产经营行为。间接调控所依靠的主要政策手段，便是财政政策与货币政策。

12.1.2　宏观调控的手段

（1）法律手段是指国家通过制定和运用经济法规调节经济活动的手段。主要通过经济立法和经济司法调节经济，有权威性和强制性。

（2）经济手段是指国家运用经济政策和计划，通过对经济利益的调整影响和调节经济活动的措施。主要方法有财政政策和货币政策的调整;制定和实施经济发展规划、计划等,对经济活动进行引导,这虽然是一种间接手段,但也是主要手段。

(3) 行政手段是指国家通过行政机构,采取带强制性的行政命令、指示、规定等措施,调节和管理经济。如利用工商、商检、卫生检疫、海关等部门禁止或限制某些商品的生产与流通,有直接性、权威性、无偿性和速效性等特点。

12.1.3 宏观调控的目标

(1) 促进经济增长。经济增长是经济和社会发展的基础。持续快速的经济增长是实现国家长远战略目标的首要条件,也是提高人民生活水平的首要条件。因此,促进经济增长是宏观调控的最重要的目标。促进经济增长是在调节社会总供给与社会总需求的关系中实现的。因此,为促进经济增长,政府必须调节社会总供给与社会总需求的关系,使其达到基本平衡。

(2) 稳定物价。在市场经济中,价格的波动是价格发挥调节作用的形式。但价格的大幅度波动对经济生活是不利的。如果物价大幅上升和通货膨胀,则会刺激盲目投资,重复建设,片面追求数量扩张,经济效益下降;如果物价下降和通货紧缩,则会抑制投资,生产下降,失业增加。在社会主义市场经济条件下,绝大多数商品和服务的价格由市场决定,但政府可以运用货币等经济手段对价格进行调节,必要时也可以采用某些行政手段(如制止乱涨价、打击价格欺诈),以保持价格的基本稳定,避免价格的大起大落。

(3) 保持国际收支平衡。国际收支是指一个国家或地区与其他国家或地区之间由于各种交易所引起的货币收付或以货币表示的财产的转移。

(4) 增加就业。就业是民生之本,是人民群众改善生活的基本前提和基本途径。就业的情况如何,关系到人民群众的切身利益,关系到改革发展稳定的大局,关系到全面建设小康社会的宏伟目标,关系到实现全体人民的共同富裕。促进充分就业是我国政府的责任。我国面临严峻的就业形势:一方面,劳动供给数量庞大;另一方面,劳动力需求显得有限。因此,必须坚持实行促进就业的长期战略和政策,长期将增加就业的宏观调控目标落到实处,并严格控制人口和劳动力增长。就业的增加取决于经济增长速度和经济增长的就业弹性。要增加就业,首先要促进经济持续快速增长,这是增加就业的基础。同时还必须提高就业弹性。为提高就业弹性,要积极发展劳动密集型产业、第三产业、中小企业、非公有制企业,要大力推进城镇化,加快小城镇建设。

另外,学界也认为调整经济结构是我国现阶段财政政策的目标之一。现阶段,我国城乡之间的差距、区域之间的差距还很大,产业结构不合理、需求结构、投资消费和出口结构也不合理,一、二、三产业结构不合理,国民收入分配结构不合理,国家、企业、个人收入分配不合理,这些都是我们宏观调控的目标。

扩展阅读 12-1

调控目标之间的关系

政府在采取宏观政策时通常是为实现多个目标,而在不同政策工具中这些目标往往是冲突的,甚至是相互矛盾的。其中经济增长与充分就业是基本统一的:经济增长,就业增加;相反,经济下滑,失业增加。其他目标之间的矛盾在于以下三个方面。

(1) 稳定物价与就业之间的矛盾:失业率低,物价上涨;相反,失业率高,物价下跌。

(2) 稳定物价与经济增长之间的矛盾:现代市场经济的实践一般表现为,经济的增长伴随着物价的上涨,中央银行的货币政策目标只能根据当时的社会经济条件,寻求物价上涨和经济增长之间的某种适当组合。

(3) 经济增长、充分就业和国际收支平衡的矛盾:经济增长和充分就业要求适当放松银根,增加货币供应量,引起物价上涨,刺激进口增加,导致资本外流,使国际收支出现逆差;反之,如果银根收紧,减少货币供应量,虽会吸收外资流入,减少进口,有利于国际收支平衡,但又会导致失业和经济衰退。

12.2 财 政 政 策

12.2.1 财政政策的内涵

财政政策是国家以某种财政理论为依据,根据客观经济规律的需要,为实现一定目标而采取的各种财政工具的总称。财政政策一般由三个要素——财政主体、财政目标和财政工具构成。这三个方面相互作用,形成了一个有机的整体。

(1) 财政政策的主体是政策的制定者和执行者,政策主体的行为是否规范,对于政策功能的发挥和效应大小都具有重要的影响。

(2) 财政政策的目标是利用政府税收和支出水平的变化,影响和改变社会总需求水平,以达到充分就业、稳定物价、促进经济增长和保持国际收支平衡等宏观经济目标。

(3) 财政政策的工具是财政政策主体所选择的用以达到政策目标的各种财政分配手段。

① 预算。预算是一国政府编制的每一财政年度内财政收入与财政支出的安排和使用计划,它是国家的基本财政计划。从范围上讲,预算分为中央预算和地方预算,作为国家财政政策工具的预算一般是指中央预算或联邦预算。它主要通过年度预算的预先制定和在执行过程中的收支平衡变动,实现其调节国民经济的功能。

预算调节经济的作用主要反映在财政收支的规模和收支差额上。赤字预算体现的是一种扩张性财政政策,在有效需求不足时,可以对总需求的增长起刺激作用。盈余预算体现的是紧缩性财政政策,在总需求过旺时,可以对总需求膨胀起有效的抑制作用。平衡预算体现的是一种均衡财政政策,在总需求和总供给相适应时,可以保持总需求的稳定增长。预算工具主要在于提高充分就业水平,稳定价格,促进经济增长及约束政府的不必要开支。

② 税收。税收是政府强制地、无偿地取得收入的一种方式。税收作为收入手段,把民间的一部分资源转移到政府部门,以实现资源的重新配置。由于"市场失灵"决定了资源在私人部门不可能完全保证得到有效配置,政府仍需要用税收手段强制改变资源配置,以弥补市场机制的缺陷。

税收作为调节手段的作用有两个方面：一是调节社会总需求和总供给的关系,这是通过把税收作为自动稳定的财政政策工具和相机抉择的财政政策工具的运用,实现对总供求的调节。在经济繁荣时期国民收入增加,税收收入也会随之增加,相对减少了个人可支配收入,在一定程度上减轻了总需求过旺的压力。由于自动稳定器的作用有限,此时,如果总需求仍然大于总供给,政府则要采取相机抉择的财政政策,或扩大税基,或提高税率,或减少税收优惠等。在经济衰退时期,税收收入会减少。二是调节收入分配关系,这主要是通过累进所得税制和财产税制实现。收入再分配的最直接办法是推行高额累进税和高比例财产税,这样,一方面减少了高收入者和富有者的收入与财富;另一方面可以为低收入家庭提供补助。

③ 公共支出。公共支出是满足社会公共需要的一般性支出,它包括购买性支出和转移性支出两大类。购买性支出是政府的直接消费支出,包括商品和服务的购买;转移性支出是政府把以税收形式筹集的一部分财政资金用于社会福利保障和财政补贴等费用方面的支出。按用途不同,转移性支出可分为社会保障社会福利费用支出和政府补贴费用支出两类。前者所占财政支出比例远大于后者。

④ 政府投资。政府投资是指政府参与物质生产领域的投资,它是实现资源有效配置的重要手段。在市场经济条件下,政府投资的项目主要是那些具有自然垄断特征、外部效应大、产业关联度高、具有示范和引导作用的基础性产业、公共设备及新兴的高科技主导产业。

⑤ 公债。公债是国家举借的内外债的总称。公债产生的最初原因是为弥补财政赤字,但随着信用的发展,公债已经成为调节货币供求、协调财政与金融关系的重要手段,成为财政政策的重要工具。

扩展阅读 12-2

政府购买和转移性支出

政府购买是指政府利用国家资金购买商品和劳务。从最终用途来分,政府购买可分为公共投资和公共消费。公共投资是指中央政府和地方当局用于固定资产方面的支出,公共投资的特点是投资规模大;投资方向集中在基础设施、公共事业等项目上;投资目标非营利性;资金来源于税收和公债。政府通过投资政策可以扩大或缩小社会总需求,调整国民经济的结构,改善社会投资环境,以刺激私人投资。公共消费是指中央政府和地方当局按市场价格用于产品和劳务的经常支出,由国防、文教卫生及其他政府活动等支出内容构成。政府通过消费政策可以直接增加或减少社会的总需求,引导私人生产发展方向,调节经济周期波动。

根据现代公共支出理论,政府购买支出的增减,将直接影响个人收入的增减和社会总消费的增减,进而影响国民收入的增减。其影响程度取决于政府购买乘数的大小。因此,政府购买作为财政政策的工具是实现反经济周期、合理配置资源、稳定物价的措施手段之一。

转移性支出是指政府把以税收形式筹集的一部分财政资金用于社会福利保障和财政

补贴等费用方面的支出。按用途不同,转移性支出可分为社会保障社会福利费用支出和政府补贴费用支出两类。前者所占财政支出比例远大于后者。

社会福利费用支出是将高收入阶层的一部分收入转移到低收入阶层,以促进公平分配;社会保障费用支出是为保障人们的基本生活需要。社会福利和社会保障的转移性支出政策是实现收入公平分配的主要工具。

财政补贴分为两大类:一类是生产性补贴;另一类是消费性补贴。消费性补贴是对人们日常生活用品的价格补贴,其作用在于直接增加消费者的可支配收入,鼓励消费者增加消费需求。生产性补贴主要是对生产者的特定生产投资活动的补贴,如生产资料价格补贴、利息补贴等,其作用等同于对生产者实施减税政策,可直接增加生产者的收入,从而提高生产者的投资和供给能力。因此,在有效需求不足时主要增加消费性补贴,在总供给不足时主要增加生产性补贴,可以在一定程度上缓和供求矛盾。

12.2.2 财政政策的类型

财政政策种类繁多,主要可以分为以下几类。

(1) 宏观财政政策与微观财政政策。这是根据财政政策调节的对象是收支总量还是收支结构划分的。宏观财政政策是指通过改变收支总量以实现财政政策目标的财政政策;微观财政政策是指在国家收支总量既定的前提下,通过收入和支出结构的改变影响经济活动,以达到一定目标的财政政策。

(2) 自动稳定的财政政策和相机抉择的财政政策。这是根据财政政策对经济的调节是自动的还是自觉的划分的。自动稳定的财政政策是指现代财政体制本身就具有根据经济波动情况,自动保持稳定作用的政策,如财政的若干收支形式——个人所得税、失业救济金、失业保险金、福利计划和济贫支出等。这些财政政策工具又称为自动稳定器。相机抉择的财政政策是指政府根据当时的经济形势,主动采用不同的财政手段以消除通货膨胀缺口或通货紧缩缺口,是政府利用国家财力有意识干预经济运行的行为。

(3) 扩张性财政政策、紧缩性财政政策和均衡性财政政策。这是根据财政政策对总需求的影响划分的。扩张性财政政策,在我国习惯称为积极财政政策,是指通过降低财政收入或增加财政支出的政策手段以刺激社会总需求增长的政策,采取的具体措施通常有减少税收、扩大投资规模、增加财政补贴、实行赤字预算。紧缩性财政政策简称紧的财政政策,是指通过增加财政收入或减少财政支出的政策手段抑制社会总需求增长的政策,采取的具体措施主要有提高税率、降低固定资产折旧率、缩小投资规模、减少财政补贴、实行盈余预算。均衡性财政政策是指采取收支平衡的办法,既不扩大总需求,也不缩小总需求。

(4) 刺激性财政政策和限制性财政政策。这是根据财政政策对总供给的影响划分的。刺激性财政政策是指通过倾斜性投资和财政利益诱导,如减免税等手段,重点扶持某些部门的发展,以增加社会供给的财政政策。限制性财政政策是指通过多种财政工具,如提高税率等手段,限制某些部门的发展,压缩局部过剩的财政政策。

12.2.3 财政政策的传导机制

财政政策的传导机制是在财政政策发挥作用的过程中,各要素通过某种媒介相互作用形成的一个有机联系的过程,如图12-1所示。

财政政策工具 ⟶ 收入分配货币供应 ⟶ 财政政策目标

图12-1 财政政策的传导机制

简单来说,财政政策的传导主要是通过收入分配这一主要中介指标,影响社会总供求进而实现财政政策目标。根据政府是否采取行动,财政政策的传导机制分为以下两种情况。

1. "自动稳定器"财政政策的传导机制

在"自动稳定器"财政政策中,当经济出现不均衡时,政府不需要采取任何行动,财政政策工具就会自动发挥作用,减缓经济的衰退或者膨胀,稳定经济。在财政政策工具中,自动稳定器主要包括超额累进税率的所得税和有明确条件规定的对个人的转移性支出。

2. "相机抉择"财政政策的传导机制

在大多数总供求失衡的情况下,为使经济达到预定的总需求和就业水平,仅依靠"自动稳定器"财政政策工具往往调整力度不够,政府还需要根据不同的情况相机决定采取不同的财政政策手段,进而影响企业和居民的可支配收入,调节社会总需求。这就是执行"相机抉择"财政政策。

财政政策的传导结果主要表现在以下几个方面。

(1)财政政策如何调节个人收入。这主要体现在改变货币收入者实得货币收入或使货币收入者的实际购买力发生变化。其政策工具是税收或补贴。

(2)财政政策如何调节企业收入。这主要体现在所得税和税后利润分配上,所得税税率的调整和国家在税后利润中的分配比例大小,影响企业的可支配收入。

(3)财政政策如何调节货币供应。财政政策对货币供应的影响集中在财政赤字和国债的发行上,财政手段通过影响货币效应最终实现财政目标。

(4)财政政策如何调节价格。在我国,许多财政工具的作用是通过价格作用体现出来或者与价格相配合共同发挥作用的。这突出表现在税收和财政补贴上。

12.3 货币政策

12.3.1 货币政策的概念和类型

狭义的货币政策是指中央银行为实现其特定的经济目标而采用的各种控制和调节货币供应量或信用量的方针及措施的总称。广义的货币政策是指政府、中央银行及其他有关部门所有有关货币方面的规定和采取的影响金融变量的一切措施,包括有关建立货币制度的种种规定,所有旨在影响金融系统的发展、利用和效率的措施,甚至可进一步包括像政府借款、国资管理乃至政府税收和开支等可能影响货币支出的行为。

本书所指的货币政策是狭义的货币政策。货币政策由货币政策工具、货币政策的中介指标和货币政策目标组成,三者之间的关系如图 12-2 所示。

财政政策工具 ——→ 货币政策的中介指标 ——→ 货币政策目标

图 12-2　货币政策的组成

根据货币供应量和货币需要量之间的对比关系,可将货币政策分为扩张性货币政策、紧缩性货币政策和均衡性货币政策。所谓扩张性货币政策,是指中央银行通过增加货币供应量,使利率下降,从而增加投资,扩大总需求,刺激经济增长。所谓紧缩性货币政策,是指中央银行通过减少货币供应量,使利率升高,从而抑制投资,压缩总需求,限制经济增长。所谓均衡性货币政策,是指货币供应量大致上等于货币需要量,这种政策能促使社会总需求和总供给的平衡。

12.3.2　货币政策的目标

货币政策目标是货币政策所要达到的目的,由货币政策中介目标和货币政策最终目标构成。

1. 货币政策中介目标

所谓货币政策中介目标,也称中间目标,是指一国货币管理当局为实现货币政策目标需控制的经济变量,是货币政策目标与货币政策工具之间的桥梁和中介。

作为货币政策中介目标必须具备以下三个条件。

(1) 可控性。中央银行能较准确地控制金融变量的状态及趋势。

(2) 相关性。中央银行通过中介目标能达到货币政策的目标。

(3) 可测性。它有两层含义:货币管理当局能获得所选择的中介目标的有关资料;中介目标能够被人们所理解、分析、判断和掌握。

根据上述原则,常用的货币政策中介目标包括以下内容。

(1) 利率。20 世纪 70 年代以前,西方各国多以利率,即以一定的利率水平作为中央银行的中间调控目标。这是因为:①利率与经济状况高度相关。当经济繁荣时,对货币的需求量增加,利率上升;当经济衰退时,对货币的需求量下降,利率下降。②利率与市场货币与信贷的供求状况密切相关。利率上升,反映市场资金需求增长;利率下降,反映市场资金需求减少。③利率的变动对市场资金需求也起到调节作用。利率上升,会抑制资本投资,减少投资需求;利率下降,会刺激资本投资,增加投资需求。④利率目标便于中央银行控制。利率作为中间目标也有不足之处。因为利率的变动受政治的、政策的、经济的、心理的等各种因素的混合影响,往往使中央银行难以分清真相,甚至有导致错误决策的危险。

(2) 货币供应量。进入 20 世纪 70 年代以来,西方许多国家的中央银行选择货币供应量作为中间目标。以货币供应量作为中间目标的理由:①货币供应量的变动直接影响宏观经济的运动。一方面,货币供应量是经济过程的内生变量(由客观因素所决定的变量),生产和商品交换规模的变化必然引起货币供应量相应的变化;另一方面,货币供应量又是货币政策的外在变量(由中央银行人为决定的变量),它的松紧变化会直接影响经济活动。可见,货币供应量是与货币政策最终目标高度相关的指标。②便于观测,不会发生政策性与非政策性因素的混淆,可以避免因此而发出的错误信号。③中央银行易于控制货币供应量。

(3) 超额准备金。超额准备金是指商业银行及存款性金融机构在中央银行存款账户上的实际准备金超过法定准备金的部分。超额准备金一般包括借入准备金和非借入准备金。借入准备金是商业银行由于准备不足向拥有超额准备的银行借入的货币资金。超额准备金中扣除借入准备金,即为非借入准备金,又称自有准备金。超额准备金增加,往往意味着银行潜在放款能力增强,若这一部分货币资金不予运用,则意味着利息的损失。同时,银行为预防意外的大额提现等现象发生,又不能使超额准备金为零,这就成为银行经营管理中的一大难题,也是一门艺术。

(4) 基础货币。基础货币也称货币基数(Monetary Base)、强力货币、始初货币,因其具有使货币供应总量成倍放大或收缩的能力,又被称为高能货币(High-powered Money),它是中央银行发行的债务凭证,表现为商业银行的存款准备金(R)和公众持有的通货(C)。

根据国际货币基金组织《货币与金融统计手册》(2002年版)的定义,基础货币包括中央银行为广义货币和信贷扩张提供支持的各种负债,主要是指银行持有的货币(库存现金)和银行外的货币(流通中的现金),以及银行与非银行在货币当局的存款。在国际货币基金组织的报告中,基础货币被称为 Reserve Money。

基础货币和货币乘数的乘积即理论上的货币供应量。

2. 货币政策最终目标

货币政策最终目标是指中央银行通过调控货币、信用等工具,所期望达到的最终目标,货币政策与财政政策一样,都是为实现国家宏观调控经济管理服务的,其最终目标与财政政策的目标一致,都是为稳定物价、促进经济增长、促进充分就业、保持国际收支平衡。

12.3.3 货币政策工具

货币政策工具是中央银行为达到货币政策目标而采取的手段。货币政策工具分为一般性货币政策工具和选择性货币政策工具。一般性货币政策工具包括公开市场操作、存款准备金和再贴现,它们通过银行系统管制整个经济的总信贷水平;选择性货币政策工具包括改变法定准备金、消费信贷等,主要用以对特殊信贷领域和证券市场进行控制。

1. 一般性货币政策工具

(1) 存款准备金政策。存款准备金政策是指中央银行依据法律所赋予的权力,要求商业银行和其他金融机构按规定的比率在其吸收的存款总额中提取一定的金额缴存中央银行,并借以间接地对社会货币供应量进行控制的政策。提取的金额被称为存款准备金,存款准备金占存款总额的比率称为存款准备率或存款准备金率。

存款准备金政策由两部分组成:一是法定准备金;二是超额准备金。法定准备金是指以法律形式规定的缴存中央银行的存款准备金,其运作的原理是中国人民银行通过调整商业银行上缴的存款准备金的比率,借以扩张或收缩商业银行的信贷能力,从而达到既定的货币政策目标。例如,提高法定准备金比率,由一定的货币基数所支持的存贷款规模就会减少,从而使流通中的货币供应量减少;反之,则会使货币供应量增加。超额准备金是银行为应付可能的提款所安排的除法定准备金外的准备金,它是商业银行在中央银行的一部分资产。我国的超额准备金包括两个部分:一部分是存入中央银行的准备金;另一部分是商业银行营运资金中的现金准备。前者主要用于银行间的结算和清算,以及用于补充现金准备,而后者是用于满足客户的现金需要。

存款准备金政策是一种威力强大不宜常用的货币政策工具,就其效果而言,它往往能迅速达到预定的中介目标,甚至预期的最终目标,但它将对实际经济活动产生强有力的冲击,往往引起经济的剧烈动荡,如频繁调整也将使商业银行很难进行适当的流动性管理,因此它的运用往往产生较大的副作用。因此,不适合微调,也不能经常使用。

(2) 再贴现政策。所谓再贴现政策,就是中央银行通过制定或调整再贴现利率干预和影响市场利率及货币市场的供应与需求,从而调节市场货币供应量的一种金融政策。再贴现政策分为两种。一种是长期的再贴现政策,这又包括两种:一是"抑制政策",即中央银行较长期地采取再贴现率高于市场利率的政策,提高再贴现成本,从而抑制资金需求,收缩银根,减少市场的货币供应量;二是"扶持政策",即中央银行较长期地采取再贴现率低于市场利率的政策,以放宽贴现条件,降低再贴现成本,从而刺激资金需求,放松银根,增加市场的货币供应量。另一种是短期的再贴现政策,即中央银行根据市场的资金供求状况,随时制定高于或低于市场利率的再贴现利率,以影响商业银行借入资金的成本和超额准备金,影响市场利率,从而调节市场的资金供求。

贴现是指票据持有人在票据到期日前,为融通资金而向银行或其他金融机构贴付一定利息的票据转让行为。通过贴现,持票人得到低于票面金额的资金,贴现银行及其他金融机构获得票据的所有权。再贴现是商业银行及其他金融机构将买入的未到期的贴现票据向中央银行办理的再次贴现。从形式上看,再贴现与贴现并无区别,都是一种票据和信用相结合的融资方式,但从职能上看,再贴现是中央银行执行货币政策的重要手段之一。

再贴现政策的运用具有一定的"告示效果",它对一国经济的影响是比较缓和的,有利于一国经济的相对稳定,但中央银行处于被动的地位,这种决策能否取得预期的效果,将取决于商业银行或其他金融机构对该决策的反应。

(3) 公开市场业务。公开市场业务是指中央银行通过在公开市场上买进或卖出有价证券(主要是政府短期债券)投放或回笼基础货币,以控制货币供应量、影响市场利率的一种行为。运用国债、政策性金融债券等作为交易品种,主要包括回购交易、现券交易和发行中央银行票据,调剂金融机构的信贷资金需求。

在公开市场业务中:①中央银行处于主动地位;②具有很大的灵活性;③可根据经济形势变化随时作逆向操作;④通过整个银行系统基础货币总量调控,使这一政策工具的运用符合政策目标的需要。

2. 选择性货币政策工具

选择性货币政策工具是指中央银行针对某些特殊的信贷或某些特殊的经济领域而采用的工具,以某些个别商业银行的资产运用与负债经营活动或整个商业银行资产运用与负债经营活动为对象,侧重于对银行业务活动质的方面进行控制,是常规性货币政策工具的必要补充,常见的选择性货币政策工具主要包括以下几种。

(1) 消费者信用控制。
(2) 证券市场信用控制。
(3) 不动产信用控制。
(4) 优惠利率。
(5) 预缴进口保证金。
(6) 其他政策工具。

3. 中国人民银行可以运用的货币政策工具

中国人民银行为执行货币政策,可以运用下列货币政策工具。

(1) 要求银行业金融机构按照规定的比例缴存存款准备金。
(2) 确定中央银行基准利率。
(3) 为在中国人民银行开立账户的银行业金融机构办理再贴现。
(4) 向商业银行提供贷款。
(5) 在公开市场上买卖国债、其他政府债券和金融债券及外汇。
(6) 国务院确定的其他货币政策工具。

12.3.4 货币政策的传导机制

货币政策的传导机制是指中央银行运用货币政策工具影响中介目标,进而最终实现既定政策目标的传导途径与作用机理。货币政策传导途径一般有三个基本环节,其顺序如下。

(1) 从中央银行到商业银行等金融机构和金融市场。中央银行的货币政策工具操作,首先影响的是商业银行等金融机构的准备金、融资成本、信用能力和行为,以及金融市场上货币供给与需求的状况。

(2) 从商业银行等金融机构和金融市场到企业、居民等非金融部门的各类经济行为主体。商业银行等金融机构根据中央银行的政策操作调整自己的行为,从而对各类经济行为主体的消费、储蓄、投资等经济活动产生影响。

(3) 从非金融部门经济行为主体到社会各经济变量,包括总支出量、总产出量、物价、就业等。

金融市场在整个货币的传导过程中发挥着极其重要的作用。

首先,中央银行主要通过市场实施货币政策工具,商业银行等金融机构通过市场了解中央银行货币政策的调控意向。

其次,企业、居民等非金融部门经济行为主体通过市场利率的变化,接受金融机构对资金供应的调节进而影响投资与消费行为。

最后,社会各经济变量的变化也通过市场反馈信息,影响中央银行、各金融机构的行为。

货币政策的传导机制的效率不仅取决于中央银行货币政策的市场化取向,还取决于金融机构、企业和居民行为的市场化程度,即它们必须对市场信号作出理性的反应。如果它们不能完全按照市场准则运行,即不能对市场信号,包括中央银行的间接调控信号作出理性反应,那么货币政策工具就不可能通过对货币信贷条件的调节实现其政策目标,货币政策传导过程就会受到梗阻,货币政策效果就会被减弱。

随着货币政策的传导机制由货币渠道向利率渠道的变化,各国货币政策的操作工具也逐渐由货币供应量调整为利率,提醒货币政策当局注意客观认识并恰当把握货币供应量增长率与经济增长和物价上涨之间的关系。货币政策不宜简单地以货币供应量增长率是否适度来衡量,应该更多地关注最终目标,即物价上涨水平变化而非中间目标即货币供应量变化。

随着资本市场的迅速发展,资产价格渠道在货币政策的传导机制中的作用越来越大且比较复杂,资产价格本身日益引起各国货币政策当局的关注,并将其作为主要的监控目标,中国必须高度关注资本市场发展和资产价格变化对货币政策的影响。

中国近年来资本市场发展迅速,一方面,资本市场投资与银行储蓄存款的替代关系越来越明显,客户保证金对货币层次结构的影响越来越大,致使 M_2 指标的全面性受到挑战,需要建立包括保证金等在内的货币供应量新指标。另一方面,当前中国资本市场的财富效应不显著,资产价格变化对实体经济尤其是投资与消费的影响并不大。因此,货币政策需要关注资产价格的变化,但不能以资本市场变化为目标。在具体操作中,应该主要以实体经济的稳定和增长为目标,适当兼顾资本市场的需要。

生产者—消费者信心使预期因素的传导作用趋于增强,对于货币政策效果造成了比较复杂的影响,已经引起各国货币政策当局的关注,需要在中国货币政策实践中加以考虑。中国的货币政策实践应当适当地考虑预期因素的作用,在货币政策决策之前,对预期因素的作用有一个"预期",以保证货币政策的有效性。

12.4　财政政策与货币政策的协调配合

12.4.1　财政政策与货币政策的协调配合的必要性和可能性

财政政策与货币政策的合理选择和运用,以及两大政策的协调配合,是现代市场经济运行的必要条件,是保证宏观经济稳定、产业结构协调、社会秩序安定的重要前提。

1. 财政政策与货币政策协调配合的必要性

一国在宏观调控过程中,通常是同时运用财政政策和货币政策,所以财政政策和货币政策的协调统一是宏观经济政策成功与否的关键,因此,财政政策与货币政策协调配合的必要性如下。

(1) 财政政策与货币政策调节范围的不同要求两者必须协调配合。财政政策的调节范围包括经济领域和社会生活的其他领域;货币政策受金融系统功能边界的制约,其调节范围基本限于经济领域。而生产、交换、分配和消费之间是相互影响的,两者必须协调配合。

(2) 两者调控的侧重点不同。财政政策与货币政策都对总量和结构具有调节作用,但调控的侧重点又有所不同。财政政策侧重调节结构,货币政策侧重调节总量。

财政收入是按不同的项目和规定组织的,可以调节不同的地区、行业、企业及个人的收入水平。如政府可通过改变税率调节收入结构。财政支出是按不同的用途安排的,可以直接调节产业结构、地区结构等。例如,政府通过财政收支活动,改变货币的流向,引导货币流向新兴产业和瓶颈产业,优化产业结构。

货币政策则具有鲜明的总量特征,中央银行是唯一直接掌管全社会货币供给总量的部门,它能通过货币供给等手段对全社会的一切投资需求和消费需求加以调节。

为更好地解决社会经济结构矛盾和总量矛盾,必须让财政政策与货币政策协调配合。财政政策直接作用于经济结构,间接作用于经济总量;货币政策直接作用于经济总量,间接作用于经济结构。

(3) 透明度不同。财政政策的主要调节工具是税收、预算支出、公债、财政补贴、贴息等,财政的一收一支,政府能较明确地判断是结余还是赤字;货币政策的主要调节工具是利率、存款准备金率、贷款安排及贴现率等,信贷投放的合理规模、货币发行的合理界限都较难把握。工具有其适应性,为能统筹调控,所以财政政策与货币政策必须协调配合。

(4) 调节时滞不同。调节时滞是指政策从调节动作的发生到调节效果的显现所需要的时间。政策时滞是指决策接管从认识到需要改变政策,到实际实行新的政策所需要的时间。财政政策的制定与修改须经过立法机关审议、批准等一系列程序,政策时滞较长;而货币政策通常由中央银行理事会决策制定,政策时滞较短。财政政策通常采用直接手段作用与调节对象,调节时滞较短;货币政策通常采用间接手段作用与调节对象,调节时滞较长。为充分发挥这两者的效力,两者必须协调配合。

2. 财政政策与货币政策协调配合的可能性

财政政策与货币政策的内在联系使得两者协调配合成为可能。

(1) 政策实施的主体一致。两者都反映政府的经济政策,实施主体都是政府,虽说财政政策的实施主体是财政部,货币政策的实施主体是中国人民银行,但实际上,两者同属于政府的组成部分。这就为财政政策和货币政策的协调配合提供了可能性。

(2) 政策调控的最终目标一致。货币政策和财政政策一样,都是为实现国家宏观调控经济管理服务的,其最终目标与财政政策的目标一致,都是为稳定物价、促进经济增长、促进充分就业、保持国际收支平衡。

(3) 政策发挥作用的形式一致。两者都是通过调节企业、居民的投资和消费活动达到政策的目标。

12.4.2 财政政策与货币政策的协调配合的形式

财政政策与货币政策的配合模式根据松紧搭配可以分为双"紧"、双"松"、"松""紧"、"紧""松"及中性五类。在宏观调控过程中,财政政策与货币政策的五类配合形式各自的效用和缺点如下。

1. 双"紧"的财政政策与货币政策

这种形式的积极效应是可以强烈地抑制总需求,控制通货膨胀。双"紧"的财政政策与货币政策使用紧缩货币提高利率,降低总需求水平,又紧缩财政,以防止利率过分提高。其消极效应是容易造成经济萎缩。

2. 双"松"的财政政策与货币政策

这种形式的积极效应是可以强烈地刺激投资,促进经济增长;消极效应是往往产生财政赤字、信用膨胀并诱发通货膨胀。双"松"的财政政策与货币政策用于经济严重萧条时,用扩张财政增加总需求。

3. "松"财政政策与"紧"货币政策的搭配

当通货膨胀成为经济发展中的主要矛盾时,就应采取紧缩银根、回笼货币的"紧"货币政策与扩大支出、减少收入的"松"财政政策,以压缩需求,增加供给,使经济增长能保持一定的稳定性。又如,当经济发展中出现财政赤字但经济增长速度尚可观时,不应急于紧缩财政,而应减少货币供应、控制贷款。"松"财政政策与"紧"货币政策的搭配主要用于经济萧条但又不太严重时,用扩张性财政政策刺激总需求,又用紧缩性货币政策控制通货膨胀。

4. "紧"财政政策与"松"货币政策的搭配

当经济中出现货币发行过多但还未演变为通货膨胀时,为经济的稳定发展,不应急于收紧银根,回笼货币,而应采取增加财政收入、紧缩财政支出的对策;或当经济发展中主要矛盾为财政赤字并伴随经济增长停滞时,财政应努力增加收入压缩支出,而银行则应放松银根、发行货币,即选择"紧"财政政策与"松"货币政策的搭配,借以启动经济、促进经济增长,同时防止通货膨胀的出现。"松"货币政策与"紧"财政政策的搭配用于经济中出现通货膨胀又不太严重时,用紧缩财政压缩总需求,又用扩张性货币政策降低利率,以免财政过度紧缩而引起衰退。

5. 中性财政政策

中性财政政策应该包括总量和结构两层含义。从总量上来看,中性财政政策意味着财政政策的实施对宏观经济的影响既不扩张,也不紧缩,表现在预算收支上是基本平衡,不搞赤字。在结构上,财政实行"有保有控",通过一定的财政手段一方面促进经济发展瓶颈和短缺部门的发展;另一方面控制那些偏热行业的发展,既坚决控制投资需求膨胀,又努力扩大消费需求。

扩展阅读 12-3

量化宽松政策

量化宽松是一种货币政策,由中央银行通过公开市场操作提高货币供应,可视为"无中生有"创造出指定金额的货币,也被简化地形容为间接增印钞票。其操作是中央银行通过公开市场操作购入证券等,使银行在央行开设的结算户口内的资金增加,为银行体系注入新的流通性。

"量化宽松"中的"量化"是指将会创造指定金额的货币,而"宽松"则是指减低银行的资金压力。中央银行利用凭空创造出来的钱在公开市场购买政府债券、借钱给接受存款机构、从银行购买资产等。这些都有助于降低政府债券的收益率和降低银行同业隔夜利率,银行从而坐拥大量只能赚取极低利息的资产,中央银行期望银行会因此较愿意提供贷款以赚取回报,以舒缓市场的资金压力。

当银根已经松动,或购买的资产将随着通货膨胀而贬值(如国库债券)时,量化宽松会使货币倾向贬值。由于量化宽松有可能增加货币贬值的风险,政府通常在通货紧缩时推出量化宽松的措施。而持续的量化宽松则会增加通货膨胀的风险。

"量化宽松"一词是由日本中央银行于2001年提出的,是指中央银行刻意通过向银行体系注入超额资金,包括大量印钞或者买入政府、企业债券等让基准利率维持在零的途径,为经济体系创造新的流动性,以鼓励开支和借贷。一般来说,只有在利率等常规工具不再有效的情况下,货币当局才会采取这种极端的做法。

本模块小结

完成本模块的学习,应该理解和掌握以下内容。

(1) 宏观调控就是政府运用法律手段、经济手段、行政手段对经济运行状态和经济关系进行干预和调整,以保证国民经济的持续、快速、协调、健康发展。

(2) 宏观调控、财政政策、货币政策的目标是达到充分就业、稳定物价、促进经济增长和保持国际收支平衡等宏观经济目标。

(3) 财政政策是国家以某种财政理论为依据,根据客观经济规律的需要,为实现一定目标而采取的各种财政工具的总称。

(4) 财政政策的工具是财政政策主体所选择的用以达到政策目标的各种财政分配手段,包括:①预算;②税收;③公共支出;④政府投资;⑤公债。

(5) 财政政策种类繁多,主要可以分为以下几类:宏观财政政策与微观财政政策;自动稳定的财政政策和相机抉择的财政政策;扩张性财政政策、紧缩性财政政策和均衡性财政政策;刺激性财政政策和限制性财政政策。

(6) 财政政策的传导机制就是在财政政策发挥作用的过程中,各要素通过某种媒介相互作用形成的一个有机联系的过程。

(7) 货币政策是指中央银行为实现其特定的经济目标而采用的各种控制和调节货币供应量或信用量的方针及措施的总称。

(8) 一般性货币政策工具包括存款准备金、再贴现和公开市场业务,它们通过银行系统管制整个经济的总信贷水平。

(9) 财政政策与货币政策的配合模式根据松紧搭配可以分为双"紧"、双"松"、"松""紧"、"紧""松"及中性五类。

关键术语

宏观调控　宏观调控目标　财政政策　货币政策　财政政策与货币政策的配合模式

案例分析

欧洲央行难改超宽松货币政策

欧洲中央银行2018年1月25日举行的2018年首次货币政策会议延续了此前的货

币政策立场,超低利率水平、购债计划及前瞻指引均保持不变。欧洲中央银行本月早些时候公布的2017年12月货币政策会议纪要显示,欧洲中央银行理事会成员普遍认为,如果欧元区经济继续扩张、通货膨胀水平继续朝向政策目标回升,欧洲中央银行货币政策立场的表述策略需要逐步演进。

大多数分析师认为,欧洲中央银行不大可能大幅调整前瞻指引,目前的通货膨胀预期还不足以支持一向谨慎的欧洲中央银行立刻行动。因此,欧洲中央银行在本次货币政策会议上按兵不动,这并没有让市场感到意外。

事实上,2017年12月的货币政策会议纪要就有这样的记载:"即使在净资产购买结束时,货币政策立场仍将保持高度宽松,其方式是通过积累的资产存量、未来再投资和关于政策利率的远期指导实现。这将继续伴随着经济周期的发展和通货膨胀形势的发展而不断作出调整。"

欧洲中央银行在2013年7月开始使用前瞻指引,即"欧洲中央银行理事会预计,利率将在较长一段时间内维持在低位"。此后也作过多次调整,现在的前瞻指引不仅阐明了欧洲中央银行关键利率的未来预期路径,也涉及其资产购买计划的前景。欧洲中央银行货币政策前瞻性指引的内容始终与理事会对当前经济形势和未来前景的评估,尤其是通货膨胀预期保持一致。

欧盟统计局数据显示,欧元区2017年12月通货膨胀率为1.4%,扣除食品及能源后的核心通货膨胀率为0.9%。另外,欧元区2017年11月生产价格指数(PPI)环比升0.6%,同比升2.8%,高于市场预期。根据欧洲中央银行12月公布的最新预测,未来3年欧元区的年度名义通货膨胀率预计分别为1.4%、1.5%和1.7%。

虽然上述数据表明欧元区通货膨胀回升的趋势进一步得到确认,但较欧洲中央银行2%的政策目标尚有一定差距,欧洲中央银行的决策者没有理由加快退出宽松货币政策的步伐。同时,欧元走强的影响更不容忽视。

资料来源:新华网,2018-01-26。

【讨论问题】 欧洲中央银行为何实行超宽松货币政策?

思考与练习

一、不定项选择题

1. 财政政策的主体是( )。
   A. 国家 B. 政策制定者 C. 政策执行者 D. 财政部
2. 财政政策的目标主要有( )。
   A. 物价相对稳定 B. 收入的合理分配
   C. 经济适度增长 D. 社会生活质量提高
3. 财政政策所采用的工具有( )。
   A. 税收 B. 公债 C. 公共支出
   D. 政府投资 E. 财政赤字
4. 根据财政政策调节的对象是收支总量还是收支结构,可将财政政策划分为( )

和( )。

A. 宏观财政政策　　　　　　　B. 微观财政政策
C. 刺激性财政政策　　　　　　D. 限制性财政政策

5. 积极财政政策是指通过降低财政收入或增加财政支出的政策手段刺激社会总需求增长的政策,采取的具体措施通常有( )。

A. 减少税收　　B. 扩大投资规模　　C. 增加财政补贴　　D. 实行赤字预算

二、填空题

1. 宏观调控就是政府运用_____手段、_____手段、_____手段对经济运行状态和经济关系进行干预及调整,以保证国民经济的持续、快速、协调、健康发展。

2. 宏观调控、财政政策、货币政策的目标是_____、_____、_____和_____等宏观经济目标。

3. 财政政策的工具是_____所选择的用以达到政策目标的各种财政分配手段。

4. 财政政策种类繁多,主要可以分为以下几类:_____、_____、_____。

5. 根据货币供应量和货币需要量之间的对比关系,可将货币政策分为_____、_____、_____。

6. 一般性货币政策工具包括_____、_____、_____。

三、判断题

1. 扩张性财政政策是通过减少税收或增加支出增加社会总需求,从而刺激经济的增长。　　　　　　　　　　　　　　　　　　　　　　　　　　( )

2. 财政政策与货币政策调节范围的不同要求两者必须协调配合。( )

3. 一般来说,当经济繁荣时,对货币的需求量增加,利率上升;当经济衰退时,对货币的需求量下降,利率下降。( )

4. 法定准备金是指以法律形式规定的缴存中央银行的存款准备金,其运作的原理是中国人民银行通过调整商业银行上缴的存款准备金的比率,借以扩张或收缩商业银行的信贷能力,从而达到既定的货币政策目标。( )

5. 再贴现是指银行业金融机构以贴现所获得的到期票据,向中央银行所作的票据转让。( )

四、思考题

1. 中央银行为什么要选择货币政策的中介目标?在选择中介目标时应遵循什么原则?

2. 试分析财政政策与货币政策配合的必要性及不同政策组合。你认为当前我国宏观调控政策需要调整吗?为什么?

3. 请分析货币政策工具"三大法宝"的优缺点。

参考文献

[1] 姚文平. 互联网金融[M]. 北京:中信出版集团,2014.
[2] 李耀东,李钧. 互联网金融[M]. 北京:电子工业出版社,2014.
[3] 罗明雄,唐颖,刘勇. 互联网金融[M]. 北京:中国财政经济出版社,2013.
[4] 赵国栋,等. 大数据时代的历史机遇[M]. 北京:清华大学出版社,2013.
[5] 刘邦驰,王国清. 财政与金融[M]. 5版. 成都:西南财经大学出版社,2013.
[6] 翟会颖,甄东兴. 财政与金融[M]. 北京:清华大学出版社,2013.
[7] 庾安勤,杨明娜. 财政与金融[M]. 成都:电子科技大学出版社,2013.
[8] 罗伯特·希勒. 金融与好的社会[M]. 北京:中信出版集团,2012.
[9] 曹红辉,李汉. 中国第三方支付行业发展蓝皮书(2011)[M]. 北京:中国金融出版社,2012.
[10] 郭艳辉. 财政与金融[M]. 北京:北京理工大学出版社,2012.
[11] 范新成,曾小龙. 财政与金融[M]. 成都:西南财经大学出版社,2012.
[12] 周叶芹. 财政与金融[M]. 北京:机械工业出版社,2011.
[13] 李光. 财政与金融[M]. 北京:清华大学出版社,2011.
[14] 安体富,庄毓敏. 财政与金融(附自学考试大纲)[M]. 武汉:武汉大学出版社,2008.
[15] 潘理权,姚先霞. 财政与金融[M]. 北京:中共中央党校出版社,2011.
[16] 龙卫洋. 财政与金融[M]. 北京:清华大学出版社,2004.
[17] 弗雷德里克·S.米什金,斯坦利·G.埃金斯. 金融市场与金融机构[M]. 7版. 北京:机械工业出版社,2013.
[18] 黄达,张杰. 金融学[M]. 4版. 北京:中国人民大学出版社,2017.
[19] 魏继华,陈岚. 财政与金融[M]. 北京:清华大学出版社,2016.
[20] 徐文胜. 财政与金融[M]. 北京:中国人民大学出版社,2017.
[21] 郑长德,伍艳. 发展金融学[M]. 北京:中国经济出版社,2011.
[22] 孙迎春,伏琳娜. 金融信托与租赁[M]. 3版. 大连:东北财经大学出版社,2018.
[23] 黄安余. 公共财政对就业的影响研究[M]. 北京:中央编译出版社,2018.
[24] 石建勋,叶亚飞. 人民币"走出去"的货币替代理论与战略[M]. 北京:清华大学出版社,2018.
[25] 黄益平. 中国金融开放的下半场[M]. 北京:中信出版集团,2018.
[26] 财政部预算评审中心. 中国财政支出政策绩效评价体系研究[M]. 北京:中信出版集团,2018.
[27] 李波. 构建货币政策和宏观审慎政策双支柱调控框架[M]. 北京:中国金融出版社,2018.
[28] 艾洪德,范立夫. 货币银行学[M]. 2版. 大连:东北财经大学出版社,2017.
[29] 王雯. 金融学概论[M]. 2版. 北京:清华大学出版社,2017.
[30] 李英伟,于晓红. 财政与金融[M]. 北京:清华大学出版社,2016.
[31] 王晓光. 国际金融[M]. 3版. 北京:清华大学出版社,2015.
[32] 倪成伟. 财政与金融[M]. 3版. 北京:高等教育出版社,2014.
[33] 苏艳丽,余谦. 新编财政与金融[M]. 5版. 大连:大连理工大学出版社,2014.
[34] 郭福春,吴金旺. 金融基础[M]. 北京:高等教育出版社,2014.
[35] 保罗·萨缪尔森,威廉·诺德豪斯. 经济学[M]. 19版. 北京:商务印书馆,2013.
[36] 霍文文. 证券投资学[M]. 5版. 北京:高等教育出版社,2017.
[37] 吴晓求. 证券投资学[M]. 4版. 北京:中国人民大学出版社,2015.

[38] 曹凤岐,刘力,姚长辉.证券投资学[M].4版.北京:北京大学出版社,2013.
[39] 亚当·斯密.国富论[M].北京:商务印书馆,2015.
[40] 陈共.财政学[M].9版.北京:中国人民大学出版社,2017.
[41] 哈维·S.罗森,特德·盖亚.财政学[M].10版.北京:中国人民大学出版社,2015.
[42] 刘怡.财政学[M].3版.北京:北京大学出版社,2016.
[43] 弗雷德里克·S.米什金.货币金融学[M].11版.北京:中国人民大学出版社,2016.
[44] 彼得·林奇,约翰·罗瑟查尔德.彼得·林奇的成功投资[M].北京:机械工业出版社,2010.
[45] 本杰明·格雷厄姆.聪明的投资者[M].4版.北京:人民邮电出版社,2016.
[46] 本杰明·格雷厄姆,戴维·多德.证券分析[M].6版.北京:中国人民大学出版社,2013.
[47] 彼得·林奇,约翰·罗瑟查尔德.战胜华尔街[M].北京:机械工业出版社,2010.
[48] 威廉·欧奈尔.笑傲股市[M].4版.北京:机械工业出版社,2010.
[49] 霍华德·马克斯.投资最重要的事[M].北京:中信出版集团,2015.
[50] 沃伦·巴菲特,查理·芒格.巴菲特致股东的信[M].北京:北京联合出版公司,2017.
[51] 埃德温·利菲弗,杰西·利弗莫尔.股票作手回忆录[M].长沙:湖南文艺出版社,2015.
[52] 乔治·索罗斯.金融炼金术[M].海口:海南出版社,2016.
[53] 彼得·考夫曼.穷查理宝典:查理·芒格智慧箴言录[M].北京:中信出版集团,2016.
[54] 艾丽斯·施罗德.滚雪球:巴菲特和他的财富人生[M].北京:中信出版集团,2017.
[55] 保罗·R.克鲁格曼.国际金融[M].10版.北京:中国人民大学出版社,2016.

参考网站

[1] 中国财经报网:http://www.cfen.com.cn/.
[2] 中华人民共和国财政部:http://www.mof.gov.cn/index.htm.
[3] 中国金融新闻网:http://www.financialnews.com.cn/.
[4] 经济参考报:http://www.jjckb.cn/.
[5] 证券时报网:http://www.stcn.com/.
[6] 中国人民银行:http://www.pbc.gov.cn/.
[7] 中国证监会:http://www.csrc.gov.cn/pub/newsite/.
[8] 上海证券交易所:http://www.sse.com.cn/.
[9] 深圳证券交易所:http://www.szse.cn/.
[10] 中国经济网:http://www.ce.cn/.
[11] 中国银行保险监督管理委员会:http://www.cbrc.gov.cn/.
[12] 国家税务局:http://www.chinatax.gov.cn/.